U0366248

新时代经济管理特色教材

管理沟通

· 第4版 ·

郭文臣◎主编　卢小丽◎副主编

**MANAGEMENT
COMMUNICATION**

清华大学出版社
北京

内 容 简 介

本书将管理沟通理论与实践中的经典案例、情境故事、各种沟通技巧等有机结合起来，深入浅出；注重系统性、应用性和前瞻性，比较全面地展示了管理沟通的理论、技巧和发展趋势；构建了独特的管理沟通结构体系，突出了管理沟通的核心问题。

本书适合作为普通高校工商管理类专业研究生和本科生尤其是 MBA 学生的教材，也可供企业管理人员和从事管理沟通研究的人士参考。

图书在版编目（CIP）数据

管理沟通/郭文臣主编. —4 版. —北京: 清华大学出版社, 2023.10（2025.7 重印）
新时代经济管理特色教材
ISBN 978-7-302-64675-4

Ⅰ．①管… Ⅱ．①郭… Ⅲ．①管理学 – 高等学校 – 教材 Ⅳ．①C93

中国国家版本馆 CIP 数据核字(2023)第 182379 号

责任编辑：刘志彬
封面设计：汉风唐韵
责任校对：宋玉莲
责任印制：刘海龙
出版发行：清华大学出版社
   网　　　址：https://www.tup.com.cn，https://www.wqxuetang.com
   地　　　址：北京清华大学学研大厦 A 座　　　　　邮　　编：100084
   社 总 机：010-83470000　　　　　　　　　　　邮　　购：010-62786544
   投稿与读者服务：010-62776969，c-service@tup.tsinghua.edu.cn
   质 量 反 馈：010-62772015，zhiliang@tup.tsinghua.edu.cn
   课 件 下 载：https://www.tup.com.cn，010-83470332
印 装 者：涿州市般润文化传播有限公司
经　　销：全国新华书店
开　　本：185mm×260mm　　　　印　张：21.5　　　　字　　数：476 千字
版　　次：2010 年 6 月第 1 版　　2023 年 11 月第 4 版　　印　　次：2025 年 7 月第 2 次印刷
定　　价：60.00 元

产品编号：099640-01

前言

《管理沟通》教材自 2010 年首次出版、2014 年再版、2017 年第 3 版，到 2023 年第 4 版，历经十四载，被国内一百多所大学作为教材或教辅使用，并入选辽宁省"十二五"普通高等教育本科省级规划教材。

本教材的独特之处在于：构建了独特的管理沟通结构体系，注重系统性、应用性和前瞻性，展示了管理沟通的理论、技巧和发展趋势；每章都设有引导案例和讨论案例，这些案例来自于 MBA 学员的管理实践，精选于哈佛大学案例库和采编的案例；各章节穿插了国内外经典的情景案例、情景故事、小知识、小资料等；作为"互联网+"教材，在每章都附有二维码辅助学习资料，包括拓展阅读资料、视频资料、练习题、测试题等。

《管理沟通》（第 4 版）增加了管理沟通有效性、非暴力沟通等理论和方法，更换了部分引导案例和讨论案例，补充了新媒体沟通等新型沟通方式、情景故事、小资料等。

多年的"管理沟通"教学与研究，使我们对"沟通"产生了一种"敬畏感"。这种敬畏一方面来自于沟通理论与实践对工作、家庭产生的潜移默化的积极影响，另一方面来自于"沟通"哲理之深奥、"沟通"视野之广博、"沟通"情境之复杂、"沟通"功效之难测等。正是这份敬畏，使得我们对《管理沟通》教材的每一章节内容不断审视、对每一个知识点仔细考究、对每一段语言表述反复打磨，并且与时俱进，增加新的内容、替换旧的案例；正是这份敬畏，每年都很期盼并珍惜参加全国"管理沟通"教学研讨会的机会，因为每年都能从全国的同行中汲取"沟通"的养分，释疑解惑，碰撞思想，转换思维，拓展视野。

《管理沟通》（第 4 版）的出版，得到了清华大学出版社经管分社刘志彬社长的大力支持，得到了大连理工大学经济管理学院教材基金的资助，也得到了全国"管理沟通"课程教学同行、读者的热情相助，在此一并表示由衷的感谢。

郭文臣、卢小丽

2023 年 4 月 26 日

第 **1** 章

沟通的本质与核心

学习目标

通过本章的学习，你应该能够：

1. 了解什么是沟通，对沟通有一个全面、清晰的认识；
2. 了解沟通的含义、要素；
3. 熟悉和掌握沟通的类型、过程；
4. 理解沟通的本质、核心。

引导案例

吴行长与员工"谈心"

初春的一天早晨，天道银行股份有限公司的行长吴昊刚刚走进办公室，电话铃声就响了。人力资源部的王部长向他报告了一个消息：国际部的曲娜、保险部的张莉和信贷部的孙易三位业务骨干同时递交了辞呈。

吴行长让王部长到办公室来说明原委。事情的经过是这样的：

曲娜、张莉分别因为上班时间利用 QQ 或微信聊天，被扣发三个月奖金。两人认为银行侵犯了她们的隐私，因为银行是以打印出来的聊天记录作为处罚依据的。孙易则是因为几次提出修改工作流程，但无人理睬，便私自改变工作流程，结果与部门经理吵架，不但不服气，反而罢工一天，结果也被扣发三个月的奖金。因对此有意见，也递交了辞呈。

曲娜和张莉都是国内重点大学的高才生，孙易则是留学归国人员，拥有美国一所著名大学商学院的 MBA 学位。三人几年前先后进入天道银行，经过两三年的工作实践，都有不菲的业绩，是银行准备重点培养的对象。

吴行长沉思了片刻，对王部长说："你分别请他们三人到我办公室来吧，我跟他们谈谈。"

第一个来的是曲娜，吴行长起身相迎，并亲自给她递上一杯热茶。吴行长见曲娜一脸憔悴，关切地问是否昨夜没休息好。然后吴行长请曲娜把事情的经过介绍一下。据曲娜介绍，她是独生子女，最近她母亲身体不好在医院住院，她一直想请假照顾母亲，但考虑到银行业务繁忙，就把农村的一个表妹请来照顾母亲。由于表妹刚来，对很多事情不太清楚，所以，她就给表妹买了部手机，并绑定了微信，教她如何照顾母亲。她知道银行有规定，不许上班时间用微信聊天。可是，这项规定实在不合理。加之对扣发奖金有意见，她一气之下就递交了辞呈，准备回去照顾母亲。吴行长听了曲娜的陈述后，关切地询问了她母亲的病情。接着，拿起电话通知人力资源部、国际业务部和工会，下午陪他一起去医院探望曲娜母亲。最后，吴行长征求了曲娜对微信使用的管理以及对银行其他方面管理的意见，并与国际业务部部长沟通后，决定给曲娜几天假，让她到医院去照顾她母亲。

第二个来的是张莉。张莉的事吴行长有所耳闻，事情的经过是这样的：张莉的男朋友在另一个城市工作，由于春节期间值班未能休假，只好在春节后串休一周。由于工作比较忙，张莉的男朋友一直未能串休。男朋友说这一两天可能会确定串休时间。就这样，张莉近几天一直偷偷地开着QQ。果然，男朋友告诉她3月16—22日串休，并且跟张莉调侃了几句，张莉见四周没有同事在，也跟男朋友调侃了几句。没想到，两人调侃的内容被作为处罚的依据。更令张莉难堪的是，她和男朋友在QQ上调侃的内容让同事知道了。张莉见到吴行长，低声地打了个招呼便低头不语，并且眼圈有些湿润。吴行长知道张莉受到的委屈和打击很大。他和蔼地说："小张，你的事我已经听说了。首先，由于我们工作上的问题，侵犯了你的隐私，给你造成了不应有的伤害，作为行长，我有不可推卸的责任，在此向你道歉。"说着，吴行长站起来，向小张深深地鞠了一个躬。这一举动让小张倍感意外，小张一时不知所措，本想把所有的不满一股脑儿地发泄出来，但此时，她怔了一会儿后，赶紧站起来，对吴行长说："吴行长，实在不好意思，怎么能让您给我鞠躬道歉呢？"张莉说，自己确实违反了公司的规定，但不能接受的是自己跟男朋友聊天的内容被同事知道了，太难为情了。在心平气和的氛围中，吴行长征求了张莉对QQ和微信使用、管理的意见与建议。

第三个来到吴行长办公室的是孙易。孙易满不在乎地走进吴行长办公室，并且跟吴行长调侃几句后，对吴行长说："现在的主管怎么这样啊，明明是工作流程有问题，可就是不听别人的建议，还动不动拿职位压人，我就看不惯这种官僚作风。如果你不让我按照正确的方式做事，我宁可不干也不委曲求全。"吴行长首先肯定了孙易的工作热情和敢说敢做的作风，并对孙易说："孙易，我年轻时就和你一样，见到不合理的事就一定要去说。"接着，吴行长叹了口气，又说："现在像你这样的年轻人真是越来越少喽！"孙易听了吴行长的话后，感觉像找到了知音，两人自觉不自觉地聊了半个多小时。孙易一点儿也没有感觉到吴行长的"架子"，甚至吴行长听完孙易的意见后，当场表示他的意见和建议很有道理，工作流程确实应该改进。孙易还很坦率地对公司的某些管理制度提出了批评。与吴行长的这种朋友式的交谈、真诚的讨论，让孙易感到了前所未有的畅快，不满情绪渐渐平息下来，并开始冷静地反思自己的行为，承认自己的敌对情绪和处世方式都有问题。

第二天，吴行长特别召集人力资源管理部门、网络技术服务部门、信贷部门、综合办公部门等相关部门的负责人开了一个临时会议，倾听了各部门对QQ、微信等现代通信工具的功能、使用、管理等建议，并让网络技术服务部部长介绍了其他单位关于QQ、微信的管理方法；然后针对孙易提出的工作流程中的不合理问题进行了讨论。而且要求将该次会议的讨论议题下发给所有员工，以倾听大家的意见和建议。当天晚上，公司就收到了大量员工的意见和建议。大部分观点认为，银行的工作人员大部分都受过高等教育，有一定的自控能力；公司不要只盯着过程，而应看重结果；一味地"堵"不如信任地"疏"；现代即时性通信工具有助于内外沟通。也有个别员工认为开放QQ等网络沟通工具会影响工作效率。有的员工建议公司应该建立合理化建议制度、设立合理化建议奖等。吴行长也参与了这场讨论，对大家的意见和建议有重点地予以回复，并感谢大家对公司改革与发展的热情参与。

在吴行长"谈心"后的三天之内，三个年轻人分别走进了人力资源部，撤回了各自的辞职报告。三人均表示，接受公司的处罚决定。

作为管理者每天要处理诸多或简单或复杂的事务，其中员工离职通常原因复杂。尤其是具有发展潜力的员工的离职，对于企业来说，失去的不仅仅是宝贵的人力资源，而且可能失去企业的凝聚力和人心。吴行长看似平常的"谈心"却赢得了三位意欲辞职员工的信任，他们收回了辞呈，并自愿接受处罚，这其中隐含着吴行长高超的管理沟通的技巧和卓越的领导艺术。

那么，吴行长是怎样成功地与三位员工沟通的？在管理活动中什么时候需要沟通，什么时候不需要沟通？如何实现有效沟通？沟通的本质和核心是什么？这些就是本章将要重点探讨的问题。

1.1　沟通的含义及要素

1.1.1　沟通的含义

古希腊哲学家亚里士多德曾说："一个生活在社会之外的人，同人不发生关系的人，不是动物就是神。如果人完全脱离了人际交往、脱离了社会，人就不再是人，而成为动物。" [1]

美国心理学家沙赫持曾做过这样的实验：他以每小时 15 美元的酬金先后聘请了 5 位志愿者进入一个与外界完全隔绝的小屋（屋里除提供必要的物质生活条件外，没有任何社会信息侵入），以观察人在与世隔绝时的反应。结果，其中一个人在小屋里只待了 2 小时就出来了，3 个人待了 2 天，最长的一个人待了 8 天。这位待了 8 天的人出来后表示，如果让他再在里面待一分钟，他就要疯了。实验证明，没有一个人愿意与其他人隔绝，人们都害怕孤独。

国外有学者估计，人们在日常生活中，每天除 8 小时的睡眠时间以外，其余 16 小时中约 70%（11 小时左右）都在进行着人际沟通；高层领导者 80%左右的时间用于沟通；中层管理者 70%左右的时间用于沟通；基层管理者 50%左右的时间用于沟通。

"沟通"在英文中叫作"communication"。据考证，这个单词源于拉丁语的"communication"和"communis"，14 世纪在英语中写为"comynycacion"，15 世纪以后逐渐演变成现代词形，在英汉词典中的解释是"交流、交际、通信、传播、沟通"，也就是纯粹的信息交流。[2]其实对于"沟通"的含义，十几年前，美国威斯康星大学的教授 F.丹斯就统计过：人们关于"沟通"的定义，已达 126 种之多。[3]美国学者贝克认为沟通是一个涉及思想、信息、情感、态度或印象的互动过程，沟通是组织的生命线，传递组织的发展方向、期望、过程、产物和态度。[4]

我国学者苏勇、罗殿军认为：沟通是信息通过一定符号载体，在个人和群体间从发送者到接收者进行传递，并获取理解的过程。[5]孙建敏、徐世勇认为：所谓有效沟通，就是指在恰当的时候及适宜的场合，用得体的方式表达思想和感情，并能被别人正确理解和执行的过程。

简而言之，沟通就是个人或组织信息、知识、思想和情感等交流与反馈的过程。

(情景故事)

扁鹊见蔡桓公

扁鹊（公元前 407—前 310 年），姓秦，名越人，春秋战国时期医学家。由于其医术高明，人们便把传说中的上古神医"扁鹊"的称号送给他。扁鹊是中国传统医学的鼻祖，对中医药学的发展有着特殊的贡献。扁鹊在总结前人医疗经验的基础上创造总结出望（看气色）、闻（听声音）、问（问病情）、切（按脉搏）的诊断疾病的方法。

扁鹊有一次谒见蔡桓公，他看了蔡桓公的脸色后说："国君，您的皮肤有病，不治怕要加重了。"蔡桓公笑着说："我没有病。"扁鹊告辞后，蔡桓公对其臣下说："医生就喜欢给没病的人治病，以便夸耀自己有本事。"十天后，扁鹊再次谒见蔡桓公，他仔细看了看蔡桓公的脸色说："国君，你的病已经到了皮肉之间，不治会加重的。"蔡桓公没有理会。扁鹊走后，蔡桓公感到不悦。又过了十天，扁鹊再次谒见蔡桓公，他再次看了看蔡桓公的脸色说："国君，你的病已经到了肠胃之间，不治会加重的。"蔡桓公仍未理会。扁鹊走后，蔡桓公仍是不太高兴。十几天后，蔡桓公出巡，扁鹊远远地望见蔡桓公，转身就走。蔡桓公派人去问扁鹊为什么不肯再来谒见，扁鹊说："皮肤上的病，用药物敷贴可以治好；皮肉之间的病，用针灸可以治好；肠胃之间的病，服用汤药可以治好；如果病入骨髓，那生命就掌握在司命之神的手里了，医生是无法治愈的。如今国君的病已深入骨髓，所以我不能再去谒见了。"五天之后，蔡桓公遍身疼痛，连忙派人去找扁鹊，此时，扁鹊已逃往秦国躲起来了。不久，蔡桓公便病死了。（《扁鹊见蔡桓公》选自《韩非子·喻老》）

扁鹊为什么未能说服蔡桓公？扁鹊劝治失败的原因是什么？

沟通有以下几种基本含义。

（1）有效沟通的前提是拥有信息及相关的知识。没有信息就无法沟通；拥有信息才有可能进行沟通；没有足够的、充足的信息必然会影响沟通；拥有的知识的质量会影响沟通的质量。

（2）沟通的过程是对信息、知识、思想、情感等意义的传递。无论是古代的结绳记事、烽火狼烟，还是近代的电话、电报、广播、电视，以及现代的光纤通信、互联网，无一不是在传播信息，进行信息、知识、思想、情感等的交流。这一过程实际上是对信息等的一种"阐释"的过程。

（3）有效的沟通不仅仅需要传递其意义，还需要意义被对方所理解。引导案例中所述的吴总的沟通成功就在于他根据每个人的不同情况，采取了不同的"谈心"方式，并且每一种沟通的方式都能被对方接受，也就是对方理解了吴总的"思想""情感"等。而扁鹊劝治之所以失败，是因为他所传递的"信息"没有被对方接受和理解。

情景故事

率真的孩子

美国知名主持人林克莱特一天访问一名小朋友，问他："你长大后想要干什么呀？"小朋友天真地回答："我要当飞机的驾驶员！"林克莱特接着问："如果有一天，你的飞机飞到太平洋上空所有引擎都熄灭了，你会怎么办？"小朋友想了想说："我会先告诉坐在飞机上的人绑好安全带，然后我挂上我的降落伞跳出去。"当在现场的观众笑得东倒西歪时，林克莱特继续注视这孩子，想看他是不是自作聪明的家伙。没想到，此时孩子的两行热泪夺眶而出，这才使得林克莱特发觉这孩子的悲悯之情远非笔墨所能形容。于是林克莱特问他说："为什么要这么做？"小孩的答案透露出一个孩子真挚的想法："我要去拿燃料，我还要回来！！"

克莱斯勒前总裁李·亚科卡曾经说过：你可以有聪明的想法，但如果你无法让别人明白你的想法，那你的大脑就不会让你有任何成果。

（4）沟通者通过信息符号传达意义。任何信息交流都要运用符号，信息交流总是通过一种能被人们感知、有特定明确含义、能代表某种意念的事物来进行，如语言、文字、图像、手势、眼神、表情等。因此，人们便把这些能够代表且能够传递某种意念的事物，统称为信息符号。信息符号通常可归纳为两大类：言语类沟通符号和非言语类沟通符号。言语类沟通符号包括面对面地聊天、谈话、讨论、演说、座谈、讲课、打电话、写信、起草文件等所使用的语言、文字、图像、信号、标识等信息符号。非言语类沟通符号包括人或动物的眼神、手势、表情、姿势、服饰、色彩等所代表或传递的意义符号。所有的信息符号都有其特定意义，但随着社会的发展，信息符号的意义也在发生着变化。信息符号繁多，加之所传达的意义各不相同，就使得人们要不断地去认知、理解，并去粗取精，寻求共识。由于有了"共识"，一些信息符号所代表的意义就成了公共知识，但这并不意味着人们都能识别信息符号的意义。由于一个信息符号在不同的情境下可能代表不同的意义，这就需要人们去辨别。而正是由于人们的辨别能力或知识的局限，必然会出现对信息符号意义的不同理解，从而造成沟通困难。尤其在对外交往中，非言语类沟通符号的意义非常丰富且复杂，因此，只有了解其真实意义，才能顺利进行沟通。

（5）沟通需要以信息载体作为中介。沟通过程中信息符号要真正发挥作用，还必须借助于一定的信息载体。所谓信息载体，就是指承载信息符号的物体。比如，写信、起草公文必须使用纸张；语言只有转化为电子信号，通过电波的传送，才能传播到更广泛的空间区域；一个著名的服装商标，只有缝在衣物上才能真正起作用。报刊、广播、电视、网络、企业生产的产品等都可以成为信息载体。人也是一个信息载体。诸多信息载体作为沟通的中介、桥梁，把信息符号传递给接收方，否则，信息符号便会失去其意义。

（6）沟通的形式多种多样。不同的沟通主体针对不同的沟通客体，在不同的情境下通常采取不同的沟通形式。比较常见的沟通形式有面对面沟通、会议沟通、电话沟通、电子邮件沟通、视频网络沟通等。每一种沟通形式又可细分为多种具体的沟通方法，如面对面沟通又可分为会见、会谈、谈判等。可以说，沟通的形式无以计数。

（7）沟通成功与否受到众多因素的制约和影响。沟通说易则易，说难则难。说"易"，是因为在沟通中如果考虑到了相关的因素，沟通起来自然就"易"；说"难"，则是因为哪怕影响沟通的因素只有两个，而由于未考虑到其中的任何一个因素，沟通就难以达到预期效果。事实上，影响沟通的因素何止一两个，如主体因素、客体因素、时间因素、地点因素、心理因素、情感因素、经济因素、政治因素、宗教因素等诸多影响因素交织在一起，构成了一个十分复杂的系统，制约和影响着沟通的进程及效果。

1.1.2　沟通的要素

国内外学者对管理沟通要素的划分各执己见，有"四要素"说、"五要素"说、"六要素"说、"七要素"说。这里，我们介绍"六要素"说和"七要素"说。

1. "六要素"说

"六要素"说认为，沟通要素包括信息源、信息、沟通目的、沟通对象、环境和反馈。

1）信息源

信息源就是沟通的源头，也可理解为信息的发送者。任何一次沟通活动都必然能找到信息源。信息的来源是否可靠？为什么要发送该信息？发送的对象是否明确、合理？发送者的可信度有多高？这些都会对沟通的过程、效果产生一定的影响。

2）信息

信息就是人类的一切生存活动和自然存在所传达出来的消息。人类社会赖以生存、发展的三大基础是物质、能量和信息。世界是由物质组成的，能量是一切物质运动的动力，信息是人类了解自然及人类社会的凭据，是一切事物属性标识的集合。因此，信息的内容相当广泛。它通过语言、文字、绘画、动作、表情等符号表现出来，并通过各种载体进行传递。信息是沟通不可或缺的，没有信息就无法沟通；信息符号没有载体就无法传递意义，同时信息载体的选择等对沟通活动也会产生一定的影响。

3）沟通目的

没有明确的目的，信息的发送必然是盲目的。所谓沟通目的，实际上就是指沟通活动所要解决的问题。沟通目的源于动机，动机引起行为。由于信息传递的目的是基于生活或工作目标及相应的行动战略，因此，一旦明确了生活或工作目标与行动战略，就应该确定沟通的目的。

4）沟通对象

沟通对象可称为沟通的接收者，简称"受众"。没有接收者，沟通就毫无意义。而接收者的态度、兴趣、需求等又决定了沟通的质量。接收者可能是个体，也可能是群体，接收者的构成对沟通的影响也很大。

5）环境

任何沟通都发生在一个特定的环境中。环境可分为内部环境和外部环境。如果沟通时不注意环境因素及其变化，必然会受到环境的影响和制约。因此，如不想做环境的奴隶，就必须重视它，成为它的主人。沟通环境主要包括沟通的心理背景（情绪、态度等）、物理背景（沟通的场所等）、社会背景（政治、经济、安全、宗教、社会角色等）、文化背景（价值取向、思维模式等）。

6）反馈

反馈是指信息接收者将接收信息的情况返送到信息源的过程。沟通不是一种行为，而是一个过程，而反馈是接收者对信息的反应，它使沟通成为一个动态的、双向的过程。

2."七要素"说

"七要素"说来源于美国项目管理协会（PMI）提出的七要素沟通模型（见图 1-1）：信息、信息发送者、信息接收者、干扰、个性化滤网、媒介、反馈。所谓干扰是指影响沟通的各种环境因素；个性化滤网是指编码和译码时对信息的理解不同而产生的"信息过滤"，包括个性化滤网和理解力滤网。[6]

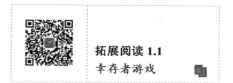

拓展阅读 1.1
幸存者游戏

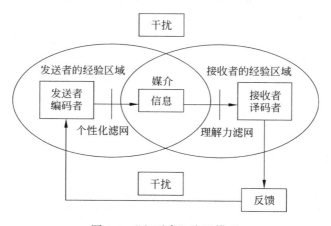

图 1-1 "七要素"沟通模型

1.2 沟通的本质

本质是指事物本身所固有的属性、面貌和发展的根本性质。事物的本质是隐蔽的，是通过现象来表现的。那么，沟通的本质是什么呢？显然，探寻沟通的本质必须从沟通活动的现象入手。

从沟通的定义来看，沟通是信息的传递过程，由此可以引申为沟通的本质是交流信息。但这并没有真正揭示沟通的本质，只是从表面上认识沟通。可以说，对沟通本质的认知与理解是树立沟通意识、运用沟通技巧进行有效沟通的关键或核心。

随着管理沟通理论与实务研究的不断深入，长期从事沟通教学研究和从事管理实践的专家、学者和实际工作者开始探究沟通的本质问题。归纳起来主要有以下几种观点：

第一种观点认为，沟通的本质就是达成共识。福建中庚实业集团有限公司董事长助理吴铁认为："管理就是沟通，并达成共识，因此，无论是对内做协调，还是对外公共关系的维护，最本质的东西是达成共识。"[7]

第二种观点认为，沟通的本质是换位思考。持这一观点的是学者魏江。他在其编写的MBA 教材《管理沟通——理念与技能》中从"换位思考"这一沟通本质的角度探究了如何开展建设性沟通、沟通对象分析和自我分析。[8]

第三种观点认为，沟通的本质是坦诚。新加坡（北京）中圣国脉管理咨询有限公司高级顾问曹勃认为，坦诚是沟通的本质和企业成功的核心要素。[9]他举了"全世界最贵的清洁工"的例子来论证自己的观点。

（情景故事）

全世界最贵的清洁工

中国广东核电集团（简称中广核）曾经发生了这样一件事：一个清洁工人在例行清洁打扫时，看到一个机器的某个部位有些灰尘，便顺手"勤快"地用抹布擦了一下，无意中触碰到一个开关，而这个开关却启动了核反应堆停堆的指令，最后导致长达 2 天的停电。如果是在一般的企业里，等待这位清洁工的一定是严厉的惩罚。但中广核却只是让清洁工讲清楚事情的原委，然后继续工作，甚至其工资和奖金都没有受到任何的影响。对于这超乎常理的做法，中广核的领导是这样解释的：对于一个核电企业来说，安全是至关重要、至高无上的。为了驱除所有的安全事故隐患，企业需要千方百计地获取有关安全隐患的信息，这样才能采取各种措施，从根本上消除安全隐患。因此，让员工说出真话、让企业了解真实的信息，就成为中广核高层处理这起事故的根本原则。

由此，曹勃认为，中广核经营理念和对此事件的处理体现了"坦诚"。中广核的经营者以实际行动诠释了沟通的本质——"坦诚"这一企业文化的核心内容。

第四种观点认为，沟通的本质是信任。持这种观点的是英国的莱克斯曼（Laskhman）教授等。[10]他列举了两个生活中的小故事：一个是两个好朋友每年一起登山旅行的故事；另一个是关于在餐馆就餐的故事。

（情景故事）

好 友 登 山

玛丽与艾米是一对好友，她们经常一起登山。

玛丽对落在后面的艾米说："就快要登上山顶了。"艾米还了一个微笑。在差不多一个小时的时间里玛丽总是以这种方式鼓励艾米，而艾米也总是一次次地赶上玛丽。不知何故，玛丽总是对艾米每年能够和她进行这些旅行深信不疑。公正地说，对登山旅行一类的活动艾米没有天赋。"差不多就要到山顶了"，玛丽说着就伸出手来轻轻地把艾米拽到她的身边，她们过去一直都是这样。玛丽喜欢让自己和别人从困境中摆脱出来。无论何时，当玛丽需要朋友时艾米也总是设法站在她的身边，但是有时也不这样。

很容易看出，玛丽是一个追求完美的人。过去艾米总是征求玛丽的意见并毫不犹豫地采纳并使用。玛丽说："我们总是心有灵犀，那也是我们成为朋友的原因。"作为回报，当一年一次去远足时艾米不得不做的就是假装很快乐。

情景故事

收银台前的"信任"

轮到我付款时，我翻遍了手提包，但是却怎么也找不到钱包。很明显，我的钱包并不在那里面。我站在收银台前不到一分钟，可感觉好像经历了一个世纪。事实是：不管我如何翻找，它都不会奇迹般地出现。我根本没有钱吃饭，但是我却非常迫切地想吃。那该怎么办呢？

面对此情此景，收银员非常和蔼、友好而且通情达理。但是，我的脸已经火热并且我能够感觉到身后排队等候的其他顾客的懊恼。你知道，此时食物已经开始变冷并且看上去也不那么美味可口了。好像食物的热气都转移到我身上，因为我感觉到所有的人都在凝视着我。我感到非常不自在，而且我的衣着更让我觉得难堪。

非常感激的是，收银员仍然没有失去耐心，她向厨房里的一位女生喊道："道恩。"我转头看了一下走过来的道恩。从她胸卡上，我知道她是餐饮经理。道恩和收银员简单地交谈了几句，我站在那里却一个字也说不出来。因为尴尬，我觉得自己好像暂时失聪了。这时，她们的注意力转向我并谈论着什么，似乎在说我年龄过高或耳聋厉害，或是说我太年轻、弱智。最后，除了顺从并接受，我别无选择。她们把我带到一边，以便那静止的相当长的队伍能够慢慢地移动。

现在，我们可以进行一个全面的剖析——我的钱包可能在哪里呢？大家都能看到，我将手提包里所有的东西放在空空的柜台上，它可能在某一地方，但是这个地方我们没有找到；它或是在车里，或是在家里壁炉架上，或是在我的另一个手提包里，抑或是更糟糕地在别人的口袋里、包里或是他们的壁炉架上……

突然我知道在哪里了。就在那里，就是我最后一次用它的地方。因此，一定是我放在那里了。我的脸顿时沉下来了，因为……

"看你翻得已经底朝天了。好了，我想说的是您为什么不明天再返回来呢？明天来再付我们的钱？"道恩笑着，并且轻拍我的胳膊说："在任何时候，都欢迎您光顾，我相信您。"

从惊恐与自怜中惊醒，我注视着道恩那张慈善的面孔。我想了一分钟，确实我值得信任——我并不是不诚实的人，任何我认识的人都会这样跟我说。在这种情形下，我几乎不能说"不"。但是，为什么她应该信任我呢？

道恩并不知道任何一点关于我的真实的故事。不过，明天我将回到收银台前付账。

国内学者赵波在其所著的《陷阱——中国企业案例启示录》中提出："由于信任属于意识领域，而沟通属于行为范畴，意识并不一定代表行为的必然发生。"他质疑"是在信任基础上产生有效沟通，还是在有效沟通基础上产生信任"。他提出了一个问题：即使完全信任，是不是就能达成有效沟通？他引用了一个古老王国的故事以供人们思考。[11]

情景故事

走向哪扇门？

在一个古老的王国，美丽的公主爱上了英俊善良的青年侍卫。国王发现了他们之间的恋情，暴怒之下，青年被关进了监狱。

国王让青年做出这样的选择：在竞技场里，面对全国的百姓，他只能打开两扇门中的一扇。一扇门里是一头饥饿凶猛的狮子，打开后青年会被吃掉；另一扇门里是全国最为美丽的少女，打开后整个王国将会为青年与少女举办盛大的婚礼。

在抉择的头天晚上，公主偷偷去监狱探望了青年。

青年并不知道哪扇门后面是狮子、哪扇门后面是少女，而公主也只是到了竞技场才探知到底细。当青年被带到竞技场时，他看到看台上的公主用眼神示意了其中的一道门，公主的眼神虽然矛盾复杂，然而却充满了浓浓爱意。那么，青年要选择走向哪扇门呢？

信任能否产生有效沟通？

青年与公主他们是相互信任的，然而在此信任基础上能否产生有效沟通？他们之间可能会有沟通，然而，在此特殊环境下，他们之间能否还会相互信任？

如果他们共同选择爱情，以死来抗争，公主会示意里面有狮子的那扇门，青年也会毫不迟疑地去打开。公主也会殉情，从此成就人世间一段伟大的爱情。

如果他们共同决定先活下去，公主会示意里面有少女的那扇门，青年也会极不情愿地去打开。从此，世间又多了一幕人间悲剧，演绎出悲欢离合。

这时，目标相同，信任与沟通是一致的。

然而，当青年选择以死抗争，而公主希望青年活下来时，结果会怎样呢？

她如果向青年示意里面有少女的那扇门，出于对公主的信任，青年会义无反顾地走向另一扇门。

拓展阅读 1.2
　谁动了我的奶酪

正是担心这一点，出于对青年的了解与信任，她想应该示意里面有狮子的那扇门。她希望欺骗青年走向少女，从而挽救他的生命。可问题是，青年也可能会意识到这一点，从而导致他走向公主示意的那扇门（狮子）。

这时，公主已无法判断青年的选择，青年也难以把握公主的示意。因此，（在此问题上）他们对对方都难以再建立信任。

从这个故事中我们发现，当双方目标选择相同时，信任与沟通是保持一致的；而当双方目标选择不同时，信任并不一定能导致有效沟通，并且，沟通的结果反而可能招致互不信任产生。赵波也认为，"没有信任也就根本无法建立有效沟通"，但他强调"在企业里，有效沟通并不仅仅因为信任而产生，它必须通过建立有效机制来解决"。

通过以上分析，我们认为沟通的本质是基于共同目标，建立在信任基础上的坦诚交流。在关于员工和管理人员需求调查中，"信任感"通常被排在需求的第一位。没有信任，自然无法做到坦诚，没有坦诚也就不可能有效沟通。反之，有了信任，才能以诚相见；有了信任，才会换位思考；有了信任，才愿意倾心交谈、无所顾忌、畅所欲言。

1.3 沟通的过程

沟通过程就是发送者将信息通过选定的渠道传递给接收者的过程。在国外，沟通过程的研究经历了一个逐步完善的过程，比较典型的包括香农（Shannon）的信息理论模型（主动模型）、反馈的控制论模型（交互模型、互动模型）和生态模型。[12]

1. 香农的信息理论模型

通常，人们把香农的信息理论模型看作是现代沟通过程研究的开端。1948 年他首次提供了沟通过程的一般模型（见图 1-2）。这一模型被应用于新闻学、修辞学、语言学、演讲和倾听等多个学科领域或专门领域。

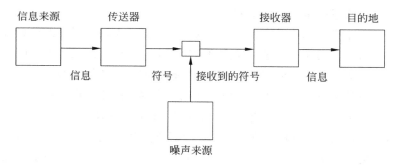

图 1-2 香农的信息理论模型

香农将沟通过程分为八个具体的组成部分。

（1）信息来源。假定为编制信息的人。

（2）信息。包括信息来源发送地和目的地接收到的消息。

（3）传送器。香农的直接用意是电话设备能够捕获音频符号，将其转变为电子符号，通过电话网络将其扩大并传递出去。传输已经被界定在香农的信息理论中，包含着大量的信息传送。最简单的传输系统如面对面沟通至少包含两个传输层面。第一，嘴（声音）和身体（手势）产生并调节符号。第二，渠道。通过空气（声音）和光（手势）将这些信息符号从一个人那里传送到另一个人那里。电视广播很明显包括了好几个层面，照相机和麦克、编辑和过滤系统、国家信息发布网络（通常是卫星）和当地无线电波广播天线。

（4）符号。符号通过渠道传递。它们既可能是多种平行的符号，就像面对面互动过程中的声音和手势涉及的符号系统，这些取决于不同的渠道和传递模式，也可能有多个串行符号，是由声音或手势符号转换而成的电子符号、无线电波，或是书本中的字和图片。

（5）媒介物或渠道。在模型中间，用一个很小的没有标签的方框来表示。通常所用的渠道包括空气、光、电子、无线电波、纸和邮政系统。需要指出的是，可能有多种渠道与上面所说的多种传递层次相联系。

（6）噪声。噪声以混淆符号传递的次符号形式出现。鉴于香农把焦点放在电话传输、媒介物和接收方面，所以对把噪声认为是混淆或消除沟通渠道中的信号这一界定不应该感到惊讶。根据当前的标准，这是对噪声的一个非常限制性的定义。在某种程度上，这是一个误导。在这个过程中，香农有关噪声、冗余的解决方法，很大程度上已经被最低限度的冗余方法——误差检测和校对法所代替。当前，我们把噪声看作是与有效倾听有关问题的一个隐喻。

（7）接收器。在香农的理念中，接收器是一个接收语言的工具。在面对面沟通中，接收器是耳朵（声音）和眼睛（手势）。在电视中，有几个层面的接收器，包括天线和电视机。

（8）目的地。假定其为接收信息和加工信息的人。像大多数模型一样，这是能够试图呈现的最低限度的抽象。而大多数沟通系统的实际情况更加复杂。传输器、接收器、渠道、信号甚至信息既是串联又是平行的，以至于有多重信号传递和接收。然而，香农的模式仍然是对大多数重要沟通因素和它们之间一般关系的有用的概括。这种价值在类似于真实世界新的沟通系统的描述中是显而易见的。

香农的信息理论模型并不是完整的沟通模型，而是一个通过媒介的信息流动模型，是一个不完整的、有偏见的模型。这一模型更适用于电话或电报的系统中，而不适用于其他大多数媒介。香农的信息理论模型是一种线性传播，即单向传播。香农的信息理论模型把从传输者到接收者的传输看作是主要的媒介活动。在媒体的现实世界中信息可以经常且较长时期地储存或在某种程度上可以进行修改后才会到达"目的地"。这一模型暗含了采用媒介的沟通经常是直接的和单向的。但是在现实的媒介世界中，沟通几乎从来都不是单向的，并且通常是间接的。它缺乏信息反馈、忽视客观环境因素的制约以及发送者和接收者的主观能动因素。

与香农的信息理论模型相近的另一个沟通过程模式是由另一位美国学者哈罗德·拉斯韦尔（Harold Dwight Lasswell）提出的。1948 年，拉斯韦尔提出构成传播过程的五种基本要素：谁、说了什么、通过什么渠道、对谁、取得了什么效果，并按照一定的结构顺序将它们排列，形成人们称为"五 W 模式"或"拉斯韦尔公式"的过程模式，如图 1-3 所示。

图 1-3　拉斯韦尔公式

该模式的不足：①将传播视作劝服性过程，认为传播是传播者打算影响接收者，并且总能取得一定的效果——对此人们表示理解，因为拉斯韦尔是从研究政治传播和宣传的角度进入传播学的；②忽略了反馈；③忽略了传播过程中外部环境的影响；④忽略了传播行为的复杂性；⑤忽略了各要素相互之间的关联性等。

2. 反馈的控制论模型（双向沟通模型）

针对香农的信息理论模型缺乏反馈的缺陷，一些学者对此进行了补充和完善，提出了双向沟通的理论。1952年，著名的沟通专家斯科特·卡特李普和阿伦·森特、格伦·布鲁姆合著的《有效的公共关系》一书第一次明确地提出了双向沟通的公共关系原则，从而创造了"双向对称"模式。卡特李普等认为，公共关系就是一个组织为与公众建立良好关系而运用的传播原理和方法。他们认为，一方面要把组织的想法和信息向公众进行传播和解释；另一方面又要把公众的想法和信息向组织进行传播和解释，其目的是使组织与公众结成一种和谐的关系。他们还认为，利益和信息都是双向均等的，唯有双向均等才是公平的，这既是规律，也是公共关系的本质。只有注重公众利益，才能同时得到组织利益，这是公共关系人员必须遵循的职业道德。卡特李普等提出的利益双向均等、信息双向沟通的双向对称模式，纠正了以往理论的偏差和倾斜，揭示了沟通的本质规律。

维纳（Weiner）等也提出了反馈的控制论模型和双向沟通模型：交互模型（the interactive model）和交易模型（the transactive model）。在交互模型（见图1-4）中，一个变量用反馈的控制理念详细地解释了香农的信息理论模型（Weiner，1948，1986）。正如图1-4所示，其没有改变香农的信息理论模型的任何其他因素。与这一解释相关的一个关键理念就是目的地能够反馈它们收到的信息，以便于信息源能及时地调整其信息。

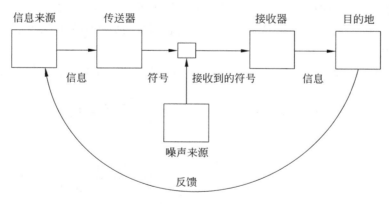

图1-4 交互模型

交易模型与交互模型的不同之处如图1-5所示。交易模型更倾向于把与模型相关的人看作是既能创造信息又能接收信息的沟通者，即这一模型在显示每一个参与者发出信息的同时，另一些参与者接收信息。从某种程度上来说，这是一个非常好的面对面地互动沟通过程。这一模型延伸了能够为使用者对称性沟通创造和接收信息的互动媒介，包括便条、信件、电子邮件等。

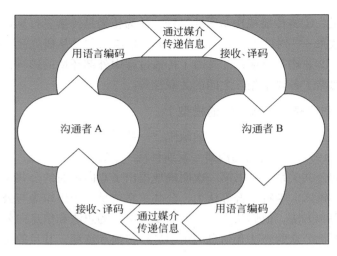

图 1-5　交易模型

3. 沟通过程的新模型：生态模型

一些传统的观点认为：信息的接收者其实就是在"消费"信息；大多数噪声是在听者那里产生的；我们通过"选择性注意"来选取信息；在改善沟通方面，我们最需要做且最重要的事情是学习如何去听；大众媒介的听众有选择权，我们需要善于去选择媒介；强调感知、归因和关系对解释信息的重要性；在沟通过程中，强调对自己、对他人认知以及创造和维持关系的重要性。此外，重视有关语言、信息、媒介应用方面的社会构建；介绍各种人际沟通媒介和大众沟通媒介等。除了香农的信息理论模型之外，人们有选择地用一些模型去描述媒介，但没有任何一种可以比较明显地揭示这些媒介应该从哪里开始或是在哪里结束，也没有任何有关如何将媒介与语言、信息或是与那些编制和接收信息的人联系在一起的知识等。

沟通的生态模型（图1-6）试图为解决这些问题提供一个平台。它认为沟通是在四个基

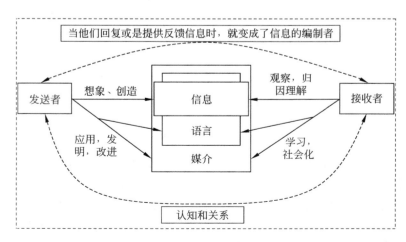

图 1-6　沟通的生态模型

本的构建交会处产生：人们之间的沟通是由语言和媒介产生的信息来调节；通过媒介来接收并通过语言来诠释。从某种程度上说，生态模型更加具体且详细地描述了拉斯韦尔传统的沟通研究框架，即"谁通过什么方式对谁说了什么，产生了怎样的效果"。在生态模型中，"谁"是指信息的创造者；"说了什么"是指信息；"通过什么方式"被具体、详细地描述为语言（渠道的内容）和媒介（渠道的组成）；"对谁"是指信息的接收对象；"产生了怎样的效果"就是在各种要素关系中产生的，包括关系、观点、归因、解释以及语言和媒介的不断改进等。

生态模型描述了诸多关系：信息是通过语言来编制和接收的；语言是在一定的媒介背景下产生的；信息是在一定的媒介背景下构建和接收的；接收信息和编制信息的角色是具有回应性的。当你回复或是向别人提供反馈时，那么你就变成信息发送者。

拓展阅读 1.3
一个沟通模型

信息接收者和发送者的角色是内省的。信息发送者以他们的观点和与他们信息接收者的预期关系来编制信息；信息发送者要编制最优信息给其听众。信息接收者以他们自己的视角以及与信息发送者的关系来领悟信息、理解信息；人们在沟通过程中形成观点、建立关系。

此外，信息构建中的信息发送者并不是他们想要表达意思的完美代表；受众理解信息也并不是那么完整；人们通过应用媒介了解媒介；人们发明并不断地发展语言；人们所应用的沟通媒介不充分时，人们就发明并不断发展媒介。简而言之，传播媒体就是在最初的组成因素间的一系列复杂互动的产物。这些因素主要包括信息、人（信息创造者、信息接收者以及其他角色）、语言和媒介。其中的三个因素本身就是很复杂的系统，也是整个研究的主体。信息被看作是一个复杂的实体，但是其复杂性完全可以由语言、媒介和应用它的人描述出来。从某种意义上来说，沟通生态模型就是信息论和系统论的结合。信息是这一模型的关键特征，也是人、语言、媒介互动的最基本的产物。但是，这一模型是基于信息、观察、学习、解释、社会化、归因、视角和关系逐步建立起来的。[12]

1.4 沟通的类型

根据不同的划分标准，可以把沟通划分为不同的类型：浅层沟通和深层沟通，双向沟通和单向沟通，正式沟通和非正式沟通，言语沟通和非言语沟通，人际沟通、群体沟通、团队沟通、组织沟通和跨文化沟通。[13]

1. 浅层沟通和深层沟通

根据沟通时信息涉及的情感、态度、价值观领域的程度深浅，可以把沟通分为两种：浅层沟通和深层沟通。

（1）浅层沟通。浅层沟通是指在管理工作中必要的行为信息的传递和交换，如管理者将工作安排传达给下属，下属将工作建议告诉主管等。企业部门间的上情下达和下情上达都属于浅层沟通。

浅层沟通的特点是：①浅层沟通是企业内部传递工作的重要内容。如果缺乏浅层沟通，管理工作势必会遇到很大的障碍。②浅层沟通的内容一般仅限于管理工作表面上的必要部分和基本部分。如果仅靠浅层沟通，则管理者无法深知下属的情感态度等。③浅层沟通一般较容易进行，因为它本身已成为员工工作的一部分。

（2）深层沟通。深层沟通是指管理者和下属为了有更深的相互了解，在个人情感、态度、价值观等方面较深入地相互交流。有价值的随便聊天或者交心谈心都属于深层沟通。深层沟通的作用主要是使管理者对下属有更多的认识和了解，便于依据适应性原则满足他们的需要，激发员工的积极性。

深层沟通的特点是：①深层沟通不属于企业管理工作的必要内容，但它有助于管理者更加有效地管理好本部门或本企业的员工。②深层沟通一般不在企业员工的工作时间进行，并且通常在两人之间进行。③深层沟通与浅层沟通相比，更难以进行。这是因为深层沟通必然要占用沟通者和接收者双方大量的时间，也要求相互投入大量的情感，深层沟通的效果严重地影响着沟通进程。

2. 双向沟通和单向沟通

根据沟通时是否出现信息反馈，可以把沟通分为两种：双向沟通和单向沟通。

（1）双向沟通。双向沟通是指有反馈的信息沟通，如讨论、面谈等。在双向沟通中，沟通者可以检验信息接收者是如何理解信息的，也可以使接收者明白其所理解的信息是否正确，并可要求沟通者进一步传递信息。

（2）单向沟通。单向沟通是指没有反馈的信息沟通，如电话通知、书面指示等。

对于当面沟通，有人认为它属于双向沟通，也有人认为它属于单向沟通，如下达指示、做报告等。严格来说，当面沟通信息，总是双向沟通。因为，虽然沟通者有时没有听到接收者的语言反馈，但从接收者的面部表情、聆听态度等方面就可以获得部分反馈信息。

在企业管理中，双向沟通和单向沟通各有不同的作用。一般情况下，在要求接收者接收的信息准确无误时，或处理重大问题时，或做出重要决策时，宜用双向沟通；而在强调工作速度和工作秩序，或者执行例行公事时，宜用单向沟通。

双向沟通与单向沟通相比，前者在处理人际关系和加强双方紧密合作方面有着更为重要的作用。因此，现代企业的沟通也越来越多地从单向沟通转变为双向沟通。因为双向沟通更能激发员工参与管理的热情，有利于企业的发展。

管理者在促进双向沟通时，要注意以下两点：①平衡心理差异。上下级之间由于权力的差异而导致的心理上的差异有可能严重影响双向沟通的效果。下属不敢在主管面前畅所欲言，战战兢兢地说出自己的想法，担心自己的言语可能会损害自己在领导心目中的形象，管理者应努力消除下属的上列不适心理，营造一种民主、和谐、轻松、包容的沟通气氛，这样才能了解下属的真实看法和意见。②增加容忍度。双向沟通时，出现不同意见、观点、建议是正常现象。作为管理者，不应该因反面意见的强烈而大发雷霆、恼羞成怒，而应该心平气和地与员工交换自己的思想和看法，以求达成共识、共同做好工作。

3. 正式沟通和非正式沟通

在正式组织中，成员间所进行的沟通因其途径的不同可分为正式沟通和非正式沟通两种。

（1）正式沟通。正式沟通是指组织中依据规章制度明文规定的原则进行的沟通，如国家之间的公函来往、组织内部的文件传达、召开会议等。按照信息流向的不同，正式沟通又可细分为下向沟通、上向沟通、横向沟通、斜向沟通、外向沟通等几种形式。

（2）非正式沟通。非正式沟通和正式沟通不同，它的沟通对象、沟通时间及沟通内容等各方面，都是未经计划和难以辨认的。非正式沟通通常利用组织成员的关系，这种社会关系超越了单位、部门以及级别层次等。

4. 言语沟通和非言语沟通

根据信息载体的不同，沟通可分为言语沟通和非言语沟通。

（1）言语沟通。言语沟通是指人们为了达到一定的目的，运用口头语言和书面语言传递信息与接收信息、交流思想感情的一种言语活动。言语沟通建立在语言文字的基础上，其又可细分为口头沟通和书面沟通两种形式。人们之间最常见的交流方式是交谈，也就是口头沟通。常见的口头沟通包括演说、正式的一对一讨论或小组讨论、非正式的讨论以及传闻或小道消息传播。书面沟通包括备忘录、信件、组织内发行的期刊、布告栏及其他任何传递书面文字或符号的手段。

（2）非言语沟通。非言语沟通是指通过身体语言来传递信息。美国心理学家艾伯特·梅拉比安经过研究认为：在人们的沟通中所发送的全部信息中仅有7%是由语言来表达的，而93%的信息是由非言语来表达的。非言语沟通内涵十分丰富，主要包括体态语和符号语等。

5. 人际沟通、群体沟通、团队沟通、组织沟通和跨文化沟通

沟通按照主体的不同，可以分为人际沟通、群体沟通、团队沟通、组织沟通和跨文化沟通等不同类型。

（1）人际沟通。人际沟通是指人和人之间信息和情感相互传递的过程。它是群体沟通、组织沟通乃至管理沟通的基础。

（2）群体沟通。当沟通发生在具有特定关系的人群中时，就是群体沟通。

（3）团队沟通。团队沟通是指在特定的环境中，两个或两个以上的人利用言语、非言语的手段进行协商谈判达成一致意见的过程。

（4）组织沟通。组织沟通是指涉及组织特质的各种类型的沟通。它不同于人际沟通，但包括组织内的人际沟通，是以人际沟通为基础的。一般来说，组织沟通又分为组织内部沟通和组织外部沟通。其中，组织内部沟通又可以细分为正式沟通和非正式沟通；组织外部沟通可以细分为组织与顾客、股东、上下游企业、社区、新闻媒体等之间的沟通。

（5）跨文化沟通。跨文化沟通是指发生在不同文化背景下的人们之间的信息和情感的相互传递过程。它是同文化沟通的变体。相对于同文化沟通而言，跨文化沟通要逾越更多的障碍。

6. 横向沟通和纵向沟通

按照信息在组织内传递的方向，可将沟通划分为横向沟通和纵向沟通。

横向沟通，又可称为平行沟通，是指组织内部各部门领导者或员工之间的沟通。横向沟通通常发生在各部门之间，是基于工作协作需要而开展的信息沟通，是一种跨部门沟通。

纵向沟通是指组织内部上下级之间的沟通，又可分为下行沟通和上行沟通。下行沟通是指上级（领导者或管理者）与其下属之间开展的自上而下的沟通。上行沟通是指下级与其上级（领导者或管理者）之间开展的自下而上的沟通。

7. 建设性沟通和破坏性沟通

按照信息沟通的有效性，可将沟通划分为建设性沟通和破坏性沟通。

建设性沟通是指沟通主体，即发送者善于运用沟通策略与技巧，进行系统思考、换位思考，把受众需要和自身所能提供的信息进行有效联接，以解决问题为目标，以系统思考为核心，以结果为导向，使沟通双方至少在不损害、甚至改善和巩固彼此关系的前提下所开展的一种信息交流方式。建设性沟通是在解决目标问题的前提下强化积极的人际关系的一种实用管理工具。

破坏性沟通是指沟通主体，即发送者采取的信息表达与交流方式使对方难以适应，或不能满足接受者的需要导致双方关系紧张或破裂的一种信息交流方式。

8. 传统媒介沟通、网络与新媒体沟通

按照信息沟通载体的不同，可将沟通划分为传统媒介沟通、网络与新媒体沟通。

传统媒介通常指的是大众传播媒介，传统媒介沟通指利用报纸、杂志、书籍等印刷媒介以及电视、广播等电子媒介开展的信息交流活动。

网络与新媒体沟通通常指的是利用互联网和数字化科技而开展的信息交流活动。网络与新媒体沟通包括网络沟通和新媒体沟通等。

网络沟通（internet communication）是指通过基于信息技术（IT）的计算机网络来实现信息沟通活动。网络沟通的主要形式包括电子邮件、网络电话、网络传真、网络新闻发布、即时通信等。

新媒体通常是指借助数字信息技术，通过计算机网络、无线通信网、卫星等渠道，以及电脑、手机、数字电视机等终端，采用互动传播、网络传播等方式，向用户提供信息和服务的传播媒介。"新媒体是新的技术支撑体系下出现的媒体形态，如数字杂志、数字报纸、数字广播、手机短信、移动电视、网络博客、桌面视窗等。

1.5　有效沟通的核心

核心的意思是指事物或事情的最重要、赖以支持其存在的那一部分。那么，在沟通的全过程中最重要且能确保沟通有效、达成沟通目标的是什么呢？

下面的小故事是一个 MBA 学员的亲身经历，也许我们可以从中受到启发。

李斯特的困惑

2005年7月，李斯特从沈阳一所大学的机械工程专业毕业，来到位于大连的一家集团性质的商业公司工作。

李斯特具有缜密的逻辑思维能力和踏实、认真的做事风格，刚刚入职时特对工作充满热情，对自己也严格要求。因此，很快得到了集团公司领导的认可。三个月的见习期满后，按照李斯特个人的第一志愿，他被分配到了集团总部机关的综合部工作，负责集团下属各公司的各种经营数据的统计分析工作，同时也负责部内的日常行政工作。

接触了实际工作后，李斯特更加谦虚谨慎，对部门领导安排的每一件工作都仔细思考，认真执行。同时，他也经常去图书馆借阅各种与工作相关的业务书籍，时常向部门内部的老员工和其他科室的领导请教工作方法，从理论和实践两个方面不断提升自己的业务能力，从而很快培养起了集团总部工作人员需要的宏观思考和微观控制相结合的工作意识，对集团下属的各分公司的经营情况和数据有了一定的了解，得到了综合部孙部长的认可和好评。毕业不到三年李斯特已经可以独当一面，成为领导的得力助手，也得到了集团段副总经理的赏识。

2008年5月，李斯特的直接领导孙部长因个人原因离职。段副总经理原本希望李斯特能接替孙部长的职位，但是考虑到他入职后一直在总部机关工作，缺乏在经营管理一线的工作经验，就任命具有多年基层工作经验的杨部长接替孙部长的职务。同时，段副总经理特意叮嘱李斯特要多下基层，到经营一线去体验、锻炼，以提升自己对业务工作的把握能力。

杨部长具有经营管理一线的工作经验，但却没有总部机关工作的经验，而李斯特正好与之相反，两人在工作中优势互补，相互取长补短，工作开展得有声有色。一段时间过后，由于杨部长习惯了经营一线的工作，很难静下心来在办公室里工作，总是闲不住，经常到一线的经营部门去，工作上也不讲究规划，缺少宏观思维，总是按照原来"上级部门安排什么就做什么"的工作思路，工作业绩没有大的起色，有人戏称杨部长的工作作风犹如不讲套路的"生产队长"。由于杨部长的工作作风，部门内部的大部分工作都压在了李斯特身上。同时，工作思路的不同，使得两人经常产生不同的观点和看法。两人有时也会争论一番，但是从没有争吵过。

2008年12月，又到了年终岁尾，需要统计各单位全年的经营数据，以及起草年度工作总结和下年度的工作计划，这项工作由杨部长负责。杨部长找到李斯特，对他说："小李，你的文笔好，工作总结的开头部分、总部的工作开展以及结尾部分由你来写吧，我来负责各分公司工作的情况总结和点评部分。"

"好吧，但我也没有写过，我写完初稿后给你看看吧。"李斯特心中虽有些不情愿，但碍于领导的要求，只好承担了本不属于自己的工作。

"那就这样吧，你把今年各单位的经营数据统计一下，列一份表格，今天是星期四，你下周一把统计好的数据给我。"杨部长补充道。

李斯特说："好的。我把每月的数据统计表中的数据汇总一下，没有的数据我下发一份统计表，让各单位填写完毕后一起报给你吧。"

当天下午，李斯特就把数据统计表下发到了各分公司，并要求各单位在周末前把填好的表格发回总部，同时开始汇总每月的数据统计表。为了及时完成工作，李斯特不得不加班加点，甚至牺牲了周末的时间。星期一的上午，李斯特把自己承担的那部分年度工作总结和各单位数据统计结果交给了杨部长。这样杨部长顺利完成了年度工作总结的起草工作。周五，杨部长必须把部门的工作总结上交到分管领导那里。

李斯特想要利用新年前这一周的时间，把各分公司的各种相关经营数据全部汇总出来，以便为召开年度专业会议的数据统计和分析工作做好准备，于是便在前期工作总结的数据统计的基础上进行了深化和审核，经过数据核对他发现一个新问题：李斯特汇总各单位月度数据统计表中的数据得出的年度数据与各单位统计的年度数据不同，有的甚至差异很大。为了确保工作总结中数据的准确，李斯特给每个分公司打电话对年度经营数据进行了确认，结果发现很多分公司都有数据差异的问题。经过每月数据的逐一核对，李斯特发现差异产生的原因主要是今年集团更新了信息系统，各单位在每季度进行经营盘点后，在信息系统中对经营数据进行了调整，而每月报给李斯特的数据却是调整之前的数据。这样一来，按照月度数据统计表汇总出的年度数据就会出现差异，于是李斯特把经过核对的准确数据列了一份新的表格在周五的早晨报给了杨部长。

"杨部长，这是经过确认后的各单位年度经营数据。"李斯特说。

"怎么？这份数据和你周一报给我的数据不同吗？"杨部长反问道。

"有一些不同，你把总结中的数据改一改吧。"李斯特回应道。

"那你周一发给我的数据是错误的？你为什么把错误的数据给我？有你这么干活的吗？"杨部长生气了，提高了嗓门。

李斯特认为为了这些数据自己已两周加班加点工作，并且正是自己的细心才发现了错误，况且又不是自己统计数据时算错了，因此心中觉得很委屈。于是，他也提高了嗓门回敬道："又不是我的错，下属公司的经营数据变来变去的，我怎么知道啊？"

"让你统计点数据你都干不明白！你现在更改数据，导致我不能及时上交年度工作总结！这个责任你负得起吗？"杨部长更加生气了。

"我怎么干不明白了？我统计错了吗？是分公司的数据变来变去才导致数据的差异。"李斯特也不甘示弱。

由于两人的声音都很大，引来了其他部门的同事。大家纷纷劝杨部长不要生气了，还是快点修改一下年度工作总结吧，不然真的无法按时上交了。

杨部长和李斯特都没有再说什么，各自去做分内的工作了。

杨部长和李斯特合作半年多了，这期间积累的不同的观点，甚至于那些不愉快的争论似乎在这一瞬间全部爆发出来了，以后应该怎样继续合作呢？到底是谁错了呢？李斯特陷入了沉思。

其实，在我们的生活和工作中，总会出现各种各样的矛盾和冲突，这不仅带给当事人烦恼，而且可能还会影响当事人的生活质量和职业发展。就像李斯特一样，我们都想找出问题的原因。

的确，原因十分复杂，问题一旦不能解决，矛盾可能还会加剧。通过李斯特的经历和先前的故事，我们可以做一个系统的分析——从目标、主体、对象、信息、思想、情感、表达、心理、渠道、环境、文化等不同侧面进行分析，不难发现，出现矛盾和冲突的根源是对其中某一方面没有认真思考，或是目标不明确，或是自我感觉良好而忽视了他人的感觉，或是信息不充分，或是价值观冲突，或是一时的感情冲动，或是话不投机，或是选择的沟通渠道不合适，或是心理偏差，或是周围的人际关系复杂，或是企业的传统和惯常思维影响……

概括地说，有效沟通是一个受到诸多因素影响且十分复杂的信息、知识、思想、情感的交流过程，其核心是系统思考。只有系统思考，才有可能减少或消除影响因素，才有可能达成共识，实现沟通目标。

(小资料)

有效沟通的检核表

沟通内容：你是否已经掌握并组织好沟通过程中所有相关的信息？
你是否了解或掌握好有关个体和组织的背景资料和环境状况？
沟通目标：你是否明确要实现和能实现的目标？
沟通对象：你是否清楚沟通对象的需要？
沟通效果：你是否能清晰、生动和有说服力地表达你的观点？
你是否清楚沟通过程中的噪声类型、干扰程度以及干扰是否能消除？
你是否了解沟通对象的反馈信息？
沟通渠道：你是否选择了正确的沟通渠道？

1.6　管理与沟通

著名学者马克斯·韦伯曾经说过：现代社会越来越趋向于网状金字塔形结构，在这种社会结构中，每一个阶层、社会组织和个人都处于管理与被管理之中，管理是现代社会的永恒话题。而沟通是管理最为重要的组成部分，可以说，管理者与被管理者之间的有效沟通是管理艺术的精髓。[14]

关于管理与沟通之间的关系，人们的观点各异，主要有以下几种观点。

1. 管理离不开沟通

亨利·法约尔（Henri Foyol）认为管理有五项职能：计划（planning）、组织（organizing）、协调（coordinating）、领导（commanding）、控制（controlling）。沟通是实现组织管理职能

的主要方式、方法、手段和途径，这五项职能都需要通过沟通来实现。通用电气公司伊梅尔特在谈到怎样支配自己的有效工作时间时说："我差不多有 30%～40% 的时间跟人打交道，进行交流、沟通，这是 CEO 非常重要的一项工作。"[15]有关研究表明：企业的管理者70% 的时间用在沟通上；而企业中 70% 的问题是由于沟通不畅所引起的。管理离不开沟通，沟通渗透于管理的各个方面。

例如，在企业各生产要素中，人是摆在首位的要素，因此，作为人力资源经理，必须构建好"三级沟通网络"。[16]

一是与董事会沟通，争取人事决策的主动权。董事会一般拥有公司最高的经营决策权，如决定公司经营方针、投资方向、财政预算、任命重要岗位领导人及裁决企业内部纠纷等权力。通常，董事会一般按照少数服从多数的原则，实行集体决策。因此，人力资源经理要在会前就人事问题做出解释或说明，提出部门的意见，广泛了解董事们的立场和态度，交换意见，争取支持或修改方案。召开董事会时，人力资源经理应该根据议题将自己的想法、思路、依据积极地阐述出来。如果人力资源经理的工作非常细致、资料翔实、论据充分，不仅便于董事们讨论，而且董事们也会尊重人力资源部门的意见。

二是与直线经理沟通，形成人力资源管理的合力。各直线经理或各部门经理本身就是"准人力资源经理"，其职能的相当一部分就是人力资源管理工作，公司的规章制度、绩效考评、招聘管理等工作都要通过部门经理得以贯彻执行。与直线经理沟通协调的关键，首先在于明确直线经理的人力资源管理职责，如对于本部门内工作考评、新员工试用期限他们有决策权；而对于本部门员工的招聘、辞退、薪酬等他们有建议权；在行使权利时要按照一定的流程，填写相应的表格，这些就是操作权。这样，直线经理就知道自己该做什么、不该做什么了。由于直线经理对本部门员工有一定的人力资源管理权，所以也就不会再抱怨员工的素质不高。人力资源经理就可以将精力集中在公司整体的人力资源协调和安排上。其次，在让各直线经理行使他们人力资源管理权的初期，人力资源经理要经常与各部门进行沟通，讲解公司的人力资源政策，指导一些具体的人力资源管理的操作流程，例如，如何进行考评沟通、如何激励下属等。对于各直线经理上报的人事材料和表格，人力资源经理要认真地进行审查，发现问题要及时进行调研，并将其汇报给自己的上级。最后，对于部门与部门之间、不同部门员工之间、下级与上级之间的人力资源管理冲突要进行调节和处理。

三是与员工沟通，了解员工的满意度，及时发现问题，及时做出相应的对策。人力资源管理部门要定期或不定期地进行满意度调查，或利用各种沟通方式收集员工的意见或建议；了解并化解员工的不满和抱怨情绪，对疑问要给予认真、耐心的解答，要及时与员工进行平等沟通，然后采取有效措施，尽快加以解决；要掌握员工离职率的变化，了解员工离职的主要原因，向高层决策者报告情况并提出应对措施。

不仅人力资源管理如此，日常管理工作即业务管理、财务管理等，全部都需要借助于管理沟通才能得以顺利进行。企业需要在深入了解顾客和市场的基础上，向目标市场和目标顾客群提供适合其综合需要的服务和产品，与市场进行互动、交流；财务数据的及时获得以及整理、分析、汇总、分发、传送，都离不开沟通。其他各部门都需要在管理工作方面做到上情下达、下情上呈、内外沟通。如企业通过管理人员向员工下达绩效目标、任务和工作指令；公司的政策、管理思想、方针、目标等需要管理人员传递给员工；管理人员还要了解员工的工作反馈、意见、对公司的期望、个人职业目标；员工也要得到企业或上级的客观评价和鼓励，这些过程就是沟通的过程，即管理人员与员工进行信息交换的过程。员工管理过程就是与员工交流信息的过程，有效的信息交流是建立和保持企业与员工良好关系的必要手段。因此，管理处处皆沟通，而且沟通无止境。

2. 管理就是沟通

松下幸之助关于管理有句名言：“企业管理过去是沟通，现在是沟通，未来还是沟通。”管理离不开沟通，沟通已渗透于管理的各个方面。沟通正如人体内的血液循环一样，如果没有它，企业就会趋于死亡。

管理就是沟通、沟通、再沟通——通用电气公司总裁杰克·韦尔奇。

沟通是管理的浓缩——沃尔玛公司总裁萨姆·沃尔顿。

管理者的最基本能力：有效沟通——英国管理学家 L.威尔德。

约翰·奈斯比特认为，未来竞争将是管理的竞争，竞争的焦点在于每个社会组织内部成员之间及其与外部组织的有效沟通。[17]

瑞士咨询集团首席执行官托马斯·D·兹韦费尔认为“管理就是沟通”。由于他担任多家跨国公司的咨询顾问，有机会亲历管理者的沟通困境。他在其所著的书中阐述了自己的观点：管理就是沟通，管理者通过改变说话和倾听的方式就可以使企业成就卓越。他认为“缺乏沟通是致命的”[18]。书的开篇讲了一个令人震惊的故事。1999 年 3 月 23 日下午，普利司通（Bridgestone）公司东京分公司的经理野中雅治（Masaharu Nonaka）向公司总裁抱怨公司的人员重组计划。随着谈话进行得越来越激烈，野中先生，这位真诚、认真而且被视为“正常”的人，情绪也变得越来越暴躁。他突然解开自己的上衣，掏出一套刀具，大吼着要剖腹自尽。然后他气冲冲地走出会议室，用 35 厘米长的捕鱼刀猛地刺向自己的腹部。当天下午晚些时候，他就因此而丧命了。在事发的当天早上，野中先生向他所在公司的所有员工发送了他最后的充满绝望的电子邮件，但是公司的管理人员在员工们还未阅读这封邮件之前，就将其删掉了。野中先生可能是业界第一个因无法与同事沟通而剖腹自杀的经理人员。虽然这次事件本身具有一定的偶然性，但是事件所反映出的问题却并非个别现象。这是一个快速变化的时代，到处充满了商业并购、人员迅速重组，加之网络经济泡沫的破灭等，所有这一切都造成了公司职员之间关系的高度紧张，而很多管理人员并没有意识到这种紧张关系到底意味着什么。

“沟通能够解决一切。”解决的途径是通过说和听来塑造世界，即要让讲话富有成效，要通过倾听来实现领导。

从某种意义上讲，现代企业管理就是沟通，沟通是现代企业管理的核心、实质和灵魂。

3. 沟通是事业成功的金钥匙

美国著名学府普林斯顿大学对 1 万份人事档案进行分析，结果发现：“智慧”“专业技术”和“经验”只占成功因素的 25%，其余 75%取决于良好的人际沟通。同样，哈佛大学就业指导小组 1995 年调查结果也显示：在 500 名被解职的男女中，因人际沟通不良而导致工作不称职者占 82%。[19]

沟通是个人事业成功的重要因素。只有与人良好的沟通，才能为他人所理解；只有与人良好的沟通，才能得到必要的信息；只有与人良好地沟通，才能获得他人的鼎力相助。

4. 沟通是组织的生命线

美国的查尔斯·E.贝克在其所著的《管理沟通——理论与实践的交融》一书中的第一章就阐述了自己的观点：沟通是组织系统的生命线。[20]他认为，"沟通是组织的生命线，沟通传递组织的发展方向、期望、过程、产物和态度"。他把沟通看成是人身体中的血液，贯穿于全身每一个部位，促进身体循环，提供补充各种各样的养分，形成生命的有机体。没有沟通，就没有管理；没有沟通，管理只是一种设想和缺乏活力的机械行为。沟通构成了组织的生命线，以确保组织的生存。他建议管理者必须创建沟通的生命线，而最佳的方法是通过开放式沟通营造鼓励性的沟通氛围。

1.7　管理沟通及其作用

如前所述，管理离不开沟通，沟通贯穿于管理的全过程，沟通是组织的生命线。因此，组织必须利用沟通，并通过管理沟通有效发挥沟通在管理中的作用。

所谓管理沟通，就是指组织及其管理者为了有效发挥管理职能、实现组织目标，运用各种沟通渠道和工具，与内外公众之间进行的信息、知识、思想和情感的交流过程。其含义主要包括：①管理沟通是在组织的管理活动中，在管理者与相关的公众对象之间进行；②它总是围绕着组织的目标而展开；③它是一种双向的信息交流；④它必须借助于一定的信息符号和信息载体，通过沟通渠道或沟通工具进行沟通；⑤管理沟通既是科学，又是艺术。管理沟通遵循一定的规律，但在不同的场合、时间，其具体的方法是不尽相同的。相同条件下，不同人运用相同的方法，其沟通的效果也是不同的，有时甚至相差悬殊。

著名管理学家德鲁克提出管理沟通的四个基本原则[21]，即要解决以下四个问题：①受众能感知到沟通的信息内涵。②沟通是一种受众期望的满足。人们习惯于听取他们想听的，而对不熟悉的或具有威胁性的信息具有排斥情绪。因此，沟通要有一个循序渐进的过程。③沟通能够激发听众的需要。管理者要分析受众花费时间来获取信息是否值得？如果我是受众，是否愿意花费时间来获取这些信息？④所提供的信息必须是有价值的。由于信息量很大，受众没有必要获取所有的信息，因此沟通时所提供的信息应该是有价值的、重要的信息。此外，管理沟通还是一种工作技能。在各行各业中，很少有工作是不需要沟通的，即使是一些创造性的行业，如绘画、作曲等，也需要与人交流，才能产生灵感。

沟通在组织管理中的作用。

（1）沟通是实现管理目标的一种手段、方式、方法、途径。

首先，沟通是一种通过传递信息、知识等来实现组织目标的手段。现代企业内部、人与人之间、部门与部门之间、上下级之间以及其他各个方面之间，特别需要彼此进行沟通、互相理解、互通信息。然而，在现实生活中，人与人之间却常常隔着一道道无形的"墙"，妨碍着彼此的沟通。如果沟通的渠道长期堵塞、信息不交流、感情不融洽、关系不协调，就会影响工作。因此，领导者要不断加强企业内部的信息沟通，传递资料，交流感情，让员工清楚地知道公司的方针、政策和所处的形势，并且逐步建立起一套成熟、完善的沟通系统。

其次，沟通是一种管理方式。不同的管理者具有不同的管理风格，因而形成了各自不同的沟通方式；同样，不同的组织在长期的经营管理实践中也都形成了自己的沟通方式。以英特尔为例，在英特尔总部，专门设有一个"全球员工沟通部"，以促进英特尔沟通体系与团队发展。其与员工沟通的方式主要包括：自上而下的沟通和自下而上的沟通。沟通方式包括：①网上直播，网上聊天。英特尔的高层管理人员会经常通过英特尔内部网络，向全球员工介绍公司最新的业务发展以及某个专门问题的情况。通过网上聊天，与员工进行互动，回答员工现场提出的各种问题。②季度业务报告会。这是一种一对多或多对多的沟通，是一种面对面的沟通。在季度业务报告会上，不单是公司向员工通报公司最新的业务发展情况，还对员工提出的问题进行回答，而员工通过现场提问直接地、面对面地与公司管理层进行交流。③员工问答。在英特尔季度业务报告会之前，为了了解员工所关注的问题与所顾虑的事情，各部门内部会通过员工问答的方法，预先了解员工的心声。④员工简报。英特尔公司每个季度出版的员工简报，成为一种员工内部沟通的重要方式。在英特尔的工厂里，每个星期都会出版一期员工快报，让员工自由取阅，将公司及工厂里最新的重要事情、消息，通过简报的形式告知员工。⑤一对一面谈。一对一的面谈是自下而上的沟通中比较常用的重要方式，是指公司与每一名员工之间就工作期望与要求进行沟通。通常通过员工会议的形式进行，要求员工来制定会议的议程，由员工来决定在会议上想谈的内容，包括员工对自己职业发展的想法，对经理人员的看法和反馈等。⑥定期的部门会议。英特尔各业务部门与职能部门会定期召开会议，经理人会定期和所有的下属进行及时的沟通，听取员工的建议与想法，传达公司的政策与各项业务决策。⑦全球员工关系调查。英特尔每年都进行一年一度的全球员工关系调查，英特尔总部会派人到全球各个国家与地区的分公司，对员工关系与沟通情况进行调查。⑧开放式的沟通（open door）。很多时候，员工的顾虑与意见不愿意直接与其上司面谈，基于此，英特尔的人力资源部专门设有一名员工关系顾问，员工可以与人力资源部的员工关系顾问进行面谈。员工关系顾问会对所了解的信息进行独立的调查，了解员工反映的情况，然后将调查结果通知公司有关部门，包括员工的经理。在这种沟通方式中，英特尔制定了一系列的规则来避免经理人员对员工采取一些不适当的方式，从而保护了员工的权利。

最后，沟通是一种科学与艺术方法。美国一家公司的总经理非常重视员工之间的相互沟通与交流，他曾有过一项"创举"，即把公司餐厅里四人用的小圆桌全部换成长方形的大长桌。这是一项重大的改变，因为用小圆桌时，总是那四个互相熟悉的人坐在一起用餐，而改用大长桌情形就不同了，一些彼此陌生的人也有机会坐在一起闲谈了。如此一来，研究部门的职员就能遇到来自其他部门的行销人员或者生产制造工程师，他们在相互的接触中，可以互相交换意见，获取各自所需的信息，而且可以互相启发，碰撞出"思想的火花"。

同时，沟通也是一种实现组织目标的重要途径。领导者根据组织发展的需要，采取各种途径达成目标的实现，如建立内部沟通渠道、外部沟通网络等，并通过制度建设确保沟通渠道畅通。

（2）沟通是组织战略确立与实施的核心链环和纽带。组织战略的确立要求高层管理人员要根据组织的使命和目标，分析组织的外部环境，确定存在的机会和威胁，评估组织的内部条件，认清组织拥有的优势和劣势，并在此基础上，制订用以完成使命、达到目标的战略计划。根据战略计划的要求，管理人员应配置资源，调整组织结构和分配管理工作，并通过计划、预算和进程等形式实施既定的战略。在执行战略的过程中，管理人员还要对战略的实施成果和效益进行评价，同时，将战略实施中的各种信息及时反馈到战略管理系统中来，以确保对组织整体经营管理活动的有效控制，并且根据变化的情况修订原有的战略，或者制定新的战略，开始新的战略管理过程。由此可见，沟通贯穿于战略管理的全过程，战略的确立、实施、评价等不仅离不开沟通，而且完全依靠沟通作为纽带，实现战略目标。

（3）沟通是组织文化确立与发展的黏合剂。企业管理的最高境界就是在企业经营管理中创造出一种企业独有的企业精神和企业文化，使企业管理的外在需求转化为企业员工内在的观念和自觉的行为，认同企业核心价值观念、目标及使命。而企业精神与企业文化的培育与塑造，其实质是一种思想、观点、情感和灵魂的沟通，是管理沟通的最高级形式。没有沟通，就没有对企业精神和企业文化的理解与共识，更不可能认同企业的共同使命。

（4）沟通是优化组织管理环境、改善干群关系、克服管理障碍的基础和保障。组织环境具有不确定性、复杂性及可变性等特点，管理人员如果不注意收集信息、关注环境的变化、了解环境的影响因素，就不可避免地会产生矛盾和冲突。而如果不能及时沟通，采取有效措施，也难以解决矛盾和冲突。因此，与内外公众沟通信息和知识、交流思想和情感，有助于减少和消除冲突，有助于防止突发性事件的发生。

（5）沟通是提高员工忠诚度、满意度、创造力以及组织效益的利器。员工中潜藏着巨大的能量，但要使员工心甘情愿地贡献自己的能量，其前提是员工必须对组织具有忠诚度、满意度，并在此基础上，运用激励机制使员工发挥主动性和创造力。沟通有利于领导者激励下属，建立良好的人际关系和组织氛围，提高员工的士气。除了技术性和协调性的信息外，企业员工还需要鼓励性的信息。它可以使领导者了解员工的需要，关心员工的疾苦，在决策中就会考虑员工的要求，以提高他们的工作热情，发挥其主动性和创造性。人一般都会期望别人对自己的工作能力有一个恰当的评价。如果领导的表扬、认可或者满意能够通过各种渠道及时传递给员工，就会形成某种工作激励。而且沟通能够产生凝聚力、向心力，更能创造价值，提高效率与效益。沟通渠道的建立和畅通，可以使领导和员工心心相印，统一思想和观念，"上下同欲者胜"。沟通减少了无谓的扯皮和矛盾，使员工各司其职、各负其责，有助于提高工作效率和效益。

1.8　管理沟通理论的形成与发展

管理沟通理论是伴随着管理学理论逐步形成，并不断得到发展的。管理沟通理论形成与发展过程大体经历了三个阶段：萌芽阶段、形成阶段和发展阶段。

1.8.1 萌芽阶段

萌芽阶段：19 世纪末 20 世纪初期。管理沟通理论是伴随着科学管理理论和古典组织管理理论逐步产生的，其代表人物有泰勒、法约尔等。美国的管理学家泰勒在其提出的科学管理理论中关注到管理中下行沟通的重要性，并试图通过组织结构的设计来保证下行沟通的畅通，以确保命令下达的准确性以及实施的效率。1916 年，法国的亨利·法约尔提出了管理的五项职能和一般管理的 14 条原则，并提出了著名的"等级链和跳板"原则，从整个组织结构的角度分析了信息的传递与沟通。法约尔认为，组织内部信息传递和沟通的方法首先要遵循"等级链"的原则，即从最上级到最下级各层权力连成的等级结构，沟通以等级链的方式进行，有时为了提高沟通效率，同级之间可以采用"跳板"进行横向沟通。法约尔对于促进管理沟通特别是组织沟通的研究起了重要的作用，其思想可以认为是组织沟通理论的雏形。

1.8.2 形成阶段

形成阶段：20 世纪 20 年代至 50 年代。20 世纪 20 年代，人际关系理论和行为科学理论的产生，使得管理沟通理论得到丰富和发展，人际沟通、组织沟通（包括非正式沟通、横向沟通、组织文化沟通）引起人们的关注，其代表人物有梅奥、巴纳德、德鲁克等。1924—1932 年梅奥的霍桑试验促成了人群关系理论问世。梅奥的人群关系理论，强调人与人间的相互沟通，包括上下级间的纵向沟通和人际间的沟通，尤其是非正式组织概念的提出，使非正式沟通引起了人们的关注。可以说，人群关系理论的创立是管理沟通史上具有重要意义的事件，为管理沟通的理论研究奠定了基础。

1938 年，美国管理学家切斯特·巴纳德在其提出的组织理论中，提出了组织构成的三要素：协作意愿、共同目标和信息交流。他认为，信息交流是连接组织的共同目标和个人合作意愿的桥梁。信息交流必须遵循的原则是：①信息交流要使每个成员都明确了解各自的权利和责任，公开宣布每个人所处的地位。②每个成员要有一个正式的信息联系渠道。③信息渠道要直接而便捷，要经常进行信息交流，以免发生误解。④经理是信息联系的中心。⑤组织执行职责时信息不能中断。巴纳德的组织理论特别强调了信息沟通的不可或缺性，非常清楚地阐明了沟通在组织建立与发展过程中的作用。

美国管理学家彼得·德鲁克的管理理论中对管理者的责任、目标管理、管理决策等组织管理沟通进行了精辟论述。他认为，管理者共同的管理职责包括加强组织内的信息沟通和联系。高层管理的主要任务应为以下六项：①仔细考虑企业的使命；②有必要确定标准、树立榜样，即企业需要有良心职能；③企业是人的组织，因此企业负有建立和维系人的组织的职责；④同样重要的是，一些只有处于一个企业高层的人们才能建立和维持的重要关系；⑤参加无数礼节性的活动、宴会、社交活动等；⑥必须有一个为重大危机而"备用的机构"，以便在事情极为糟糕时有人接管处理。1954 年，德鲁克提出了一个具有划时代意义的概念——目标管理（management by objectives，MBO）："所谓目标管理，就是管理目标，也是依据目标进行的管理。"[21]上级必须知道对下级的期待是什么，而下级必须知道自己对什么结果负责。德鲁克认为，任何企业必须形成一个真正的整体。企业每个成员所做的贡献各不相同，但是，他们都必须为着一个共同的目标做贡献。他们的努力必须全都朝着同一方向，他们的贡献都必须融成一体，产生出一种整体的业绩——没有隔阂，没有冲突，没有不必要的重复劳动。德鲁克认为，决策始于看法，决策要求不同意见。一个人如果不考虑可供选择的各种方案，他的思想就是闭塞的。卓有成效的决策者往往不求意见的一致，而十分喜欢听取不同的想法。德鲁克认为，经理工作的绩效取决于他的听和读的能力，取决于他的说和写的能力；经理需要具有把他自己的思想传达给别人，并找出别人在想什么的技巧。

1.8.3　发展阶段

发展阶段：20 世纪 60 年代至今。自 20 世纪中叶开始，管理学理论得到了较快的发展。系统论、信息论、控制论、决策管理理论、组织文化理论、学习型组织理论、知识管理理论等研究成果都或多或少地为管理沟通理论的发展奠定了基础，使得管理沟通逐渐发展成为一门科学和学科。

系统论的出现，使人类的思维方式发生了深刻的变化，系统思考成为管理沟通的核心；信息论主张要正确地认识并有效地控制系统，就必须了解和掌握系统的各种信息的流动与交换；控制论认为，任何系统要保持或达到一定的目标，就必须采取一定的行为：输入和输出，其中控制论的反馈（正反馈、负反馈）是管理沟通过程中不可或缺的重要环节。

西方管理决策学派的创始人之一赫伯特·西蒙（Harbert A.Simen）认为，组织是指一个人类群体当中的信息沟通与相互关系的复杂模式。它向每个成员提供决策所需要的大量信息和决策前提、目标，它还向每个成员提供一些稳定的可以理解的预见，使他们能预料到其他成员将会做哪些事，其他人对自己的言行将会做出什么反应。西蒙认为，决策过程中最重要的是信息联系，决策的各个阶段均是由信息来联系的。西蒙指出，信息联系是一种双向过程，它既包括从组织的各个部分向决策中心的传递，也包括从决策中心向各个部分的传递。信息传递可分为两种渠道：正式渠道与非正式渠道。西蒙认为，为克服在信息沟通的整个过程的诸多障碍因素，可在组织中成立一个特别的"信息联系服务中心"，以收集、传递和储存各种情报。会议也是一种信息沟通的重要手段。

兴起于 20 世纪 80 年代的组织文化理论，从组织的理念、制度、行为、视觉识别等方面出发，系统构建了组织的文化传播沟通网络。其代表人物有沙因、肯尼迪和迪尔等。美国麻省理工学院教授艾德佳·沙因（Edgar H. Schein）认为[22]：从 20 世纪 80 年代开始，管理学家对企业文化或组织文化给予了相当热情的研究，综合起来组织文化主要包括以下内容：①人们进行相互作用时所被观察到的行为准则；②群体规范；③主导性价值观；④正式的哲学；⑤游戏规则；⑥组织气候；⑦牢固树立的技巧；⑧思维习惯、心智模式(mental models)、语言模式；⑨共享的意思；⑩一致性符号。沙因认为对这些内容的讨论都没有涉及文化的本质，他认为文化是一个特定组织在处理外部适应和内部融合问题中所学习到的，由组织自身所发明和创造并且发展起来的一些基本的假定类型，这些基本假定类型能够发挥很好的作用，并被认为是有效的，由此被新的成员所接受。沙因认为，文化由以下三个相互作用的层次组成：①物质层，包括可以观察到的组织结构和组织过程等；②支持性价值观，包括战略、目标、质量意识、指导哲学等；③基本的潜意识假定，包括潜意识的和暗默的一些信仰、知觉、思想、感觉等。目前的文化研究大多停止在物质层和支持性价值观层面，而对更加深层的事物挖掘不够。阿伦·肯尼迪（Allan A. Kennedy）和特伦斯·迪尔（Terrence E. Deal）认为企业文化包括五个要素[23]：企业环境、价值观念、英雄人物、例行工作和礼仪（文化仪式）和文化网络。其中，价值观念是企业文化的核心，统一的价值观使企业内成员在判断自己的行为时具有统一的标准，并以此来选择自己的行为。文化网络是指非正式的信息传递渠道，主要是传播文化信息。它由某种非正式的组织和人群，以及某一特定场合所组成，它所传递出的信息往往能反映出职工的愿望和心态。

20 世纪 80 年代以来，随着信息革命、知识经济时代进程的加快，企业面临着前所未有的竞争环境的变化，传统的组织模式和管理理念已越来越不适应环境，其突出的表现就是许多在历史上曾名噪一时的大公司纷纷退出历史舞台。因此，研究企业组织如何适应新的知识经济环境、增强自身的竞争能力、延长组织寿命，成为世界企业界和理论界关注的焦点。在这样的大背景下，以美国麻省理工学院教授彼得·圣吉（Peter M. Senge）为代表的西方学者，吸收东西方管理文化的精髓，提出了以"五项修炼"为基础的学习型组织理念。1990 年彼得·圣吉出版了《第五项修炼——学习型组织的艺术与实务》一书，提出了学习型组织必备的五项修炼：自我超越、改善心智模式、建立共同愿景、团队学习和系统思考。[24]可以说，学习型组织的五项修炼都是管理沟通理论研究的重要内容，涉及自我沟通、人际沟通、团队沟通、组织沟通，尤其是第五项修炼，阐述的就是沟通的核心。

知识管理（knowledge management，KM）理论是在战略管理理论、核心竞争力、信息管理理论，尤其是人力资本理论的基础上提出来的，其目的是为企业实现显性知识和隐性知识共享提供新的途径。狭义的知识管理，主要是对知识本身的管理，包括对知识的创造、获取、加工、存储、传播和应用的管理。维格（Wiig）指出[25]，知识管理主要涉及四个方面：自上而下地监测和推动与知识有关的活动；创造和维护知识基础设施；更新组织和转换知识资产；使用知识以提高其价值。奎达斯（Quitas）认为，知识管理的目标包括六个方面：①知识发布，以使一个组织内的所有成员都能应用知识；②确保知识在需要时是可得的；③推进新知识的有效开发；④支持从外部获取知识；⑤确保知识、新知识在组织内的扩散；⑥确保组织内部的人知道所需的知识在何处。知识管理的作用体现在：①把知识积累起来，构建企业知识库，对纷杂的知识内容（方案、策划、制度等）和格式（图片、Word、Excel、PPT、PDF 等）分门别类管理；充分发动每个部门、员工，贡献自己所掌握的企业知识，积少成多，聚沙成塔；重视企业原有的知识数据，进行批量导入，将其纳入管理范畴；帮助企业评估知识资产量、使用率、增长率。②把知识管理起来，创建企业知识地图，以清晰地了解企业知识分布状况，提供管理决策依据；构建知识权限体系，对不同角色的员工开放不同级别的知识库，保证企业知识安全；注重版本管理，文件资料从初稿到最后一版，均有版本记录保存并可查。③把知识应用起来，让知识查询调用更加简单，充分利用知识成果，提供工作效率，减少重复劳动；依据知识库构建各部门各岗位的学习培训计划，随时自我充电，成为"学习型团队"；提供知识问答模式，将一些知识库中缺少的经验性知识，从员工头脑中挖掘出来；支持异地协同，通过互联网获取知识库内容，为异地办公提供知识支持。

德鲁克在1988年发表的《新型组织的出现》和2002年出版的《下一个社会的管理》中指出，现代管理学的发展已经进入一个新的阶段——知识管理时代。在知识管理时代，沟通方式将发生大的变化。德鲁克认为，下一个社会将是知识社会，知识会成为社会的关键资源，知识工作者将成为主要的劳动力。它具有下列三种主要特质：①没有疆界，因为知识的传播甚至比资金流通还容易；②向上流动，每个受过正规教育的人，都有力争上游的机会；③成功和失败的概率均等，任何人都可以获得"生产工具"，即取得工作所需的知识，但不是每个人都能成功。知识工作者是下一个社会的主力军。"知识工作者是伙伴，而不是下属。"知识是知识工作者的生产工具，由知识工作者拥有，但知识工作者具有高度的流动性，企业只能要求员工提供绩效，而不能要求员工忠诚。在德鲁克看来，知识管理时代，沟通方式由纵向沟通转向横向沟通，知识管理是一个管理系统，而不是一个管理链，从而要求各方面的互动和联结。

拓展阅读1.4
管理沟通的研究
历史和现状

进入21世纪，信息网络技术迅猛发展，即时性通信工具的广泛应用，给相对滞后的管理沟通理论提出了严峻挑战，因此，如何应对网络沟通或电子沟通带来的管理真空，如何利用快捷、方便、实用、简约的信息沟通渠道和沟通工具提高工作效率和效益，如何利用网络传播组织文化，如何应对管理组织虚拟化、组织结构扁平化、管理手段和设施网络化、管理文化全球化等发展趋势，成为管理沟通理论研究的新课题。

案例讨论

通用电气"逆向导师"计划[26]

通用电气公司（GE）是世界上最大的多元化服务性公司，从飞机发动机、发电设备到金融服务，从医疗造影、电视节目到塑料，GE公司致力于通过多项技术和服务创造更美好的生活。GE在全世界100多个国家开展业务，在全球拥有员工近300000人。GE致力于不断创新、发明和再创造，将创意转化为领先的产品和服务。

1999年，时任GECEO的杰克·韦尔奇让五六百位高层领导与精通网络的二三十岁的年轻人"结对子"，为高层领导者创造一个了解"新世代"的机会，也帮助他们了解年轻领导者将面临的挑战。2011年，GE再次意识到了不同代际员工之间存在的隔阂：年轻员工觉得公司没有太多地使用他们已经熟悉的各种社交网络工具，工作方式不够酷，表现手法不够炫，而年长的员工则对年轻人要这些玩意儿做什么感到不解。

53岁的通用电气大中华区洋掌门夏智诚并不精通中文，却非常喜欢玩中文微博。他希望通过自己的微博，能让伴随着互联网成长起来的年轻一代更多地了解通用电气，但他又不愿意将个人微博交给背后的公关团队打理。2013 年 4 月，他在微博上宣布：自己结识了3 位擅长网络社交的"导师"。一有空，他就会向他们请教"如何做好一个微博控"。夏智诚口中的"导师"，其实都是通用电气入职才一年多的"85 后"员工。

这就是通用电气正在启动的"逆向导师"计划：让高管们提出自己想学习的新知识、新领域，请年轻员工与他们"结对子"、给他们做老师。

一、"小土豆"想出的计划

钟亦祺是通用电气全球范围内第一批"逆向导师"中的一员。开展"逆向导师"计划，也是由他与其他 20 位同事共同向通用电气全球总裁伊梅尔特当面提出来的。

2011 年秋天，包括钟亦祺在内来自全球的 21 位年轻员工，被招募到位于美国硅谷的通用电气培训营，目的只有一个：让他们想想，现在公司在人才选用、人才培养与留住人才上，还能做些什么？据说这是伊梅尔特本人的主意。最近几年，这位管理大师深感伴随着互联网成长起来的年青一代与他们这些生于 20 世纪五六十年代的高管之间的代沟。

为了从年青一代身上了解新趋势，以 CEO 杰夫·伊梅尔特为首的 GE 管理层发起名为"世界新动向"的项目，从来自全球各集团、10 个国家选拔出 21 位年轻人，汇聚到 GE 在美国的克劳顿村培训中心，以他们的视角来看 GE 需要做哪些改变，并将研究成果向全球高管做分享。这 21 位员工通过报名加推荐的方式产生，他们有一个共同的特征，就是在GE 年终"成长型价值观"的考评中，"想象力和勇气"这一项得分很高，对新事物充满浓厚的兴趣，而且年龄都在二三十岁。来自 GE 中国运输系统、从事研发的钟亦祺有幸入选，那年他正好 30 岁。

"没有什么领导管我们，我们中也没有谁被指定为队长，就是让我们自己去调研、讨论。如果需要任何物质资源，只要提出来，公司都无条件地支持。"钟亦祺说。

3 个月时间里，21 个年轻人先在硅谷没日没夜地展开各种头脑风暴，又向公司要求去世界各地做实地调研，再集中到硅谷做情况汇报。最初，他们提出了 400 个建议，做成的PPT 能打印成十几本，以至于连他们自己都觉得"实在太多、太杂了"。最后，他们投票选出了 4 个建议向伊梅尔特当面汇报，项目涉及人才培养、品牌和文化以及灵活的福利制度等。

"为了让我们感到放松，伊梅尔特自己坐在当中，让我们 21 个人围成圈坐在他周围。他不要我们放 PPT，就是让我们口头告诉他有什么建议，像聊家常那样谈各种调研中的发现。他听得很认真，有时会点头，还时不时地插话进来，提一些问题做深入探讨，对于重要的内容，会立刻询问身边的工作人员落实的情况。随后伊梅尔特便和大家共进晚餐，边吃边聊。我们都是第一次这么近距离接触公司的大老板，从他的言语和表情中，能感觉到他很珍视我们这些'小土豆'的想法。"钟亦祺说。

4 个建议全部得到伊梅尔特的认可。"逆向导师"是其中最早启动的一个计划，钟亦祺他们也因此光荣地成为通用电气第一批"逆向导师"。

二、高管们主动要求配对

GE 定期组织全球总裁们每年前往美国进行培训。每年总裁们在制定发展目标时，总想着能够多接触一些新鲜的人和事，于是 GE 把这些年轻人带到了培训现场，让他们通过自己的视角来告诉总裁这个世界正在发生哪些变化，年轻人关注的热点是什么。

"你们知道现在年轻人见面后怎么交换名片吗？相互递上一张纸质名片？早就过时啦！""只要两个人拿着手机对碰一下，手机里面的个人名片就能相互交换出去。"

这是第一批"逆向导师"给高管们"上课"时使用的开场白。

21 位来自通用电气全球各地区的高管们放下手中工作，聚集在硅谷，就是为了听"逆向导师"们讲讲现在年轻人中最流行的酷技术。在听到最新交换名片的方式后，高管们都兴奋地拿起下载好软件的手机相互对碰。有些头发都已花白的总裁兴奋地拿着 iPhone 碰来碰去，开心地像是回到了童年，迷上了各种新奇的小应用。

"如何借助酷技术，了解到年轻人在想什么？""我们怎么才能影响到他们的想法？""用这些酷技术，能帮助我们吸引到人才吗？"听过"逆向导师"讲解的酷技术后，高管们纷纷提出了自己的问题。

通过这次"上课"，在全球推动"逆向导师"的计划得到了高管们的一致认同。高管们都主动要求先给自己至少配对一位"逆向导师"，以便于平时沟通。

与钟亦祺结对的高管是此前曾任 GE 大中华区总裁，现任日本区总裁的罗邦民（Mark Norbom）。由于身在两地，两人会定期开个电话会议。"罗邦民让我教他使用各种新媒体，还会让我对他在脸书、推特上的内容发表意见。有时对一些私事他也会征求我的意见，比如'给自己十几岁的孩子买什么生日礼物'，看看有哪些新奇的 3G 产品可以让孩子们欢心雀跃。"

三、保持开放心态最重要

"有一次，日本区业务收益大增，罗邦民很得意地把财报发到自己的脸书上，还让我去看。我告诉他，没有人会去关注你个人空间上的公司财报。"钟亦祺说，罗邦民并不介意这么直接的 "批评"。最近日本区有个业务网站上线，他发短信问我："你觉得我们那个网站够不够炫？"

"逆向导师"们都有这样共同的感觉，就是高管们的心态非常开放，愿意真心聆听他们这些年纪轻很多、职位级别低很多的人提出的想法。

夏智诚的三位导师主要任务是帮助他改进微博的沟通方法，他们的宏大心愿是把夏智诚打造成像李开复那样的青年导师。但是究竟哪些话题可以影响年轻人、怎样影响，都要经过周密的规划，每周都会有一个人负责主要的话题。有了这三位导师，夏智诚会把他想发布的内容提前发布在微信上和导师们沟通，讨论之后再发布到微博上。

1989 年出生的成旭是中国区总裁夏智诚的三个"逆向导师"之一。"夏智诚特别喜欢发新浪微博。以前他总在微博上发英文，我们会告诉他，用英文表达的微博对中国粉丝来说吸引力不够，最起码你要试着用双语表达；以前他在微博上几乎只发与公司有关的内容，我们会告诉他，你那么喜欢旅游、阅读，为什么不让大家看看生活中的你是什么样。他觉得我们说得有道理，就这样做了。"

"逆向导师"在与高管们的接触中，也受到很多启示。夏智诚的"逆向导师"之一孙星把这个机会当成了双赢的学习过程，一方面，可以让高层领导了解年轻人的想法；另一方面，她也可以从"学生"那里好好学习职业发展的经验。她说：自己有一次在外面见客户遭到拒绝，觉得非常灰心。突然看到夏智诚在微信上说起他的第一份工作是在澳大利亚农场里放牛；第二份工作是挨家挨户敲门推销畅销书。自己觉得很受鼓舞。"一位高管能如此近距离地与我沟通，鼓励我勇敢地敲开下一扇门，让我觉得对工作很有信心。"

据悉，"逆向导师"计划在通用电气才刚启动，目前通用电气各地区都在积极招募更多的年轻导师。

讨论：

1. "逆向导师"计划的目的是什么？
2. "逆向导师"计划对通用电气有何益处？
3. 从管理沟通的角度，"逆向导师"计划给我们以哪些启示？

 ## 本章小结

1. 世间万物皆处于沟通状态之中，沟通无时不有、无刻不在。

2. 沟通就是个人或组织与沟通对象进行的信息、知识、思想和情感等的交流与反馈的过程。

3. 有效的沟通不仅仅需要传递其意义，还需要意义被理解。

4. 沟通要通过言语类沟通符号和非言语类沟通符号传达意义，并要通过人际传播和大众传播媒介等渠道进行沟通。沟通的形式多样、类型繁多，用途各异，功能不一。沟通类型可划分为：浅层沟通和深层沟通，双向沟通和单向沟通，正式沟通和非正式沟通，言语沟通和非言语沟通，人际沟通、群体沟通、团队沟通、组织沟通和跨文化沟通，横向沟通和纵向沟通；建设性沟通和破坏性沟通；传统媒介沟通、新媒体沟通、网络沟通和虚拟沟通。

5. 沟通的本质是基于共同目标，建立在信任基础上的坦诚交流。

6. 有效沟通是一个受到诸多因素影响的十分复杂的信息、知识、思想、情感的交流过程。沟通的核心是系统思考。

7. 管理离不开沟通，管理处处皆沟通。沟通是个人事业成功的金钥匙，是组织的生命线。

8. 管理沟通既是科学，也是艺术，是科学与艺术的结晶。

即测即练

参考文献

[1] 邢群麟，姚迪雷. 有效沟通[M]. 沈阳：万卷出版有限责任公司，2008.

[2] 李锡元. 管理沟通[M]. 武汉：武汉大学出版社，2006.

[3] 尚水利. 对沟通的再认识及其现实意义[J]. 消费导刊，2008（5）：244.

[4] 贝克. 管理沟通——理论与实践的交融[M]. 康青等译. 北京：中国人民大学出版社，2003.

[5] 苏勇，罗殿军. 管理沟通[M]. 上海：复旦大学出版社，1999.

[6] 卢有杰，王勇. 项目管理知识体系指南[M]. 北京：电子工业出版社，2005.

[7] 何燊，蓝彬珍. 沟通的本质是要达成共识——记福建中庚实业集团有限公司董事长助理吴铁[N]. 福建工商时报，2007-11-09.

[8] 魏江. 管理沟通——理念与技能[M]. 北京：科学出版社，2001.

[9] 曹勃. 坦诚是沟通本质和企业成功核心要素[EB/OL]. http://www.globrand.com/2009/222046. shtml，2009-04-05.

[10] Lakshman. Essence of Communication-Trust[EB/OL]. http://www.citehr.com/14477-essence- com-munication-trust. html，2009-09.

[11] 赵波. 陷阱——中国企业案例启示录[M]. 珠海：珠海出版社，2005.

[12] Foulger D. Evolutionary Media[M]. Models of the Communication Process，2004.

[13] 郭文臣. 公共关系管理[M]. 大连：大连理工大学出版社，2005.

[14] 申明，郭小龙. 管理沟通[M]. 北京：企业管理出版社，2002.

[15] 沙流海. 沟通不是全部的管理，但是管理离不开沟通[EB/OL]. http://www.mie168.com/human-resource/2004-10/24651. htm，2004-10-25.

[16] 胡慧平. 人事经理的“三级沟通网”[J]. 人才瞭望，2003（1）：47.

[17] 吕国荣. 影响世界的 100 条管理名言[M]. 北京：人民邮电出版社，2005.

[18] 托马斯·D. 兹韦费尔. 管理就是沟通[M]. 杜晓伟，译. 北京：中信出版社，2004.

[19] 刘学元. 如何沟通——谈沟通的技巧与艺术[EB/OL]. http://www.docin.com/p-3981383.html.

[20] 查尔斯·E. 贝克. 管理沟通——理论与实践的交融：第二版[M]. 北京：中国人民大学出版社，2003.

[21] 彼得·德鲁克. 管理实践[M]. 帅鹏，等，译. 北京：工人出版社，1989.

[22] Schein E. H. Organizational culture and leadership[M]. third edition. The Jossey-Bass，2004.

[23] 阿伦·肯尼迪，特伦斯·迪尔. 西方企业文化[M]. 罗德荣，等，译. 北京：中国对外翻译出版公司，1989.

[24] 彼得·圣吉. 第五项修炼——学习型组织的艺术与实务[M]. 上海：上海三联书店，1994.

[25] 左美云. 国内外企业知识管理研究综述[J]. 科学决策，2000（3）：31-37.

[26] 唐烨. 85 后员工“逆袭”高管——通用电气启动“逆向导师”计划[N]. 解放日报，2013-06-17.

第 2 章

影响管理沟通有效性的因素

通过本章的学习，你应该能够：

1. 了解沟通行为理论的基本内容，掌握管理沟通有效性的内涵；
2. 掌握有效沟通的原则和步骤；
3. 了解无效沟通及其主要原因；
4. 掌握影响沟通效果的主体、客体和环境因素；
5. 熟练掌握自我沟通特征以及能力提升途径；
6. 掌握人际沟通的本质、动机、障碍。

高品公司半年绩效面谈

高品公司成立于 2012 年，是江苏省苏州市一家科技创新型企业，主要从事声光电精密零部件及精密结构件、智能整机、高端装备的研发、制造和销售，目前员工 1300 多人。

高品公司推行的员工考核制度为 PBC（personal business commitment，个人绩效承诺）绩效管理，PBC 内容分为工作绩效指标和个人提升指标两部分，每季度考核一次，考核成绩由员工主管根据员工表现进行评分。成绩确定后，主管和员工进行面谈，沟通员工绩效达成情况，哪些地方表现好，哪些地方表现不足需要改进，并一起讨论改进和落实方案。

王强，27 岁，A/B/C 项目成员，初级研发工程师，2019 年加入高品公司，仅有 1.5 年耳机产品开发经验，加入公司到现在一直从事耳机结构设计相关工作，最近被主管分派到客户项目 C，开始接触耳机制造工艺工作。同时，王强也在自研项目 B 和客户项目 A 中担任结构开发工作。上半年度，王强因出现多次失误，造成 A 项目延期，遭到项目经理多次投诉；并且也未达成项目 C 开始阶段所制订的绩效目标（见表 2-1）。

王强的主管李经理为此十分生气，最近想好好与王强就半年度绩效问题进行沟通，并希望下半年度王强能快速进步达成年度绩效目标。

某天早会上，李经理当众批评了王强上半年绩效很差，并让其早会后留下来。以下是李经理和王强的对话：

表 2-1　王强半年度绩效目标完成情况

	KPI/关键任务	公式	权重	半年度绩效目标	年度绩效目标	半年度达成情况	得分
1	设计达成率	P＝结构类测试通过项目数/结构类测试总项目数	30%	>90%	>95%	92%	30
2	图纸审核出错率	P＝审核出错总数/审核总数	25%	<5%	<3%	15%	0
3	BOM 成本达成率	P＝结构件报价成本/结构件实际成本	25%	>90%	>100%	110%	25
4	掌握耳机制造工艺	P＝考核总得分	10%	>80	>90	74	5
5	申请专利数	P＝发明专利*1＋实用新型*0.5	10%	2	5	3	10
						总分	70

李经理：小王，我提醒过你多少次，工作一定要细心。你看，你在项目 A 中频频出现低级失误，你也太粗心了，项目经理可投诉你好几次，你说你让我怎么办？

王强：（沉默）

李经理：怎么？难道我说的不对？

王强：经理，这也不能全怪我，当时你安排我参与项目 A，可是我手上已经有 2 个项目了，精力根本不够，而且……

李经理：你还强词夺理，你手上的 2 个项目有什么难度，难道忙到没有时间处理项目 A 的工作，而且我也跟项目经理打过招呼，让他安排给你最没技术难度的工作，不是嘛！

王强：是没技术难度，让我整天加班审图样，可这并不是我擅长的工作，我也讨厌这样的工作。

李经理：你还挑三拣四了，任何工作都要干好，如果大家都像你这样挑自己喜欢的工作做，那工作还怎么做！反正你在项目 A 里表现很差，不希望你以后再出现这样的情况。再说说项目 C，我们当初可是约定了你要负责将良率提到 90% 以上，可是现在也没达成。

王强：经理，当时你是说过良率 90% 的要求，但是你也说了主要让我以学习工艺为主，让我协助制造部完成，并不是我主责，而且我的 PBC 里面也没有这项目标。

李经理：（发怒）小王，你真是知错不改，我不管你用什么办法，如果第三季度还不能达成 90% 的良率目标，你就准备走人！就这样吧！

王强愤怒地离开办公室。第二天，李经理收到了王强的离职申请书。

（案例由大连理工大学 MBA 学员吾晓提供。）

无疑这是一次失败的绩效面谈，李经理并没有达成绩效面谈的目的。绩效面谈的目的是让员工清楚达成绩效目标的情况，总结员工过往好的经验和不足之处，和员工一起制订改善对策并激励员工落实达成绩效目标。而李经理既没有了解王强绩效差的原因并进行剖析，也没有和王强制定改善对策并激励落实，更多的是责备和情绪的宣泄，最终导致了王强的不满而离职。

在管理实践中如何做到有效沟通、减少无效沟通是每一个管理者的必修课。影响管理沟通有效性的因素十分复杂，沟通过程中的每一个要素如沟通者、沟通对象、信息、渠道、语言、噪声、反馈、环境等都有可能影响沟通的效果。本章将探究管理沟通有效性与无效性、影响管理沟通的主要因素、自我沟通和人际沟通的特征及技巧等。

2.1 管理沟通有效性

2.1.1 概念界定与维度

管理离不开沟通，沟通贯穿于组织管理的全过程。沟通有效与否会直接影响到组织目标的实现，因此，有效沟通是组织所有沟通者和沟通对象的首要目标。不可讳言，要实现有效沟通并非易事，它涉及沟通的目的、动机，沟通的主体与客体，沟通的质（效率、效果、效能）、量（次数、内容多少）、度（范围、尺度、临界点），沟通的时间或时机，沟通的语言（口头语言、书面语言、动作语言）表达，沟通的渠道或工具选择，沟通的环境（传统文化、人际关系、制度、物理 环境、社会环境）等。基于此，管理沟通的有效性引起了越来越多专家学者、领导者和管理者的关注和重视。

管理沟通有效性，又称沟通有效性、有效沟通或有效管理沟通。对管理沟通有效性的研究由来已久，人们见仁见智、各抒己见。

1. 沟通行为理论

德国的哲学家尤尔根·哈贝马斯（Jürgen Habermas）于 1981 年出版了《沟通行为理论》，中文又称《交往行为理论》[1]等。哈贝马斯的沟通行为理论主要探讨人的交往行为的合理化问题和可普遍化的法律、道德规范的理性基础。

哈贝马斯发现，第一次世界大战和第二次世界大战以及战后国家工业的发展，出现了国家和民族的非理性主义倾向，即工业发展使社会进入工业文明时代，科学技术不断进步，人类征服自然的能力越来越强，社会物质财富高度丰富、社会经济活动和政治活动效率极大提高。但是工业文明时代也酝酿着危机，即人类的精神面貌并没有随着人的物质生活水平的提高而得到改善，相反生态危机、战争威胁、人的精神的枯萎、道德的沦丧和人际关系冷漠使得人的生活质量更加糟糕。在工业社会，工具理性占据着主导地位，成为支配人们行为的基本准则。人际交往越来越功利化、利益化，人们把物质享受放在首位，忽视了精神交往的重要性（价值理性或精神理性）。哈贝马斯认为这是一个"自由丧失""意义丧失"的时代，而造成这一现象的根本原因是工具理性的过度膨胀、"系统"对"生活世界"的入侵。为把人从这一困境拯救出来，哈贝马斯提出了沟通行为理论，其主旨是通过弘扬沟通理性，使人们在没有压制、没有暴力的情况下，通过相关成员之间的平等对话和协商，达成相互理解、建立大家一致认同的行为规范，构建一个公正合理的和谐社会。

哈贝马斯将社会行为划分为四类：目的行为、规范调节行为、戏剧性行为、沟通行为（交往行为）。

（1）目的行为是指行为者为了实现自身特定的目标而采用的方式和方法。哈贝马斯根据行为所针对的对象的不同，将目的行为又划分为工具行为和策略行为。工具行为指行为人将行事当做达到某个目的的手段，侧重的是影响一个客体，是工具理性的实践结果；策略行为指的是两个或两个以上的行为人都想利用某些方法或渠道来影响别人的思维和决策。工具行为和策略行为都有一个共同的特点，就是为了实现自身的目的，都会事先进行合理的筹划。

（2）规范调节行为指的是行为者在一个具体的社会团体内部，以相同的规范作为行为准则而进行的行为。

（3）戏剧性行为指的是行为者作为互动的主体在经过一定主观修饰之后，来展示自己，同时与对方交换立场，互相成为对方的观众。但互动主体之间难以形成有效的交流。

（4）沟通行为是指在至少两个个体之间，以语言作为工具，让个体之间实现相互理解、并使行动达成一致的行为。沟通行为需要两个或两个以上的个体，这些个体必须具备话语沟通能力和行为实施能力。沟通行为的最终目标是实施沟通行为时是以语言作为交往工具、双方坦诚沟通以实现彼此之间的互相理解和行为一致。

哈贝马斯认为沟通行为的基础是沟通理性，即隐含在人类言语结构中，并由所有能言谈者共享的理性。哈贝马斯称沟通行为代替策略行为的过程为"沟通理性化"。沟通理性是交往行动中蕴含的不同于目的—工具理性的另一种理性：反省、批判和论证的理性。沟通理性是一种对话式的理性，是以主体间的平等对话为基础的；沟通理性是一种借助于更佳论据的力量进行反复论证的理性，在交往行动受到质疑时，沟通行为的参与者能够进入理性的讨论。在讨论中，交往双方针对受到质疑的有效性反复讨论，以期达成共识，相应的目的—工具理性不必借助于讨论，是以单方面的利益取得为标准的[2]。哈贝马斯认为，"如果不弄明白如何利用说话就某事达成理解，人们就不知道理解说话为何物。"语言的基本功能就是协调众多独立主体的行为，这使得大家交往互动有序，不起冲突。哈贝马斯希望通过共识的形成来实现社会的整合。而要达成共识有两个前提：理想沟通情境和言语沟通有效性要求。

哈贝马斯认为在理想沟通情境下，当沟通双方能够遵循陈述真实、意向真诚、规范正确等基本要求时，相互之间就能够达成共识。

理想沟通情境：要求参与讨论的机会是平等开放的，沟通的内容是自由的，参与者均可以提出任何意见或质疑。而且，沟通不会受到外界权力的干扰，是无强迫性的，大家有发言和不发言的自由。此外，参与沟通必须是要有一种理性、真诚和开放的态度，必须尊重和承认其他参与者。

言语沟通有效性的要求：言语沟通有效性必须满足四个条件，即可领会性要求、真实性要求、真诚性要求和正确性要求。言语有效性基础包括四点：表达的可领会性、陈述的真实性、表达的真诚性、言说的正确性或正当性。

（1）可领会性要求，意即选择可领会的表达，以便说者和听者之间能够相互理解；

（2）真实性要求意即提供一个真实陈述的意向，语言的内容和语言本身都是真实的；

（3）真诚性要求意即表述时本身意愿是基于真诚的，真诚表达意向以便听者能相信说者的话语；

（4）正确性要求意即选择一种本身正确的话语，在道德规范上是合适的、合理的，以便听者能够接受。

满足上述四个有效性要求，交往的双方才能达成共识，并建立起普遍的道德规范。但四个有效性难以同时满足，在沟通过程中，以言语沟通有效性为基础建构起的沟通模式受到诸多因素的制约和影响。例如可理解性需求由于受到不同国家、民族、生活背景差异影响，想通过可理解的语言沟通来达成共识，相当困难。至于其他三个沟通有效性要求在现实生活中影响因素更多，更容易造成误解和冲突，难以达成共识。在哈贝马斯看来，要达成理解与共识，参与沟通者首先要理解说者所说的话，要知悉说话人言语的字面意义，然后能揣测到说话人的意图，了解说话人说的内容的正当性理由，并接受这些理由以及其用的语言。

2. 管理沟通有效性

德鲁克（Drucker）认为，所谓有效性，就是使能力和知识的资源能够产生更多、更好成果的一种手段[3]。奥赖利（O'Reilly）和罗伯茨（Roberts）（1973）认为沟通有效性就是沟通结果（productivity）的适应性（adaptability）和灵活性（flexibility）。[4]程志超、王捷（2005）认为，沟通的有效性主要指沟通效果的好坏和沟通效率的高低。沟通有效性为实际沟通结果与期望沟通结果之间的相异程度。[5]梅红等人（2008）认为，管理沟通有效性指的是为实现特定的组织目标而清晰地表达所要发送的信息，准确地理解所接受的信息的程度，它可以通过观测沟通满意度和沟通开放性两个变量反映出来。[6]

唐斯（Downs）于1994年编制了沟通满意感量表为测量工具，量表包含八个维度：沟通氛围、管理沟通、组织综合、媒介质量、平行沟通、公共信息、个人回馈以及与下属的沟通，该量表得到多国学者的广泛验证，取得良好的信度与效度。[7]沟通开放性是指包括询问信息、倾听信息、对接收到的信息采取行动的组织行为的开放程度，罗杰斯（Rogers）于1987年开发了沟通开放性量表，[8]该量表共有13个测量项目，包括主管询问建议；主管对批评采取行动；主管倾听投诉；人们询问主管的意见；主管跟踪人们的意见；主管提出新想法；人们向同事征求建议；主管听坏消息；人们会听取同事的新想法；主管倾听新想法；主管跟进建议；主管询问个人意见；人们会听取主管的建议。

程志超等根据沟通效果的好坏、沟通效率的高低，将沟通有效性划分为两大类10个指标。一类是效果型指标：如果沟通能够满足交流信息的需要，就是有效果的。另一类是效率型指标：如果沟通能够以较低的成本、较快的速度实现沟通目标，就是高效率的。王瑛和宋燕对程志超等的测量指标做了进一步简化，指出效果指标包括一致性、可靠性和创新性；效率指标包括时效性、有用比和消耗性。[9]

综上，基于沟通行为理论以及已有的相关研究，判别沟通有效性或有效沟通的标准可谓划分为两大类：一类是一般标准，即沟通主体是否达到预期目标，是否得到了客体的预期反馈。另一类是高阶标准，即沟通的质量和效率，沟通质量侧重于沟通双方专业知识、经验、技能的匹配程度、信息的开放程度以及组织间在沟通过程中的信任程度；沟通效率侧重于沟通的频率、沟通方式的多样性，信息传达的及时性。

2.1.2　有效沟通的"7C"原则

（1）Correctness，意为正确性，包括目标定位正确、信息正确、表达正确、渠道选择正确、理解正确等。其中任何一个方面存在问题，都难以使沟通双方满意。

（2）Completeness，意为完全性，或完整性，包括信息内容的完全、沟通过程的完整。信息内容完全是沟通活动顺利进行的保证。如果掌握的信息不全，将难以做出正确的判断，必然会影响决策的科学性；沟通过程不完整，如缺少反馈环节，不了解对方的实际接受能力、接受程度等，自然难以达成沟通目标。

（3）Concretion，意为具体化，包括沟通目标的具体化、沟通对象的具体化、沟通内容的具体化、沟通时间地点的具体化、沟通方式的具体化等。沟通是一个复杂的系统工程，尤其是对于像谈判、媒体演说、冲突和危机处理等重大沟通事项，必须制订具体的沟通计划及实施方案，关注每一个事实、细节。

（4）Clarity，意为清晰，包括思路清晰、语言表达清晰、接受程度清晰等。清晰的思路、清楚地表达有利于对方的倾听、理解与合作。表达者思维混乱、前言不搭后语，接受者自然难以理解，更无法合作。

（5）Conciseness，意为简明，包括目标的简明、内容的简明、信息表达的简明扼要等。沟通前要对复杂的信息进行加工整理，提炼主要信息，把复杂概念简洁化，把复杂问题简单化，并简明扼要地传达给对方。如果需要细节，再进一步沟通。

（6）Courtesy，意为谦恭、礼貌，沟通的言行举止要注重礼仪、说话要有礼貌，把握分寸。换位思考，不仅体现了对沟通对象的尊重，也显示出沟通主体的素养，包括其高超的沟通艺术和能力。

（7）Considerateness，意为体贴、考虑周到、换位思考。体贴就是要多为对方考虑，要站在对方的角度考虑问题。沟通中只有换位思考，才能收到良好的沟通效果。

也有的学者从另外角度提出沟通的"7C"原则，即 credibility（可信性）、context（前后关系）、content（内容）、clarity（清楚）、continuity and consistency（连贯性和一致性）、channels（渠道）、capability of audience（受众的能力）。

管理学家德鲁克提出信息交流的四项基本原则：①信息交流是知觉；②信息交流是期待；③信息交流提出要求；④信息交流和信息是不同的，而且在很大程度上是对立的，但又是互相依存的。[8]一个人必须知道说什么，什么时候说，对谁说，怎么说，以上四个"简单"问题，可以用来自我检测沟通效果。

2.1.3　有效沟通的"六步"流程

第一步：前期思考

沟通的核心是系统思考，在沟通之前就必须具备系统思考的意识或理念。思考什么？当然是寻找沟通的难点或关键点。

可采用设问的方式进行。依次问答以下问题：

必要性分析：为什么要与对方沟通？不沟通的结果是什么？沟通的结果会怎样？最坏的结果是什么？最好的结果是什么？最有可能的结果是什么？……

准备工作情况：我对这次沟通做了哪些准备？信息和资料齐全吗？我对这次要沟通的事项有多少经验？我了解对方吗？……

沟通的方式：是写信？发邮件？发短信？打电话？还是亲自登门拜访？是单刀直入还是循序渐进？是正式沟通还是非正式沟通？……

沟通的难点：最困难的问题可能出现在哪个环节？这些环节的问题该如何解决？难点是事物本身的问题还是沟通对象本身的问题？中间会出现意外吗？该怎样应对？……

通过沟通前期的系统思考，做好相应准备，有备无患。

第二步：推敲意念

你主要的观点是什么？目标是否清晰？对问题理解是否透彻？问题的逻辑起点是什么？问题的本质是什么？问题核心是什么？是如何延伸的？我该怎样组织语言？怎样表达比较好？与对方的价值观或喜好是否合拍？出现冲突怎么办？……

推敲意念的过程实际上就是编码的过程，重点是确定沟通的风格和沟通的核心。

第三步：因人制宜

是否拥有对方的背景资料？对方有何特点？性格、人品、能力如何？身份、地位、权威性如何？人们是如何评价此人的？对方可信度如何？是否征求最好朋友或同事的建议？……

沟通对象各不相同，不能假设，更不能对其一无所知，尽可能了解对方的信息，以便有的放矢。

第四步：争取天时地利，调整心态

何时沟通比较合适？沟通多长时间？在什么地方沟通？办公室、接待室、家里、茶馆、某个僻静之处？对方忙不忙？对方心态如何？是我着急还是对方着急？对方为什么中断沟通？……

在合适的时间，出现在合适的地点，用平和的心态看待对方的行为，以求达成共识。

第五步：细心聆听与观察，积极反馈

对方的反应如何？对方想表达的意思是什么？对方为什么总看表？对方的情绪稳定了吗？我是如何理解对方观点或意图的？对方到底是如何看待此问题的？……

沟通时必须细心，尽可能多地了解对方的真实意图，不仅要听对方怎么说，更要注意非言语信息，并通过积极反馈，做出正确判断。

第六步：换位思考

如果我是对方我会怎样？对方为什么犹豫不决？对方为什么如此回应？在此情况下我该怎么办？……

当沟通事项并非完全按照自己的意愿进行时，尤其是问题处于胶着状态时，为了避免沟通中断或失败，需要换位思考，并在短时间内调整沟通目标和策略，从而达成目标的实现。

小资料

井蛙、夏虫与曲士

北海若曰：井蛙不可以语于海者，拘于虚也；夏虫不可以语于冰者，笃于时也；曲士不可以语于道者，束于教也。

摘自《庄子集释》卷六下《外篇·秋水》

意思是说："对井里的蛙不可与它谈论关于海的事情，是由于它的眼界受着狭小居处的局限；对夏天生死的虫子不可与它谈论关于冰雪的事情，是由于它的眼界受着时令的制约；对见识浅陋的人不可与他谈论关于大道理的问题，是由于他的眼界受着所受教育的束缚。"

2.2 管理沟通无效性

2.2.1 管理沟通无效性界定

所谓无效沟通，是指沟通主体与沟通客体进行信息、知识、思想、情感等交流的结果没有或部分没有达到预期目标。理解什么是无效沟通，应注意以下几个方面：

一是沟通无效的认定。第一种情况是主观认定沟通无效，而实际上是有效的。这可能是基于沟通主体或客体的期望值过高，或假设不正确，或信息不全等造成的。第二种情况是无论是主观认定还是客观现实，沟通效果确实无效。第三种情况是主体、客体都认定沟通无效，实际上部分无效，有一定的作用。第四种情况是沟通效果实际上无效，但主体、客体却认为部分无效。

二是认定的主体。通常有两个方面，一是沟通主体认定沟通未能达到预期目标；二是沟通客体认定沟通没能达成预期目标。不同认定主体的沟通目标是不同的，因此，对沟通有效性或无效性的心理认知和标准也是截然不同的。

三是认定的标准。目前只能是一个定性的标准，难以定量化。对沟通效果的认定通常是双方的一种心理感知。但随着沟通研究的不断深入，对沟通有效与无效的标准认定可能会突破心理感知的范畴，扩展到定量化的指标体系构建。目前，无效沟通是指沟通双方的心理感知，即沟通双方或一方没有形成对某一事物的认同或没有达成共识、协议等。认定的标准通常包括目标实现与否、信息认知与理解程度、双方的价值判断标准、双方的态度与行为等。

其实，每个人在生活和工作中都曾经历过无效沟通的事例，比如，夫妻间为某事吵架或是闹矛盾，好心助人却被误解，同事间因工作职责不清出现事故而相互推卸责任，被领导当众批评后与领导发生争执，组织文化难以理解，规章制度过于向特定群体倾斜而使员工产生不满导致的罢工，谈判破裂，讲话时被听众起哄等，可以说沟通无效的事例比比皆是。因此，无论是个体还是代表组织的领导者和管理者，必须认清沟通无效产生的消极作用，并探究影响沟通的因素，找出导致沟通无效的原因，尽量避免其发生或减少其发生的频率。

有效沟通是所有沟通者和沟通对象的首要目标，但要实现有效沟通这一目标并非易事。它涉及沟通的目的、动机，沟通的主体与客体，沟通的质（效率、效果、效能）、量（次数、内容多少）、度（范围、尺度、临界点），沟通的时间或时机，沟通的语言（口头语言、书面语言、动作语言）表达，沟通的渠道或工具选择，沟通的环境（传统文化、人际关系、制度、物理环境、社会环境）等。沟通是否有效取决于沟通双方的目标定位和心理预期，以及双方协作的成效（见表 2-2）。

表 2-2　有效沟通与无效沟通的结果

有效沟通	无效沟通
• 清楚自己该做什么 • 知道为什么要做手头的事，并且明白它将促进整个团体目标的实现 • 资源得到正确、高效的利用 • 掌握所有与工作相关的信息 • 任何可以改进业绩的建议都会得到采纳并付诸实践 • 很快的学习和掌握各种技能 • 运用团队的集体智慧，问题得到很快解决 • 有各种渠道收集客户意见，及时调整策略，取得更好的业绩	• 不清楚下一步将做什么 • 误解别人的意思 • 相互之间不进行意见和见解的交流 • 员工不明白"为什么我们要做这些事情" • 职员道德水平下降 • 公司不能收到客户的反馈信息以改善工作状况

2.2.2　无效沟通的原因

由于沟通活动的目标不同、方式不同，以及沟通主体和客体的素质等不同，因而造成沟通无效的原因也各不相同。实际上，沟而不通的原因通常都隐藏在一个个小小的细节当中，总结起来主要有以下原因：

（1）信息方面：①沟通前没有准备足够的资料和信息；②已知的信息是虚假信息，但没有对信息进行认真核实；③沟通过程中穿插过多不必要的细节或无关信息，干扰了沟通；④对信息的变化缺乏了解，做出了错误的判断。

（2）语言表达：①概念的内涵不清、应用不当、表达不准确等，让人产生歧义或理解错误；②不恰当地使用难懂的专业术语；③无意义的闲聊，使对方对沟通产生不重要的印象；④随意打岔，打断了对方的思路；⑤沟通过度；⑥语气强硬；⑦语速过快；⑧语调怪异等。

（3）态度和行为：①缺乏信任；②消极对待沟通，不配合；③注意力不集中，未能倾听；④情绪不稳定，激动或兴奋不已，愤怒或焦躁不安；⑤没有注意非言语信息；⑥不反馈。

（4）时机与策略：①沟通的时机选择不对；②没有足够的时间；③沟通渠道的选择有误；④沟通的环境不佳，噪声大；⑤沟通的方式有误；⑥沟通的对象不合适。

（5）组织与领导：①目标不清或定位不准确；②职责不清，职能划分混乱；③价值观冲突；④制度不健全、不公正；⑤权力距离。

2.3　影响管理沟通有效性的因素

2.3.1　主体因素

所谓主体因素，又可称为管理沟通主体因素，或发送者因素。管理沟通的主体通常包括发送信息的组织或个人。组织作为管理沟通的主体，其影响沟通有效性的因素很多，主要包括组织已有的社会形象、载体选择与代言人形象、组织战略、组织结构、组织文化等组织行为。个体作为管理沟通的主体，其影响管理沟通有效性的因素主要包括领导风格或管理风格、心理、态度与行为等。组织战略、组织结构、组织文化与沟通的关系将在第 4 章中进行阐述，这里着重分析组织形象、载体选择与代言人、领导风格以及心理、态度与行为等影响沟通有效性的因素。

拓展阅读 2.1
📖 一朵玫瑰的故事

1. 组织形象

组织形象指的是公众心目中对一个社会组织的整套要求、全部看法和总体评价。简单地说，组织形象就是组织在公众中产生的印象。组织形象的构成要素包括产品形象、服务形象、员工形象、环境形象、文化形象和标识形象等。[1]

产品形象是指通过组织的产品或提供的劳务所反映出来的组织形象，它是组织形象的基本要素和客观基础。产品形象包括质量、名称、商标、性能、外观、包装等。服务形象是指组织通过服务行为展现的形象，与组织的产品和人员密切相关。员工形象是指通过组织成员的品性、素质、作风、能力、态度、仪表等所体现出来的形象。它包括组织领导人的形象、管理人员的形象和全体员工的形象。环境形象是指通过组织的和相关的环境设施所展现的形象，它对组织起着烘托和装饰的作用，其构成组织形象的硬件部分。文化形象是指组织通过系列文化要素展现出来的形象，其构成组织形象的软件部分。通过一个组织特定的文化，我们可以看到这个组织形象所具有的个性和风格。组织的文化形象包括组织的价值观念和管理哲学、历史和传统、精神和风尚、目标和秩序、职业意识和职业道德、礼仪和行为规范，以及口号、训诫、歌曲、旗帜、服装和各种宣传品。标识形象是指组织通过标志和识别系统所展现的形象。它能够帮助公众识别和记忆组织的形象，如组织的名称、产品的品牌、商标或徽记、广告形象、主题词、典型音乐、特定的字体、特别的色彩、包装的设计、宣传的格调，等等。

除此之外，组织形象还包括组织的方针政策、办事程序与效率、财政资信、市场开发能力、技术开发实力、信守合同、参与社区活动的影响、信息公开程度等方面的内容。

微软的"星形"建筑

微软总部位于华盛顿州瑞德蒙市第 40 大街西侧，四周重峦叠嶂，丛林茂密。现在，公司总部的员工已有 1.7 万多人，住在"星形"办公大楼里。办公楼不算宽敞，但以微软公司数千亿美元的市值和数百亿美元的现金存款来衡量，也不算奢华。浅驼色的地毯上编织着深色花格，百叶窗帘大都是垂下的，饮水房里面放着咖啡、可口可乐、各种袋装茶叶和果汁，以及冷热水等。微软公司的员工和来访的客人都是按需取用，不必付钱。

比尔·盖茨认为，办公室和人的等级无关，和人的智慧有关。软件开发人员的智慧只有在一个独立的、富有个性的环境中，才有可能最大限度地发挥；一个更大更舒适的办公室，并不能使一个高级经理更加聪明，反而会助长其高人一等的念头，进而变得愚蠢。

20 世纪 80 年代初期，微软公司在美国雷德蒙德市的那片红杉树林中兴建它的总部时，美国各地的大公司正时兴大开间的集体办公区——正如 90 年代中国开始流行的那样。但比尔·盖茨坚持让每个员工都拥有单独办公室，大约 11 平方米，里面只有计算机台、计算机、一个小圆桌和几把靠背椅。不论是新来的大学毕业生还是公司高级经理，办公室的面积和陈设全都一样。

让每一个进入微软的人，从第一天起便享有单间办公室的种种乐趣，又要让尽可能多的办公室拥有朝外的窗户，这使得办公楼全都造型奇特，第一批建造起来的 10 栋楼房，全部是"星形"建筑，以后的则五花八门、奇形怪状。但不论什么形状，全部是二层。走廊因为外形的不同而变化多端、错综复杂。

微软员工的邋遢和不拘小节举世闻名。他们什么衣服都穿，牛仔裤、T 恤衫、冬天穿短裤，夏天穿棉衣——唯独没有穿西服系领带的。单间办公室的陈设全依自己的兴趣。最常见的是家庭照片，此外还有形形色色的工艺品、野花、红杉以及各种说不出名字的花草、巴比娃娃、比尔·盖茨和爱因斯坦的画像、大理石雕刻而成的专利碑、儿童画、饼干和各种零食、星球大战的模型、松鼠、其他宠物，有一个人甚至在办公室里养了一条大蟒蛇……

2. 载体选择与代言人

沟通主要是组织通过一定的媒介与其相关的公众进行信息、知识、思想和情感等的交流。沟通媒介的种类很多。从一般意义上划分，沟通媒介大体上有三种：符号、物品和人。从媒介的特质划分，沟通媒介主要分为两种类型：电子媒介和印刷媒介。从公共关系传播角度划分，沟通媒介主要可分为人际传播沟通媒介和大众传播沟通媒介。

沟通媒介的选择对沟通效果的影响非常大，因此，必须科学选择沟通媒介。通常要遵循以下三条原则。

（1）根据沟通的内容选择沟通媒介。组织要向公众传递信息，通常要借助于各种媒介。至于选择哪种媒介，首先要看想传播什么信息，也就是说，要根据信息的内容来确定选择哪种媒介。比如，如果想把本组织的详细情况，包括建筑规划、空间环境、历史变革、重大成就等方面全方位地介绍给广大公众，或是要宣传介绍一种独特新颖的产品、演示某个项目的流程等，像这样的内容最好选择电视，因为它图文并茂，令人记忆深刻；如果沟通的内容比较单一，可选择广播做一次性说明；如果沟通的内容比较复杂，需要仔细思考分析才能理解，这样的沟通内容最好选择报纸等印刷媒介。有些时候，同一个内容需要选择几种媒介才能奏效。

（2）根据沟通对象选择沟通媒介。不同的社会组织在不同的时期，其沟通目标是不同的，需要联系的公众也不相同。因此，选择沟通媒介时，一定要注意考虑并研究分析沟通对象的情况，包括公众的类型、喜好、文化素质、心理承受能力、经济状况等。在了解以上情况的基础上，结合传播沟通的内容，选择适宜的沟通媒介。

（3）根据组织的经济能力选择沟通媒介。在选择沟通媒介时，还必须考虑组织的经济承受能力，尽量少花钱多办事。每个组织的经费都是有限的，如果一味地追求电视沟通效果，不考虑经济承受能力，必将打乱整个沟通活动计划，也会给组织带来一定的负担。因此，一定要根据沟通的内容及公众对象，结合组织的经济条件，选择合适的沟通媒介。

3. 领导风格

领导者基于对自己角色、权力等认知差异，形成了各自不同的领导风格。美国心理学家勒温等发现，团体的任务领导并不是以同样的方式表现他们的领导角色，领导者通常使用不同的领导风格，这些不同的领导风格对团体成员的工作绩效和工作满意度有着不同的影响。勒温等认为领导风格有三种类型，即专制型、民主型和放任型。后来，研究人员将领导风格不断细化，提出了四种类型（专制型、咨询型、协商型、民主型，或指挥型、教练型、支持型、授权型）、六种类型（强制型、权威型、合作型、民主型、方向指定型、教练型）乃至更多类型的领导风格。

归纳起来，无论对领导风格怎样划分，领导风格通常都可归为两种典型领导行为：指挥性行为（又称命令性行为）和支持性行为。指挥性行为是一种单向沟通，领导者将内容、时间、地点和方法明确告诉下属，并且严格监督下属的工作过程。下属的工作过程和工作步骤都是由领导所决定的，下属只是执行领导的决策。指挥性行为的特点是组织、控制和监督。支持性行为意味着领导对下属的努力进行支持，领导倾听下属的意见，帮助下属之间增进关系和交流意见。支持性行为的特点是称赞、倾听和辅助，如图2-1所示。

支持型 低指挥 高支持	**教练型** 高指挥 高支持
授权型 低指挥 低支持	**指挥型** 高指挥 低支持

支持性行为

指挥性行为

图 2-1　四类型领导风格

1）指挥型——高指挥、低支持

指挥型领导明确提出目标和具体指示，并严格监督执行。他们的特征是对下属的工作进行高度的控制，领导亲自为下属制订详细的计划，并告诉下属在什么时间、什么地点、使用什么方法干什么，操纵下属的行动，严格地进行监控，但是对下属的工作不提供支持性的帮助，不倾听下属的建议、意见和困难，只是一味地让下属按照自己的意志工作。

指挥型领导的两种典型行为：命令和规定。比如，指挥型领导善用 5W1H（why、what、who、when、where、how）进行思维和布置工作。通常，他们的典型行为是：明确工作程序，对个人能力的要求高，明确工作目标和政策等；要求不准迟到，不准在办公室内吸烟，不准浪费纸张，拜访客户时必须带齐所有资料，交通费超额部分自理等。

2）教练型——高指挥、高支持

教练型领导的特征是：对于下属的工作进行高度的控制，领导自己为下属的工作制订出详细的计划，告诉下属在什么时间、什么地点、使用什么方法干什么，操纵下属的行动，严格地进行监控，同时认真倾听下属的意见，并引导下属扩展思路，使下属参与做决策的过程。教练型领导行为包括：为下属制定明确的工作目标、提出建议、进行辅导、咨询，善于倾听，做示范但不替代。

3）支持型——低指挥、高支持

对下属的努力给予鼓励、支持，引导下属拓展思路，找到解决的方法，让下属参与作决策的过程中。支持型领导的典型行为是：在下属工作完成时给予赞赏和表扬；对于下属的要求不超过下属的能力所及；帮助下属解决个人问题；不在他人面前批评下属；虽然发现下属的做法有点冒险或者与众不同，仍然给予支持；不要求下属一定按照自己的方式去做事情；在下属的工作中，只要有好的方面就予以表扬；及时奖励；不拒绝下属有关变更知识或计划的建议；愿意向下属解释自己的行为和计划；公平对待所有的下属；站在离下属最近的地方；愿意寻求变革。

4）授权型——低指挥、低支持

授权型领导将决策和解决问题的权责都授予下属，采用完全不干预下属工作的方式，让下属自己发现问题、解决问题、制定目标，并且独立实现目标。

海-麦克伯咨询公司从世界各地的 20000 多位经理中随机抽查了 3871 位，意在了解领导风格及其特点。调查显示，领导风格主要有六种。成功的经理往往并不仅仅依赖于一种领导风格，而是根据企业状况，在不同的时期使用不同的领导风格。这六种领导风格分别是强制型、权威型、合作型、民主型、方向指定型和教练型。这六种领导风格各自的特点如表 2-3 所示。[2]

表 2-3　六种领导风格总述

项目	强制型	权威型	合作型	民主型	方向指定型	教练型
工作方式	需要完全服从	动员人们实现共同愿景	创造和谐和建立感情联系	通过参与达成共识	建立高的绩效标准	为将来发展员工
一句话描述	按我的要求做	跟我来	员工先行	你们在想什么	现在像我一样做	试试这个

项目	强制型	权威型	合作型	民主型	方向指定型	教练型
侧重点	成就驱动主动性和自我控制	自信、移情、使人改变	移情、建立相互关系、沟通	合作、小组领导关系、沟通	良心、成就驱动、主动性	发展他人、移情、自我意识
最佳使用情境	在危难时，开始完全转型，有问题雇员	需要一个新的愿景或明确的方向时	修补小组的裂痕或在严峻情况下激励人们	建立共识或使有价值的雇员投入工作	通过高的激励和竞争性团队快速获得结果	帮助雇员改善绩效或发展长期能力
对工作氛围的影响	消极	多数情况下积极	积极	积极	消极	积极

4. 心理、态度与行为

个体的心理是指个体在沟通过程中的心态及其变化等，包括心理预期、心理定式（感知障碍）、自我意识等。

个体的心理预期是指个体根据以往经验，对某事事先企盼所能达到的、符合自己期望的目标。心理预期值的高低与人的实际心理感受呈反比关系，即期望值越高，一旦实际情况达不到理想状态，则心理失望的程度越大；反之亦然。

感知是客观事物的刺激作用于人体的感觉器官，并反映至大脑所获得的信息，如颜色、气味、触觉以及躯体内部器官的活动情况，肌肉、关节的运动等。感觉是一个人认识活动的基础，有一定的界限、范围，并受心理、生理的影响。知觉是一种较为复杂的感觉，是对感觉到的事物的综合认识和整体印象。人们往往根据一个人的名字来判断其性别、年龄甚至文化教养，根据别人的介绍来想象被介绍者的特点，根据以往的经验和习惯来思考问题。所谓心理定式，是由一定的心理活动所形成的准备状态，对以后的感知、记忆、思维、情感等心理活动和行为活动起正向或反向的推动作用。心理定式是一种综合效应，它综合反映人的经验、知识、文化素养等。心理感知偏差就是一种心理定式，通常包括首因效应、晕轮效应、刻板印象、对比效应、投影效应等。

自我意识是1890年詹姆斯（W. James）在《心理学原理》中首次提出的[3]，通常指个体对自己存在的意识、对自己以及自己与周围事物关系的意识，或者说是个体对自己的认识和评价，包括对自己心理倾向、个性心理特征和心理过程的认识与评价。正是由于人具有自我意识，才能使人对自己的思想和行为进行自我控制和调节，使自己形成完整的个性。自我意识包括三个层次：一是自我认知，即对自己及状态的认识，包括对自己各种身心状况，人—我关系，思维、情感、意志等心理活动的认识，如自我观察、自我分析、自我评价。二是自我体验，是指主观的我对客观的我所持有的一种情绪体验，它是自我意识在情感方面的表现。自我体验反映了主体的我的需要与客体的我的现实之间的关系。如果客体的我满足了主体的我的需要，就会产生肯定的自我体验，自我满足；否则就会产生否定的自我体验，如自卑或自责。自我体验的主要内容包括自尊心、自信心、成功感与失败感等。三是自我调控，是指个体对自己的行为、活动和态度的调节与控制。它包括自我检查、自我监督、自我控制等。不同的专家、学者对自我意识的内容进行了各自不同的分类。如罗杰斯将自我意识划分为现实自我和理想自我，弗尼格斯坦（Fenigstein）、斯凯尔（Scheier）与巴斯（Buss）认为自我意识包括私我意识（private self-consciousness）和公我意识（public self-consciousness）。马卡斯（Markus）等提出的自我意识概念包括现在的自我（the now self）和可能的自我（possible self），斯奈德（M.Snyder）与凯慕拜尔（B.H. Cambell）则认为自我意识包括实用自我（pragmatic self）和原则自我（principled self）。[4]

詹姆斯对自我意识内容的分类获得更多的认同。他将自我意识分为物质自我、社会自我和心理自我。物质自我（material self）是指个体对自己身体、性别、容貌、年龄、健康状况等方面的认知。社会自我（social self）是指个体对社会环境及社会关系等方面的自我认知，包括自己所处社会及其角色认知，自己在群体中的地位、名望，受人尊敬、接纳的程度，社会关系网络等。心理自我（psychological self）是指个体对自己智能、兴趣、爱好、气质、性格诸方面心理特征的认知。

自我意识对沟通活动及其效果的影响非常直接，比如，错误的自我意识必然导致心态失衡，无论是自高自大还是自卑自贱，都会导致沟通障碍；过分注重自我，久而久之必然会导致众叛亲离；自尊、自信则可能获得好感、理解与合作。

个体的态度在很大程度上决定着一个人工作行为和沟通的方式，以及沟通的效果；组织对内、对外沟通时所持的态度，是否客观、公正，信息内容是否准确，处理问题是否及时等都对沟通效果产生直接或间接的影响。

以积极的心态去沟通，设身处地，换位思考，必然会给人以真诚之感，即使有时会出现问题或矛盾，也容易解决；否则，以消极的心态去沟通，必然让对方感到缺乏诚意、尊重等，从而使沟通的难度大大增加。

个体行为是指个体所具有的性格倾向（内倾和外倾）、能力、气质等行为取向。性格是对客观现实的稳固的态度以及与之相适应的习惯化的行为方式。性格有着各个侧面。从对社会、集体、他人的态度方面，有正直与虚伪、谦虚与傲慢、合群与孤僻、认真与马虎、细致与粗心、大方与羞怯等；从意志方面，有果断与犹豫、沉着与鲁莽等；从情绪方面，有豪爽与抑郁、宁静与冲动等；从理智方面，有主观与客观、严谨与草率，等等。性格对于行为的影响是深刻的。因为几乎每个人的性格都不相同，在行为上就会表现出种种差异性。

能力是使活动顺利完成并直接影响活动效率的心理特征的范畴，它的一个最鲜明的特点是其与活动的效果相联系。能力有不同的分类和表现，如有一般能力（观察力、记忆力、想象力、思维能力等）和特殊能力（专业能力）。个体拥有的能力不同，自然会影响沟通效果。

气质是指心理过程的速度、强度、稳定性和内外倾向性的心理特点的总和。它是由个体的心理特点所决定的。现代心理学家认为，气质是高级神经活动类型的表现。高级神经活动具有兴奋和抑制两个基本过程。有的人兴奋性强，有的人兴奋性弱；有的人兴奋的强度和抑制的强度相平衡，有的则不能平衡；有的兴奋和抑制转换灵活，对外部刺激的反应速度快，有的则正好相反。这样就产生了四种典型的高级神经活动类型，并由此表现为四种典型的气质：胆汁质、多血质、黏液质和抑郁质。气质是一个人一生经历的凝固，是岁月流逝的痕迹和记录。气质影响沟通，其本质是由于个人的人生经历和经验所建立起来的自信由内而外的显现。

2.3.2　客体因素

沟通客体（即沟通对象）在沟通过程中并不是唯命是从、百依百顺，而是有自己的个性、喜好等，是能起能动作用的客体。由于沟通客体的心理素质、文化素质、职业、个性等各不相同，因而使得沟通客体因素更加复杂。

1. 选择性因素

沟通客体因素能影响沟通效果主要是由于其对沟通的信息具有选择性。这种选择性包括选择性接收、选择性理解和选择性记忆。

（1）选择性接收。沟通对象愿意接收与自己固有的立场、观点和行为相一致的自己关心和需要的信息。

（2）选择性理解。沟通对象总是用自己的价值观去解释某一信息。接收者不同，对信息内容的理解也往往不同。这主要是由于接收者受教育程度、知识结构、生活阅历等各不相同。

（3）选择性记忆。沟通对象总是容易记住自己感兴趣的信息，忽视或忘记那些与自己兴趣相悖的信息。这与其个性、情趣、职业等有关。人们对自己关心、感兴趣的事总是记忆犹新、回味无穷，甚至终生难忘；对那些平平常常的小事总是忽略不计，时过境迁后自然会失去记忆。尤其对自己不感兴趣的信息，人们不但容易忘记，甚至不愿意记忆。

2. 功能性因素

功能性因素主要是指信息接收的时效性，其主要包括延缓性因素和即时性因素。

（1）延缓性因素。是指信息能在较长时间内对沟通对象发生作用的因素。由于沟通对象所处的社会环境不同，因而长期以来，不同的国家、地区，不同的民族，形成了各自的价值观念、伦理道德、风俗习惯、宗教信仰，人们的心理素质、文化素质、道德水准等各不相同。这样就使不同区域的公众对某些信息已形成固有观念。因此，作为沟通主体，要想获得良好的沟通效果，就必须注重延缓性因素的作用，否则，易陷入沟通的误区。

（2）即时性因素。是指信息在短时间内及时满足沟通对象的需求并即刻发生作用的因素。这就需要沟通主体了解沟通对象的个性风格、个人喜好、生活习惯等，注意观察和分析沟通对象的思想、情感的需要，抓住有利时机使沟通对象在短时间内，甚至是刹那间接收你的信息、知识、思想和情感。

3. 结构性因素

按系统论观点，结构是诸要素在系统内部的恒定分布和排列并形成确定的相互关系。结构性因素是指沟通主体将具有相互作用和关联的信息沟通的要素，采取不同方式的匹配和耦合影响沟通对象。结构性因素包括信息刺激的强度、对比度、重复率和新鲜度。

（1）信息刺激的强度，是指沟通主体运用一些超乎常规的做法来传递信息，以引起沟通对象的注意。

（2）信息刺激的对比度，是指沟通主体在传递信息过程中，运用类比的方法，强化沟通效果，吸引公众的注意。

（3）信息刺激的重复率，是指沟通主体将同一信息多次重复传递，以扩大接收面，引起注意，增加沟通对象对该信息的印象。信息的重复出现，势必会增加其刺激强度，并且与出现频率低的信息形成鲜明的对比。因此，信息刺激重复率，是信息刺激强度和对比度的综合运用。

（4）信息刺激的新鲜度，是指沟通主体将所传递的信息在内容形式上不断地调整、创新，给沟通对象以新鲜感。信息的沟通方式如果总是一味地重复，久而久之会给沟通对象一种厌烦或是认为该传播者无创新能力的印象。因此，在信息沟通过程中应不断改变方式、调整内容，给沟通对象以新鲜、刺激之感。

2.3.3　环境因素

影响沟通效果的环境因素主要是指沟通的周边物理环境，包括沟通场所的噪声、空间距离、空气环境质量（气味）、温湿度、光线的明亮度、色彩等。

不合时宜的环境会使信息接收者难以全面、准确地接收信息发送者所发出的信息。诸如交谈时相互之间的距离、所处的场合、当时的情绪、电话等传送媒介的质量等都会对信息的传递产生影响。物理环境的干扰往往造成信息在传递途中的损失和遗漏，甚至歪曲变形，从而造成错误的或不完整的信息传递。

1. 噪声

噪声是指人们不需要的、使人厌烦并对人类生活、工作产生妨碍的声音。一般来说，噪声不仅取决于声音的物理性质，而且与人类的生活状态有关。例如，听音乐会时，除演员和乐队的声音外，其他都是噪声。噪声大致分为四类：①轰鸣声。如飞机飞过时发动机的轰隆声。②妨碍声。如夜晚的蛙鸣，此种声音虽不太响，但它妨碍人的交谈、思考、学习和休息。③刺耳声。如摩擦、刹车等刺耳声音，常令人感到不愉快。④非正常的话语声。如开会时的私下交流、喋喋不休的议论等。

噪声会影响人的神经系统，使神经系统的兴奋与抑制平衡失调，轻者会使人感到心里不舒服，影响人的心情；重者会使人产生神经系统功能紊乱，出现头痛、头晕、耳鸣、心悸、失眠、全身无力等症状，进而影响正常的生活和工作。有研究表明，当噪声超过 55 分贝时，就会影响沟通者的情绪；如果噪声超过 78 分贝，沟通者就要提高说话音量，容易引起疲劳、烦躁，所以噪声宜控制在 55 分贝以下。

2. 空间距离

空间距离是一种空间范围圈，指的是社交场合中人与人身体之间所保持的距离间隔。

空间距离是无声的，但它对人际交往具有潜在的影响和作用，有时甚至决定着人际交往的成败。事实上，人们都在自觉或不自觉地运用空间来进行交往，以表明对他人的态度和与他人的关系。

空间距离对沟通的影响主要包括交际空间和位置界域。

1）交际空间

美国西北大学人类学教授爱德华·霍尔博士对个人空间素有研究，并开创了一门新的学科——人体近身学。他在出版的成名作《无声的语言》中，对人际交往时双方的一般方位和距离做过大致的划分，提出了为大多数人都能接受的四个空间，即亲密空间、个人空间、社交空间和公众空间。[5]

（1）亲密空间。这一空间的距离间隔为15～46厘米。在这一距离间隔里，人们之间保持亲近态，故亲密空间的语义为"热烈、亲切"。能进入这一空间的有配偶、父母、子女、恋人等。人们交际的语言特点是低声或耳语式的言谈话语，当然也包括身体接触，如拥抱、爱抚等无声语言。人们像保护自己财产一样保护着这一空间，只有感情亲近的人才允许彼此进入，否则非但不受欢迎，甚至会因侵犯他人空间而遭到谴责和抗议。

（2）个人空间。个人空间的距离间隔为46～120厘米，霍尔博士称之为"物理控制界线"，它的语义为"亲切、友好"。这一空间的语言特点是语气和语调亲切、温和。即使不是最亲密的人，至少是相当亲近的人才能进入这一空间。谈话内容常为无拘束的、坦诚的。

（3）社交空间。社交空间的距离间隔为120～360厘米。在这个空间内又分两个分空间，即近社交空间和远社交空间，它们的语义均为"严肃、庄重"。近社交距离为120～210厘米，这是人们在社交中近距离接触时所保持的距离间隔。在商务洽谈、接见来访或同事交谈时一般相隔这样的距离。这一空间的语言特点是声音高低一般，措辞温和。210～360厘米为远社交空间，这是我们同陌生人，同我们不熟悉的邮递员、售货员、单位新来的职员以及我们不太了解或者一般交往的人们所保持的间隔。这个距离也适合于经理和职员的正式谈话，高级官员的会谈及重要的贸易谈判。这一空间的语言特点是声音较高，措辞客气。

（4）公众空间。公众空间的距离间隔超出360厘米，这是人们在较大的公共场所所保持的距离间隔，常出现于做报告、发表学术性演讲、迎接旅客等场合。这一空间的语言特点是声音洪亮、措辞规范、讲究风格。

在人际交往中能否把握好最佳的空间距离，直接关系到交际的效果。如何把握最佳的空间距离呢？应注意以下几点：

第一，尊重交往对象的个人空间。每个人都有自己的"个人空间"，"家"就是个人空间之一。只有人际关系达到一定程度后，人们才允许他人进入个人空间。一般未经允许，不能擅自闯入他人的个人空间。因不慎（应尽量避免）而侵犯了别人的空间范围时，应立即表示歉意，说声"对不起""请原谅"，这有助于缓解因此而造成的紧张和不快。当别人"侵犯"了自己的空间，应慎重处理，以礼相待。

第二，注意交往对象生熟的差异。俗话说："疏则远，亲则近。"与交往对象生疏和熟悉会使空间距离产生一定的区别。交往的双方互相认识，又是亲朋好友，可以近些，挨在一起，以至拍肩、碰肘、抚摸、拥抱、依偎等都没有什么不好，有时反而能促进关系的密切。相反，交往双方初次见面时，若做上述举动，会引起对方的不快和反感。

第三，注意交往对象的性别差异。性别不同，交往时空间距离也是有明显区别的。心理学家做实验发现：男子挤在一间小屋里，容易引起相互的怀疑，甚至发生争斗；女子在这种环境中更友善、更亲密、更容易找到共鸣。如果给女子换大些的房间，她们会感到不大理想。正是由于男女间的这种心理差别，男子与男子的交谈距离不宜太近，近则会有不和谐之感；女子与女子交谈距离也不宜太远，远则会有不投机之嫌。

第四，注意交往对象的性格特点。人的性格一般分为内向型和外向型两种，在交往中对不同性格的人在空间距离上应有不同的区别。与内向型的人交往，空间距离可稍远些，因为距离太近，内向型的人会感到不大自在；与外向型的人交往，距离可近些。若与性格外向型的人相遇，可老远打招呼，以表示热情；而与内向型的人相遇，若老远打招呼，不一定会得到应答，往往是用微笑或点头来代答。

第五，注意文化背景的差异。不同的国家、不同的民族，由于其文化背景不同，往往对交往的空间范围具有不同的习惯。如阿拉伯人同英国人谈话，阿拉伯人按照自己的民族习惯认为交谈时两个人站得近一些表示亲切友好，而英国人则按照他们的习惯认为保持一定的距离才合适，因此两人的交谈在不自觉的进退中进行，前者往前挪动，后者往后退步。当短暂的交谈结束后，两人离他们原来站的地方已相距甚远。一般地，阿拉伯人、拉丁美洲人、南欧人以及日本人属"接触文化"民族，交往时习惯于身体接触，希望空间距离近些；印度人、北欧人和北美人属于"非接触文化"民族，交谈时不习惯于身体接触，希望空间距离远些。这就要求我们在跨文化交际中，不应按照本国的文化习惯来对待异国人的习惯，应慎重考虑对方的文化背景和生活习惯，这样可以更好地体现出对他人空间距离的尊重，以避免不必要的误会，与他人顺利地进行交往。

2）位置界域

位置界域是指交际者之间的位置关系。座位的位置不同所产生的效果也不同，如图 2-2 所示，以此为例。

相对于 A 来说：B——友好位置；C——社交位置；D——竞争、对立或附属位置；E——公共、边缘位置。

图 2-2　位置次序

办公室的布局风格、会议会场的设计风格、谈判桌的摆放、学校教室课桌与讲台的位置安排等，都会影响沟通效果。

3. 气味

气味是影响沟通的因素之一。气味主要包括沟通场所周边的空气质量、人体气味。对于人的感觉而言，气味是最能影响情感和行为的因素。人们对气味比较敏感，容易产生联想。特定的气味能改变人的心情。比如，通常情况下，茉莉花、柠檬、薄荷、桉属植物等香味可以使人消除疲劳、恢复精神、思维清晰且敏捷、增加注意力、强化体力，使人感到愉悦、兴奋；反之，一些气味如装饰材料的气味、消毒液的气味、水产品的腥味、腐肉味等，会使交际双方产生不愉快的感觉，人们会选择尽快结束交流。

4. 温湿度

温湿度适当对人的行为没有特别的影响，但温湿度过高或过低都会影响人的正常交往。温度过高或过低时，人会感到烦躁或拘谨；湿度过高或过低时，人会感到黏滞、潮湿或干燥。

美国康奈尔大学设计和环境分析部门教授艾伦·海治（Alan Hedge）的一项研究结果表明：工作环境里的温度会影响生产力[6]。艾伦·海治和他的团队将监控设备安放在员工的办公桌上以观察不同温度下员工的按键和鼠标操作情况。艾伦·海治按照美国采暖、制冷和空调工程师协会（American Society for Heating，Refrigeration and Air Conditioning Engineers）所设定的标准，在冬季将温度定在略高于 70 华氏度（21.1℃）。这些工程师表示 76 华氏度（24.4℃）和 72 华氏度（22.2℃）分别是夏天和冬天里的理想温度。艾伦·海治表示：一般认为，当你将员工办公室温度调低时，他们会更加努力地工作，且工作成效更佳。而我们的发现却恰恰相反。当办公室的温度从凉爽调到寒冷时，员工的工作量会下降，而且他们会犯更多的错误。

在 25℃的环境中，职员有 10%的文字输入错误，但是能百分之百地完成任务；在 20℃的环境中，职员有 25%的文字输入错误，任务完成度也只有 54%。如果将办公室内的照明、降噪、人体工学设计等巧妙地结合起来，就能有效地提高生产率，为企业节省大量成本。

至于温湿度标准控制在多少比较合适，应综合考虑沟通时的季节、所在地区和室外温湿度。同时，个人对温湿度喜好程度与适应能力也不尽相同。因此，不同地区、不同季节，针对不同的工作场所，如计算机室、档案室、暗房、商场卖场等应有不同的标准。

5. 光线、色彩

光线的明亮程度会影响人们沟通时的心情和感受。强光会刺激人的眼睛，分散人的注意力，使人感到灼热、烦躁和不安；弱光会使人行为迟缓，而且容易使人产生沉闷压抑的感觉。

人们在长期实践中获得了对色彩的认识，对不同的色彩会产生不同的心理感觉。因此，色彩会引起人们生理、心理等方面的感知变化，产生联想和情感，从而直接影响沟通效果。

一般来说，暖色给人以温暖、快活的感觉；冷色给人以清凉、寒冷和沉静的感觉。色彩与色彩感觉的关系[7]见表 2-4。

表 2-4　色彩及色彩感觉

色彩	色彩感觉	色彩联想	色彩	色彩感觉	色彩联想
白色	稍冷、安静	明快、洁净、纯洁	橙色	暖、较刺激	健康、乐观、活泼
灰色	较暖、安静	温和、中庸、谦让	绿色	凉、安静	自然、生命、和平
黑色	稍暖、安静	静寂、严肃、沉稳	蓝色	较冷、较刺激	沉着、广阔、久远
红色	热、刺激	热情、活力、积极	紫色	中性	华丽、高贵、神秘
黄色	暖、较刺激	快活、发展、兴旺			

2.4 有效沟通的起点——自我沟通

2.4.1 自我沟通概述

希腊德尔菲阿波罗神殿正面的碑铭只刻了短短的几个字——"认识你自己"，我们也常将其译为"自知最难"。卢梭称这一碑铭"比伦理学家们的一切巨著都更为重要、更为深奥"。

要进行沟通，首先必须进行自我沟通。认识自己是自我沟通的第一步。只有真正认识了自我，才能够在此基础之上做出正确的判断，采取合适的行动。

1. 自我沟通的含义

自我沟通（self-communicate），是指一个人自己与自己进行的信息、知识、思想和情感等方面的交流，也可以理解为"自己跟自己约会、交流"。自我沟通包括自我独立思考、自我反省、自我控制、自我激励、自我监督与管理等。心理学家认为，在自我的内心世界里，有"主体我"和"客体我"之分，即英文的"I"和"me"。主体我通常是个积极主动的信息发送者，而客体我则往往是相对稳定的、被动的接收者。主体我不断地向客体我提出要求，客体我则不断地做出回答并给予反馈，或提出意见、建议等，二者相互作用的过程就是自我沟通过程。也有人认为自我沟通就是自己的意识与自己的潜意识沟通，意识与潜意识经过对话、交流，取得认同，达成共识。

2. 自我沟通的目标

自我沟通的目标是改善心智模式，提高可信度。所谓心智模式是指根植于心中，影响我们如何了解世界以及如何采取行动的许多假设、成见，或者是图像、印象。一个人的心智模式是在长期的生活实践中日积月累形成的。它决定我们观察事物的视角和做出的相关结论，指导着我们每个人的思维方式和行为方式，让我们将自己的推论视为事实，它影响着我们的行为结果，并不断强化。每个人的心智模式都不同，且往往是不完整的，或者说是不完美的。因此，通过自我沟通，使其得到改善。追求相对完整或完美的心智模式是自我沟通的目标之一。所谓可信度是指目前值得他人信任的程度。一般情况下，可信度高的人，他人通常愿意与之沟通，沟通的效果通常也比较好；反之，沟通的有效性相对会比较差。自我沟通就是要通过别人与自己沟通时的言行举止，尤其是行为举止的变化，来检视自己的思想、情感、态度、行为等是否有不合时宜的方面，并不断调整自己，以使自己的行为得到他人的认同。

3. 自我沟通的方法

自我沟通的方法很多，因人而异。可以使用的自我沟通方法包括使用成熟量表自测、写日记、学习和工作心得、静思、自我聊天等。

使用成熟量表自测是一种比较科学的自我沟通方法。目前，许多专家学者通过科学研究开发出许多涉及人的性格、心理、智商、情商、能力等方面的量表。通过自测，了解和认识自己，找出差距和努力的方向。

写日记是许多人喜爱的一种自我沟通方法。自己与自己在日记中约会，不仅吐露了心声，而且还释放了情绪，记录了人生的历程，并且具有私密性。博客中的日记与传统日记的功能既有相同之处，也有很大的差异，主要是因其缺乏私密性，使得许多涉及个人隐私的事项公开。因此，其自我沟通的效果和功能降低，但由于博客日记与他人分享，其在人际互动沟通方面的效果要高于传统日记。

学习和工作心得是一种非常有价值的自我沟通方法。把读书、看报纸杂志、听广播、看电视，或从网络上获得的有价值的信息、知识，以及自己工作中遇到的大事小情、成功或失败的经历等记录下来，加上自己的感受、体会，通过比较和思考，会使人由感性上升到理性，日渐成熟。

静思是人生不可或缺的。李白的一首《静夜思》（"床前明月光，疑是地上霜。举头望明月，低头思故乡"）细腻地刻画了那时李白的思乡之情，也留给后人一首千古绝句。静思是把自己自然地融入一人世界，无论是遐想、幻想、冥想，还是激动、喜悦、手舞足蹈，抑或是无聊、哀叹、怒发冲冠，都是一种真实的思想和情感的流露。当这些行为表现之后，再进入静思，人的行为可能会发生变化。思考过去、现在、未来，就是思考人生。思考使人清晰，思考使人自知，思考使人明智。

拓展阅读 2.2
📖 烧开一壶水的智慧

自我聊天就是和自己说说心里话，也是自我沟通的重要方法。有人曾请教古希腊大学问家安提司泰尼："你从哲学中获得了什么？"他的答案是：同自我谈话的能力。现代心理学的研究也表明，适当地和自我对话，有助于改善情绪、调整心态、释放自我。

2.4.2　自我有效沟通的表征

1. 积极的心态

拥有积极心态（positive mental attitude）的人最突出的特点是正向思考（positive thinking）。正向思考，又称为正面思考或积极思考，是指以积极、正向心态看待事物及境况。

正向思考是一种积极的心态，其特点是凡事往好的方面想。它不仅对自己传送好的信息，而且也给别人传递好的信息。

正向思考是一种信念。积极的正向思考，通常用信念来克服挫折，战胜困难，并实现预期目标。

正向思考是一种自信，相信自己具有潜能，有实力克服一切困难。正是这种自信使其释放出奇异的能量，获得理想的效果。

正向思考是运用长处与美德的结果。也可以说，正向思考产生于自我的良好修养，并使这种良好的修养得以延续，产生了最佳的沟通效果，这是一种心灵的超越。

积极的心态是正确的心态，正确的心态是由正面的特征组成的。比如，信心、诚实、希望、乐观、勇气、进取、慷慨、容忍、机智、诚恳与丰富的常识等，这些都是正面的特征。

与积极心态相关的特征还包括拥有感恩之心、善念等[9]。

2. 良好的品行

品行修养包括品德、道德、人格、行为举止、礼仪等个体特质。重德修身、明志致远、德才兼备、公正廉明、人格完整、举止尚礼有度都是受人推崇的良好品行。要实现有效沟通，除了具备上述的品行修养外，还要做到谦逊、诚信、正直、富有责任感、兼顾家庭与事业等。

中国古代儒家思想的代表人物孔子在《礼记·中庸》中提出"九思"，即"视思明、听思聪、色思温、貌思恭、言思忠、事思敬、疑思问、忿思难、见得思义"，这是儒家思想对品行的理解和要求。

公元 636 年，魏徵曾向唐太宗谏言，奏有《谏太宗十思疏》，其"十思"为："君人者，诚能见可欲，则思知足以自诫；将有作，则思知止以安人；念高危，则思谦冲而自牧；惧满盈，则思江海下百川；乐盘游，则思三驱以为度；忧懈怠，则思慎始而敬终；虑壅蔽，则思虚心以纳下；惧谗邪，则思正身以黜恶；恩所加，则思无恩喜以谬赏；罚所及，则思无因怒而滥刑。总此十思，弘兹九德，简能而任之，择善而从之，则智者尽其谋，勇者尽其力，仁者播其惠，信者效其忠。文武争驰，君臣无事，可以尽豫游之乐，可以养松乔之年寿，鸣琴垂棋，不言而化；何必劳神苦思，代下司职，役聪明之耳目，亏无为之大道哉！"

意思是：作为一国之君，若是发现了欲望所在，就要想到自知满足从而警诫自己；即将有所作为，就要想到不走过头而使百姓安定；考虑到高居人上的危险，就要想到谦虚待人，约束自己；害怕骄傲自满过了头，就要想到江海可容纳千百条河流；喜欢游乐，就要想到以三次出游为限度；担心自己偷懒，对政事松松垮垮、漫不经心，就要想到不但开头要认真，而且要坚持到底；怀疑受人蒙蔽，就要想到虚心地接受手下人的意见；害怕有人用谗言邪说挑拨离间，就要想到坚持自己的原则，贬斥邪恶之徒；给人恩惠时，就要想到不能因为一时高兴而胡乱赏赐；给人惩罚时，就要想到不能因为一时生气而滥施刑罚。完全做到这十点，再扩大九德的修养，选拔有才能的人加以任用，辨别出正确的意见照着办，那么聪明的人将会发挥他的全部智谋，勇敢的人将会使出他的全部力量，仁爱的人将会大施恩惠，诚实的人将会献出他的忠诚。文臣武将，都能充分发挥才干，皇上您便能垂衣拱手，无为而治，何必要您费神，代替百官去处理他们应当承担的分内之事呢？

此"九思"与"十思"虽然是对古人的忠告，但也给我们以启迪和思索，至今仍具有指导和借鉴作用。

3. 较高的情商

情商（emotional quotient，EQ），即情感商数，是美国科普作家戈尔曼（Daniel Goleman）为阐释和衡量"情感智能"而提出的一种数据。情感智能（emotional intelligence）是 1991年由美国心理学家萨洛韦（Peter Salovey）、迈耶（John D. Mayer）提出的，指的是人具有一种善于调适感受、平衡欲望和控制情感抒发的理智和才能。20 世纪 90 年代，部分专家、学者提出了"情商"这一概念，并逐渐引起共鸣：有一种非智力因素、一种无形的情感力量在影响着人们的心理，以及工作、生活，甚至影响人的一生。

影响情商的非智力因素主要是感知（感觉或感受）、欲望、情感（情绪）。表 2-5 所示的是男性和女性的 IQ 与 EQ 表征[10]。

表 2-5　男性和女性的 IQ 与 EQ 表征

性别	智商（IQ）	情商（EQ）
男性	智力兴趣广泛，能力多样化；野心勃勃，富于成果；呆板固执，不为自身事物所困扰；爱批评，好挑剔，凌驾于人却又压抑郁闷；性与感官享受拘束不自在，表情淡漠，超然独立；情感贫瘠，冷若冰霜	社交兴趣浓厚，外向而快乐，不易恐惧担忧，不喜欢沉思默想；热情投入，敢负责任；正义正直，同情关怀，情感生活丰富深厚，适度适当；对自我、他人和社会环境感到满意
女性	智商高、自信心也高，思维表达流畅，尊重理性，智力兴趣广泛，尤其重视美学；内向自省，易于焦虑、反思、愧疚，难以公开显示愤怒，常常间接流露	敢于坚持自己的观点，表达情感直截了当，适度适当（不会突然爆发失控，过后又追悔莫及）；自我评价积极肯定，有生活价值感；像男性一样外向、爱交际，应激反应良好，易于结交新朋友；自我惬意满足，休闲娱乐自在，感官享受坦然，很少焦虑、内疚，或沉溺于反思反省

人有五种感官在感受信息并做出判断，俗称"五觉"，即视觉、听觉、味觉、触觉、嗅觉。人们对事物的感知，受到感知时的心理、情绪、身份、角色等因素的影响。因此，同样一件事摆在人们的面前，每个人的感知状况是不同的。而感知的差异必然造成对事物本质认识的差异，其行为表现自然有所不同。欲望是人强烈希望或想要得到某种东西，或达到某种目的一种心理的要求。欲望是人本能的一种释放形式，是人类行为最内在与最基本的要素，也是人类产生、生存和发展的动力。有人把人的欲望总结为六个方面，俗称"六欲"，即生、死、耳、目、口、鼻之欲。佛经有两种欲望的释疑：一说是有五欲，即财欲、色欲、饮食欲、名欲、睡眠欲，或说是色欲、声欲、香欲、味欲、触欲。另一说是六欲，即色欲、形貌欲、威仪姿态欲、言语音声欲、细滑欲、人想欲。总之，人的欲望很多，正是因为有了欲望，才产生动力。也就是说，没有欲望，人就没有动力，没有动力，自然就不思进取，社会就要倒退直至灭亡；反之，人的欲望过多，超出了人的实际能力，就必然会影响人的心理、情绪。诸多欲望一旦实现不了，就可能心灰意冷，或焦虑、烦躁，有可能会伤及身体，乃至做出愚蠢的举动。情感是"人对客观事物是否满足自己的需要而产生的态度体验"[11]。心理学一般认为，情绪和情感都是人对客观事物所持的态度体验，只是情绪更倾向于个体基本需求欲望上的态度体验，而情感则更倾向于社会需求欲望上的态度体验。我国古代有"七情六欲"之说，其中的"七情" 儒家认为是喜、怒、哀、惧、爱、恶、欲；佛教认为是喜、怒、忧、惧、爱、憎、欲；中医学认为是喜、怒、忧、思、悲、恐、惊。其实，情感并不一定只有七种，而是有很多种。情感是人适应生存的心理工具，它是激发心理活动和行为的动机，是心理活动的组织者，也是人际沟通的重要手段。

情感的抒发通常有两种形式：一种是自然流露，即情不自禁地抒发；另一种是自控抒发。情感的适时抒发和有效控制是人的能力的一种表现。不抒发、一味地抒发或是无法控制的情感都不会获得有效的沟通效果。

萨洛韦在解释情感智能的内涵时将其归纳为五大类：①认知自己的情感；②妥善管理情感；③自我激励；④认知他人的情感；⑤人际关系的管理。

美国一家研究机构公益集团（Hay Group）开发了一系列情商量表，把情商分为 5 个维度、14 个因子，对各类测量对象设置了数量不等的题项，具体如图 2-3 所示。

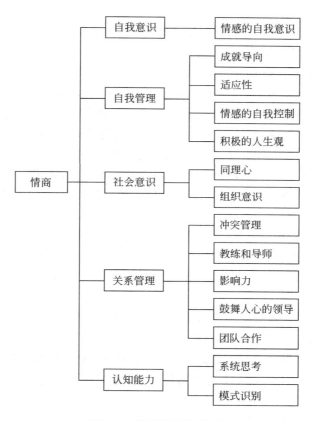

图 2-3　情商的结构模型

维度一：自我意识（self-awareness）

自我意识——情感的自我意识（emotional self-awareness）。这是一种理解自我情感及其影响的能力，能够认识到自己的情绪状态以及情感如何影响自己的绩效。知道自己的内在资源、能力和局限，以接受关于自身的反馈和新看法，并不断地学习和自我发展。

当你表现出情感的自我意识时，你通常会：了解自己的情感；知道这些情感为什么会发生；理解情感的暗含；知道自己的优势和劣势；易于接受反馈。

自我意识是情商结构模型的核心。尽管随着时间的推移会遇到很多挫折，但它使我们能够保持自身的情感和社会的智力行为。

努力培养自我意识是非常值得的，可选择的培养路径包括：

◎ 注意伴随情绪而发生的生理变化（如尴尬时脸红，兴奋或恐惧时心跳加快，不安或紧张时手掌冒汗等）；注意体征和你选择如何解释体征之间的联系。

◎ 用一本日记本记录你因事件产生的情感和生理的变化，寻找行为、情况和情感之间的联系。

◎ 让使你感觉舒服的那些人提供反馈意见；请他们告诉你他们所观察到的有关你的情绪影响你行为的次数；寻求对你优点和缺点的反馈信息，并把他们的看法与你的看法做比较。

◎ 列出你生活当中各个方面的优势和相对薄弱的地方。想想关于你行为方面的例子，这些例子可以表明你所列出的是切合实际的评估。

维度二：自我管理（self-management）

（1）成就导向（achievement orientation）。成就导向关注于通过努力争取走向卓越的标准。这种标准可能是一种个人需求，这种需求出于提高自己绩效、胜过他人，甚至是出于超越曾经所完成的丰功伟绩的目的。寻求机会，并付诸行动。坚持不懈地奋斗，做到更好，经历新的挑战和机会，而且对自己的行为和想法能做出说明会感到很舒服。

当你表现出成就导向时，你通常会：清除达成预期目标的障碍；进行有计划的冒险；设置适当的目标；采取行动而不是等待；以新颖且不同寻常的方式来寻找信息；减少繁文缛节，必要时进行变通。

成就导向将激励你积极主动地去寻找新的机会，可选择的培养路径包括：

◎ 定期地检查你的功课成绩。为了从事所选择的职业，你是正朝着所需求的结果而努力吗？有必要的话，改变你的工作方法来提高标准。寻求导师及其他做得好的学生的帮助和建议。

◎ 选择一项你认为重要的项目和任务。在每周结束时，仔细考虑你如何预测可能的障碍，接受挑战，逐步地实现个人目标或职业目标。

◎ 在你的工作、学习或其他兴趣上，设置清晰且完整的目标。它们是否将向你挑战，使你过度紧张，是否有助于你充分发挥潜能？你定的目标是否足够高？如果没有的话，重新考虑你的目标。

◎ 仔细思考，在过去几周内你已产生的、阻碍你目标实现的任何问题或障碍。现在考虑，面对这些问题你应该要做的事情。你是等待它们离开，还是采取行动克服它们或者避开它们？或者是，你发现了做不同的或是更好的事情的机会。

（2）适应性（adaptability）。是指在各种变化的情况下，以及在拥有不同个人的团体中，能够灵活变通和有效地工作。具备这种能力的人愿意在新信息或证据的基础上，改变他们自己的想法或观点。他们能够在必要时改变标准化程序，按照要求来兼顾多种需求。

当你表现出适应性时，你通常会：顺利地兼顾多种需求；轻易地处理转移的优先事项和快速的变化；使计划、行为或方法适应于重大变化情况；灵活地应用标准化程序；适应以新信息为基础的想法。

培养适应能力将有助于更积极地应对变化。我们所有人都可能发生意想不到的变化，而且这种变化已经朝着一种我们无法控制的趋势发展——不过，我们能够控制我们对这种变化的反应。能够接受变化，灵活变通，并适应这种变化，然后向前迈进，这是一种真正的技能。

努力培养你的适应性，可选择的培养路径包括如下信息：

◎ 你如何开启新的想法？当面临要做一项决定、要完成功课、要规划项目或是要准备讲演时，习惯性地问自己这些问题：是否有做这件事的不同方法呢？我能够尝试其他的什么方法吗？是否有一种更好地处理这件事情的方法呢？

◎ 观察你的同行、同事或导师对不同的情况如何做出反应，以及他们如何处理变化的事件和情况。把他们作为典范来规范你的行为。

◎ 定期地审查你的工作方法。对你来说，什么是行之有效的，什么不是行之有效的？还有其他你没有尝试过的方法吗？试图考虑所有可供你利用的选择。

◎ 当目前的策略不是行之有效时，停止你正在做的事情，承认它不是行之有效的。考虑改变你的计划、活动、目标或行为。尝试并愿意做出长远意义上有助于你的调整。

（3）情感的自我控制（emotional self-control）。这是一种能够控制冲动情感和情绪的能力。当受到挑衅、面临他人反对或敌意或在压力下工作时，自我控制能够抑制消极行动。

当你表现出情感的自我控制时，你通常会：冷静地处理压力；显示抑制并控制你的冲动；保持沉着和自信，即使在困难时期；即使感觉到消极情绪，也能够开展工作。

情感的自我控制可选择的培养路径包括：

◎ 每过一周记录下你的情绪和行为。确定你失控时的场合。

◎ 检查导致失控的事件。使用此步骤确定你的情绪"触发器"。

◎ 培养策略：可能的话，避免你的情绪触发；打断你的无意识反应，做一些不符合这种反应的事情（如当你感到生气时，想一些有趣的或可笑的事情，或者唱首歌）。

◎ 思考你在日常生活中感受到的压力。需要的话，考虑如何能降低压力水平（如从事一些体力活动，忘记一些事情或进行放松；或者通过不同的方式计划你的工作或授权给其他人来帮助你消除压力）。

（4）积极的人生观（positive outlook）。这种能力是把世界看作一个"半满的"而不是"半空的"玻璃杯。能够把他人和当前形势看作是有利的。威胁仅仅被看作机会。可以采取行动，利用机会来实现最佳结果。

当你表现出积极的人生观时，你通常会：看到机会而不是威胁；对他人持有积极期望；对未来有积极期望；相信未来比过去将要更好；看到艰难情况的积极的一面。

如何看待它们，是拥有一种积极的人生观的一个重要部分。或多或少，我们都倾向于过度反应，及早下结论，指责别人，或是指责我们自己。如果我们能够把握问题的角度——看清它们的实质，那么它们可能不再是问题。

拥有一种积极的人生观将帮助你处理多重任务，兼顾多个项目或任务，同时承担不同责任。尝试保持积极的人生观，有助于我们专心和冷静地工作，而不是被情绪或压力所压倒。

培养积极的人生观，可选择的培养路径包括如下内容：

◎ 每过一周或两周，记录下让你感到焦虑、害怕、愤世嫉俗或生气的所有情况。反过来，考虑每种情况以及你对它的情绪反应。你的焦虑、害怕、愤世嫉俗或生气是合理的吗？现在想象一下，你对以后出现类似的情况所做出的另一种更积极的反应。

◎ 另外，记录下消极和积极两方面反应的结果。当你做出焦虑、害怕、愤世嫉俗或生气的反应时，你认为能够做什么？当你做出更积极的反应时，这与你所认为的能够做什么如何做比较？

◎ 当你发现自己对某一情况感到担心、害怕或焦虑时，坦诚地问问自己，"发生的真正最糟糕的事情是什么？我如何处理它"？然后，问问自己，"发生的真正最好的事情是什么？若一切顺利会怎么样呢"？当一切顺利时，关注结果将要是什么和感觉是什么。然后，把你的精力和热情放在努力让它发生上。

维度三：社会意识（social awareness）

（1）同理心（empathy）。同理心是一种理解他人的能力，是指能够准确地倾听和理解没有被明确表达或部分被表达的思想、情感并关心他人。具有同理心的人能够不断地拿起感情线索。他们不仅能理解人们所说的，而且理解人们为什么会这么说。

当你表现出同理心时，你通常会：准确地理解人们的心情或非言语提示；尊重不同背景的人，并与他们友好地相处；专注地倾听别人；当他人的观点与你不同时，理解他们的观点；理解彼此行动的原因。

并不是每个人都以同样的方式做事情或评价事情。当他人对事情做出不同于我们的反应时，通过观察和询问，我们来了解差异。要接受他人的观点和看法。

培养同理心，可选择的培养路径包括如下内容：

◎ 在接下来的两个星期内，仔细考虑你与他人的互动行为。问问自己这些问题：我是否积极地倾听？为了确定真正说的是什么，我关注言语的信息（语调、语速、响度、语言特征等）和非言语的信息（手势、头部动作、眼睛注视的方向——向前或向后倾斜等）吗？我能否猜出心思，做出假设（正确或错误的）？我是否通过询问问题来理解他人所真正说的、认为的或需要的？我是否提供反馈意见——言语的或非言语的——使其他人知道我正在聆听并感兴趣（如点头、问问题、弄清我已听到的）？

◎ 你能体会另一个人的感受吗？你真正理解某种情况对其他人来说是什么吗？为了真实地理解别人，想象你自己处在他或者她的位置上。你看见什么了？你听到什么了？你感觉到什么了？你有什么关注或想法呢？进行实践，体会电视人物、名人、朋友、导师、家庭成员的感受。尝试从他们的角度看世界。

（2）组织意识（organizational awareness）。这是一种能够理解自己的团体或组织中权力关系的能力。这种能力既包括确定真正的决策者以及谁能影响他们，也包括认知组织的价值观和文化以及如何影响人们的行为和举止。

当你表现出组织意识时，你通常会：在你所在的团体或组织中，理解工作中的政治力量；准确地明白团体或组织中重要的权力关系；理解你所在的团体或组织中的价值观和文化；理解非正式渠道的作用；理解你所在的团体或组织中，什么被奖励以及什么不被奖励。

组织意识的培养，可选择的培养路径包括如下内容：

◎ 你如何调整运作在部门或者你工作、学习机构中的非书面规则？你如何认识文化规范（我们怎样做事情），学生和员工中的权力关系？问问自己这些问题：具有影响力的学生是谁？谁是具有影响力的员工成员？我是否真正地知道其他人（学生或员工）对我有什么期望？在我的同行中，什么行为能被接受，什么行为不能被接受？在我与其他团体的逐渐接触中，什么行为能被接受，什么行为不能被接受？学生会对什么具体的行为做出评价？员工会对什么具体的行为做出评价？

◎ 通过确定你所在的团体或组织的内涵，来做进一步的分析：由于我们的文化、价值观和权力关系，我们应做好什么？鉴于我们的文化、价值观和权力关系，我们应约束什么？

维度四：关系管理（relationship management）

（1）冲突管理（conflict management）。它是指能够利用外交手段和机制处理困境中的个人、团体，缓解紧张局势。它是面对面地迎接冲突，而不是设法逃避。冲突管理关注于问题而不是人，并且努力缓和糟糕的情绪。

在冲突管理时，你通常会：揭露分歧；帮助缓和冲突；表明陷入冲突的各方立场；通过清楚地阐明每个人所评估出的一个更大目标来努力解决冲突；站在每个参与人都能接受的立场来努力解决冲突。

提高冲突管理水平，可选择的培养路径包括如下内容：

◎ 如果你感觉与你一起工作或学习的某人共同策划时遇到麻烦，那么在未转变成冲突之前，采取措施揭露出分歧或问题。

◎ 如果你和那些彼此有冲突的人在一起，或是与你有冲突的人在一起，那么不要害怕询问他们认为真正的问题是什么。冲突背后的问题可能不是你所想象的那样困难，是可以解决的，而且其他人可能会做出积极的反应，表达他们的观点。为了理解他人的意见和需要，需要努力思考他们的观点。

◎ 如果你发现自己处于激烈的讨论中，那么关注问题，不要太偏激。你的批判是针对行为，而不是针对人。如果讨论仍然是激烈的，建议休息20分钟，让每个人冷静一下，汇集他们的想法。

（2）教练和导师（coach and mentor）。他们能够培养他人长期学习或发展。其关注于培养他人过程中的行为，而不把重点放在指导或培训的形式方面。在这方面表现好的人，会花时间帮助人们找到他们各自走向杰出的道路，不过这要通过对当前的绩效的详细反馈。

当你表现出教师和导师特质时，你通常会：提供反馈意见以提高他人的绩效；认识到他人具有的优点；提供持续的辅导和指导；鼓励他人追求他们的梦想、拥有欲望或激情；关心他人的发展。

人们对所接收到的反馈是十分敏感的——接收肯定的反馈和接收发展性的反馈一样困难。

要成为令人尊敬的教练和导师，可选择的培养路径包括如下内容：

◎ 担任你组织中一名新学生或不满一年的学生的非正式导师。如果你的机构或学校有志愿者指导计划，参与一个志愿者指导计划，并在辅导过程中获得培训。

◎ 向同样渴望成为优秀教练或导师的同行提供建设性的反馈意见。帮助他们思考：他们能做别的不同的什么吗？如何改善他们的工作质量？他们有什么优势来帮助他们更好、更容易地做事情？

◎ 花时间与他人谈论他们的志向、他们想要做得更好的事情、他们想要尝试的事情，以及他们想要收到反馈的事情。

（3）影响力（influence）。这是一种对他人有积极影响的能力。它包括说服他人或使他人相信，以便让他人支持你的想法和建议。这就需要获得他人的注意，并使其倾听。

当你表现得具有影响力时，你通常会：与他人达成共识，使他人支持你的想法和建议；通过呼应他们的自我利益说服他人；预期人们将对争辩做出何种反应，从而适应你的做法；通过让他人参与讨论使其信服；通过得到关键人物的支持使他人信服。

考虑出现的情况，此时，你需要影响一个人或一个团体。提出下面的问题来帮助你更有效地发挥你的影响力：我试图要影响谁？是影响一个团体还是个人？我很好地了解他们吗？我想要什么结果？我如何才能知道我是否成功的?我打算做什么？我看到的结果是什么？有其他可供选择的方法吗？如何获得结果呢？

培养影响力，可选择的培养路径包括如下内容：

◎ 确定一个成功地影响他人的榜样人物。分析他是如何影响别人的。他在不同的形势下以及针对不同的人使用了不同的策略吗？如果可能，与你确定为榜样的人谈话，征询他的建议和有用的告诫。

◎ 考虑你可以使用的影响策略：表现同理心；使用你的组织意识；建立关系；让他人感觉自己是有价值的和被授权的；谈判，让其他人知道"对于他们而言，是在谈判什么"；提供事实、证据和逻辑推理来支持你的观点。

◎ 上述哪些策略让你感觉更自然？这些是使你的影响力获得"速效"的策略。上述哪些策略让你感觉是更不相容的？这些是你可以提升影响力的策略。

◎ 参加委员会或小组来处理重要的组织问题或发展问题。确定你认为小组应该实现的结果，并决定你将使用何种战略影响这种结果。

（4）鼓舞人心的领导力（inspirational leadership）。它暗示着一种领导他人的欲望。领导力不需要来自正式的权力地位——这种能力是通过领导力行为表现出来，而不是通过一个正式的领导角色。具有这种能力的人努力带动人们一起工作。他们有能力建立起一种强烈的归属感，使他人感觉他们不仅仅属于他们本身。

当你期望成为鼓舞人心的领导时，你通常会：使活动或项目顺利进行；指明愿景或目标，激励他人；通过产生情绪反应激励他人；在团体中建立自豪感；选出最好的人来领导团队。

伟大的领导者都确切地知道他们在组织中的角色。他们了解情况，知道自己需要付出什么，而且能够营造一种好的工作氛围。

要成为鼓舞人心的领导，可选择的培养路径包括如下内容：

◎ 确定激励你的榜样。确定你所发现的令人鼓舞的特殊行为,并试图使用类似的行为。

◎ 当就一个团体任务或项目与同行一起工作时：努力传达目的感，弄清团体的目标，显示并分享你对这个项目的热情；分享你的动力，如你对出现理想结果时的兴奋；显示肯定做好工作的激情。

（5）团队合作（teamwork）。是指成为团队的一员，与他人一起工作——反对单独工作或竞争性工作。团队合作是享受共同的责任和业绩，是积极地参与和建立团队的能力。

当你表现出团队合作时，你通常会：维护相互协作的工作关系；建立团队精神；促进团体或组织中友好、相互协作的氛围；寻求他人的投入和参与；为获得他人的尊重，会努力表现良好的行为。

如何在团队中做出积极的贡献是一种重要的技能。生活中的你在扮演各种角色时都会应用到此技能——作为一名学生，作为一名雇员或管理者（无论你是在体育项目或娱乐性的团体中，还是在家和在社会团体中）。

想象一下你所在的所有不同的团队和小组。

团队合作技能的培养，可选择的培养路径包括如下内容：

◎ 当你和你的同事作为一个团队接受一项任务时，鼓励这个团队开始了解彼此。例如，大家见见面喝喝咖啡；避免立即控制任务；鼓励一种支持性的氛围，人人都能自信地表达。例如，询问他人观点，并感谢他们。

◎ 在团队中显示一种对目标的自信。如与其他的小组谈论时，确定你们作为一个团队的目标是什么。

◎ 为你的小组、团队或部门设计一个标志，以使你们团结在一起，或是一起来庆祝团队的成功。

维度五：认知能力（cognitive competencies）

（1）系统思考（systems thinking）。这种能力可以确定影响复杂情况或事件许多不同因素，认识到行为的起因和结果。

当你系统思考时，你通常会：用一种可以理解的方式解释复杂的事件；把所有情况都看作是因果关系；解释交互作用是如何导致特定结果的。

培养系统思考，可选择的培养路径包括如下内容：

◎ 确定过去你曾参与的一个事件，并证明这个事件当时是复杂的，且很难理解的。花时间回顾这个事件。画一个图表详细地阐明事件的每一过程、人物或影响这个事件的其他事件以及最终的结果。和曾经也经历过同类事件的某人共同分享，以验证你的分析。

◎ 与理解某事件有困难的人工作，并且确保他们对自己的境况心知肚明。询问问题、了解现在的情况。一旦你认为你理解它了，以一种方式来向其他人解释，帮助他们弄明白这一复杂事件。

（2）模式识别（pattern recognition）。这种能力能够识别任意信息、事件或情况的模式或趋势，能够向他人描述这些模式或趋势，并使用隐喻或类比把它们引入生活中，以便人们更容易地理解和识别，并能够看到各种各样情况的共性或相似性。

当你进行模式识别时，你通常会：确定任意信息的模式和趋势；使用隐喻或类比描述模式或趋势；看出不同情况的相似性。

模式识别可选择的培养路径包括如下内容：

◎ 确定几种让你感到困难的情况，寻找解决这些情况的模式或趋势。以某种方式描述你所看到的，下一次出现类似的情况时，这将有助于你发现其异同。

◎ 与他人一起工作从而帮助他们获得对自己工作的了解。列举两件或三件代表这个人与他人一起工作时工作方式的事情。使用一种隐喻或类比来帮助他们理解自己如何工作以及对其他人的影响。

4. 健康的心理

美国心理学家马斯洛和米特尔曼经过研究，提出了健康心理的 10 条标准[12]：①有足够的安全感；②能充分地了解自己，并对自己的能力做出适度评价；③生活理想切合实际；④不脱离周围的现实环境；⑤能保持人格的完整与和谐；⑥善于从经验中学习；⑦能保持良好的人际关系；⑧能适度地发泄与控制情绪；⑨在符合集体要求的前提下，能有限度地发挥个性；⑩在不违背社会规范的前提下，能恰当地满足个人的基本要求。

拓展阅读 2.3
📖 纯白金盏花的故事

拓展阅读 2.4
哈佛大学——情
📖 商图解

5. 沟通的意识

如果对沟通的重要性有了一定的认识，就必须在沟通的基本理论的指导下付诸实践，逐渐使沟通顺畅、有效，最终达到升华，即自觉地应用沟通理论去巧妙地、艺术性地解决实践中存在的问题。沟通意识的培养是一个循序渐进的过程，要提高沟通意识，必须从以下几个方面入手：①主动、积极地沟通；②在信任的基础上坦诚地进行沟通；③换位思考；④双向、互动；⑤达成共识。

2.4.3　自我沟通技能提升路径

自我沟通技能提升路径如图 2-4 所示。

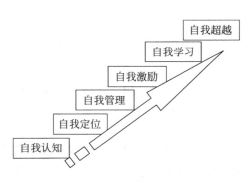

图 2-4　自我沟通技能提升路径

第一阶段：自我认知阶段。自我认知阶段是自我沟通的起点，也是自我沟通最难以逾越的阶段。首先，自知最难。难就难在不知道自己是谁，不知道自己有什么优点、长处；不知道自己有什么缺点、不足，不知道自己能做些什么，也不知道自己做了些什么。其次，自我沟通的动机通常产生于工作、生活中出现的矛盾、冲突，或是对现状的不满。最终，产生了自我沟通的需要，其目标是找寻烦恼的根源。

自我认知主要从三个方面进行[13]：一是物质自我认知，即对自我身体、仪表、家庭等方面的认知；二是社会自我认知，即对自我在社会活动中所处的地位、名誉、财产以及与他人相互关系的认知等；三是精神自我认知，即对自我的智慧、能力、道德水准等的认知。

自我认知的具体方法包括：①自我审视，主要是审视自我动机，包括内部动机和外部动机。内部动机是指从个体自身需要出发而产生的行为；外部动机是指根据社会环境需要而产生的行为。审视自我动机就是要客观地评价动机的社会性、纯正性和道德性。②自我批评，即辩证地否定。③自我反省，以期望使个人的品行变得日益完美；敢于自责，对自己的不足进行分析，勇于承担责任，接受监督。

第二阶段：自我定位阶段。自我定位是在自我认知的基础上，从自身或主观原因开始进行分析，找出自身不足和自身优势，再对自身所处的客观环境进行分析。分析的目的是弄清"本我""自我"和"超我"，对自己进行全面的解析：我来自哪里？我的基本条件如何？我要干什么？我能干什么？厘清思路后再确定沟通目标和发展目标。

第三阶段：自我管理阶段，也称为自我调节阶段。自我管理是一个复杂的系统工程，是人通过自我认知，通过不断地反思、对比、论证，找出产生烦恼的根源或问题的症结所在，并清晰定位，明确沟通目标之后，调整自己的心理，使自己的外部行为与社会环境相适应。这一阶段的主要任务就是进行自我控制、自我调节。其目标是找出解决烦恼或问题的方法。具体方法包括自我疏导、自我宽慰、自我消遣、自我调整、自我组织。自我调控可能要经历多次反复，在不断地自我肯定、自我否定，再自我肯定、否定之否定之后，改善心智模式，用各种方法进行自我调节，使自己达到稳定、良好的状态。

第四阶段：自我激励阶段。自我激励是一种正向思考的行为，通过自我表扬、自我鼓励、自我奖励等，建立自信，激励自己再接再厉。承认自身的价值，鼓励自己多出成果、多做贡献。这说明心智模式得到改善，自我价值在提升。

第五阶段：自我学习阶段。学习是一个人成长和发展的需要。每个人在不同的人生阶段都有诸多知识需要学习、补充，有许多疑问需要分析、解答，有许多精深的专业问题需要深入钻研。因此，可以通过自我学习，提高自身的知识、文化和专业素养，在探究未知世界的过程中贡献自己的聪明才智。

第六阶段：自我超越阶段。这是自我沟通的最高级阶段。在这一阶段，自己已经冲破了烦恼的束缚，对一切问题、矛盾的出现都能坦然面对，并以平和的心态加以处理；不太看重个人的名与利、得与失，而是朝着自己确定的人生目标稳步前行。

美国哈佛大学的著名心理学家威廉·詹姆斯曾经说过：生活中的成功并非取决于我们与别人相比做得如何，而是我们所做的与我们能够做到的相比如何。一个成功的人总是和他自己竞赛，并不断创造新的纪录，不断改善与提高。对于自我沟通而言，自我超越就是突破自我界限，给自己注入积极的充满希望的思想，树立一个信念：通过努力就会实现自己的最大价值。

拓展阅读 2.5
比智商和情商更重要
的品质——GRIT

自我超越阶段个人的自我发展目标非常明确：不断战胜自我，实现自己的人生价值。

2.5　有效沟通的焦点——人际沟通

2.5.1　人际沟通的本质、动机及其法则

1. 人际沟通及其本质

人际沟通是人与人之间进行的信息、知识、思想、情感等交流的过程。人际沟通强调

沟通是在人（沟通者）与人（沟通对象）之间进行的，沟通双方有共同的沟通动机，都是积极的参与者，并且有相通的沟通能力。

目前，人们对人际沟通的理解有所不同，主要有以下几种观点：一是关系论，强调人际沟通是一种关系。朱其忠等认为："从广义上讲，人际沟通不仅仅是领导职能的一部分，而且是寓于整个管理活动过程中，直接表现为人与人之间的关系，即信息的双向交流关系；[14]间接表现为人与物之间的关系，如沟通中的物质刺激、生产中的劳动效率等都有人际沟通在起作用。目的均是实现企业目标。"俞群认为："人际沟通，就是人与人之间建立联系。"二是过程论，强调人际沟通是个动态的过程。[15]秦向荣认为："人际沟通是一个动态的过程，涉及个人因素、情景因素、动机、知觉及反应等。"[16]秦启文认为："人际沟通就是人们运用言语符号系统或非言语符号系统传递信息的过程。把人的观念、思想、感情等看作信息，人际沟通就可看作信息沟通的过程。"[17]在现代社会中，人际沟通的广度和深度不仅是人们生活质量的重要体现，也是组织沟通的前提和基础。可以说，有效的管理沟通都是通过有效的人际沟通来实现的。

人际沟通本质上是人与人之间的心理沟通，是一种受多种心理作用和影响的复杂的心理活动。人际沟通是人与人之间建立和维持关系的有效途径，是人与人之间互通有无、相互学习、取长补短的有效方式，也是影响个人生活、工作绩效与职业发展的关键因素。

随着企业规模的扩大，员工来源日趋广泛，不同地域、不同文化背景的人员聚集在一起，因生活方式、价值观念差异而造成的人际冲突将会成倍地增加，良好的沟通将更显重要。众多专家学者的研究结果表明：人际沟通能力是现代管理者核心能力之一，也是现代管理者必备的重要技能。

2. 人际沟通的动机

人际沟通的动机主要有归属动机、实用动机、探索动机等。[18]西方行为学派提出了激发动机理论，其核心内容是：需要引起动机，动机决定行为。人的行为模式主要是需要→心理紧张→动机→行为→目的→需要满足→紧张排除→新的需要→心理紧张……因此，任何一种沟通都具有一定的动机。同样，人际沟通也不例外。所谓归属动机，主要是指沟通主体为了实现社会交往与获得尊重，希望能够成为某一群体、组织的一员；实用动机，主要是指沟通主体的沟通目的具有一定的功利性；探索动机，主要是指沟通主体进行沟通是为了满足某种好奇心和欲望。人际沟通动机的缘由通常是希望通过交往获取物质实体，以求生存与发展；认识自己，准确地评价自己；吸取别人的经验教训；掌握信息，预测动向，提高应变力；获得友谊，愉悦身心，享受乐趣；享受实现自身价值的满足感；追求崇高理想；寻求心理平衡等。人际沟通的目的可以归纳为八个字：了解、理解、信任、合作。

3. 人际沟通的"黄金法则"与"白金法则"

人际沟通的"黄金法则"出自《圣经·新约》："你想要别人怎样待你，你也要怎样待人！""黄金法则"意味着要有效地与他人沟通，建立良好的关系，就必须从自身出发，先了解自己的需求，推己及人，换回自我与他人的满意。其逻辑起点是人的需求是相同的，"己所不欲，勿施于人"。

人际沟通的"白金法则"：别人希望你怎么对待他，你就怎么对待他！这是美国最有影响的演说人之一和最受欢迎的商业广播讲座撰稿人托尼·亚历山德拉（Tony Alessandra）博士和人力资源顾问、训导专家迈克尔·奥康纳（Michael O'Connor）博士研究的成果。"白金法则"意味着要先了解别人的需求，然后再满足其需求。"白金法则"的出发点是他人。

"黄金法则"与"白金法则"之所以受到众人的推崇，主要是因为它们揭示了人际沟通的本质：换位思考。

2.5.2　人际沟通的障碍

人际沟通的障碍主要是沟通主体、沟通主客体双方的相互作用、沟通环境等因素。

沟通主体因素即个人因素，是指人际沟通效果受到沟通者个人的性格、心理、价值观、经历、思维方式、知识、能力等的影响。人际沟通还受到沟通双方的相互信任、相似性、相容性等的影响。如果没有信任，双方就不可能获得满意的沟通效果；如果沟通双方的兴趣、价值观、职业、经历等具有相似性，那么双方可能会取得较好的沟通效果，并且相似性越大，沟通的效果就越好；如果沟通双方出现"文化休克"、信仰冲突等，则可能无法沟通。此外，人际沟通还受到沟通双方所接受的文化、教育、习俗，以及双方所在组织的传统、制度、沟通方式等各种内外部环境因素的影响和制约。

具体的人际沟通障碍可细分为语言障碍、习俗障碍、观念障碍、角色障碍、个性障碍、心理障碍等。不同国家、不同地区、不同民族因语言不同必然会造成沟通障碍。即使是同一种语言，由于表达的环境、方法等的不同，也必然会形成不同的沟通效果。世界各地形成了丰富多彩的文化习俗，如果不了解或不尊重交际对象的风俗习惯，必然会影响沟通质量。观念由一定的经验和知识积淀而成，是一定社会条件下，人们接受、信奉并用以指导自己行动的理论和观点。沟通双方观念不同，必然会影响沟通的进程和效果。每个人每天在不同环境下都扮演着不同的角色，角色不同，沟通的内容、对象、方法等都将发生改变，否则必然会出现角色错位。每个人都拥有不同的个性，沟通双方如果一味地发挥自己的个性，而忽视对方的个性或需求，必然会产生分歧或矛盾。心理障碍是指沟通双方因生理、心理或社会原因而导致的各种异常心理过程、异常行为方式等造成的沟通障碍，如心理偏差、知觉偏差等造成的判断失误、沟通困难等。

2.5.3　人际沟通的交互作用分析

1. TA 理论

TA（transactional analysis）理论由伯尔尼（Eric Berne）于 20 世纪 50 年代在美国加利福尼亚州创立，他将传统的理论加以提升创立了整套的 TA 理论，目的是帮助人们更好地理解人们之间是如何交往的，以使人们能够改进沟通方式和建立健康的人际关系。1964 年在美国旧金山成立的国际沟通分析协会（International Transactional Analysis Association, ITAA）认为：TA 是一种人格理论，是一种针对个人成长和改变的系统的心理治疗方法。

TA 理论将人相互交往的心态分为三种：父母式（家长式）自我状态、成人式自我状态、儿童式自我状态。在公开交互作用中，发出者和接收者的心态决定沟通的效率。

根据伯尔尼的理论，两人在相互交往时，会采取被称为"自我状态"的三种心理定位中的一种。[19]

父母式自我状态（parent ego state）：是儿童幼年时在观察父母言行和接受父母教导过程中获得的经验而形成的。具体又可分为控制型父母式自我状态和关爱型父母式自我状态。控制型父母式自我状态的表现是教育、批评、教训、控制；关爱型父母式自我控制的表现是温暖、关怀、安慰、鼓励。

成人式自我状态（adult ego state）：表现出理性，精于计算，尊重事实和非感性的行为，试图通过寻找事实，处理数据，估计可能性和展开针对事实的讨论，来更新决策。

儿童式自我状态（child ego state）：是由于童年经历所形成的情感，它可能是本能的、依赖性的、创造性的或逆反性的。具体又可分为适应型儿童式自我状态和自由型儿童式自我状态。适应型儿童式自我状态的表征是听话、服从、讨好、友爱，内心常常充满自责、担忧、焦虑和自罪；自由型儿童式自我状态的表征是活泼、冲动、天真、自发行动、贪玩、富于表情、爱憎分明。

2. 交互作用的类型

交互作用（言语或非言语符号的交换）可以是互补式的或非互补式的。在公开交互作用中，如果发出者和接收者的心态在回答中仅是方向相反，则交互作用是互补式的。如果用图表示发出者—接收者的心态交互作用的交互模式，线是平行的。当刺激线和反应线不平行时，非互补式的交互作用，或者称为交叉式的交互作用就会出现。根据 TA 分析理论，人际交往存在 10 种类型。[20]

（1）PP—PP 型：甲、乙双方都表现出一种颐指气使的武断，如图 2-5 所示。

（2）AA—AA 型：双方都能以理智的态度对待对方，如图 2-6 所示。

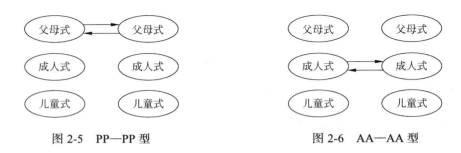

图 2-5　PP—PP 型　　　　　　　　　　图 2-6　AA—AA 型

（3）CC—CC 型：甲、乙双方都易诉之于感情，如图 2-7 所示。

（4）PC—CP 型：甲、乙双方表现出权威和服从的行为，即甲方以长者自居对待乙方，乙方亦能服服帖帖不以为意，如图 2-8 所示。

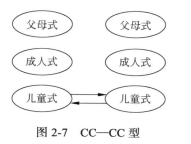

图 2-7　CC—CC 型

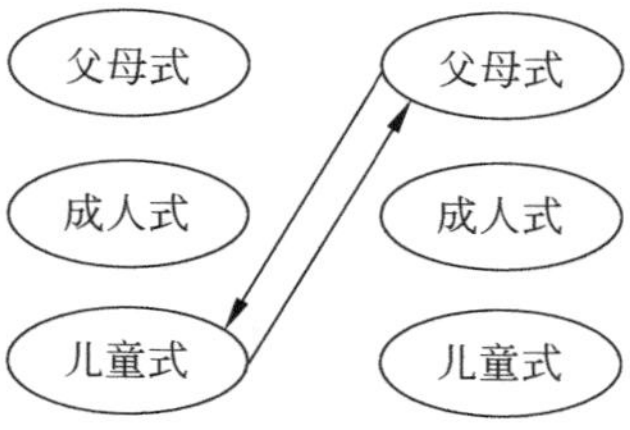

图 2-8　PC—CP 型

（5）CA—AC 型：一方表现为小孩子脾气而另一方则表现为有理智的行为，这在同事之间、夫妻之间经常会发生，如图 2-9 所示。

（6）PA—AP 型：甲方表现为有理智，但又担心自己控制不住自己。为此，甲方经常要求乙方担作 P 的角色，以起到对甲方的监督和防范作用。在上下级、同事、夫妻之间经常会发生和利用这种类型的相互作用，如图 2-10 所示。

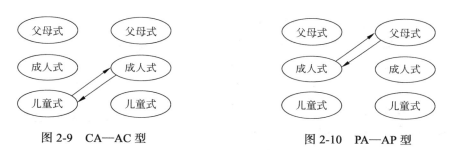

图 2-9　CA—AC 型

图 2-10　PA—AP 型

（7）PC—AA 型：甲方要求乙方以理智对待他，但乙方却以高压方式对待甲方，这在上下级、同事之间经常会发生，如图 2-11 所示。

（8）CP—AA 型：甲方讲理智，而乙方却易感情用事，如图 2-12 所示。这种现象也经常发生在不同人之间的交流中。

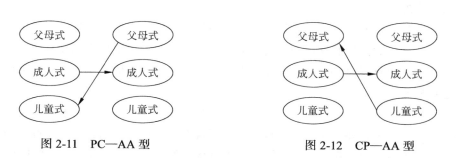

图 2-11　PC—AA 型

图 2-12　CP—AA 型

（9）PC—PC 型：一方采取命令式而另一方不服，并且采取同样的方式回敬。这种交流方式必然会引起矛盾冲突（见图 2-13）。这经常发生在上下级、家长和子女之间。

（10）CP—CP 型：甲、乙双方都把对方作为权威看待而表现出一种服从的意向（见图 2-14），这在同事和朋友之间经常会发生。

图 2-13　PC—PC 型

图 2-14　CP—CP 型

一般来说，最有效的交互作用是成人对成人的交互作用（见图 2-6）。这种交互作用促使问题得到解决，视他人同自己一样有理性，降低了人们之间发生感情冲突的可能性。

3. 人际沟通的四种交流心态

人际沟通的四种交流心态如图 2-15 所示。

Ⅰ：我好，你好。这是一种积极的、健康的交流心态。这种心态在交流时不仅个人充满自信，也对他人充满信任和尊重。拥有这种心态的人通常以一种开放的、坦诚的方式与人交往，注意听取别人的意见，也敢于发表自己的见解；既能欣赏别人，也能欣赏自己；既能宽容别人，也能宽容自己。

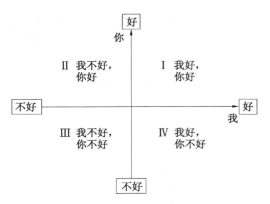

图 2-15　人际沟通的四种交流心态

Ⅱ：我不好，你好。这是一种自卑的交流心态。拥有这种心态的人妄自菲薄，自轻自贱，其结果是因缺乏自信而失去前进的动力；或自卑、惆怅、多疑、退缩，不仅没有勇气大胆地发表自己的见解，去展示自我，而且给人一种不思进取、缺乏坦诚等错觉，久而久之会失去别人的信任。

Ⅲ：我不好，你不好。这是一种消极的、不健康的交流心态。这种心态否定自我与他人，对生活失去信念。拥有这样心态的人通常心灰意冷，觉得说什么都没有用，干了也白干；既不想说，也觉得没必要听；不相信别人，因而也不想与他人交往，性格孤僻，意志消沉，心理病态。

Ⅳ：我好，你不好。这是一种自负、自高、自大的交流心态。这种心态在交流时必然妄自尊大，高高在上，盛气凌人，藐视对方，轻视对方；自吹自擂，唯我正确，爱指责，好挑剔；出言不逊，出口伤人。其结果是孤芳自赏，独居一隅，朋友远离，黯然神伤。

2.5.4　人际吸引

人们在社会交往中通过相互感知，产生了继续交往的愿望，甚至产生情感等而相互吸引。人际吸引（international attraction）是人与人之间的相互欣赏、接纳和协作。从 20 世纪

30年代开始，美国社会心理学家莫雷诺（Jacob Levy Moreno）等开始关注人际吸引的研究，并提出了人际吸引的影响因素、一般原则、心理过程等相关理论。

1. 影响人际吸引的因素

影响人际吸引的因素很多，主要有相似性、互补性、印象感应、心理感应、能力吸引、人格品质等。相似性主要是指信念、价值观及人格特征、兴趣、爱好、社会背景、地位、年龄、经历等相似。互补性主要是指需要互补、社会角色互补、人格某些特征互补。例如，有的人喜欢那些与自己个性品质相反的人，这样可以起到互补的作用，相互满足需要。印象感应主要是指在人际交往中，人们常常以自己固有的世界观、人生观、价值观等去审视交际对象。从心理学的角度来看，印象感应主要包括晕轮效应、刻板效应、情绪效应等。心理感应主要是指交际双方产生的心理共鸣现象和行为。能力吸引主要是指由于能力出众受到对方的信赖或仰慕而产生吸引。人格品质包含的内容十分广泛，不同的人格品质对人际吸引的影响程度也有所不同（见表2-6）。[21]

表2-6　影响人际吸引的主要人格品质

最积极品质	中间品质	最消极品质
真诚	固执	古怪
诚实	刻板	不友好
理解	大胆	敌意
忠诚	谨慎	饶舌
真实	易激动	自私
可靠	文静	粗鲁
智慧	冲动	自负
可信赖	好斗	贪婪
有思想	腼腆	不真诚
体贴	易动情	不善良
热情	羞怯	不可信
善良	天真	恶毒
友好	不明朗	虚假
快乐	好动	令人讨厌
不自私	空想	不老实
幽默	追求物欲	冷酷
负责	反叛	邪恶
开朗	孤独	装假
信任	依赖别人	说谎

注：沿着箭头方向，品质受欢迎的程度逐渐递减。

2. 人际吸引的一般规律

1）AIDMA法则与人际吸引

AIDMA法则于1898年由美国的沟通专家 E. S. 刘易斯提出，其含义为：A

（attention）——引起注意；I（interest）——产生兴趣；D（desire）——培养欲望；M（memory）——形成记忆；A（action）——促成行动（见图2-16）[22]。

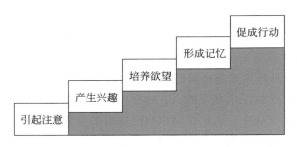

图 2-16　AIDMA 法则

AIDMA 法则最早应用于广告、营销活动之中，它是一种有效地、动态式地引导人们从认知到行为产生的心理过程。这一过程同样适用于人际吸引。

2）人际吸引的一般规律

（1）接近吸引律，是指交际双方由于工作、居住地、兴趣等接近，因此缩小了相互之间的时空距离和心理距离，产生相互吸引。这种接近包括时空接近、兴趣态度接近、职业背景接近。

拓展阅读 2.6
📖 孙振耀退休感言

（2）互补吸引律，是指当交际 A 方的某种性格、能力不足正好是 B 方所欠缺或需要的，而 B 方的某种性格、能力不足正好也是 A 方所欠缺或需要的，当双方有意愿交往与合作时便产生强烈的吸引力。

（3）互惠吸引律，是指交际双方在长期的交往过程中，由于彼此相互信任、相互尊重、相互帮助等而产生的吸引。它主要包括感情互惠、人格互尊、目标互促、困境互助、过失互谅。

（4）魅力吸引律，是指一个人在领导力或其他能力、人格魅力、专业特长等某一或某些方面比较突出，引起对方的敬佩或崇拜，产生晕轮效应。

（5）异性吸引律，是指交际双方虽然性别、个性不同，但能互补互悦，从而产生相互吸引。

（6）诱发吸引律，是指由于人的外表等自然因素或人为环境的某一因素而引发的吸引。它包括自然诱发、蓄意诱发、情感诱发等。

案例讨论

韩鹏的竞聘

韩鹏，2001 年 7 月毕业于辽宁工业大学电子工程专业，应聘到了大连 MV 商业集团公司工作。由于在三个月的试用期内，韩鹏工作富有激情，并且具有较强的交际能力，很快便得到集团领导的赏识。2001年10月，进行新入职员工的岗位分配时，按照韩鹏个人的第一志愿，他竞聘到了集团营销部工作，负责集团内部报刊和广告方面的工作。

进入营销部后，韩鹏一如既往地努力工作，善于钻研，经常向部门内部的前辈和其他科室的领导请教工作方法以及业务方面的问题，从而使其业务能力不断提升，工作开展得有声有色，业绩也很突出，受到了营销部主管领导的好评。

随着工作时间的延续，韩鹏觉得目前的机关工作不利于自己以后的职业发展，于是他协调各方面关系，终于得到了集团下属公司领导的认可，也得到了一次工作调动的机会。2005年2月，韩鹏调至集团下属最大的分公司营业部——大连A区营业部担任服务经理助理职务。韩鹏在这个职务上如鱼得水，很快便成为营业部的骨干。2005年10月，韩鹏被任命为营业部服务经理，全面负责营业部的顾客服务工作。一直积极要求上进的他工作更加努力，希望自己能够得到更大的提升。

正在韩鹏希望自己能够有更大的发展空间时，2007年3月，MV集团公司决定拓宽业务领域，成立国际名品经营公司，面向集团内部招聘一名总经理和两名业务经理。韩鹏认为自己的工作能力和经验能够满足国际名品公司业务经理的要求，因此决定再一次挑战自己，便报名参加业务经理竞聘。

2007年3月20日，MV集团国际名品公司岗位竞聘大会在集团总部大楼会议室举行，集团总裁、总部机关各部门的领导和集团各分公司总经理出席了会议。参加业务经理竞聘的除了韩鹏外，还有MV集团大连B营业部的业务经理徐志强和2004年刚刚加入MV集团的国内某名牌大学毕业生王嘉实。由于认真准备了讲稿，加之对自己的沟通能力、应变能力以及工作经验充满自信，韩鹏认为此次竞聘成功的概率很大，至少自己比入职不满三年的王嘉实的工作经验丰富很多，胜算也大得多。

由于竞聘的顺序是按照姓名的拼音排序，所以韩鹏第一个走上了讲台。整个演讲过程都很顺利，下一个环节是答辩。

为了给自己原来的部下鼓劲，营销部孟总第一个提问："韩鹏，你在刚才的演讲中提到自己工作能力很强，能讲一讲你是如何提升自己的工作能力的吗？"

"作为入职集团近五年的大学生，我对领导安排的每一项工作都仔细思考，认真执行，同时经常到图书馆借阅各种与工作相关的业务书籍，时常向老领导和经验丰富的员工请教工作方法，从理论和实践两个方面不断提升自己的业务能力，所以即使我不是业务能力最强的一个，但我一定是进步最快的一个！"韩鹏满怀信心地答道。

"你刚才提到零售企业的顾客服务工作十分重要，甚至对公司的经营业绩起到举足轻重的作用，能深入地说一说服务的主要作用吗？"为进一步考察韩鹏的工作能力，集团总裁继续提问。

"我从2005年2月到现在一直从事服务工作，处理的棘手问题很多，我认为服务工作开展的好坏将直接影响公司的经营效益，同时对公司的持续发展起着很重要的作用。就拿我工作的大连A营业部来说吧，两年内我处理的顾客投诉问题我自己都不知道有多少起了，客服部的工作很重要，工作开展也很难，有些顾客如不给予经济补偿就百般纠缠。我们营业部 2006 年因顾客投诉而给予经济补偿的有 28 起之多，全年因为顾客投诉造成的经济损失达 238230 元！"为了增强说服力，韩鹏在回答过程中还举出了自己工作中的实例，并采用了精确的数据，希望展现出自己对工作的认真和对业绩情况的准确把握能力，从而得到集团总裁及评委的认可。

"真的有这么多顾客投诉需要经济补偿吗？每年的损失有这么多？"集团总裁似乎半信半疑，在问韩鹏的同时转过脸看了一眼大连 A 营业部的总经理。

"这些数据是我去年工作中总结出的，这些数据足以说明顾客服务工作的重要性。"韩鹏并没有意识到集团总裁所持疑问的真实意图，依然按照自己的思路回答问题。其实，集团总裁掌握的顾客服务方面的损失数据与他讲的"精确"数据差距很大。

最终，出乎韩鹏意外，他竞聘失败。

讨论：

1. 韩鹏竞聘失败意味着这次沟通没有达成其目标，那么韩鹏竞聘失败的原因是什么？
2. 从竞聘的角度分析，韩鹏要想获得成功应从哪些方面进行调整和改进？
3. 韩鹏应如何提高自我沟通能力？

本章小结

1. 哈贝马斯的沟通行为理论主要探讨人的交往行为的合理化问题和可普遍化的法律、道德规范的理性基础。

2. 管理沟通有效性指的是为实现特定的组织目标而清晰地表达所要发送的信息，准确地理解所接受的信息的程度。其观测维度或变量是沟通满意度和沟通开放性。

3. 有效沟通通常有"六步"：第一步，前期思考；第二步，推敲意念；第三步，因人制宜；第四步，争取天时地利，调整心态；第五步，细心聆听与观察，积极反馈；第六步，换位思考。

4. 无效沟通是指沟通主体与沟通客体进行信息、知识、思想、情感等交流的结果没有或部分没有达到预期目标。沟而不通的原因通常都隐藏在一个个小小的细节当中，如信息不充分、虚假、过多、多变等，语言表达不当，态度不端，情绪不稳定，不注意非言语信息，不反馈，沟通时机欠佳，渠道和方式选择有误，以及受到组织和领导行为的影响和制约等。

5. 影响有效沟通的因素十分复杂，起主导作用的因素主要是信息发送者本身—主体因素、信息接收者—客体因素、环境因素。

6. 管理沟通的主体通常包括发送信息的组织或个人。组织作为管理沟通的主体，其影响沟通有效性的因素主要包括组织已有的社会形象、载体选择与代言人形象、组织战略、组织结构、组织文化等组织行为；个体作为管理沟通的主体，其影响管理沟通有效性的因素主要包括领导风格或管理风格、心理、态度与行为等。

7. 影响沟通有效性的客体因素主要包括选择性因素、功能性因素和结构性因素。

8. 影响沟通有效性的环境因素主要是指沟通的周边物理环境，包括沟通场所的噪声、空间距离、空气环境质量（气味）、温湿度、光线的明亮度、色彩等。

9. 自我沟通是有效沟通的起点。良好的自我沟通的表征是具有积极的心态、良好的品行、较高的情商、健康的心理和沟通的意识。

10. 自我沟通能力提升的路径是：自我认知—自我定位—自我管理—自我激励—自我学习—自我超越。

11. 人际沟通是有效沟通的焦点。任何沟通目标都需要通过人际沟通去实现。人际沟通本质上是人与人之间的心理沟通，是一种受多种心理作用和影响的复杂的心理活动。

即测即练

12. 人际沟通障碍主要包括语言障碍、习俗障碍、观念障碍、角色障碍、个性障碍、心理障碍等。

参考文献

[1] 尤尔根，哈贝马斯. 交往行为理论[M]. 曹卫东，译. 上海：上海人民出版社，2004.

[2] 侯钧生. 西方社会学理论教程[M]. 天津：南开大学出版社，2007.

[3] 彼得·德鲁克. 有效管理者[M]. 中国财政经济出版社，1988.

[4] O'Reilly C A. Roberts K H. Job satisfaction among whites and non-whites: A cross-cultural approach [J]. Journal of Applied Psychology, 1973, 57(3): 295-299.

[5] 程志超，王捷，许强. 传统企业与虚拟企业组织沟通有效性的比较[J]. 西安交通大学学报（社会科学版），2005，25（3）：30-35.

[6] 梅红，吴建南，宋晓平. 组织沟通有效性、激励方式对学院管理的影响[J]. 西安交通大学学报（社会科学版），2008，28（02）：22-26

[7] Downs C W. Communication Satisfaction Questionnaire. In Ruben R B. Palmgreen P and Sypher H E. (Eds). Communication Research Measures: A sourcebook[M]. New York: Guilford, 1994.

[8] Rogers D. The Development of a Measure of Perceived Communication Openness[J]. Journal of Business communication, 1987, 24(4): 53-6l.

[9] 王瑛，宋燕. 虚拟企业组织沟通有效性评价体系研究[J]. 南京财经大学学报，2007（4）：77-80.

[10] 郭文臣. 公共关系管理[M]. 大连：大连理工大学出版社，2005.

[11] 丹尼尔·高曼. 成功的领导风格[J]. 魏海燕，译. 企业管理，2001（8）：52.

[12] 威廉·詹姆斯. 心理学原理[M]. 郭宾，译. 北京：九州出版社，2007.

[13] 全国13所高等院校《社会心理学》编写组. 社会心理学[M]. 4版. 天津：南开大学出版社，2008.

[14] 爱德华·霍尔. 无声的语言[M]. 北京：中国对外翻译出版公司，1995.

[15] Weiss T. 办公室温度对工作效率的影响[EB/OL]. 中人网，2008-02-05.

[16] 章为. 大型综合超市建筑与环境研究[D]. 湖南大学硕士学位论文，2003.

[17] 德鲁克. 管理：任务、责任、实践[M]. 余向华，等，译. 北京：华夏出版社，2008.

[18] Hill N. Success Through a Positive Mental Attitude[M]. Simon & Schuster. 2001.

[19] 丹尼尔·戈尔曼. 情感智商[M]. 耿文秀，等，译. 上海：上海科学技术出版社，1997.

[20] 林崇德，等. 心理学大辞典[M]. 上海：上海教育出版社，2003.

[21] Abraham Harold Maslow, Bela Mittelmann[M]. Principle of abnormal psychology: the dynamics of psychic illness, 1941.

[22] 张昊民. 管理沟通[M]. 上海：格致出版社，2008.

第 3 章

管理沟通策略与模式

学习目标

通过本章的学习，你应该能够：

1. 熟练掌握管理沟通策略；
2. 了解建设性沟通的含义和原则，并能在实践中应用；
3. 了解传统管理沟通模式，掌握现代管理沟通模式；
4. 熟练掌握和运用开放性沟通。

引导案例

他该怎么办？

张越自述：我于 2002 年毕业于国内一所重点大学，所学专业是比较冷门的商品检验检疫。毕业后直接到国内一家大型国有企业工作，被分到技术部门从事对口专业。由于我出色的表现，3 个月的见习期刚满，我就被安排到机关从事行政管理工作；6 个月后，我被公司总经理相中，调到公司办公室从事综合管理工作。同事们都说我就像"三级跳"，上班不到一年的时间就进入核心部门，据说在公司里像我这样的可以说是前无古人。当然，这些完全凭借我的工作表现，因为我是在农村长大的，父母都是地道的农民，的确没有任何背景。这次工作调动完全符合我的个人职业生涯规划（即从事管理工作），当时感觉前途一片光明，只要工作一满 3 年就可以通过竞聘走上领导岗位。

2007 年我获得了国内知名大学的工商管理硕士（MBA）学位，成为我们同龄人当中获得 MBA 学位的第一人。在工作的 6 年多时间里，我参与了很多大型项目，组织了一些大大小小的活动，积累了比较丰富的经验，尽管遇到许多困难，但都被我一一化解，工作也得到了领导和同事的认可。

我待人真诚，乐于助人，甘于奉献，不争名利，而且与周围同事关系融洽。可以说，在工作的 6 年多时间里大家对我的评价很高。

论及综合能力，我觉得自己在同龄人中应该是数一数二的，但我的写作能力及演讲能力属于中等。两年前，在一次闲谈中，总经理曾希望我能够提高写作能力、交际能力以及工作魄力。当时我正在读 MBA，觉得通过学习，这些方面的能力应该能够有所提高。说实话，对总经理的提醒我虽然感激，但我感到至今自己在这三个方面依然没有多少提高。比如，由于我在办公室工作，所以，与高层领导接触的机会比较多，但与领导的沟通仅限于工作范畴，没有更深入的交往。而且本人与董事长几乎没有接触，与大多数同事属于泛泛之交。

最近，我很苦恼，也很困惑。眨眼间，我已经工作 6 年多了，但仍然还是一名普通员工。机会不是没有，2008 年年初，本人所在部门科长的位置空缺。很多人都认为我应该是最佳人选，我的部门领导也想极力促成此事，可是公司领导就是默不作声。你知道，在国有企业，人力资源管理体制相对落后，干部聘任基本上是董事长和总经理的意见起决定性作用。过去我一直认为总经理对我还算认可，但不知为什么针对此事，他的态度很不明朗，也许是对董事长的意见有所顾虑吧。

我非常希望能够得到提升，原因有三：一是经济收入的提高。提职后工资水平将比现在增加一倍，由于家里经济状况一般，一倍的工资对我来说还是比较重要的。二是自身价值的体现。如果现在提职的话，我将成为当前公司最年轻的管理人员，今后的发展空间会进一步加大。三是具有更大的发展平台，能施展自身的能力，为公司的管理工作出谋划策。

一直想找总经理谈谈自己的想法，可是总是有所顾虑。我该怎么办？

张越遇到的问题尽管表面看来属于个案，但是在现实社会里类似的经历许多人都似曾相识，或正有着同样的困惑。如何与上司有效沟通是每个人都要面临的问题。如果张越能够正确运用沟通策略，就能解开心结，否则，可能会给自己带来更多的烦恼。那么，张越具体应注意哪些沟通策略呢？这正是本章将要研究的问题。

3.1　管理沟通策略

管理沟通策略是指基于管理沟通的目标而制定的实现该目标的各种行动方案或具体的计划、措施、方法和技巧等。达特茅斯大学阿摩司塔克商学院（Amos Tuck School of Business of Dartmouth College）的玛丽·蒙将（Mary Munter）认为，管理沟通策略包括沟通者策略（communicator strategy）、受众策略（audience strategy）、信息策略（message strategy）、渠道选择策略（channel choice strategy）和文化策略（culture context strategy），具体如图 3-1 所示。[1]

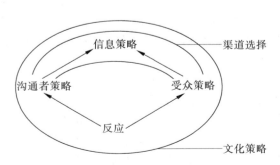

图 3-1　管理沟通策略框架

根据张越的自述，我们可以借鉴 Mary Munter 的管理沟通策略，分别从以上五个方面进行分析，就比较容易为张越厘清思路，找到解决烦恼的办法。

3.1.1　沟通者策略

沟通者策略，又称主体策略，是指作为沟通主体在沟通之前必须思考或制定的沟通方案或具体的计划、措施、方法和技巧等。通常，沟通主体在沟通前主要需要思考并厘清四个问题：一是沟通的目标是什么；二是我是谁；三是沟通风格是什么；四是可信度如何。

1. 管理沟通目标

管理沟通目标是在组织总目标之下的一种具体的目标。任何沟通行为总是源于一定的沟通目标或动机。明确沟通目标有助于明确前进的方向，避免盲目、随意沟通造成的沟通无效；有了明确的目标，才有可能清晰地表达自己的目标，确保沟通对象正确地理解你的真实意图。

具体目标可以分为三种：总目标（general objectives）、行动目标（action objectives）和沟通目标（communication objectives）。总目标就是指希望实现的最终目标。行动目标是指在具体的时间范围内可能实现的明确的结果。只有制定明确的行动目标才有可能实现总目标。具体地说，行动目标是总目标的具体化。沟通目标是建立在行动目标基础上的更加明确、具体的目标，是指在具体的情境下，通过对沟通环境的具体分析所制定的具体语言、行为等表达方式。简而言之，就是你想采取何种具体的沟通行为。比如说，在不了解总经理真实想法的情况下，张越应该怎样向总经理表达自己的意愿？在了解总经理真实想法的情况下，他又该怎样向总经理表达自己的意愿？

（小资料）

沟通者沟通目标自我测试框架

◎ 我的沟通目标是否符合社会伦理、道德伦理？
◎ 在现有内部、外部竞争环境下，这些目标是否具有合理性？
◎ 我就这个问题作指导性或咨询性沟通的可信度如何？
◎ 是否有足够的资源来支持我的目标的实现？
◎ 我的目标是否能得到那些我所希望的合作者的支持？
◎ 我的现实目标是否会与其他同等重要的目标或更重要的目标发生冲突？
◎ 目标实现的后果如何，能否保证我及组织能够得到比现在更好的结果？

2. 沟通者的自我剖析

在第 2 章，我们介绍了自我认知及其重要性，自我认知的目的就是自我定位。在具体的沟通活动中，沟通者必须进行自我剖析，以明确"我是谁"。

进行自我剖析，关键是分析个人的竞争能力或个人的核心竞争能力，即能够集中体现个人最突出、最内在、最具有代表性、最具实力的能力。个人的竞争力主要包括个人的心态、个性、知识、智能、技能和创新等六大方面（见图 3-2）。

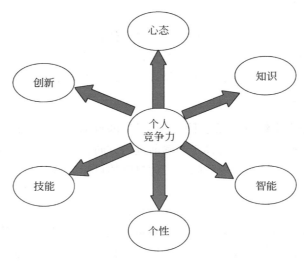

图 3-2　个人竞争力

（1）心态是指一个人的心理状态，它是影响行为的重要因素，是人心理活动外化为实践行为的动力源。美国研究成功学的拿破仑·希尔博士认为，心态是命运的控制塔，心态决定我们人生的成败[2]。我们生存的外部环境，也许我们不能选择，但另一个环境，即心理的、感情的、精神的内在环境，是可以由自己去改造的。凡人生感受不如意、不幸福，都可视为你人生的失败，这些失败多半源于我们与生俱来的弱者的消极心态。成功不是指拥有什么（权力、财富），而是指做了什么。成功等于每天进步一点点。成功人士的首要标志，在于他的心态。一个人如果心态积极，乐观地面对人生，乐观地接受挑战和应对困难，那他就成功了一半。

心态要素包括三个层次的心理活动：态度、激情和信念。

态度是心态的基础。人生态度主要有两种，即积极的态度和消极的态度。拥有积极态度的人的表征包括：有必胜的信念；自信，自勉；诚恳，忠诚，正直，乐观；亲切，友善，善于称赞别人，乐于助人；具有奉献精神；非常机智，勇敢，奋发向上，积极进取，乐于创造；具有安全感，能使别人感到你的重要。拥有消极态度的人的表征包括：愤世嫉俗，认为人性丑恶，与人不和；没有目标，缺乏动力，不思进取；缺乏恒心，经常为自己寻找借口和合理化的理由；心存侥幸，不愿付出；固执己见，不能宽容他人；自卑懦弱，无所事事；自高自大，清高虚荣，不守信用等。

激情是心态要素的爆发状态。激情是超乎态度的一种心态要素，是一种强烈情绪的显现和暴发。一旦人们的心态由态度上升为激情，就会产生巨大的心理动力。富有激情的人能为组织带来意想不到的价值。一个人工作的激情更多地来自于自身的潜质、自我成就感、自我创新、自我超越等。

信念是心态要素的最高境界。激情一旦升华为信念，就会转化为持久的动力源头和强大的执行力。没有信念，制度就形同虚设；没有信念，就不会产生持久的执行行为。

情景故事

塞尔玛的故事

第二次世界大战期间，年轻漂亮的塞尔玛陪伴丈夫住在美国加利福尼亚州一个靠近大沙漠的陆军基地。丈夫奉命到沙漠里演习，她一个人留在陆军的小铁皮屋里，不仅炎热难熬，而且没有人聊天，因为这里只有不会说英语的墨西哥人和印第安人。

塞尔玛实在受不了这种生活，就写信给父母说要回家。她父亲的回信只有两行字，但是这两行字彻底改变了她的生活。

"两个人同时从牢房的铁窗口望出去，一个人看到泥土，另一个人看到繁星。"塞尔玛把信"细嚼"多遍，心中感到非常惭愧，决心在沙漠里寻找自己的星星。她开始和当地人交朋友，人们对她非常热情，她对当地人的纺织品感兴趣，人们就把舍不得卖给观光客人的纺织品送给她。塞尔玛研究那些引人入迷的仙人掌和各种沙漠植物，又学习有关土拨鼠的知识，观看沙漠的日出日落，还寻找海螺壳……沙漠没有变，印第安人没有变，是塞尔玛变成了另一个人，原先的痛苦变成了一生中最有意义的冒险，塞尔玛为自己的新发现兴奋不已。

两年之后，塞尔玛的《快乐的城堡》出版了，该书出版后一版再版，塞尔玛因此成了美国著名的沙漠专家，她终于"看到了星星"。

（2）个性是指人所具有的独特的、较稳定持久的、习惯性的行为模式或倾向。从构成方式上看，个性其实是一个系统，其由三个子系统组成：一是个性倾向性，即人对社会环境的态度和行为的积极特征，包括需要、动机、兴趣、理想、信念、世界观等。个性倾向性是人的个性结构中最活跃的因素，它是一个人进行活动的基本动力，决定着人对现实的态度，决定着人对认识活动的对象的趋向和选择。个性倾向性是以人的需要为基础、以世界观为指导的动力系统。二是个性心理特征，即人的多种心理特点的一种独特结合，如能力、气质、性格，它是个性系统的特征结构。三是自我意识，即自己对自己所有身心状况的意识，包括自我认识、自我体验、自我监控等方面，如自尊心、自信心等，它是个性系统的自动调节结构。

个性结构的这些成分或要素，因人、时间、地点、环境的不同排列组合，会产生在个性特征上千差万别的人和一个人在不同的时间、地点环境中的个性特征的变化。个性的不同，形成了各种不同的性格。

九型性格学（Enneagram）是近年来备受美国斯坦福等国际著名大学 MBA 学员推崇并成为现今最热门的课程之一，近十几年来它已风行欧美学术界及工商界。全球 500 强企业的管理阶层均有研习九型性格，并以此培训员工，建立团队，提高执行力。

九型性格学按照人们惯性的思维模式、情绪反应和行为习惯等性格特质，将人分为九种，故称为九型性格（亦有称为九型人格）：完美型、助人型、成就型、自我型、理智型、疑惑型、活跃型、领袖型和平和型。

第一型，完美型（perfection）。这种类型的人希望每件事都做得最完美，使自己和世界变得更完美；行为讲究原则、标准，常进行自我批评，具有要求他人按自己标准去做事情的倾向，比较理性正直，时常压抑自己人性中不理性的一面。性格倾向：比较内向，被动，关注错误，重视纠正错误，有责任感，比较喜欢独立，工作勤奋，看中效率，喜欢批评，没耐性，吹毛求疵，时常压抑冲动和渴望，过度刚性，比较讲究实际，做事脚踏实地。

第二型，助人型（helper）。这种类型的人把帮助他人视为天职；渴望在帮助他人的同时得到爱、感激和认同，善解人意，有同理心，热情地去满足他人需要时又希望不被察觉；认为最高兴的事莫过于能帮助别人，最不可思议的事是别人不接受自己的帮助。性格倾向：比较外向，做事积极主动，感情丰富，乐于付出，时常压抑或疏忽自己的感受，缺乏自主和想法，喜欢帮助朋友并乐于倾听他们的事情，对人热情、友善，有爱心和有耐心，重视人际关系，善于关怀他人，能够慷慨相助。

第三型，成就型（achiever）。这种类型的人渴望事业有成，以目标为主导，重视自我的名誉、地位、声望与财富；希望被人肯定、受人关注和羡慕；反应敏捷，善于把握机会，务求达到成功。性格倾向：比较外向，主动，善于交际；特别看重自己的工作或任务，具有较强的执行力；关注结果，效率；精力充沛，热爱工作，奋力追求成功，以获得地位和赞赏；为了事业成功、声望、财富，有时牺牲情感、婚姻、家庭或朋友。

第四型，自我型（individualist）。这种类型的人重视自我，时常觉得自己与众不同，感情丰富，浪漫，有品位，有个性，喜欢我行我素；渴望自我了解，渴望自己的内心感受被人认同；拥有敏锐的触觉和审美眼光。性格倾向：比较内向，被动，多愁善感，感情丰富，比较看重关系和感觉，时常通过创造力和丰富的感情吸引他人。

第五型，理智型（thinker）或思考型。这种类型的人喜欢思考，追求知识，渴望了解这个充满疑惑的世界；喜欢运用自己的智慧和理论去驾驭他人；比较冷静，机智，具有较强的分析力，富有理性，处理问题讲究逻辑思考，抽离情感。性格倾向：比较内向，被动，善于思考、探究，贪求或积攒时间、空间、能量、知识，不喜欢自己的空间受到骚扰，不擅长奉承，喜欢独自解决问题或独立行事，理解力强，具有洞察力。

第六型，疑惑型（questioner）。这种类型的人认为自己处于一个危险的世界，必须步步为营，防范被人利用和陷害，渴望得到保护和关怀，多疑过虑，怕出风头，怕生事端，担心自己力不从心，内心深处常隐藏着恐惧和不安，对人和事缺乏安全感。性格倾向：比较内向，主动，保守，忠诚，关注潜在的伤害、危险、威胁，时常放大危险、灾害，并积极、秘密地去考虑，质疑并善用反向思维，不轻易相信别人，内心深处希望得到别人的欣赏和肯定，常自我反思行为是否有错，害怕犯错误而被责备，期望公平，对事情非常认真。

第七型，活跃型（enthusiast）。这种类型的人认为世界充满了刺激的事物，需要亲自体验，人生的目的在于追求快乐；兴趣广泛，时常想办法去满足自己的欲望，喜欢寻找刺激和乐趣，不喜欢承诺，逃避烦恼、痛苦和焦虑。性格倾向：比较外向，主动，乐观，贪玩，缺乏责任感；对有兴趣的事很入迷，认为经历比成功更重要，享受生活，不善于处理烦琐和精细的任务。

第八型，领袖型（leader）。这种类型的人认为世界充满挑战，要做一个自强不息的人，运用强大的自信力和意志力战胜环境，贡献社会，助强扶弱，打抱不平；渴望有所作为，担当领导者，比较自信，拥有正义感，爱出风头，喜欢替他人做主和发号施令。性格倾向：比较外向，主动，乐观，冲动，专制，有正义感，关注权利，独断，并且重视控制空间和领域，否认弱点和缺陷，充满活力，向往刺激和精彩，相信"强权就是公理"，保护、支持自己的朋友、家人和下属，难以听取别人的意见，喜欢被人尊重，做事雷厉风行。

第九型，平和型（peacemaker）。这种类型的人认为自己是一个普通人，应尽力维持和谐的生活，渴望和平共处，不喜欢冲突，怕得罪别人，不争名逐利，性格温顺，与世无争，喜爱大自然，为人随和；没有个性，做事慢条斯理。性格倾向：比较内向，被动，乐观，随和，关注周围的环境和别人对自己的行为变化，愿意顺从别人，乐于为他人提供服务，很少拒绝别人的要求，向往与人为善，希望避免冲突，拙于排列事情的优先顺序，不太关注名誉及地位，喜欢收藏，不喜欢命令别人，也反感被命令，善于系统思考，分析不同观点之分歧。

（3）知识是指个人拥有的或储备的认识客观世界的成果。知识是个人核心竞争力的前提和基础。知识不仅要储备，更为重要的是要不断地更新，并能应用知识去创造价值。培根曾说过：知识就是力量。就个人竞争力来说，不仅需要拥有一定量的基础知识、专业知识，还需要运用知识去思考、创新，服务于社会。

（4）智能是指个人拥有的智商、情商、逆商等智力和非智力因素的总和。智商是用来说明一个人智力水平的高低程度，情商是用来说明一个人情感智能的高低程度，逆商是用来说明一个人在处于逆境时所表现出的信心、勇气、智慧、创新能力的高低程度。作为管理者，其智能高低必然会影响其管理决策及管理活动的成效。

情景故事

庞统的故事

周瑜死后，鲁肃为都督。鲁肃向孙权推荐庞统。孙权见庞统浓眉掀鼻、黑面短须、长相古怪，有些不顺眼。于是向庞统问道："你最擅长的是哪方面的学问？"庞统回答："我不拘执于某一种，根据需要而随机应变。"孙权又问："你的才学，与周公瑾相比如何？"庞统不假思索地说："我的学问，与周公瑾大不相同。"孙权本来最喜欢周瑜，见庞统如此轻视，心里非常不高兴。便对庞统说："你先回去吧，将来有用你的时候，一定相请。"鲁肃知道孙权不肯用庞统，便写了一封书信，推荐庞统去投刘备。

刘备听说庞统前来相投，请来相见。庞统见了刘备，长揖不拜。刘备见庞统相貌丑陋，早有几分不喜欢，又见庞统不讲礼节，心中更加不快。便说："先生远道而来一定很辛苦吧？"庞统见刘备不提正题，便说道："听说您招贤纳士，特来相投。"刘备说："荆楚之地刚刚稳定，没有闲职。离这里130里有个耒阳县，缺个县宰，你先任此职，以后若有空缺再重用。"

庞统知道刘备并没有重用自己，但为了想要在刘备面前显示一下自己的才学，便勉强前去耒阳上任。庞统来到耒阳百余日，只是饮酒取乐，并不管理政事。刘备得知十分生气，便派张飞、孙乾前去查办。庞统当着张飞的面，只用半日就办完了百余日的公事，然后拿出鲁肃的推荐信。这时刘备才知道庞统非等闲之辈，于是拜庞统为副军师。

试问：庞统为什么只做了县令？

（5）技能是指一个人掌握和运用专门技术的能力，通常可分为一般技能和专业技能。一般技能包括写作能力、演讲能力、沟通能力、交际能力等；专业技能是指在某一或某几个专业领域内拥有的专长，如软件开发能力、保险精算能力、机床操作能力、运动专长、演技等。

（6）创新是指一个人所拥有的开创新事物的思维、意识、方法等的总和。创新是个人竞争力的核心，通常包括创造力、创造性思维和创造性想象。创造力是指一个人首创前所未有事物的综合能力。创造性思维一般指人们以新颖的思路或独特的方式开拓人类新领域，解决社会发展新问题的思维活动。在人类的创造活动和创造行为中，最根本的起直接作用的就是人的创造性思维。创造性想象是创造性思维的具体表现形式，意指根据一定的任务，在人们的头脑中创造出新形象的过程。创新的类型包括理论创新、思维创新（理念创新）、方法创新、活动创新等。

3. 沟通风格的选择

在完成了沟通目标定位和自我剖析之后，就应该考虑选择一种适合于自己的沟通风格去实现目标。

人不应该在任何时间范围内都采用一种沟通风格，坦尼伯慕（Tannenbaum）和斯凯米特（Schmidt）构建了一个沟通风格框架图[3]，如图3-3所示。

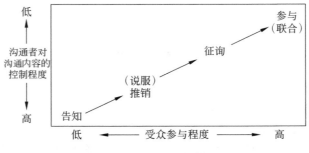

图 3-3　沟通风格框架图

图 3-3 从受众参与程度和沟通者对沟通内容的控制程度两个维度揭示了在何种情况下采用何种沟通风格。当你想让受众向你了解信息时，可采用告知和推销策略。使用情境：

你拥有足够的信息时；不需要倾听别人的意见、想法和建议时；你需要或想要控制自己的信息内容时。而你想要向受众了解信息时，可采用征询和参与策略。使用情境： 你没有足够的信息时；你需要或想要倾听别人的意见、想法和建议时；你需要或想要参与受众之中，与其一起分享信息内容时。

4. 可信度分析

可信度是指受众心目中沟通者可以被信赖的程度。可信度可分为初始可信度（initial credibility）和后天可信度（acquired credibility）。沟通者可信度分析是沟通者在策略制定时分析受众对自己的看法，从受众需求角度对自己在对方心目中的可信度进行分析的过程。

初始可信度是指在沟通发生之前或之初，受众对沟通者的看法。后天可信度是指沟通者在与受众沟通之后，受众对沟通者形成的看法。弗兰弛（French）、莱文（Raven）和科特（Kotter）认为影响沟通者可信度的因素包括沟通者的身份地位、良好意愿、专长、外表形象、共同平台（见表 3-1）。[4]

表 3-1　影响可信度的因素和技巧

因　　素	建立基础	初始可信度强调的内容	提高后天可信度的路径
身份地位	等级权力	强调头衔或地位	将自己与地位很高的某人联系起来（如通过与其共同署名或通过其介绍）
良好意愿	个人关系或成长记录	提供关系或成长记录	通过强调受众利益来建构你的良好意愿
	可信赖	提出公平合理的评价；承认利益上的冲突	
专长	知识和能力	分享你的专业知识；解释你如何获得专长	将自己与权威人士联系起来，或引用权威的原始资料
外表形象	吸引力，受众有意愿成为像你一样的人	强调受众认为有吸引力的特质	在识别自身和你的受众利益的基础上构建你的形象；运用非言语和你的受众认为可接受的语言
共同平台	共同的价值观、思想、问题和需要	建立你的可分享的价值观和思想；承认与受众的相似点；试着把信息放到你的共同平台	

3.1.2　受众策略

受众策略又可称为客体策略，或沟通对象策略。制定受众策略是管理沟通策略的第二个重要环节。《孙子兵法》曰："知己知彼，百战不殆。"受众策略就是要在"知彼"的基础上采取有针对性的沟通方法、对策措施。受众策略主要解决以下三个问题：一是沟通对象有哪些，关键是谁；二是分析沟通对象，了解他们已知什么、需知什么、感觉如何等；三是怎样激发受众，以求达成共识。

1. 沟通对象及其分类

管理沟通的对象泛指信息的接收者。从广义上看，管理沟通的对象既包括内部员工，也包括外部的消费者、合作伙伴、新闻媒介、政府、社区等。从狭义上看，管理沟通的对象就是指内部的员工。管理沟通的对象一般是指广义的对象，简而言之，就是包括组织内外部所有与组织相关的沟通对象。沟通对象既有个人，也有群体和组织，其构成非常复杂。

管理沟通对象的分类方法有很多，按照沟通对象的组织状态不同，可将其分为个体受众和组织受众两类。

按照组织的需求、沟通对象对组织的重要性不同，可将其分为首要受众、次要受众和边缘受众。

按照沟通对象对组织态度的不同，可将其分为顺意受众、逆意受众和中立受众。

按照人口结构对沟通对象进行分类，即按性别、年龄、职业、经济状况、教育程度、政治或宗教信仰、种族和民族等标准分类。

按照沟通对象所处的管理层级不同，可将其分为上级、平级、下级。

按照沟通对象与沟通者关系亲疏程度不同，可将其分为亲人、熟人、生人。

按照沟通对象的心理需求不同，可将其分为成就需要型受众、交往需要型受众、权力需要型受众。

按照沟通对象的性格不同，可将其分为内向型受众和外向型受众。也可根据九型性格理论将其分为完美型受众、助人型受众、成就型受众、理智型受众、疑惑型受众、活跃型受众、领袖型受众和平和型受众。

一旦你从众多的沟通对象中判定谁是或者将是你的受众，接下来你就必须尽可能仔细地对其进行分析。

2. 沟通对象分析

沟通对象分析的内容主要包括沟通对象已经知道什么、他们需要知道什么、他们的期望和偏好是什么、他们的感觉如何、他们的心态如何。

（1）沟通对象已经知道什么。你需要了解沟通对象对沟通主题已经了解多少、他们对专业术语能够理解多少。简而言之，就是你是否知道沟通对象的基本素质和理解能力，你需要从哪些背景信息入手进行沟通，沟通对象才容易理解。

（2）沟通对象需要知道哪些新的信息。即目前沟通对象需要了解的主题内容、细节、相关证据等。

（3）沟通对象的期望和偏好。即要了解沟通对象的期望以及沟通风格偏好、沟通渠道偏好、沟通语言和形式偏好等。

（4）沟通对象的感觉。你需要了解沟通对象对你发出信息的情绪反应、感兴趣程度如何，他们的态度是积极的还是消极的，你所要求的行动对沟通对象来说是否容易做到等。

（5）沟通对象的心理或心态。你要了解沟通对象的心理素质、心理变化，以及沟通过程中的心态如何。

3. 如何激发受众

在对沟通对象有所了解之后，就要想办法激发受众，以期达成共识。激发的途径主要有如下内容。

（1）通过满足受众利益需求激发受众。给予受众切实的利益，像发奖金、发红利、商品打折等；给予受众在职业发展和工作任务方面的利益，如职务提升、富有挑战性的工作任务等；给予受众自我发展的机会，如提供受众展示自我价值的舞台，让其发挥特长等；给予团队整体利益，如授予团队先进荣誉称号等。

（2）通过你的可信度激发受众。比如，利用价值分享、构筑公共平台、建立互信、利用职权中的奖罚权力等激发受众。

（3）通过有效地组织和表达信息激发受众。运用演讲技巧，通过精彩的开头吸引受众；利用信息表达的技巧引导受众思考，使受众厘清思路、理解用意、明确沟通目标；运用简单实用的结尾，如发出号召、列出行动步骤或方案等，鼓励受众积极行动起来。

情景故事

卡伍先生与供货商[5]

华克公司在费城承包建筑一座办公大厦，而且被指定在某一天必须竣工完成。这项工程，每一件事进行得都非常顺利，眼看这座建筑就快要完成了。突然，承包外面铜工装饰的商人说，他不能如期交货。什么？！整个建筑工事都要停顿下来！而不能如期完工，就要交付巨额的罚款！惨重的损失——仅仅是因为那个承包铜工装饰的商人。

长途电话，激烈的争辩，都没有半点用处，于是卡伍被派往纽约，找那个人当面交涉。

卡伍走进经理的办公室，第一句话就这样说："你该知道，你的姓名在勃洛克林市中，是绝无仅有的？"经理听到这话，感到惊讶、意外，他摇摇头说："不，我不知道。"

卡伍说："今天早晨我下了火车，查电话簿找你的地址，发现勃洛克林市里，只有你一个人叫这个名字。"

经理说："我从来没有注意过。"于是他很感兴趣地把电话簿拿来查看，果然一点也不错，真有这回事。那经理很自傲地说："是的，这是个不常见到的姓名，我的祖先原籍是荷兰，搬来纽约已有200年了。"接着就谈论他的祖先和家世的情形。

卡伍见他把这件事谈完了，又找了个话题，赞美他拥有这样一家规模庞大的工厂。卡伍说："这是我所见过的铜器工厂中最整洁、最完善的一家。"

经理说："是的，我花去一生的精力经营这家工厂，我很引以为荣，你愿意参观我的工厂吗？"

参观的时候，卡伍连连称赞工厂的组织系统，而且指出哪一方面要比别家工厂优良，同时也赞许了几种特殊的机器。经理告诉卡伍，那几项机器是他自己发明的。他花了很长的时间，说明这些机器的使用方法和它们的特殊功能。他坚持请卡伍共进午餐！有一点你必须记住，直到现在，卡伍对于他此次的来意还只字未提。

午餐后，经理说："现在，言归正传。当然，我知道你来这里的目的，可是我想不到，见面后，我们会谈得这样愉快。"他脸上带着笑容，接着说："你可以先回费城，我保证你的订货会准时运送到你们那里，即使牺牲了别家的生意，我也愿意。"

卡伍并没有任何的要求，可是他的目的都很顺利地达到了。那些材料，最后全部如期运到，那座建筑也没有受到任何的影响而如期完成。

3.1.3　信息策略

管理沟通的信息策略是指沟通者在进行自我分析和沟通对象分析之后，进一步思考如何将信息有效地传达给受众而制定的相关对策、措施。

按照曼特[6]的观点，不假思索地陈述观点有可能造成无效沟通，要有效沟通就必须研究如何策略地、很好地组织信息，通过思考，把好的、不好的、全面的、不全面的信息进行筛选、过滤，最后得出的结论就是你要表达的内容。实际上，信息策略就是发送者实施的编码过程。在这一过程中，着重要解决三个问题：一是如何筛选和过滤信息；二是如何强调信息；三是如何组织信息。

1. 如何筛选和过滤信息

首先，要明确沟通的目标，要知道自己到底需要什么样的信息。在沟通之前，你可能掌握着众多信息，这些信息来源不同、内容不同、可信度不同，可谓鱼龙混杂，因此，你必须根据自己的沟通目标，进行信息筛选，把与沟通有关的信息保留下来，剔除无关信息。再把这些保留下来的信息进行归类。归类过程中可能还会合并或删除部分信息，最终保留下来的就是经过过滤的有用信息。如果感到这些信息还不充足，就必须通过查阅资料、调查等方式进行补充，尽可能多地占有信息。仅仅占有信息还不够，还必须确定哪些是重要信息、哪些是次要信息。

2. 如何强调信息

所谓强调信息，就是研究如何有效地让受众接受、理解重要信息或关键内容。所谓重要信息、关键内容，就是指所要表达的核心价值观、倾向性建议、重要的事实依据等。这实际上属于信息的有效表达范畴。在演讲和写作过程中，如何强化记忆，有很多种方法，如演讲中多次重复重点内容，前、中、后照应，以及加强语气；写作中段落首句或尾句的概括，利用醒目的小标题或插图表方式引起关注等（这部分内容请参考第 6 章）。

强调信息的方法很多，有开门见山、直入主题式，有曲径通幽、间接迂回式，有以情感人式，有以理服人式，等等。无论采用什么方式，关键是这种方式要适时、合情、合理。也就是说，时机要恰当，内容要恰当，方式要恰当，语言表达要恰当，要能真正进入沟通对象的内心，引起共鸣，获得理解。

（情景故事）

柯立芝的妙招[7]

约翰·卡尔文·柯立芝（John Calvin Coolidge，1923—1929 年担任美国总统）发现他的女秘书长得非常漂亮，但工作经常出现差错。

一天早晨，看见女秘书走进办公室，柯立芝便对她说："今天你穿的这身衣服真漂亮，正适合你这样漂亮的小姐。"女秘书受宠若惊。柯立芝接着说："但你不要骄傲，我相信你处理的公文也和你一样漂亮。"果然，从那天起，女秘书处理公文时很少出错。

一位朋友知道了这件事，好奇地问柯立芝："这个方法很妙，你是怎样想出来的？"柯立芝说："这很简单，你见过理发师给人刮胡子吗？他要先给人涂肥皂水，这是为什么呢？就是为了刮起来使人不疼。"

卡尔文·柯立芝就任美国第三十任总统不久，仍住在他当副总统时居住的房子——华盛顿维拉德饭店三楼的套房里。

1923 年 8 月下旬的一天夜里，天将黎明时，蒙眬中的柯立芝被一阵声音惊醒。他睁开眼睛，发现一个黑影在翻弄他的衣服，正从他的口袋里把钱包掏出来，并解开了一条表链。柯立芝没有惊动熟睡的夫人。他悄悄地从床上起来，走到小偷跟前指着表链说："我希望你最好不要把它拿走。"

小偷猛然听到声音吃了一惊，当看到房主人并没有恶意时，壮着胆子问："为什么？"柯立芝说："我指的不是表和表链，而是说你拿的那个表链上的表坠。"小偷下意识地看了看表坠，这和其他表坠没有什么区别。

柯立芝说："你把表坠拿到窗前仔细看一看，看看刻在表坠背面的字吧！"

小偷走到窗前，借着黎明的微光轻声念道："众议院院长卡尔文·柯立芝惠存。马萨诸塞州州议会赠！"小偷一下瞪大了眼睛，扭头看着柯立芝说："你就是柯立芝总统？"

柯立芝点点头说："不错，我就是柯立芝。那个表坠是议会送给我的，我很喜欢。表坠对你没有什么用处，你需要的是钱，咱们商量一下怎么样？"

小偷壮着胆子把钱包举了举，说："我只要这个，其他什么我都不要！"

柯立芝清楚，钱包里只有 80 美元。他便和气地劝这个年轻人坐下来谈谈。待年轻人坐下后，柯立芝问他为什么要偷东西？年轻人说，他是个学生，他和大学里的同学假期一块出来玩，花费太多了，钱花光了，没有钱支付旅店的费用，只好出来偷钱，没想到偷的竟是总统……

柯立芝并不生气。他帮这个年轻人算了算，按他说的，把他们两个人的住宿费和返回学校的车票钱加起来，柯立芝从钱包里取出 32 美元交给他，并对年轻人说："这钱不是你偷的，而是我借给你的！"柯立芝还告诉年轻人，特工保卫人员就在饭店走廊里巡逻，你最好还按来时的原路返回去。年轻人听罢，从他爬进来的窗口又爬了出去，消失在黎明前的晨曦里。

在小偷走后，柯立芝把这件事告诉了他的夫人格雷斯。后来，柯立芝又把这件事偷偷地告诉了他的两位挚友：一位是他的家庭律师史蒂文斯法官；另一位是自由撰稿人和摄影师麦卡锡。

柯立芝要求麦卡锡替他保守秘密，并从未向他透露过这个年轻人的姓名。

柯立芝总统逝世 15 年以后，这件事情已经发生将近 25 年了。麦卡锡请求柯立芝夫人允许他公开这件事情。柯立芝夫人遵从丈夫的意愿委婉地拒绝了麦卡锡："目前，关于野蛮行为和暴力事件，已经报道得太多了。"

麦卡锡理解和尊重柯立芝夫人的意见。他只是请求和她核实一下事件的具体情节，并请求允许他在柯立芝夫人去世后公开这件事情。

1957 年 7 月 8 日柯立芝夫人去世。三个月后麦卡锡也离开了这个世界。他也未来得及向世人公开这件事情。不过在他活着的时候，他曾把这个故事的始末告诉给了一位同事。在麦卡锡死后，他的这位同事认为此事的一切保密理由都不存在了，便根据麦卡锡的文章改写了一篇报道，将此事公之于众。在麦卡锡的笔记中记载，柯立芝讲到的这位年轻人后来如数偿还了这 32 美元的"借款"。

3. 如何组织信息

根据明确的目标对信息进行了筛选、过滤，并确定了重点信息及其表达方法后，接下来就是要从总体上对信息内容和结构进行布局或安排。

信息内容的组织视实际沟通的需要，可以按照重要程度、时间先后顺序、逻辑次序等进行组织。信息结构的组织可先总后分，或先分后总，或并列安排。

表 3-2 为策略性信息表达的示例[6]，其揭示了沟通目标确立——如何强调信息——如何组织信息的流程。

表 3-2　策略性信息表达的示例

沟通目标	如果它……	然后，使用……的方法	并且，通过……组织
雇员将遵循的程序	常规程序	直接切入主题	列出程序中的各步骤
	新程序或敌意受众	间接切入主题	讨论这一程序的益处；随后列出程序中的各步骤
老板将批准计划	忙碌的受众或你的可信度高	直接切入主题	解释计划，给出理由
	好分析的受众或你的可信度低	间接切入主题	列出支持证据、理由，然后给出计划
顾客将购买我们的服务	没有什么偏爱的结果导向的受众	直接切入主题	推荐你的服务，然后说明服务对受众的益处
	具有否定倾向偏爱的受众	间接切入主题	先列出你们所提供的服务的益处或是竞争者提供的服务存在的问题，然后推荐你的服务

3.1.4　渠道策略

拓展阅读 3.1
多余的最后一句话

渠道策略是指对沟通活动中信息传递渠道的选择，即通过自我沟通和换位思考，选择最有效的沟通渠道以实现沟通的目标。渠道策略要解决的问题是有哪些可供选择的沟通渠道，如何选择正确的沟通渠道。

在管理沟通活动中可供使用的沟通渠道很多。从形式上，沟通渠道可划分为印刷媒介渠道和电子媒介渠道；从表达方式上，沟通渠道可划分为书面语言沟通渠道和口头语言沟通渠道；从沟通范围上，沟通渠道可划分为人际沟通渠道和大众沟通渠道；从沟通方式上，沟通渠道可划分为正式沟通渠道和非正式沟通渠道。

可供选择的沟通渠道包括电话、面谈、书信、文件、会议、报刊、广播、电视、互联网等。每一种渠道又可划分为多种具体形式。如面谈，可以是一对一面谈、一对多面谈、多人座谈、两方或多方谈判等；互联网又可细分为即时通信工具微信/QQ 等、E-mail、音频、视频、电子商务、即时新闻或消息、广告、博客、播客、论坛等渠道；会议可划分为小组会议、全体会议、行业会议、国际会议、博览会、订货会、电视电话会议、茶话会、联欢会、报告会等。

了解有哪些可供选择的渠道只是渠道策略的一个必要步骤，关键是如何选择正确的渠道进行有效沟通，以实现沟通目标。

沟通活动极其复杂，沟通渠道的选择应注意考虑以下几个因素：

（1）可用的沟通渠道及其特点。既要考虑沟通者所处环境拥有哪些可用的沟通渠道，又要了解每一种沟通渠道的基本功能、优点与不足。以大众传播沟通媒介为例，广播、电视、报纸、互联网各有其优缺点[8]，如表 3-3 所示。

表 3-3　几种大众传播沟通媒介优缺点比较

	广播	电视	报纸	互联网
优缺点	传播面广	直观、生动、形象	便于研究查考	信息容量大
	及时性强	影响力大	携带和保存方便	传播速度快
	载体多	时效性强	阅读可自由选择	交互性
	比较经济	费用昂贵	经济实惠	多维性
	效果稍纵即逝	效果稍纵即逝	受读者文化水平的限制	直复性
	线性传播	线性传播	传播速度慢	覆盖面窄
	单一的声音传播，比较呆板	不便携带，受场地、电源等的限制	形式单调、呆板	受设备、网络、经济条件等的限制

（2）沟通信息内容的私密性与公共性。当所传递的信息属于个人隐私、机密，目的在于建立良好的个人关系时，应选择面对面沟通、电话沟通、书信沟通等。当所传递的信息没有保密要求，具有公共性时，则可以根据沟通目标和对象选择沟通渠道，如文件、会议、报纸、电视、广播等。

（3）沟通方式的合理选择。比如，沟通前要考虑沟通方式是书面的，还是口头的；正式的，还是非正式的；个别的，还是群体的；立即反馈的，还是信息控制的；秘密的，还是公开的；高听众参与的，还是低听众参与的；是集中地点的，还是分散的等。

通常认为正式沟通具有效果好、比较严肃、约束力强、易于保密，可以使信息沟通保持权威性等特点。因此，重要的信息和文件的传达、组织的决策等，一般都应采取正式沟通方式。其实，非正式沟通（见图 3-4）也是一种不可或缺的沟通方式[9]。它具有沟通形式不拘一格、直接明了、速度快、容易及时了解到正式沟通难以提供的幕后消息等优点。正式沟通渠道与非正式沟通渠道的比较见表 3-4。

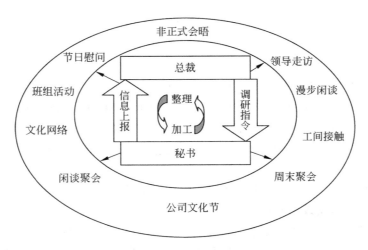

图 3-4　组织非正式沟通方式

表 3-4　正式沟通渠道与非正式沟通渠道的比较

	正式沟通渠道	非正式沟通渠道
优点	• 制度化 • 传递信息的准确性、可靠性和系统性程度高 • 可保存，可评估，可追究责任 • 定期性	• 非制度化，脱离企业的等级结构 • 传递速度快，传递方式灵活 • 面对面的沟通，信息反馈基本上同时进行 • 目的性和针对性强，效率更高
缺点	速度较慢，效率较低 要整理起草正式的书面报告，不太便利	信息准确性、可靠性和系统性程度较低，或多或少地受人为因素的影响，难以追究责任
地位	企业信息沟通的主体	信息沟通的补充渠道，难以消除
主要方式	例会制度、报告制度、文集、书面通知	谈话、座谈会、建议等
措施	建立和完善正式沟通渠道，提供有效的沟通方式	应加强引导和控制

（4）沟通信息的时效性。如果沟通的信息具有时间要求，必须及时沟通，可选择电话、传真、互联网等沟通渠道——快捷、方便、实用；如果沟通信息的内容需要长期保存，一般应选择文件、合同等具有法律效用的文书进行书面沟通或使用照相、录音、录像等沟通手段。

（5）沟通双方的熟悉程度。如果双方非常熟悉，沟通渠道的选择可不受限制；如果双方只是认识，不很熟悉，或从未有过交往，则可选择电子邮件、书信、电话等进行沟通，待互相熟悉后，再选择面谈等方式。

（6）组织的规章制度。一些组织对办公电话、互联网，尤其是即时通信工具的使用范围、时间等有明确限定。因此，在选择沟通渠道时必须遵守组织的相关规定。

3.1.5　文化策略

文化策略就是要根据沟通对象的文化背景制定有效的沟通方法、措施。文化背景是影响沟通效果的一个不可忽略的重要因素，主要包括沟通双方的价值观、风俗习惯差异，所在国家、地区、行业、组织、团队之间的不同文化背景，组织环境、人际关系状况等。文化影响着沟通目标的确定，沟通渠道、沟通风格、沟通语言的选择，并且影响沟通主体策略、客体策略、信息策略、渠道策略的制定。因此，在制定具体的沟通策略时，都必须考虑文化背景的影响。

管理沟通的文化策略，首先，是沟通者对自身文化的了解。如果对自己民族文化的精髓和糟粕没有清晰的认知，自然就难以有针对性地去认知他人，甚至无法去沟通。其次，对沟通对象所在国家、地区、组织等文化的认知，在认知基础上通过沟通进一步理解与合作。再次，根据文化重新思考沟通目标定位是否准确、合理。不同的文化对事物的认知和理解是有较大区别的，因此，必须根据文化因素调整或修正沟通目标。最后，要综合考虑沟通者与沟通对象所处的文化环境，如人际关系环境、制度环境、政治环境、经济环境、宗教环境等，以及综合分析沟通者的可信度、沟通对象的特点、沟通信息的整合情况、可利用的沟通渠道、沟通时机、沟通场合、沟通氛围等因素，以确定具体的沟通策略。

拓展阅读 3.2
费斯汀格法则

拓展阅读 3.3
项目实施过程中的冲突

3.2　建设性沟通

建设性沟通就是成功运用各种沟通策略，在确保不伤害沟通双方关系的前提下，改善和巩固双方关系，以实现有效沟通。建设性沟通主体即发送者，善于运用沟通策略与技巧，进行系统思考、换位思考，把受众需要和自身所能提供的信息进行有效连接，以解决问题为目标，以系统思考为核心，以结果为导向。

建设性沟通至少包含以下三个含义：首先，这是一种双方积极参与解决问题的沟通；其次，这是一种建立良好人际关系的沟通；最后，这是一种综合运用沟通策略，富有成效的沟通。

1. 建设性沟通的特征

（1）沟通目标定位客观、合理。

（2）沟通主客体双方具有协作意愿。

（3）实现了信息的准确传递和及时反馈。

（4）沟通渠道畅通。

（5）沟通双方相互尊重，正确对待分歧，以积极的心态沟通。

（6）双方关系因沟通得到巩固与加强。

2. 建设性沟通的原则

（1）系统思考原则。这是建设性沟通的首要原则。系统思考是沟通的核心，建设性沟通正是遵循了系统思考的原则，在沟通之前对沟通的目标、对方的需求、自身可满足对方需要的能力、存在的分歧及其焦点、解决问题的机会点与难点、沟通的时机、渠道选择、环境影响因素等都一一做了分析。这是确保有效沟通不可或缺的思维或意识。

（2）合理定位原则。合理定位包括目标合理定位、自身合理定位、问题导向、责任导向和事实导向等。沟通目标要切合实际，既不能好高骛远，也不可一蹴而就，否则，就不可能实现建设性沟通。自身合理定位是把自己定位在一个合作者的角色，而不是其他角色。问题导向就是在沟通过程中要对事不对人、不搞人身攻击或诽谤等。责任导向就是指以负责任的态度，积极的心态，耐心解释、交流沟通。事实导向就是要尊重客观事实，提供准确消息，不可提供虚假信息，欺骗对方。

（3）互惠互利原则。通过沟通，双方的关系至少不能受到损害，目标是互惠互利，改善和增进友谊，获得"1＋1>2"的效果。

（4）求同存异原则。要在大的目标和利益方面取得共识的基础上，允许各方保留自己的意见，允许分歧的存在。

（5）双向沟通原则。传递信息的同时，一定要倾听，对反馈信息要加以理性分析，与对方进行协商、讨论，以寻求可认同的问题解决方案。

小资料

丰田的"活性化"原则[10]

活性化原则的本质是调动员工的上进心和积极性。丰田充分相信工人们的智慧，实行现场的活性化，提倡"现场现物"。

在丰田公司，一个产品进入批量生产前，都有制造准备活动。以前由技术人员进行的改善活动，现在由一线工人提出思路，参与完成。丰田会抽调出大量的人力和精力来作批量生产前的改善，充分发挥一线工人的聪明才智。

在丰田汽车所属主办工厂之一的岐阜车体工厂，到处都有着醒目的"改善看板"。看板的内容分成两部分：一是改善前的状况；二是改善后的状况。改善效果产生的经济效益、改善承担者的姓名及得到的奖励都写在看板上公布于众。

在丰田眼里，没有消极的员工。只要方法正确，员工都能焕发活力。因为人都希望有归属感，个别人的落后也会在集体向上的带动下，发生变化，只不过，时间长短不同而已。

堀切俊雄（原丰田工程技术公司董事长）认为：员工的活力需要一点点地被激发。他说："让员工做事情，不求100%的改善或者达到，只要有50%的可能，就开始去行动，在行动中现场现物，持续改善到100%。不要给员工过高的压力和期望，最好让他只要伸伸手就能够到。然后，员工产生一种成就感，进而产生一种充实感，大脑才能开始活性化，才能不断地进取向上。"

当然，发挥一线员工的智慧进行改善，并不表示改善目标是自下而上，而是每年度公司都有改善方针，从质量、成本、安全等多个角度制定改善目标。然后，把目标层层分解到每个班组。

大野耐一（丰田生产方式的创建者与倡导者，被日本人称为"日本复活之父""生产管理的教父""穿着工装的圣贤"）认为："没有人喜欢自己只是螺丝钉，工作一成不变，只是听命行事，不知道为何而忙。丰田做的事很简单，就是真正给员工思考的空间，引导出他们的智慧。员工奉献宝贵的时间给公司，如果不妥善运用他们的智慧，才是浪费。"

3. 建设性沟通的实践

1）利弊分析

有一次，戴尔·卡耐基在纽约租下一家饭店的大厅，准备搞一个为期一个月的短期培训。就在他准备好了一切，培训门票与公文都发下去的时候，他接到了饭店的通知，那就是必须付出比平时多 3 倍的费用。

两天后，他直接去见饭店经理。"接到你的来信，我感到十分震惊。但我不责怪你们，换了我，或许也会这样做。你是经理，当然要为饭店着想。现在让我们写下这件事对你们的利与弊。"

卡耐基在"利"下面写道：①大厅可以空下来或做他用；②可租给他人跳舞或开会，收入会比租给我们培训要高；③我占用一个月，你们可能会失去更大的生意。

卡耐基在"弊"下面写道：①我付不起高额费用，会另选地址，你们将会失掉这份收入；②我的培训会吸引很多受过教育的文化人，你们将会失去替自己做广告的极好机会；③你们每次花 1 万美元在报纸上做广告，也不一定会有这么多人来参观。

"这对你们来说不是很值得吗？请你们仔细考虑一下，尽快通知我。"说完卡耐基把纸条留给经理就走了。

第二天，卡耐基便收到回信，租金只涨 50%，而不是原来的 3 倍[11]。

2）化整为零

1968 年春天，美国的罗伯·舒乐博士立下大誓，他要在尽可能短的时间内，在加州用玻璃建造一座水晶宫一般的大教堂，使它成为加州标志性建筑。

他找到当时非常著名的设计师菲力普·强生，向他描绘了心中的蓝图："我要的可不是一座普通的教堂，我要在人间建造一座伊甸园。"

强生问他："那您打算投资多少钱呢？"舒乐博士说："很坦率地讲，我现在一分钱也没有。所以 100 万美元与 400 万美元的预算对我来说毫无区别。重要的是，这座教堂本身要具有足够的魅力来吸引捐款，你只管设计好了，钱的问题我来解决。"

教堂的最终预算被定为 700 万美元。这简直是个天文数字，自然也令舒乐博士大吃一惊，这不仅超出了他的能力范围，甚至超出了一般人的理解范围。

那天夜里，舒乐博士铺展一页白纸，在它的最上端写上"700 万美元"，然后又写下如下 10 行文字：

◎ 寻找一笔 700 万美元的捐款；

◎ 寻找 7 笔 100 万美元的捐款；

◎ 寻找 14 笔 50 万美元的捐款；

　　◎ 寻找 28 笔 25 万美元的捐款；

　　◎ 寻找 70 笔 10 万美元的捐款；

　　◎ 寻找 100 笔 7 万美元的捐款；

　　◎ 寻找 140 笔 5 万美元的捐款；

　　◎ 寻找 280 笔 2.5 万美元的捐款；

　　◎ 寻找 700 笔 1 万美元的捐款；

　　◎ 寻找 1 万扇窗，每扇 500 美元。

　　通过上面的分析研究，舒乐博士开始了他的非凡行动，开始为筹措 700 万美元而四处奔波。

　　60 天后，舒乐博士用水晶大教堂奇特而美妙的模型打动了亿万富商约翰·柯林的心，他为教堂捐了第一笔款，金额 100 万美元。

　　第 90 天，另一位被舒乐博士孜孜以求的精神所感动的陌生人，在他生日的当天，寄给舒乐博士一张支票，面额为 100 万美元。

　　8 个月后，一名捐款者对舒乐博士说："尊敬的罗伯，如果你的诚意和努力能筹到 600 万美元，那么请您放心，剩下的 100 万美元由我来支付。"

　　第二年，舒乐博士以每扇 500 美元的价格请求美国人认购水晶大教堂的窗户，付款方式是每月 50 美元，10 个月付清。最后，1 万多扇窗户全部售出。

　　到了 1980 年 9 月，历时 12 年，可容纳 1 万多人的水晶大教堂，终于在舒乐博士八方奔走、四面呼号下顺利竣工了！

　　水晶大教堂不但成了全世界前往加州的人必去的游览胜景，也成为世界建筑的经典之作。真的如舒乐博士 1968 年所说的那样，其成了一座建造在人间的伊甸园。

　　这座水晶大教堂的最终造价更是让所有的人都吓一大跳：2000 万美元！[12]

　　3）无形学院

　　17 世纪初，以约翰·威尔金斯（John Wilkins）为首的一批自然科学家经常聚会讨论自然科学问题。这个自发的、非正式的科学团体，被英国皇家学会会长、著名的化学家、物理学家波义耳称为"无形学院"（invisible college），它后来成为英国皇家学会的组织基础[13]。

　　科研人员组成了许多松散的民间及私人组织。这些名为"科学沙龙""假日聚餐会""周末茶话会""学术车间""业余闲聊"等非正式的信息交流团体，被人们统称为"无形学院"。

　　闻名世界的"无形学院"，有意大利伽利略首创的"山猫学会"、德国物理学家劳厄喜欢的"卢茨咖啡馆"、以爱因斯坦为"院长"的"奥林匹亚科学院"、日本科学家汤川秀树组织的"混沌会"、英国剑桥的"三一中心"和"卡文迪许实验室"等。

　　"无形学院"具有如下特征：首先，无形学院既无高楼深院，也无校牌校徽，名为"学院"，实无师生之分、资格资历之别、地域派别之差异，更无性别之歧视，在探索科学奥秘与真理面前人人平等，只要言之有据、言之有理，就给予畅所欲言的机会。其次，研讨的学科与专业，取决于爱好和兴趣，没有条条框框的束缚，研讨问题的自由度很大。只要你听得懂，文科也可以参与理工科的讨论，理工科也可以参与文科的讨论。最后，只爱科学，淡泊名利，潜心研讨，来去自由，没有任何的规章与限制。人们在良好的学术议论辩论环境中，能更好地打开思路，激发潜藏很深的发明创造力，让别人的启发之火星点燃自己的智慧之火炬[14]。

4）匿名沟通

王宏图是一家经营出版和印刷业务公司的总经理，领导着520名员工。经过八年的不懈努力，该公司不仅业务量逐年增多，而且在业界也小有名气。随着公司业务的拓展，存在的问题也逐渐增多。王经理鼓励员工多提意见和建议，但王经理发现，很少有员工愿意向他当面提意见和建议。

公司办公室设在一座办公大楼的8～12层，有两部专用电梯供公司使用，员工们每天都上上下下好多次。一天，王经理在乘坐电梯时，发现一名员工在电梯里贴了一张寻物启事，这给王经理以启发。于是，他就在每部电梯里设置了一个公告栏，主要功能包括两方面：一是公司贴一些通知，包括日常事务通知、工作周报、人事变动、行业动态等；二是员工可以匿名把自己的意见和建议贴在告示栏里。并且规定：每个人都可以使用公告栏，无须批准，并且贴出的内容可以保留一个星期。但贴出告示的内容必须遵守两条规定：一是不能是从报纸、杂志上剪下来的内容，只能是原创的；二是不得有低级谩骂的内容，可以投诉和发牢骚。一段时间过后，王经理发现利用公告栏的员工越来越多。尤其是有一段时间，公告栏里竟出现了一份匿名的周刊，无拘无束地对公司的制度、管理、管理者等提出批评和表扬，并发表了许多意见和建议。这种做法令一些部门和管理人员感到不自在，但却让王经理发现了公司存在的问题，了解了员工们的真实想法。更为可贵的是，被提出批评的部门和管理者都在默默地改正自己存在的问题。

拓展阅读 3.4
兰利集团在墨尔本洲际酒店宴请 100 个流浪汉

3.3　管理沟通模式

管理沟通模式就是在管理沟通实践中形成的沟通活动的标准样式。亚历山大（Alexander）认为：每种模式首先都描述了一个在我们的环境中不断出现的问题，然后描述了该问题解决方案的核心。通过这种方式，你可以无数次地使用那些已有的解决方案而无须再重复相同的工作[15]。简而言之，管理沟通模式就是管理活动中一种交流信息的游戏规则。

在长期的组织实践和个人实践中，形成了众多的管理沟通模式。总的来说，管理沟通模式可分为传统管理沟通模式和现代管理沟通模式两大类。

传统管理沟通模式主要是根据组织结构和信息交流需要逐步形成的沟通模式，主要有链式、轮式、环式、Y式与倒Y式、全通道式、金字塔式与倒金字塔式、扁平式等方式。现代管理沟通模式主要是通过互联网和通信工具进行信息沟通而形成的沟通模式。主要有信息群发式、视听会议式、新闻发布式、ERP式、网上即时交流式、电子商务式等方式。

1. 链式沟通

链式沟通又称为直线型沟通（见图3-5）。顾名思义，链式沟通就是若干沟通参与者依次传递信息，形成信息沟通的链条。

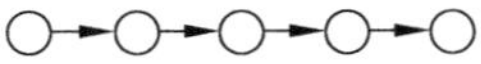

○→○→○→○→○

图 3-5　链式沟通

其特点是：机制比较简单，信息传递速度较快；有明确领导人，适合等级结构；传递过程中任一环节出现问题，就会导致沟通失败，因此满意度低，失真度高。

在一个组织系统中，链式沟通相当于一个纵向的沟通网络，代表一个企业中五个层级的上下级之间的单向信息传递。如果是一个系统过于庞大、需要实行分层授权管理的正式组织，链式沟通就是一种行之有效的方法。

链式沟通的优点是：信息传递的速度最快；解决简单问题的时效最高。其缺点是：信息经过层层传递，容易出现遗漏、失真等现象，造成沟通无效；单向直线沟通缺乏反馈机制，使沟通者无法了解沟通对象的接受程度和沟通效果，缺乏互动，难以形成凝聚力。

2. 轮式沟通

轮式沟通是指沟通者直接将信息同步辐射式发送到沟通对象（见图 3-6）。在轮式沟通过程中，沟通者是核心、主导者，起着一种领导、支配与协调的作用。只有沟通者能够知晓信息传递的效果，受众之间没有沟通。

在企业中，轮式沟通就是一个主管领导直接负责管理几个部门，凸显领导权威。它是加强组织控制、争时间、抢速度的一种有效方法。生产机构一般多采用这种沟通模式，以便于管理。在某一组织接受了紧急攻关任务、要求进行严格控制时，也可采用这种沟通模式。

轮式沟通的优点是：信息高度集中，解决问题的速度快、精确度高；对沟通者的信息处理能力、组织领导能力要求较高。其缺点是：信息的过度集中容易形成真空，一旦沟通者无法担任该角色，整个沟通过程便会中断或瘫痪；沟通对象之间的信息闭塞，容易形成重复信息，浪费时间与资源，影响工作效率等。

3. 环式沟通

环式沟通是指沟通者与沟通对象依次经过信息传递后，最终将信息反馈给沟通者，信息链首尾相连，形成一个封闭的信息沟通的环。环式沟通可能产生于一个多层次的组织系统之中（见图 3-7）。

图 3-6　轮式沟通

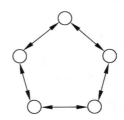

图 3-7　环式沟通

环式沟通的优点是：沟通者能够了解沟通效果；沟通对象拥有一定的信息知晓权，组织内民主气氛较浓，团体的成员具有一定的满意度。其缺点是：难以避免信息失真，即使沟通者了解了沟通结果，但亡羊补牢必然会降低工作效率。

4. Y 式沟通与倒 Y 式沟通

Y 式沟通是指沟通核心居于中间层级，分别与两个或两个以上的上级进行沟通，同时又与下级存在链式沟通（见图 3-8）。Y 式沟通的优点是集中化程度比较高，比较有组织性，信息传递和解决问题的速度较快，组织内部比较严格。

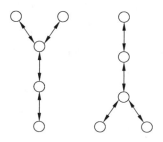

其缺点在于除了沟通中心以外，全体成员的沟通满意程度较低，组织气氛可能会不太和谐，而且信息都汇总于中间环节，可能会导致信息被沟通中心操作、控制的危险，影响组织的正常运作。

倒 Y 式沟通是 Y 式沟通的一种特殊形式，只是沟通核心发生转移（见图 3-8）。其优点是：信息有集中也有扩散，比较适合于一些具有阶段性保密要求的信息传递；通过一个中间层级沟通信息，可减轻沟通者的负担等。其缺点是：沟通效果受到沟通核心信息处理能力的影响。

图 3-8　Y 式沟通和倒 Y 式沟通

5. 全通道式沟通

全通道式沟通是指所有沟通参与者之间实行全方位沟通，实现信息共享（图 3-9）。这是一种无等级式、开放式沟通，信息传递范围广，参与者满意度高，失真度低。

全通道式沟通的优点是：信息的精确度最高，士气最高，沟通参与者之间实行无障碍沟通；成员之间满意度高，有利于正确决策。其缺点是：信息沟通占用时间长，导致工作效率降低，解决问题的速度最慢；沟通渠道过多，信息的整合难度增加，思想难以统一，工作难度增大等。

6. 金字塔式沟通与倒金字塔式沟通

金字塔式沟通就是按照传统的组织管理构架，自上而下进行层级沟通，即最上层的决策者、总经理向中间层——中层管理者（部门经理、车间主任等）传递信息、发布指令，中层管理者再向最下层——一线工作人员传达上司的指令或信息（见图 3-10）。

金字塔式沟通的优点是：层层负责，职责相对明确，沟通对象比较明确。其缺点是：

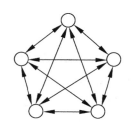

图 3-9　全通道式沟通

 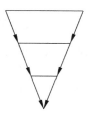

图 3-10　金字塔式沟通与倒金字塔式沟通

信息沟通需要逐级进行，一方面效率低，容易误事；另一方面最下层往往没有自主权，完全处于被动状态。

倒金字塔构架是根据瑞典北欧航空公司（SAS）总裁杨·卡尔松提出的倒金字塔管理法（pyramid upside down）衍生出来的一种管理沟通模式（见图3-10）。[16]其管理结构是：最上层——一线工作人员（卡尔松将其称为现场决策者）、中间层——中层管理者、最下层——总经理和总裁（卡尔松将自己称为政策的监督者）。卡尔松为什么决定把传统的金字塔结构颠倒过来呢？因为他发现，要把公司做好，关键在于员工。在管理学上，认为一个公司能不能做好，管理者是最重要的。而卡尔松却将总裁和总经理这一高级管理层放在这个"倒金字塔"管理法的最下面，并给自己命名为政策的监督者，他认为公司的总目标一旦制定下来之后，总经理的任务是监督、执行政策，以达到这个目标。那么，中层管理人员不变，最上面这一层是一线工作人员，卡尔松称他们为现场决策者。

倒金字塔式沟通的优点是：给了一线员工更大的自主权，最大限度地调动了其积极性，使其明确责任与使命、权利与义务，而最高管理者则起到一个观察、监督、推进的作用。其缺点是：一旦员工的素质和能力欠缺，容易陷入沟通误区；高层管理者如果缺乏有效跟踪，会使局面失控，陷入被动等。

7. 扁平式沟通

扁平式沟通模式是基于组织结构的扁平化而产生的。扁平化组织是由于科层式组织模式难以适应激烈的市场竞争和快速变化的环境而出现的。组织扁平化，就是通过破除公司自上而下的垂直高耸的结构，减少治理层次，增加治理幅度，裁减冗员来建立一种紧凑的横向组织，达到使组织变得灵活、灵敏，富有柔性、创造性的目的。它强调系统、治理层次的简化，治理幅度的增加与分权。

扁平式管理沟通模式又可分为矩阵式、团队式、虚拟网络式等。由于扁平化组织需要员工打破原有的部门界限，绕过原来的中间治理层次，直接面对顾客和向公司总体目标负责，因此是一种以群体和协作优势赢得市场主导地位的组织。

扁平式管理沟通模式的优点是：沟通层次减少，沟通效率提高，尤其是现代网络技术使扁平式管理沟通效率大为提高；基层员工与顾客的直接接触，使他们拥有部分决策权，能够避免顾客反馈信息向上级传达过程中的失真与滞后，大大改善服务质量，快速地响应市场的变化，提高顾客的满意度。

扁平式管理沟通模式的缺点是：沟通系统复杂，系统开发程度较高，沟通管理难度大；信息传递快捷导致决策行为常常滞后，容易使沟通对象产生不满等。

8. 信息群发式沟通

信息群发式管理沟通模式就是利用现代信息技术通过手机、电子邮件和网络平台将公共信息或共享信息以最快捷的方式传递给受众的一种方式。其优点是：快捷、方便、成本低。其缺点是：难以了解受众的真实需求和是否接收到信息，也受到部分沟通对象经济条件的限制，使信息难以全部到达目的地。

9. 视听会议式沟通

视听会议式管理沟通模式又称为电视电话会议式管理沟通模式，就是利用现代通信技术传递信息的一种方式。其优点是：信息传递速度快，可以立即反馈信息，具有身临其境之感等。其缺点是：沟通效果受到通信设备、传输技术、场地等的影响。

10. 新闻发布式沟通

新闻发布式管理沟通模式是一种公共关系传播沟通方式。该模式主要用于组织发生重大事件时主动向新闻媒体发布信息，回答新闻界关心的问题。其优点是：主动沟通，避免社会公众产生误解；有利于树立组织形象和声誉，降低突发恶性事故可能造成的处理难度等。

11. ERP 式沟通

ERP 式管理沟通模式也称为信息系统化管理沟通模式。ERP（enterprise resource planning，企业资源计划）是指建立在信息技术基础上，以系统化的管理思想为企业决策层及员工提供决策运行手段的管理平台。ERP 系统集信息技术与先进的管理思想于一体，成为现代企业的运行模式，反映时代对企业合理调配资源、最大化地创造社会财富的要求，成为企业在信息时代生存、发展的基石。

ERP 式管理沟通模式是现代管理沟通理念与企业资源管理、信息技术开发相结合的产物。其优点是：将组织的战略、文化、制度、业务以及人、财、物、信息资源管理实行一体化，实现全方位信息整合与共享，能够最大限度地使信息得到整合和利用；信息管理规范化、科学化；信息提取方便、快捷；信息实现共享等。其缺点是：信息的筛选、过滤难度大，信息的准确性、完整性、及时性等难以保证；信息的管理和使用受到制度、技术、人为因素的影响较大，需要较长时间的优化与适应。

12. 网上即时交流式沟通

网上即时交流式管理沟通模式是目前最流行的一种沟通方式，即利用网络平台和技术，实现即时通信。即时通信的工具种类越来越多，如微信、QQ、MSN、SKYPE 等。

微信、QQ、SKYPE 等即时通信工具实际上是一种多功能的网络沟通平台，集信息发布、通信、娱乐等功能于一体，为个人、群体和组织提供服务。

网上即时交流式管理沟通模式的优点是：沟通的即时性，方便、快捷，功能齐全。其缺点是：由于信息泛滥，管理有一定难度。

13. 电子商务式沟通

电子商务（electronic commerce）式管理沟通模式就是利用计算机技术、网络技术和远程通信技术，实现整个商务（买卖）过程的电子化、数字化和网络化的一种方式。通过网络发布或获取商品信息，通过物流配送系统发货和取货，通过网上银行资金结算系统进行交易，极大地方便了人们的生活和工作。

电子商务式管理沟通模式的优点是：满足了人们各种不同的需求，节约了宝贵的时间等。其缺点是：沟通效果受到社会诚信程度和管理制度的影响。

管理沟通的模式受到组织文化和组织结构，以及迅猛发展的网络技术、通信技术和信息技术影响。组织文化决定管理沟通模式的设计思路，组织结构决定了管理沟通模式的程式或样式，网络技术、通信技术和信息技术决定了管理沟通模式的时效性、多功能性和便捷性等。

3.4 开放式沟通

开放式沟通（open communication）是指组织采取一种开放式姿态，建立多种沟通渠道，采取各种方式与员工进行沟通，意在了解员工对组织的了解与理解，征集员工的意见和建议。

开放式沟通对于有效决策非常重要。西蒙（Simon）强调好的决策依赖于恰当的信息能够到达决策者手中。[17]同样地，这一决策还依赖于它能够到达那些执行决策的人手中。他意识到在组织高层与决策有关的更多信息都是产生于操作层面。然而，很多这样的信息并没有到达决策者手中，从而导致极其严重的错误以及无效决策的产生。[18]

雷丁认为，开放式沟通就是管理者允许下属毫无顾忌地发表其看法以及抒发不满。[19]根据雷丁的意思，管理者必须表明两个行为特征，即"接受反馈"和"回应反馈"，便于下属感知管理者是否出于真心。"接受反馈"指的是管理者公开接受下属的反馈信息；"回应反馈"指的是管理者对下属的反馈予以回应。雷丁认为开放式沟通应该有三个维度：从下属到管理者的上行沟通、从管理者到下属的下行沟通、同级之间的平行沟通。

雷丁还认为，沟通的开放式取决于管理实践和组织氛围。

也有一些研究学者认为，开放式沟通要考虑个人需要、组织性质与文化传统、组织环境等因素。

开放式沟通之所以越来越得到管理者的青睐，其价值主要体现在以下三个方面。

3.4.1 开放式沟通是一种沟通理念

开放式沟通看似一种常见的行为方式和举措，但如果没有对沟通的作用和意义的深刻理解，是很难实行开放式沟通的。日本一些企业，如松下公司等，本着"以人为本""和亲一致"的理念，把企业看成一个扩大了的家庭，实行开放式沟通，从而构建了日本企业独特的企业文化。而今，许多欧美企业，如惠普、IBM、西门子等企业也开始实行开放式沟通，为公司创造了意外的价值。"惠普之道"中有两个基本原则："走动式管理"和"开放式管理"。"走动式管理"就是管理者经常深入工作一线，了解存在的问题和员工的意见。"开放式管理"的主要目的是建立上下级员工及不同部门之间的信赖和了解，并且创造一种环境，让员工自由表达想法、意见、问题以及他们所关心的事情。它体现了"惠普之道"的核心价值观——"我们信任和尊重个人""我们以团队精神达到我们的共同目标"。在戴维·帕卡德所著的《惠普之道》一书中，有这样一段话："开放原则在惠普非常重要，因为它代表了我们所认定的管理风格，意味着经理人是易于接近的、开放的，而且乐于接纳他人的意见……开放原则是构成目标管理法的必要部分，也是一种激励方法。"

美国通用电气公司前 CEO 杰克·韦尔奇曾谈到他对开放式沟通的理解："整个企业的工作是从最上层的领导开始的。我经常跟各公司的领导说，他们工作的力度决定了他所领导的企业的工作力度，他们工作的努力程度和与下属沟通能获得成百上千倍的效用。所以，CEO 为整个公司定下了基调。每天，我努力深入每一位员工的内心，并让他们感觉到我的存在。""扎根基层是最好的领导方法。我从来不认为老待在总部就好，当了 CEO 更强化了我这一观点。我经常走出办公室至少要花 1/3 的时间与干实事的人在一起。我不清楚作为 CEO 究竟应该在基层花多少时间才合适，不过我明白，每天都要努力，要尽量不在办公室办公。"[20]

曾担任过微软全球副总裁、亚洲区总裁的李开复先生在《给中国大学生的第二封信》中写道：开诚布公的交流和沟通是团队合作中最重要的环节。人与人之间遮遮掩掩、言不由衷甚至挑拨是非的做法都会严重破坏团队中的工作氛围，阻碍团队成员间的正常交流，并最终导致项目或企业经营的失败。[21]微软公司有一个非常好的文化叫"开放式交流"，它要求所有员工在任何交流或沟通的场合里都能敞开心扉，完整地表达自己的观点。在微软开会时，大家如果意见不统一，一定要表达出来，否则公司可能错失良机。当互联网刚开始时，很多微软的领导者不理解，不赞成花太多精力做这个"不挣钱"的技术。但是有几位技术人员，他们不断地提出自己的意见和建议，虽然他们的上司不理解，但仍然支持他们"开放式交流"的权利。后来，他们的声音很快传到比尔·盖茨的耳中，促成比尔改变公司的方向，彻底支持互联网。从这个例子中我们可以看到，这种开放的交流环境对微软公司保持企业活力和创新能力非常重要。

彻底的开放式交流也有缺点。开放式交流有时会造成激烈的辩论甚至是争吵，而吵到气头上有时会说出不尊重他人的语言，乃至破坏人与人之间的关系。因此，微软公司的总裁史蒂夫·鲍尔默在微软的核心价值观中，提出要把这种开放式交流文化改进成"开放并相互尊重"（open and respectful）。这要求在相互交流时充分尊重对方。当不同意对方的意见时，一定要用建设性的语言提出。

实际上，目前一些政府组织、非政府组织也已开始实行开放式沟通。应该说，开放式沟通作为一种沟通理念已经开始进入诸多组织和领导的意识之中，并产生了积极的作用和影响。

3.4.2　开放式沟通是一种沟通模式

开放式沟通的显著特点是沟通信息的开放性、沟通方式的多样性、沟通内容的务实性、全员的参与性、沟通氛围的平和性等。开放式沟通模式是多种沟通方式的集合，也是各种沟通策略的综合运用。

例如惠普（中国）公司。惠普的企业文化包含很多内容，如推崇创新，追求卓越，面向外部（注重市场与客户），兼顾结果与过程，协作与共享以及坚持诚实、正直与开放，等等。惠普（中国）公司秉承惠普文化，推动开放式沟通。

（1）总裁不设独立的办公室。2001年2月，惠普（中国）公司进行了办公环境调整，实现现代化的开放式移动办公。公司取消了所有经理的独立办公室，员工无论职务高低，都在公共空间的隔断中办公，总裁的座位也与普通员工的一模一样。

（2）推行"直呼其名"的沟通方式。在惠普（中国）公司，员工之间、上下级之间都不称呼头衔，而是直接称呼对方的名字。直呼其名体现的是一种平等、开放、和谐的企业文化氛围。

（3）"Communication day"（沟通日）。每个季度举行一次沟通日。总裁在沟通日上要亲自向所有员工通告公司的最新状况，包括市场策略、业务进展，并回答员工所关心的各个方面的问题。员工可以提出公司存在的问题、意见和建议，这些问题、意见和建议由专人负责记录，并制订跟进计划，相关的进展会向员工及时反馈。

（4）"Tea talk"（茶会）。为了消除员工进行越级沟通的障碍，惠普（中国）公司实行了以茶会的方式和不同层级的员工进行面对面的沟通，包括总裁在内的中高级管理团队的每位成员，都抽出固定的时间，与不同层级或不同部门的员工进行茶会。在这种非正式的交流场合中，管理人员能够让员工了解所在团队和个人的业绩表现，并使这种原本严肃紧张的沟通，能够在平和、轻松的氛围中完成。

西门子作为一家跨国公司，也建有众多员工沟通渠道，实行开放式沟通，构建良好的工作环境与氛围。[22]

（1）内部媒体沟通。西门子内部办有许多媒体，是传达各种信息、进行员工间沟通的重要渠道之一。这些内部媒体包括《西门子之声》《西门子世界》以及各业务集团主办的各种内部沟通杂志。《西门子世界》是面向全球员工的内部沟通刊物，下设"封面故事""业务""团队""合作伙伴""趋势""家庭"等栏目，承担着与西门子全球员工沟通的职责。《西门子之声》是专门面向西门子中国员工的内部刊物，设有"视点聚焦""新闻回顾""人物写真""领导才能""创新前沿""万花筒"等栏目，由西门子（中国）公司公关部编辑出版，用以保持着西门子中国员工的沟通。

（2）内部网站沟通。西门子建立了内部网络平台，不仅向员工传达时事信息、公司政策等，还通过内部在线平台等与员工进行沟通。内部网站是一个庞大而高效的沟通平台，各地分公司开辟专线连接。为了让每位西门子员工了解公司的最新信息，西门子为世界各地的西门子员工建立了"今日西门子"（Siemens today）在线平台，不仅报道西门子主题新闻故事等，而且开辟了交互式聊天室、论坛，进行各类调查。

（3）CPD员工对话。CPD（comprehensive personnel development）员工对话在一年中持续进行，由经理人员和员工直接开展，并在年终填写"CPD员工对话表格"。员工对话的内容涉及：员工职能及责任范围；业绩回顾及未达到预期结果的原因分析；潜能预测；未来任务及目标设定；员工完成目前职能要求及未来任务的能力评估；员工本人对职业发展的看法；双方共同商定的发展措施。这些内容要提交给每年举行一次、由中高级经理和人力资源管理顾问参加的CPD圆桌会议讨论，对有关员工发展的所有方面（潜能、薪酬、管理学习培训等）做出明确的决定和计划，为员工提供职业发展通道。

（4）直接与高层沟通。员工在工作上若有不同的意见，也可以越过自己的直接上级与公司高层直接沟通。

（5）新员工导入研讨会。公司的 CEO 参加每一期的"新员工导入研讨会"，为新员工介绍企业文化、公司背景等。CEO 等高层面对面地与新员工进行交流，拉近了与新员工的距离，也缩短了新员工与企业陌生的时间，使之很快地融入企业之中。

（6）员工培训。每一次员工培训，除了员工之间进行沟通之外，公司 CEO 等高层领导都要与员工进行面对面的交流。

（7）员工建议制度。西门子鼓励员工为公司提出合理建议与意见，为改善公司业务与管理出谋划策。被采纳的建议将迅速在公司中实施与推广，而提出合理建议被公司采纳的员工，将会得到从小礼物到 10 余万元现金不等的奖励。

（8）西门子员工满意度调查。西门子全球各地每年都进行员工满意度调查，以了解员工对企业管理、个人发展等方面的满意度。公司通常组成一个由 12 人参加的调查小组负责开展调查，统计分析，并根据调查结果，提出相应的对策措施。

3.4.3 开放式沟通是一种沟通趋势

人类已经进入信息时代，信息技术、网络技术、计算机技术的飞速发展为人们的沟通提供了便捷的条件。今天，几乎所有的管理者都知晓沟通的重要性，几乎每一个组织也都或多或少地进行开放式沟通。但是，组织的发展环境、发展阶段、组织文化、领导风格和水平各不相同，导致组织对开放式沟通的认识也有所不同。不难发现，大凡拥有组织文化的公司或其他类型的组织都非常重视开放式沟通。那是因为开放式沟通不仅是组织发展的需要，也是员工职业发展的需要。尤其是随着互联网的普及，网络技术、计算机技术、通信技术的完美结合，人们能够非常便捷地交流信息。同时，信息的获取与传递在人们日常生活中已经变得不可或缺。

随着社会的发展，人们的沟通欲望空前地增长。尤其是对沟通有时间、空间、效率、效果等迫切需求的用户来说，当前的各种沟通手段并不令人满意。沟通世界通过两种方式，即通过电话和计算机进行联系。但是，电话不具备应有的直观性。只需试试开始三方通话而不挂起某一方，便可以明白这种局限性；而计算机虽然可以查看电子邮件，但不能接听语音邮件，而且两种复杂的基础架构涉及大量采购、维护和升级成本。因此，统一沟通概念就被提出来了，其目的就是解决沟通领域的"孤岛"问题。

微软统一沟通技术是采用一种全新的软件平台，将人们日常工作中跨应用和跨设备，以电子邮件、即时沟通、音频和视频等多种沟通方式融合到一个统一的平台。将通话、语音邮件和电话会议等与电话沟通相关的体验，融合到文档、电子数据表、即时消息、电子邮件、活动日程等通过计算机开展的工作中。

比尔·盖茨曾经表示[23]："统一沟通时代的到来表明了 VoIP 电话系统、电子邮件、即时通信、移动通信，以及音频视频 Web 会议融合到一个单一平台的开始——这种融合提供了可以通过互联网路由电话呼叫的功能，该平台可共享一个通用平台和通用开发工具。统

视频资料 3.1

领袖如何激励行

动

一沟通也充分利用了标准通信协议，如 SIP（会话启动协议），以实现正确的通信路由。基于这些通信标准，微软正在提供强大的统一沟通功能，实现跨越位置和设备并以'人'为中心的通信框架。"

案例讨论

光明模具公司

　　S 集团公司是一家中型企业，其下属企业光明模具公司（以下简称光明公司）属于技术制造型企业，主营塑料模具设计、模具制造、产品实现。公司拥有员工 100 多人，大多数是在公司工作多年的技术工人，特点是技术水平较高、个性差异化大、年龄偏大，有一部分具有亲属关系，人事关系总体较为复杂。公司成立 10 年来，效益不佳，近期效益下滑严重，处于濒临倒闭的状态。2008 年，毕胜临危受命被聘为总经理。

　　毕胜毕业于某重点大学机械制造专业，具有 7 年的塑料模具制造行业产品研发、制造、现场管理经验，精通专业技术，擅长生产成本分析，熟悉本行业市场情况。

观察与沉默

　　毕胜受聘之前，由于一直在塑料模具行业任职，对光明公司有一定的了解，对光明公司的生产制造和工艺技术情况比较熟悉，但对公司的总体情况还不是十分了解。上任伊始，毕总经理决定用半个月左右的时间对光明公司进行全方位的诊断。他下车间观察了解企业的生产计划、从接单到交付的过程，人力资源管理流程、激励措施，各部门之间的沟通协调等机制及其效率，最后得出结论，光明公司的问题主要出在内部管理不善，具体问题如下。

　　（1）生产计划混乱：整个公司虽然有生产计划人员，但形同虚设，所有班组对生产计划的执行意识几乎没有，随意性非常大，经常导致不能按时交货。

　　（2）营业部门处于被动局面：营业部有跟单员职位，跟单员每天都会接到客户的催促：何时交货？为什么承诺的总不能兑现？等等。当问询制造部门经理时，制造部门态度良好，但是总不能兑现承诺。

　　（3）沟通方式不正规：公司所有部门之间主要以电话、口头、现场催促等方式进行沟通交流；在现场听到最多的答复是："好，尽量，好吧，我会尽力的，昨晚我已经加班到深夜了……"

　　（4）管理层被动：经营总经理不了解行业的技术，使用放任自流的管理方法进行管理，没有找到经营不善的主要原因。

　　（5）制造部长职责权限过大：制造部王部长技术经验丰富，任职之初公司董事长对其寄予厚望，承诺给予其的权限包括采购、计划管理、客户技术沟通、工资方案制订、部门技术人员聘用等。导致的结果是很多技术工人都是王部长的亲戚和老乡，该部门的薪资标准高于其他部门，部长的管理能力欠缺，决策随意性很大。其他部门员工称制造部为"部门小王国"。

毕总经理认为这种典型的"作坊式"管理必须进行改革,将其引入科学管理的轨道。在近一个月的时间内,毕总经理除了观察、了解外,没有任何改革动作,没有发表任何观点,持续的沉默换来的是所有人的不安和猜测,有的人隐约感觉到暴风雨要来临,也有人认为毕总经理对光明公司无可奈何……

整改措施出台

其实,在这一个月的时间里,毕总经理一边调研分析,一边制订整改方案。经过多次的修改、完善,一篇报告呈现在董事会面前,报告涵盖了公司现有的问题、管理被动的原因、成本高的原因、总体的人员态势,针对公司经营管理、人事管理等方面存在的难点问题提出了解决办法,并对可能产生的负面效应做了预测分析。毕总经理向董事会提出申请,召开了一次经营分析会议,探讨改革措施。

毕总经理的报告得到了董事会大多数成员的认可,但也受到了前任总经理的暗中阻挠,即将退休的他,不愿意接受经营失败的现实,便动员和他关系根深蒂固的老员工传播一些否定毕总经理报告的言论,为自己进行辩解。

最终,董事会采纳了毕总经理的建议,专门召开了经营分析会议。会上毕总经理提交了光明公司实行改革的措施和建议,并得到了董事会的批准。改革的具体措施如下。

(1)完善公司组织机构:在没有增加中层干部的前提下,根据公司的实际情况,调整了组织机构,在工资、成本、人数不变的前提下,重新划分了部门职责和权限,将采购和库房从制造部中分离,将工资方案转移至综合管理部;成立由总经理直接领导的生产计划专员,生产计划专员负责汇总所有营业部跟单员的所有客户信息、要求、交货期。制造部的工作职责只有一项:按照生产计划负责按期安排生产、加工。

(2)规范生产、经营管理流程:制定通用的《部门沟通联络单》《生产计划看板》,让所有员工都了解每个零部件的交货期;制定《生产指令单》《每日10分钟早会》,促进部长和计划部门、营业部门的沟通,做到及时了解情况,及时沟通协作;制定部门之间的沟通流程图,改变业务部门跟单员"有话说不出,制造部门不重视"的局面。

(3)在员工工资总额基本不变的前提下,完善员工工资方案,做到有据可依,公平、公正。

(4)制定《员工手册》。《员工手册》涵盖基本的奖惩制度和细则,要求员工人手一本。使员工清晰了解违反公司相关规定,将依据劳动合同及劳动法给予处罚。

王部长发难

毕总经理知道上述改革措施触动了制造部王部长的相关利益。王部长作为企业资深管理者,具有较高的专业技术水平,在模具加工制造方面经验丰富,得到了董事长的赏识。这次的改革剥夺了董事长原先赋予他的采购权、工资制定权等不合理的权限,从某种程度上也否定了他的业绩,他感到很不舒服。毕总经理隐约感觉会有一场"暴风雨"来临。

一天,公司生产加工一个要出口的零部件,生产计划人员将计划排布完毕,各工序按时加工就能如期完工。营业部通知说客户要来工厂审核进度,王部长许诺没有问题,一切都按计划行事。

毕总经理接待了客户,并如约请客户亲自审核时间进度。就在这时,执行其中一道工序的工人对毕总经理和客户说："这个产品我们加工不了，技术水平太高。"另外一道工序的工人说："昨天我加班的时候太累了，我没完成。"据班组长透露，工人们对现在的工作环境、管理方法有意见，工作没有积极性。

毕总经理意识到"暴风雨"已经来临。面对客户的不解，毕总经理向客户道歉，并做了进一步的交流，并向客户保证一定会如期完工。送走了客户之后，毕总经理来到车间，发现此时工人已经全部罢工，提出涨工资等要求，否则集体辞职！

毕总经理深知问题的根源，他首先找到制造部王部长，问道："王部长，工人说这个产品加工不了，超出我们的技术加工水平，是真的吗？"

王部长以一种高调的口气回答道："是的。"

毕总经理追问："你确定？"

王部长有点心虚的回答："确定！"

毕总经理进一步追问："你也加工不了吗？"

王部长说："我也加工不了，你找别人吧！"

此时毕总经理严肃地对王部长说："你愿意对你的话负责吗？"

王部长说："无所谓！"

毕总经理继续说道："你是一位资深老员工，我非常敬仰你的技术水平，你在企业里面工作了这么多年，我对你的技术水平有所了解，如果你坚持说这是超乎我们技术水平的产品，你需要对你能否继续工作、能否继续任职而负责。"

王部长说："没问题，你随便，我们很'团结'！"

毕总经理从与王部长的谈话中确认了"罢工事件"的起因。王部长不接受新的管理方法、新的部门流程、新的部门职责，希望恢复以前的模式。毕总经理认为这是一个合适的扭转管理被动局面的机会。

强势出击

毕总经理第一时间将"罢工事件"向董事会做了报告，并把自己的应对措施向董事长做了汇报，得到了董事长的同意。

毕总经理采取的第一个措施是亲自出马，带领一个刚入公司的新员工，把王部长认为做不了的工序用了一个小时完成了。

采取的第二个措施是启动应急预案，按照事前准备的两套应对措施进行。一是由人力资源部负责，对很久以前人力资源网站上累积的100多后备人员的简历进行筛选，做出面试计划；二是调整生产计划，预留10～15天的时间处理此次"罢工事件"。

毕总经理采取的第三个措施是再次主动找王部长谈话，对王部长说："王部长，我现在要行使我的人事任免权，辞退你，你将会获得《劳动法》及聘任时规定的相关补偿。"

王部长非常自信地说："没有问题，我走了，会把我的所有人员都带走！"

毕总经理说道："王部长，你可以带走你的人，你知道这个公司是不会因任何人的离职而垮掉的。在人力资源方面，我们已经拥有良好的招聘渠道和奖励淘汰机制，对员工集体离职，我们早已做了预案，新的员工随时可以补充。至于你的职位，我们也有后备人选，随时都可以考核上岗。不过，你知道你的做法影响了公司的正常运转，这是任何公司都不能接受的！作为资深的技术专家，你的离职不是我们愿意看到的。不过你放心，这次事件可能会给公司带来短暂的影响，但公司马上会转入正轨，我相信这反而会有利于公司的长效发展！"

王部长听了毕总经理的话，脸色有些变化，似乎有点超出他的心理预期，他没有想到毕总经理如此强势。他原以为自己掌握着公司所需要的技术，加之，一些基层员工都是他的嫡系和亲属，把他辞了，公司就运转不了，总经理不敢辞退他。

但是，王部长继而还想继续用强硬的态度试探毕总经理："开除我是吧？那好，我看你怎么收场！"随之，拍着桌子扬长而去！

峰回路转

接下来的两个小时内，公司收到了王部长手下好多员工的辞职信。

毕总经理通知人力资源部召开全体员工大会。在大会上，毕总经理宣布，经公司研究决定，辞职的人截至今晚下班之前，到人力资源部办理离职手续，结算未支付工资；如果过了这个时间，公司将会采用另外的措施予以处理。

第一个办辞职的人是王部长，他仍旧探察公司的底线。但是，令他意外的是，当他签了解除劳动合同书、结算了工资后，再没有任何员工去办理。此时的老王如坐针毡，态度也发生了转变。

老王来到了总经理办公室，对毕总经理说："毕总经理，即使我走也想弄明白，你真的不怕我走吗？"这时，毕总经理也似乎看出了什么，他对老王说："老师傅，我非常敬佩你的技术，我问你三个问题：公司给你的福利待遇是不是全行业最高的，你满意吗？"老王回答："非常满意。"

"公司亏损了你不着急吗？"老王回答："谁都着急。"

"公司调整经营方式，以适应现代市场要求，难道你不支持公司的改革吗？"老王回答："我支持，但是就是不太习惯。"

毕总经理又说："你问我怕不怕你走，说实话，你的技术水平很高，我很希望你能为公司做贡献。但是，请你相信我说的，公司已经建立了良好的招聘渠道、骨干员工储备计划，你离职后我们很快就能任命合适的人选。相信你知道，这个世界上，有很多和你一样优秀的人！"

这时，老王似乎悟到了什么，以征求的口吻对毕总经理说："我可以不走吗？"毕总经理爽快地答道："只要你服从公司的管理，我相信公司的现代流程模式加上你的高超技术，我们一定会走出困境、获得成功！"

之后的几个月，年龄相差悬殊的毕总经理和重新任命的王部长成了至交。第一年，经过全体员工的共同努力，通过流程优化，公司降低了30%的成本；第二年实现了扭亏；第三年实现了盈利，王部长也被提拔为公司主管技术的副总经理；第四年，光明公司取得了行业内最佳的业绩！

（本案例由大连理工大学MBA学员卜鹏宇提供）

讨论：

1. 毕胜总经理运用了哪些沟通策略？这些沟通策略的运用是否适当？
2. 如果王部长真的辞职了，毕胜总经理该怎么办？
3. 建设性沟通与破坏性沟通的本质区别是什么？

 ## 本章小结

1. 管理沟通策略实际上是一种沟通时系统思考的谋略和技巧，沟通者的自我分析和定位、对沟通对象的分析和研究，正是"知己知彼"的分析过程。信息如何表达是一门沟通艺术，需要仔细"推敲"。沟通渠道和方式方法的选择对沟通效果影响很大，需要仔细"斟酌"。组织文化和人际关系环境等属于宏观方面的因素，"从大处着想，从小处入手"也是沟通的真谛。沟通者策略、受众策略、信息策略、渠道选择策略和文化策略的综合运用是有效沟通的保证。

2. 建设性沟通是一种有效的、广为人们推崇的沟通方式，积极主动、系统思考的沟通自然会避免出现破坏性沟通。

3. 管理沟通有多种模式，传统管理沟通模式主要有链式、轮式、环式、Y 式或倒 Y 式、全通道式、金字塔式与倒金字塔式、扁平式等。现代管理沟通模式主要是通过互联网和通信工具进行信息沟通而形成的沟通模式，主要有信息群发式、视听会议式、新闻发布式、ERP 式、网上即时交流式、电子商务式等。每一种沟通模式的使用都要根据沟通的需要和模式本身的特点等进行选择。

4. 开放式沟通是一种沟通观念，一种沟通模式，并且是一种沟通趋势。

📖 即测即练

参考文献

[1] 魏江. 管理沟通——理念与技能[M]. 北京：科学出版社，2001.

[2] 拿破仑·希尔. 成功的十七条定律[EB/OL]. http://www.tx010.com/vip/Article/Catalog28/2054.Html，2007-12-21.

[3] 康青. 管理沟通：第二版[M]. 北京：中国人民大学出版社，2009.

[4] Munter M. Guide to Managerial Communication：Effective Business Writing and Speaking：Fifth Edition[M]. Prentice Hall，1999.

[5] 戴尔·卡耐基. 人性的弱点全集[M]. 刘祜编译. 北京：中国城市出版社，2006；肥皂水的效应[EB/OL]. http://baike.baidu.com/view/1661657.htm，2008-07-22.

[6] Munter M. 管理沟通指南：有效商务写作与交谈[M]. 钱小军，张洁译. 北京：清华大学出版社，2001.

[7] 戴尔·卡耐基. 卡耐基领导的艺术[M]. 刘祜编译. 北京：中国城市出版社，2008.

[8]　郭文臣. 公共关系管理[M]. 大连：大连理工大学出版社，2005.

[9]　齐明山. 公共行政学[M]. 北京：中央广播电视大学出版社，2006.

[10]　邓羊格，杨壮. 打开丰田管理的"黑匣子"[J]. 中外管理，2007（2）:36.

[11]　卡耐基. 卡耐基金牌口才[M]. 西安：陕西师范大学出版社，2008.

[12]　佚名. 奇迹诞生的途径[J]. 青年科学，2002（5）：30.

[13]　廖盖隆等. 马克思主义百科要览[M]. 北京：人民日报出版社，1993.

[14]　郝明松. "无形学院"与"有形成果"[N]. 科学时报，2000-08-31.

[15]　人月神话. 什么是模式[EB/OL]. http://blog.sina.com.cn/s/blog_493a8455010003qq. html，2006-05-24.

[16]　靳娟. 倒金字塔管理法的启示[J]. 当代通信，2004（18）：44-45.

[17]　Newell A，Simon H. A. Computer Science as Empirical Inquiry: Symbols and Search[J]. Communications of the ACM，1976，19（3）：113-126.

[18]　Morrison E. W.，Milliken F. J. Organizational Silence：A Barrier to Change and Development in a Pluralistic World[J]. The Academy of Management Review，2000，25（4）：706-725.

[19]　Redding WC. Communication within the Organization：An Interpretive Review of Theory and Research[M]. New York：Industrial Communication Council，1972.

[20]　杰克·韦尔奇，约翰·拜恩. 杰克·韦尔奇传[M]. 彦博曹，立明孙，浩丁译. 北京：中信出版社，2007.

[21]　李开复. 做最好的自己[M]. 北京：人民出版社，2005.

[22]　孙振耀. 既务虚又务实的开放式沟通[J]. IT 经理世界，2007（1）：78-79.

[23]　比尔·盖茨. 统一沟通的革命[EB/OL]. http://soft6.com/news/9/94229.html，2007-09-25.

第 **4** 章

内部沟通与团队沟通

学习目标

通过本章的学习，学员应该能够：

1. 了解 7-S 模型，掌握和理解组织管理七要素与沟通的关系；
2. 了解组织内各种类型的沟通渠道；
3. 熟练掌握组织内部沟通的内容；
4. 了解团队构成要素及其类型；
5. 熟练掌握团队沟通的基本内容。

引导案例

熵减：华为活力之源

熵和生命活力，就像两支时间之矢，一头儿拖拽着我们进入无穷的黑暗，一头儿拉扯着我们走向永恒的光明。

鲁道夫·克劳修斯发现热力学第二定律时，定义了熵。自然社会任何时候都是高温自动向低温转移的。在一个封闭系统最终会达到热平衡，没有了温差，再不能作功。这个过程叫熵增，最后状态就是熵死，也称热寂。

华为之熵

1. 熵为何物？

熵首先是物理学概念，熵的单位是焦耳/热力学温度。热力学第二定律告诉我们，一个孤立系统的熵一定会随时间增大，熵达到极大值，系统达到最无序的平衡态。因此，热力学第二定律也被称为熵增定律。1850 年熵增定律诞生的时候就有两种表述，后来不同学科、不同科学家又发表了很多种各不相同的表述。量子物理学和现代生物学的奠基人欧文·薛定谔对热力学第二定律的综合性描述："一个非活的系统被独立出来，或是把它置于一个均匀的环境里，所有的运动由于周围的各种摩擦力的作用都将很快地停顿下来；电势或化学势的差别也消失了；形成化合物倾向的物质也是如此；由于热传导的作用，温度也变得均匀了。由此，整个系统最终慢慢地退化成毫无生气的、死气沉沉的一团物质。于是，这就达到了被物理学家们称为的热力学平衡或"最大熵"——这是一种持久不变的状态，在其中再也不会出现可以观察到的事件。"

熵就是无序的混乱程度，熵增就是世界上一切事物发展的自然倾向都是从井然有序走向混乱无序，最终灭亡。

任正非在一次与中国人民大学黄教授交流管理话题时，黄教授把热力学第二定律发给了他。任正非发现，自然科学与社会科学有着同样的规律。对于企业而言，企业发展的自然法则也是熵由低到高，逐步走向混乱并失去发展动力。因而，任正非经常把华为和灭亡两个词关联起来。从此，任正非在考虑企业管理时，会把熵增作为一个重要视角。

2. 生命的活力

抛开遥远的宇宙周期论和膨胀论，我们肉眼可见的现实世界显然也有生机勃勃的一面，那么和热力学第二定律所描述万物走向混乱的差距何在？或者说对抗熵增，让世界有序繁荣的是什么？答案之一就是生命活力。

1943年，薛定谔在三一学院的讲台上，面对爱尔兰总统等一众嘉宾，在"生命是什么"的主题演讲中提到，"自然万物都趋向从有序到无序，即熵值增加。而生命需要通过不断抵消其生活中产生的正熵，使自己维持在一个稳定而低的熵水平上。生命以负熵为生。"1944年，薛定谔把这一演讲主题写作成书，即《生命是什么》，引导了以DNA为标志的现代生物学发展。

薛定谔将生命活力称为负熵，使得自然万物与热力学的熵增反向运动。同理，企业要保持发展动力，需要依靠的就是人的生命活力。

任正非说，（企业）要想生存就要逆向做功，把能量从低到高抽上来，增加势能，这样就发展了（于是诞生了厚积薄发的华为理念）；人的天性就是要休息，舒服，这样企业如何发展？

过去5亿年，遗传信息的数量增加了1亿比特。人类的DNA里记录了人类从尼安德特人、丹尼索瓦人就可以被追溯的本能，贪婪、懒惰、自我欣赏。而这正是人类进步的动力之源。

作为一个透彻理解人性的企业家，任正非深知如何用金钱把人类的贪婪转化为动力，从而驱赶走懒惰的魔鬼，让十几万华为人在自我欣赏中向着同一个目标前进。这个道理西方管理学也早已洞悉，但矛盾在于，哪个创始人可以克服自己的贪婪？

为什么犹太圣经中说，世界上难做的事情容易做成？……

3. 耗散结构——开放的系统

生命都是需要新陈代谢的，都是开放的系统，也都是典型的耗散结构。

热力学第二定律是封闭系统的规律，避免熵死的方法之一就是建立耗散结构。耗散结构是普利高津在研究不违背热力学第二定律情况下，如何阐明生命系统自身的进化过程时提出的新概念，他因此获得了1977年诺贝尔化学奖。

耗散结构就是一个远离平衡的开放系统，通过不断与外界进行物质和能量交换，在耗散过程中产生负熵流，从原来的无序状态转变为有序状态，这种新的有序结构就是耗散结构。

人类社会和群体既是一个远离平衡的结构，也具有非线性发展的特征，而且可以具有开放性，完全符合耗散结构的三个特征定义。因此，耗散结构的动力学模型应该适合人类社会。这是普利高津在20世纪80年代进一步发展耗散结构时提出的重要观点。

任正非在 2011 年的公司市场大会上说，"公司长期推行的管理结构就是一个耗散结构，我们有能量一定要把它耗散掉，通过耗散，使我们自己获得一个新生。什么是耗散结构？你每天去锻炼身体跑步，就是耗散结构。为什么呢？你身体的能量多了，把它耗散了，就变成肌肉了，就变成了坚强的血液循环了。能量消耗掉了，糖尿病也不会有了，肥胖病也不会有了，身体也苗条了，漂亮了，这就是最简单的耗散结构。那我们为什么要耗散结构呢？大家说，我们非常忠诚这个公司，其实就是公司付的钱太多了，不一定能持续。因此，我们把这种对企业的热爱耗散掉，用奋斗者，用流程优化来巩固。奋斗者是先付出后得到，与先得到再忠诚，有一定的区别，这样就进步了一点。我们要通过把我们潜在的能量耗散掉，从而形成新的势能。"

任正非一直批评华为自主创新，因为自主创新就把华为变成了一个封闭系统。

普利高津在《探索复杂性》一书中写道，"简单与复杂、无序和有序之间的距离远比人们通常想象的短得多。"

光明之矢

三十年河东，三十年河西。到 2017 年华为公司成立已 30 年，任正非重提华为如何避免熵死。光明之矢，正是要让华为避免走向熵死的黑暗。

封闭系统终究是要熵死的，没有活力的封闭企业必将灭亡。任正非如何把华为打造成一台耗散结构的开放活力引擎？

企业要想长期保持活力，就要建立耗散结构，对内激发活力，对外开放，与外部交换物质和能量，不断提升企业发展势能，不断拓展业务发展的作战空间。

从 1969 年普利高津提出耗散结构理论至今，又过去了 40 多年，这个理论逐步发展成为复杂系统科学，仍处于不成熟不完善的发展阶段，不过实践经常走在理论的前面。

自然科学属性无法和社会学严格的一一对应，这源于人类社会的复杂性。与天马行空的理论相比，任正非似乎更喜欢探索实践，不断进化。

任正非以耗散结构为基础，打造华为活力引擎模型（见图 4.1）。

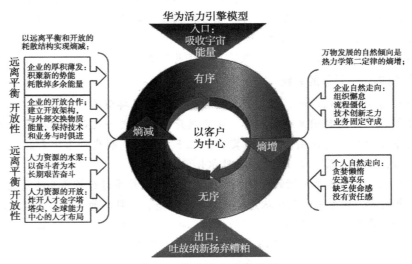

图 4.1 华为活力引擎模型

开放性、远离平衡、非线性是耗散结构的三个特征。ICT（information and communications technology）产业本身的发展规律就充满了非线性发展的不确定性和挑战，无须为企业刻意营造非线性环境。因此，华为关注的重点是耗散结构中的开放性和远离平衡。

一方面，华为通过企业的厚积薄发、人力资源的水泵实现远离平衡的耗散结构特性，使企业逆向做功，让企业从无序混乱转向有序有发展。另一方面，华为通过企业的开放合作、人力资源的开放实现耗散结构的开放性，从模型的入口和出口吐故纳新、吸收宇宙能量，为企业带来有序发展的外来动能。

企业宏观层面，把华为视为一个生命整体，要从企业整体运作的战略高度解决熵增。即利用企业的厚积薄发和开放合作，解决企业发展过程中出现的组织惰怠、流程僵化、技术创新乏力、业务固化守成等问题。

个人微观层面，华为是无数个体的人，重在从人力资源管理角度，探索如何激发生命的活力，从而解决人的惰怠和熵增。

华为这台活力引擎的轴心是客户，是否为客户创造价值是判断有序无序、熵增熵减的标准和方向。

1. 对抗企业之熵：厚积薄发和开放合作

华为的耗散结构，既要消耗掉企业多余的能量，打破平衡静止的企业超稳态，建立新的发展势能，也要保持开放性，为企业锻造出一个开放发展、与时俱进的技术和业务平台。因此，任正非赋予华为了两个发展理念，也可以认为是华为的两个发展战略，即厚积薄发和开放合作。

厚积薄发与开放合作成为打造负熵流的主要方法，通过逆向做功，一方面消耗了多余的物质财富，打破平衡静止，避免物质财富过多导致的熵增，另一方面又建立起新的企业发展势能，为长远发展积聚能量。在这里，势能可以理解为技术研发、组织管理能力、人才资源、思想战略、品牌声誉等的储备，形成进入无人区、构筑世界级竞争力的综合能力。

厚积薄发和开放合作的战略是相辅相成的，又各有侧重。

（1）厚积薄发

华为与很多西方企业发展理念最显著的不同，在于华为是一个理想主义者，以企业长期发展为目标。而多数西方企业，一般以股东利益或公司利润最大化为目标。

华为通过厚积薄发战略，把企业物质财富最大化转化为企业发展势能，强化了内生动力。厚积薄发本身的理念更像一个能量守恒系统，偏重企业内生动力的循环往复。由于消耗掉了物质财富储备，也避免企业过度积累财富而失去危机感、造成惰怠而失去发展动力。

厚积薄发首先表现在把物质财富密集投入到科技研发领域。华为建立势能最突出的方式是研发方面面向战略聚焦领域，多路径、多梯队"范弗里特弹药量"的密集投资，过去10年累计投入2400亿元人民币。

能量守恒系统本质是个封闭系统，而耗散系统必须开放。华为厚积薄发的另一个重要方面就是开放式的，即不断引进国际管理经验，推动管理变革，积累组织能力方面的势能。从1997年开始，华为近20年来持续引进外部管理经验，包括IBM、埃森哲、HayGroup、波士顿咨询等，为华为提供了集成产品开发（IPD）、集成财经服务（IFS）等多方面的持续变革，使得华为的管理创新、组织结构创新、流程变革不断进步，奠定了华为成为一家全球化公司的根基。

华为通过厚积薄发积累了足够的势能，就有可能在核心领域进入无人区，构建世界级竞争力，同时也能积累能力进入更大的业务作战空间，获得更多物质财富，进而推动积累更大的势能。如此循环，企业进入良性发展状态。

（2）开放与合作

塞萨尔·伊达尔戈在《增长的本质》一书中提到，热力学第二定律表明，封闭系统的熵值趋于增长，意味着一个系统会从有秩序演变至无秩序。

任正非深韵这一道理，明确提出，"我们要建立开放的架构，促使数万公司一同服务信息社会，以公正的秩序引领世界前进。"在与杨林的2015年花园谈话中，任正非进一步指出，"热力学讲不开放就要死亡，因为封闭系统内部的热量一定是从高温流到低温，水一定从高处流到低处，如果这个系统封闭起来，没有任何外在力量，就不可能再重新产生温差，也没有风。第二，水流到低处不能再回流，那是零降雨量，那么这个世界全部是超级沙漠，最后就会死亡，这就是热力学提到的"熵死"。社会也是一样，需要开放，需要加强能量的交换，吸收外来的优秀要素，推动内部的改革开放，增强势能。外来能量是什么呢？外国的先进技术和经营管理方法、先进的思想意识冲击。"

文化是企业生生不息的土壤。一杯咖啡吸收宇宙能量，成为华为开放文化的思维符号。

开放的文化会孕育开放的思想。无论是科学理论的重大突破，还是主航道的无人区，开放的思想会孕育出多样性和更多发展路径的分支，让华为在面临未来不确定性和黑天鹅突变时拥有充分选择权。分支的选择权，正是地球生命繁荣进化、避免熵死的根本，也是大自然最美妙的特性。企业的分支选择权，只诞生在开放、非平衡的环境中，并由企业的理性做出最终选择。

在企业战略方面，任正非为大管道战略定义了开放的属性，"我们把主航道修得宽到你不可想象，主航道里面走的是各种各样的船。要开放合作，才可能实现这个目标。"通过深淘滩低做堰，华为积极开展与业界合作，构建日益高效的产业链和繁荣的生态系统，不断做大产业规模。

在科技研发的势能积累方面，任正非经常旗帜鲜明的反对自主创新。在具有可选择性的领域，华为更愿意采用合作伙伴的解决方案，并对其持续优胜劣汰、吐故纳新，从而长期保持与业界最优秀的伙伴进行合作。如果战略结盟，甚至并购合作伙伴，就会失去选择权，失去选择权则意味着临近熵死。

华为的开放性还体现在作战空间的与时俱进。华为通过不断积累核心能力，一方面是在当前核心领域力求深入无人区，构建独特竞争优势；另外一方面也根据行业价值转移的趋势，不断扩大作战空间。这些年来，华为从CT发展到IT和消费者领域，作战空间的有序扩张使华为长期积蓄的内在能量得到极大的迸发。螺蛳壳里做不了道场，一个公司如果不能跟随价值转移趋势而与时俱进，一味固守原有的作战空间，内部再有能量也发挥不了，只能导致企业的熵死。

开放的文化孕育开放的思想，开放的思想打开了生态合作空间和业务作战空间，拥有了未来发展的选择权。正如《黑天鹅》一书作者纳西姆·尼古拉斯·塔勒布所说，在黑天鹅频发的时代，选择权让你具有反脆弱性。

2. 对抗个人之熵：激发生命活力促进发展

华为人的生命活力产生华为发展的力量。华为最不被人理解甚至误解的企业理念就是"以奋斗者为本，长期艰苦奋斗"，而这点恰恰是华为微观活力引擎的动力关键所在。华为通过人力资源的水泵实现逆向做功，增加势能，激发员工活力。

而作为耗散结构，华为的人力资源十分开放，这体现在全球能力中心的人才布局，以及炸开人才金字塔塔尖的人才结构，从而吸收及借鉴外部人才带来的能量和秩序上。同时，华为也加速内部人员流动，实行末位淘汰和退休政策。

（1）人力资源的水泵：以奋斗者为本 长期艰苦奋斗

人的本性是贪婪懒惰和安逸享乐的，如何让人们长期艰苦奋斗、激发出生命活力？以奋斗者为本，长期艰苦奋斗，正是任正非用人性的贪婪驱赶人性懒惰的不二法门。华为具体做法就是用合理的价值分配，撬动更大的价值创造。

任正非说，我把"热力学第二定理"从自然科学引入到社会科学中来，意思就是要拉开差距，由数千中坚力量带动十五万人的队伍滚滚向前。我们要不断激活我们的队伍，防止"熵死"。我们决不允许出现组织"黑洞"，这个黑洞就是惰怠，不能让它吞噬了我们的光和热，吞噬了活力。

在华为微观活力引擎中，最重要的功能就是华为人力资源的水泵，把人的活力充分激发出来，这个过程是痛苦的。在任正非的脑海中，以人为本，是留给国家层面去做的事情。企业是推动社会发展的引擎，以人为本就会失去发展动力、最终熵死。

人力资源水泵的工作原理就是用价值分配撬动价值创造。任正非认为，"企业的活力除了来自目标的牵引、来自机会的牵引以外，在很大程度上是受利益的驱动。企业的经营机制，说到底就是一种利益的驱动机制。价值分配系统必须合理，使那些真正为企业作出贡献的人才得到合理的回报，企业才能具有持续的活力。"

如何实现用价值分配撬动价值创造？这包括但不限于以下两个主要方面：

第一，100%员工持股是基础，让物质-能量-物质的转化损失最小。华为在微观永动机模型的能量循环上有一个独特之处，就是存在一部分合理的闭环：华为100%员工持股，避免了能量分流，避免迷失持之以恒的战略方向。因此，在能量守恒的角度上，华为的股权结构做到了能量损耗最小，因而华为的内生动力远胜于上市公司。（上市公司在资本上是开放系统，动力机制不同，外在因素发挥更大作用。）而近年新推行的 TUP 制度（相当于 5 年有效期的分红权），更是避免了利益沉淀引起的熵死。

第二，让劳动者获得更多价值分配，打破平衡，把最佳时间最佳角色最佳贡献匹配起来，激发奋斗活力。

劳动是价值创造的主体，因此价值分配优先分配给劳动者，让劳动所得与资本所得的比例大致保持在 3：1。这样既能激发劳动者创造价值，也能避免老员工积累过多股票后变得惰怠。

在薪酬分配环节，任正非也非常注重拉开差距，华为通过及时提拔和破格提拔优秀者，以冲淡惰怠。这就是他常说的"给火车头加满油"，向奋斗者倾斜、以奋斗者为本的分配结构，充分体现了耗散结构不平衡的特点。

（2）人力资源的开放性

华为微观永动机模型的开放性体现在炸开人才金字塔塔尖，在全球能力中心进行人才布局；通过战略预备队培养未来领袖，加强跨部门人员流动；以及坚持吐故纳新、淘汰惰怠。

首先，在组织结构上炸开人才金字塔的塔尖，实现全球能力中心的人才布局。

华为人才机制原来是金字塔结构。金字塔是封闭的系统，限制了组织模型和薪酬天花板。华为炸开人才金字塔塔尖，就是形成开放的人才系统和组织架构，这样才能容纳下世界级的人才，打开各类人才的上升通道。

华为在俄罗斯做数学算法研究，在法国做美学研究，在日本研究材料应用，在德国研究工程制造，在美国研究软件架构……在海外 16 个城市建立了研发机构，包含几十个能力中心，外籍专家占比达 90%。尽管黑天鹅是难以预测的，但是华为可以在黑天鹅的栖息地进行人才布局，最大限度网罗到黑天鹅，捕捉黑天鹅带来的 ICT 科技跳变。

其次，华为干部流动和赋能机制制度化，培养未来领袖。

人在一个位置上待久了，必然会产生惰怠，因此必须流动。华为曾经搞过多次大辞职，有过上千人被破格提拔，2016 年还有两千研发将士出征，都是华为从内部激活人员创造力的方法。

华为干部流动机制的制度化正在不断完善，强调自上而下长期运作，结合资格管理、任期管理和战略预备队训战等系统展开。

最后，华为人力资源的开放性还体现在吐故纳新，淘汰惰怠员工。

生物能够不断进化的核心不是某种生物越来越强壮、越来越聪明，而是不断淘汰不能适应环境的个体生物，开放性竞争是生物进化的不二法则。企业也是如此，一个健康的开放系统一定要有吐故纳新的扬弃通道，要能够及时调整或淘汰懈怠的主管和员工。2015 年，华为有超过一万名员工因为不胜任工作而被调整，部分主管和员工被淘汰。同时，公司政策也允许部分不愿意继续奋斗的主管或员工保留股票而退休。

熵-生命活力-耗散结构，从厚积薄发到开放架构，从人力资源的水泵到炸开人才的金字塔，这就是华为文化及实践之路。

（本案例选自丁伟、陈海燕编写《华为之熵光明之矢》，内容略作删减）

每个组织都有其独特的战略、结构、文化等，也有其与众不同的管理哲学。成立于 1987年的华为技术有限公司是一家生产销售通信设备的民营通信科技公司，产品主要涉及通信网络中的交换网络、传输网络、无线及有线固定接入网络和数据通信网络及无线终端产品，为世界各地通信运营商及专业网络拥有者提供硬件设备、软件、服务和解决方案。作为改革开放过程中成长壮大的中国本土企业，华为独特的企业文化，令人瞩目的商业成就，使它成为极具标志性意义的存在。熵减是华为的活力之源，华为的战略、文化、制度设计都是以熵减为主线。熵减也是任正非管理哲学的核心框架，他把物理学、人性和哲学理念直接引入企业管理中，不仅激活了企业，也激活了员工。本章将讨论组织内部沟通和团队沟通问题。

4.1 组织内部沟通的内容

组织内部沟通是管理沟通研究的核心内容。所谓组织内部沟通是指组织系统各要素之间的交流与协作。组织是由众多的个体、群体组成，担负一定的社会职能，完成特定的社会目标，构成一个独立单位的社会群体。组织通常拥有一个共同的目标，人们为达到特定的目标而相互协作。组织是一个复杂的系统，系统内包含若干子系统。系统各要素分工协作，保证系统正常运行。现代组织是一个开放的系统，不断地与外部环境进行材料、能源和信息的交换，其功能在于协调人们为达到共同目标而进行的沟通活动。

组织内部的沟通活动，自然依靠组织系统内的个体，但是由于个体属于组织子系统的一部分，因此，组织内部沟通中的个体与个体、个体与群体、团队与团队之间的沟通与纯粹的人际沟通是有本质区别的。首先，组织中的个体都有自己的职位、职责，是为实现组织目标、工作任务进行的沟通；其次，由于组织系统内个体的工作任务、职责不同，受教育程度、工作经历不同，加之性别、性格等不同，因而会对组织战略、组织文化等信息产生不同的理解；最后，组织的沟通环境，诸如组织结构设置的是否合理、价值观是否容易理解、管理制度是否健全、沟通渠道是否畅通等都影响组织内部的沟通效果。管理沟通的有效性取决于个体、组织乃至外部环境等诸多因素。组织内部的管理沟通是在组织系统内部的沟通活动，组织必须对沟通活动实施有效的管理，优化沟通环境，提供管理服务，其核心是统一价值观，提高组织的凝聚力、向心力，使全体员工同舟共济，实现组织的总目标。

20 世纪七八十年代，美国的托马斯·J.彼得斯（Thomas J.Peters）和小罗伯特·H.沃特曼（Robert H.Waterman）为了探寻企业如何摆脱危机、走向振兴和发展，先后访问了美国 75 家大公司，并重点研究了获利能力较强、成长速度较快的 43 家公司，其中包括 IBM、德州仪器、惠普、麦当劳、柯达、杜邦等公司。在深入调查研究的基础上，他们提出了企业组织管理的 7-S 模型[2]，如图 4-2 所示。

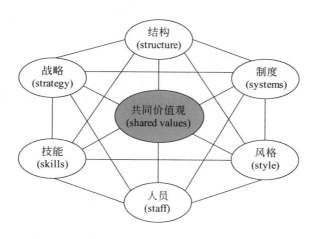

图 4-2　组织管理的 7-S 模型

7-S 模型实际上指出了企业在发展过程中不可或缺的七个关键要素，即共同价值观（shared values）、战略（strategy）、结构（structure）、制度（systems）、风格（style）、人员（staff）、技能（skills）。其中，共同价值观是核心要素。

7-S 模型在许多领域得到广泛应用，并成为一种分析工具。管理沟通作为贯穿组织管理全过程的一种活动，其内容自然是围绕着组织管理的七要素展开。

4.1.1　共同价值观与沟通

建立共同价值观是组织文化的核心内容。组织文化是一个组织所具有的价值观念、行为规范及相应活动的总和。它是一只看不见的手，是一种强有力的竞争利器，具有导向功能、凝聚功能、规范功能、激励功能、调节功能、应变功能等。

美国最权威的三家管理机构——兰德公司、麦肯锡公司、国际管理咨询公司的专家，通过对全球增长最快的 30 家企业跟踪研究后，在联合撰写的《关于企业增长的报告》中指出：世界 500 强胜出其他公司的根本原因，就在于这些公司善于给他们的企业文化注入活力[3]。

在第 1 章中我们介绍了艾德佳·沙因、肯尼迪和迪尔对组织文化及企业文化的研究。创建优秀的组织文化或企业文化的核心是统一价值观念。

价值观念是组织在经营管理过程中所推崇的基本信念和奉行的目标，是组织成员对某种事物正确与否的认识，它决定着员工的行为取向和是非判断标准。

美国兰德公司的专家们花了 20 多年的时间，跟踪了世界 500 家大公司，最后发现其中百年不衰的企业的一个共同特点是：它们不再以追求利润为唯一的目标，而是有超越利润的社会目标。价值观的确定通常应遵循以下原则：人的价值高于物的价值；共同价值高于个人价值；社会价值高于利润价值；用户价值高于生产价值[4]。

组织之所以要确立共同的价值观，是因为价值观念在组织管理中起着独特的作用。

（1）定位作用：价值观将组织追求的目标与社会价值联系起来，为组织在整个社会中定位；将员工个人的追求与组织目标联系起来，使个人在组织中有适当的定位。

（2）决定作用：价值观决定组织的基本特征、经营风格、管理特色及每个员工的行为取向。

（3）支柱作用：价值观是组织最重要的精神支柱。

（4）激励作用：价值观是员工积极向上的信念，激励员工努力去实现这些信念。

（5）整合作用：价值观是组织进行整合的纽带，是解决问题的基础，是弥合人际关系裂痕的良药。

（情景故事）

海尔两名员工的故事

海尔的一位空调安装工人被派到一个客户家安装空调。由于该客户家所在建筑物墙体比较坚硬，致使工作进展缓慢。临近中午，客户看到安装工人累得满头大汗，便让他休息一会儿，一起吃午饭，可是这位安装工人坚决不肯，执意自己到外面去吃。客户过意不去，就拿出一百元钱想给这位安装工人作为酬谢。这时，这位安装工人突然问了客户一个问题："你是否知道海尔的广告语？"客户愣了一下，回答说："是'真诚到永远'吧。"安装工人说："对，这是我们一直在宣传的广告语。可是，你想，我们天天在宣传'真诚到永远'，如果我们的员工到客户家施工，又吃又喝，还拿客户给的酬劳，那还有人会相信我们吗？"客户听了这番话后很是吃惊。这位安装工人自己出去吃了午饭后，按照约定时间回来继续工作，最终把空调安装完毕后离开。

另一位名叫王俊晟的海尔女职工在洗衣机一分厂工作。她19岁的时候走进海尔集团，接受了海尔文化三年的洗礼，然而不幸患了白血病，就在她即将离开人世时，她跟亲人提出的最后一个愿望是想再看一眼她所工作的海尔。但由于病情较重，家人无法满足她的愿望。她去世之后，家人让她的灵车在海尔的大门口整整停了15分钟。

从以上故事中，我们可以看出，文化具有神奇的魅力。作为组织领导者和管理者，首要的任务是确立共同的价值观，并采取各种方式使价值观深入每一位员工的内心。

纵观组织已有的价值观，大体上可分为三个层次：一是以追求利润为主的价值观。这是被公认为层次比较低的价值观。二是定位于经营管理层面的价值观。这是企业管理者从自身生存与发展的需要出发提出的经营管理理念，比较注重实际需要，但由于只局限于组织自身，必然具有一定的局限性。三是以组织是社会公民的视角确立的价值观，即组织社会互利价值观。这一层次的价值观把组织自身的使命和责任提升到为社会服务、贡献社会的高度，可谓高瞻远瞩、高屋建瓴，体现出组织生存的价值，也容易得到社会的认可和支持。

从 7-S 模型图中可以看出，共同的价值观决定了组织的一切，包括组织战略的确定、组织结构的设计、组织制度的建立、管理风格、管理行为和员工行为取向等。

4.1.2　组织战略与沟通

戴尔公司董事会主席戴尔（Michael Dell）曾说过："在制定战略时，我要和客户进行沟通，和各个员工群体以及其他人进行沟通。战略规划的一个关键环节就是把它传达出去。沟通是运营和执行的关键，也是整个流程不可或缺的一部分。"[5]

首先，任何组织都必须具有明确的发展战略。战略不明确，发展目标不清晰，不知道向何方前进，自然就难以发展和进步。

其次，战略的制定过程需要沟通。战略的制定需要进行组织内外环境分析，需要倾听各方面的意见和建议，需要了解自身的优势、不足，以及存在的机遇和威胁。战略的制定不是随心所欲的遐想，规范的制定过程才有可能制定出科学的战略。

最后，制定的战略需要有效地传播，并被身体力行地执行。领导者和管理者必须懂得沟通的重要意义，并从战略角度出发与公司所有群体进行沟通。如今，CEO 的作用比以往任何时候都重要，他不仅是公司的思想导师，还是公司的形象代表和喉舌，并为管理团队以及整个企业定下了基调。

负责战略性沟通的领导人一方面会根据公司战略来安排不同的沟通活动，另一方面还善于为公司量身定制各种不同的沟通活动，以支持现有的战略或促进新战略的形成。

以联邦快递为例：联邦快递对沟通的重视可以从其经理人专门花在这方面的时间看出来。该公司总裁兼 CEO 格伦（T. Michael Glenn）说："沟通是一切工作的中心。如果不能就战略进行沟通，你就无法执行它。这种沟通理念可以追溯到公司创始人弗雷德·史密斯（Fred Smith）和他的军训经历。他的管理理念就是'射击，移动，沟通'。"[6]

几年前当美国经济走下坡路时，联邦快递和许多其他公司一样决定裁员。但是它意识到，公司与员工之间的良好关系和员工士气对其面向客户战略的成功实施是非常关键的。于是，公司不仅为自愿离职的员工提供了慷慨的补偿，而且还利用多种平台，将公司的想法清楚、明确地向内部及外部各方作了传达，从而换来了员工的忠诚、客户的信任以及商业分析人士的宽恕。

负责全球沟通的副总裁马格里提斯（Bill Margaritis）说："这好比要给一辆行驶中的卡车更换轮胎，因为公司当时正在拟订一种全新的组织结构，而且要把这一设想向将近 13000名员工进行说明。我们和人力资源部门一起，给那些符合提前退休资格或自愿离职的人发送人性化的沟通信息。我们建立了多条双向沟通渠道来回答员工的问题，包括不同的热线和一些网站，并利用这些工具来收集问题，做出答复，并使所有员工都能看到。而所有这些流程都必须和其他工作配合起来进行。"[6]

联邦快递的 CFO 格拉夫说："沟通占据了我的绝大部分时间。我不是在沟通，就是在想着如何沟通。我是一个受意见驱动的 CFO。我的工作就是听取意见、消化整理、与人沟通。"[6]

虽然沟通是每个人都在做的事情，但是沟通部门必须首先确保从各个业务部门传达出去的信息都和公司的总体战略保持一致，并能推动这一战略的实施。其次，要让具体的信息听起来是出自同一个地方，并指向同一个方向。最后，要关注细节。戴尔公司在整合其沟通活动时具体到信息本身，例如，为实现某个具体的战略目标，公司要求所有活动都必须"直截了当"，并由具体的经理人来传达，包括戴尔和罗林斯（Kevin Rollins）本人。

有些公司出于战略上的考虑，将各个沟通部门整合在一起，由一位主管领导。沟通部门的主管是很重要的一个角色，因为他们有很强大的人际关系网络，消息灵通，并且清楚自己的工作与公司的总体战略是如何挂钩的，并能衡量出这种关系对股东价值的影响有多大。

要做到有效沟通就必须与企业高层保持统一口径，并对公司及其战略了如指掌。例如，戴尔负责投资者关系和企业传播的副总裁泰森（Lynn Tyson）在刚刚加盟公司时，常常参加运营会议和其他职能部门的会议，其目的是要对公司有个全面彻底的了解。她说："为了主动和有效地做好投资者关系工作，负责管理投资者关系的人需要了解公司都发生了什么事情。"[6]

4.1.3 组织结构与沟通

组织战略决定着组织结构类型的变化。当组织确定战略之后，为了有效地实施战略，必须分析和确定实施战略所需要的组织结构。因为战略是通过组织来实现的，要有效地实施一项新的战略，就需要一个新的或者至少是被改革了的组织结构。也就是说，组织结构的设计通常是根据组织战略的确定及要求进行，组织结构应当服从于战略。

组织结构的模式设计是否合理，部门职责是否清晰、有无交叉点或空白点，部门之间是否通力合作等都会影响沟通的效果。组织结构的模式通常包括直线型、职能型、直线职能型、事业部型、矩阵型等。不同的组织结构必然导致沟通方式的差异。比如，矩阵型组织结构是为了改进直线职能型横向联系差、缺乏弹性的不足而形成的一种组织形式。这种结构是根据项目组织的，任务清楚，目的明确且机动、灵活，可随某一项目的开发与结束进行组织或解散，成员间容易沟通、融合，不仅加强了不同部门之间的配合和信息交流，而且能发挥各自的专长，完成预期目标。

（情景故事）

售后服务代表的烦恼

迈克尔·哈默（Michael Hammer）在其编写的《企业行动总纲领》[7]中讲述了这样一个故事：美国某设备制造商的一位客户，为满足自身特殊需要，在递交订单时经常附上对产品的特殊修改要求，企业收到订单后转交给售后服务代表，他的职责是最大限度地倾听并反馈客户的需求。他立即将订单要求传达给产品设计师，设计师认为这超出了自己的职责范围而不同意按客户要求做出相应的修改，并且认为售后服务代表无权指挥自己，对峙局面就这样出现了。

随后，售后服务代表先后与工艺工程师、生产工序员、材料供应员、财务核算员等进行沟通与协商，都不同程度地出现对峙局面。

以后每当这家企业收到附有特殊要求的订单时，都会像平静的水面投入一颗石子，使得原本太平的企业产生一场不小的波动。经计算，满足一份这样的订单需要一个月时间，但真正按照客户要求完成产品修改只需到三天的时间。

为什么除售后服务代表外，企业的其他人员都在不同程度地抵制客户的特殊要求？

组织结构的幅度层次设计对沟通效果会产生一定的影响。幅度是指一个上司直接管理的人数，层次是指一个组织设立的行政等级。幅度和层次是组织结构的两个相关的基本参数。

人的精力和体力都是有限的，这就决定了组织领导者的有效控制度也是一个有限的量。当组织的规模（人数）超出了这个有限的量时，就要增加一个管理层次。当规模一定的时候，层次与幅度两个参数成反比例关系：幅度×层次＝规模。当规模一定时，管理幅度越宽，则管理层次越少；相反，管理幅度越窄，则管理层次越多。前者形成了扁平形组织结构；后者形成了金字塔形组织结构。

如果是扁平形组织结构，上下联系渠道缩短，则有利于信息沟通。不过，管理幅度过大，导致信息量大增，领导者容易陷入繁杂的琐事之中而使工作效率降低。金字塔形组织结构克服了扁平形组织结构的缺点，有利于领导者控制、指挥，但由于信息传递层次增多，不仅增加了管理费用，而且影响传递效果。

总之，在管理中，合理的组织结构有利于信息沟通。但是，如果组织结构过于复杂，中间层次过多，那么，信息自上而下传递不仅容易失真，而且还会浪费大量时间，影响信息的时效性。有研究表明，如果一条信息在高层管理者那里的正确性是100%，到了信息的接收者手里可能只剩下20%。在信息沟通时，各级主管部门都会花时间甄别信息，加之掺杂各自的主观因素、心理感知等，容易造成信息失真。机构臃肿，机构设置不合理，各部门之间职责不清、分工不明，形成多头领导，或因人设事、人浮于事，这些都会给沟通双方造成一定的心理压力，影响沟通的进行。

4.1.4　制度与沟通机制

"没有规矩，不成方圆"，最原始的组织成立之初通常要约法三章，现代组织成立伊始，则必须建立一系列规章制度，并不断加以完善，一方面是为了确保组织这台机器的正常、有序运转；另一方面也是为了约束人们的行为。是否有了制度，就不需要沟通了呢？答案自然是否定的。制度建立时需要沟通，制度实施时也需要沟通，因为通过制度所确定的运行规程本身就是各部门沟通、协作的过程。这属于正常情况下的一般沟通范畴。而管理沟通则更侧重于解决非正常情况下的特殊沟通，即由于制度不完善而导致的冲突、矛盾，或是出现了制度没有规定情形下的新情况、新问题。

（情景案例）

"小概率事件"酿成的大问题

2008年12月13日下午，刚刚从德国谈判归来的L市通达公共汽车公司总经理吴迪紧锁着眉头，心情沉重地坐在办公桌前，窗外的喧闹声不绝于耳，110辆公交车已经连续四天停运，罢工的职工仍然在办公楼前抗议。人事部和运营部的经理正在大会议室里与职工代表进行谈判。

事件的起因源于一位职工对考核制度的不满。2008年12月9日，司机小李把车开进车库后，便兴冲冲地走进车场劳资科领取工资条。他从劳资科长手上接过自己的工资条一看，眼睛顿时瞪得圆溜，双手发抖，说不出话来。原来他的工资条显示：2008年11月在扣除了各类病事假、超油、欠趟、假币、服务、卫生等各项费用后，当月他能领到的工资为221.82元，再扣除210元事故停车费，只剩下11.82元。在愣了几分钟后，司机小李一句话也没有说，气愤地转身离去。

第二天早上凌晨5点钟，小李跟往常一样准时将公交车从车场车库开出，但出了车库大门，他却未像往常一样将车开到始发站等待发车，而是掉转方向盘将车直接开往通达公共汽车公司办公楼大门口，并把车堵在门口开始罢工。其他司机得知这个情况后也纷纷加入，12月10日至12月12日，共有110辆公交车停运。这次停运给普通市民的出行带来诸多不便。

公交行业是属于社会公益性质的劳动密集型行业，承担了大量社会公益服务工作，职工队伍庞大，但收入低。18 年前，L 市交通公司分为四家公司，通达公共汽车公司就是其中的一家，由于长期受计划经济体制影响，以及改革滞后、机制老化、行业固有的公益性的制约，其经营成本与经营收入长期倒挂。随着社会公益性和经营营利性的矛盾日益加深，燃油费用和其他费用支出的加大，票制又长期维持不变等因素，公司亏损严重，资不抵债，难以为继。为了扭转这种局面，公司领导班子经过仔细分析研究，决定从降低各项成本消耗入手，建立严格考核机制来逐步提高效益。

随后公司外聘专家，为公司量身定制了一系列考核制度，其中就包括对驾驶员的考核制度：驾驶员的收入与每天工作的班次、里程、油耗、车票收入、服务、卫生挂钩，只有卫生好、服务优质、班次里程多、油耗低、车票收入高的司机才能多得。这样一个考核机制，在城市交通拥堵尚不严重的时候，的确有一些积极作用，但是 L 市的拥堵情况近年来呈加剧趋势。根据 2007 年公交出行状况报告，当年市民平均候车时间达到 5.8 分钟，是 2001 年以来时间最长的一年，创下历史最高值。早晚高峰车速比 4 年前分别下降了 2 千米/小时和 5 千米/小时。以正在停运的这路公交车为例，原先 1 个小时可以往返一次，现在要 1 小时 50 分钟；原先 8 个小时可以往返 6～8 次，现在任务完不成；车速降低，油耗就上升……但运营考核却没有因此宽松多少。任务完不成、"油耗防线"被突破，都将导致驾驶员收入降低。为了弥补损失，驾驶员被迫要超速抢回时间，并与同行争夺每一个站点的乘客。不少驾驶员不得不加班加点，身心俱疲，进而难以保证行车的安全，事故频发，导致被扣罚的事故费也呈递增趋势，就这样很多司机辛辛苦苦工作一个月拿到手的工资也被扣得所剩无几。

以司机小李为代表的员工认为公司的驾驶员考核制度很不合理，大家拼死拼活挣的钱都被公司克扣了，因此极力要求废除这个制度。人事副总和运营副总则认为，考核制度是公司领导班子请专家量身定制的，公司严格按照规章制度来考核，并无过错。

这次突如其来的事件是吴迪总经理始料不及的。吴总经理回国后立即从各方面了解了事件的来龙去脉，并决定尽快地解决这一问题，给职工一个满意的交代。

问题的根源到底出在哪里？吴迪总经理该如何解决这一问题呢？

有效沟通的必要条件之一，就是沟通的双方必须建立在对制度、规范、规则标准认同的基础之上。如果制度的建立损害了任何一方的利益，都会造成管理障碍，并会产生沟通问题。不论制度建设如何科学、先进、规范，如果不能在员工层面得到广泛的认同，就难以形成自上而下的有效沟通。

其实，制度的建立本身必须基于组织文化的价值理念，实际上是文化理念的具体化。大凡成功的公司，都非常重视"造时钟"，即建立制度、组织结构等，而不是一味地"报时"。[8]

管理沟通本身也需要建立制度，即将沟通机制中重要的沟通方式和方法规范化、常规化和制度化，以确保沟通机制的有效运作，如合理化建议制度、信息发布制度、信息管理规章制度、信访制度、接待制度、职工代表大会制度、对话制度、信息交流制度等。

建立管理沟通机制是确保制度有效执行的长效措施。管理沟通机制是指组织工作系统与子系统之间信息传递与接收、相互连接与作用的过程和方式。管理沟通机制的构成要素应该包括沟通主体、沟通对象、沟通理念、沟通制度、沟通内容、沟通渠道和沟通反馈。这些构成要素受到组织内外环境中诸多因素的影响。此外，该机制运作是否有效还取决于沟通过程中技术层面的要素。它包括管理者的沟通策略与技能、沟通氛围的营造、沟通制度和现代通信技术与计算机技术的应用。管理沟通机制及运作模型，如图 4-3 所示。

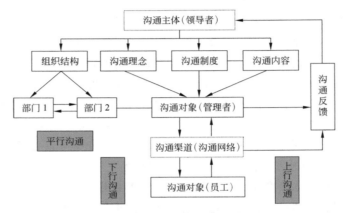

图 4-3   管理沟通机制及运作模型

在组织的管理体系中，通常都从最高一级到最低一级明确其职责及其相互关系，这样才能确保上级指令的顺利下达，以及下级的执行。实际上，组织内部的职责分工体系及上下级的信息传达流程本身就构建了内部信息传递的渠道。管理学家法约尔发现，组织设计的这种传递信息的渠道经常造成信息传递效率低下，原因是层层传递的金字塔形结构系统上报下达，效率低下。为了克服由于统一指挥而产生的信息传递延误，改革管理体制，法约尔设计出一种"跳板"，也叫"法约尔桥"（Fayal bridge），如图 4-4 所示。[9]

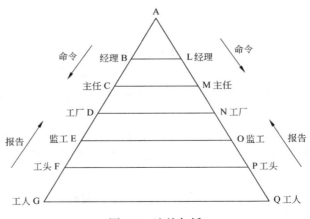

图 4-4   法约尔桥

A 代表这个组织的最高领导。按照组织系统，F 与 P 之间发生了必须两者协议才能解决的问题，F 必须将问题向 E 报告，E 再报告 D，D 再向其上级报告，如此层层报告，直至报告到 A。再由上而下到达 P，然后 P 将研讨意见或解决方法向 O 报告，再层层上报到 A，A 再将情况经过 B、C……最后反馈到 F。这样往返一趟，既费时又误事，所以法约尔提出做一"跳板"，使 F 与 P 之间可以直接商议解决问题，再分头上报。即 F 和 P、E 和 O 等同级之间可以直接进行联系，而不用向上级逐级报告。但是，这种联系只有等级中所有各方都同意，而且上级人员随时都了解情况时才能进行，即 E 与 O 同意各自的下属 F 和 P 直接联系，这样既遵循了"等级原则"，又使操作过程合乎规则程序。这种方法大大简化了沟通程序，节省了时间，维护了统一指挥原则，捍卫了等级原则，也会增强各级管理人员的责任感和效率意识。

在遵循层级原则与"跳板"原则时可能会产生冲突和矛盾，因此"天桥"不可随意使用，否则组织沟通机制就会出现障碍。但这不意味着必须因循守旧、按部就班，而是需要根据实际灵活调整和变通，根据整体利益优先的原则作出决定。

日本公司建立的"报告、联络、商谈"机制值得我们学习和借鉴。"报告、联络、商谈"是日本企业普遍认同的商务沟通方式，简称为"报·联·商"。日本的今井繁之对日本的"报·联·商"沟通机制进行研究，并开发出"报·联·商"培训课程。

报告，即向上级报告执行的过程和结果。报告分为两种类型：一种是告知接受指示所做工作的现状和结果，可称为"义务型报告"。报告内容包括工作结果（完成与否）、工作方法（如何进行）、工作进行状况（完成的程度）、工作变化（情况及环境变化）及工作问题（什么样的问题）和工作预见（今后怎么办）等。另一种是下级主动报告自己根据所见所闻所担心和忧虑的事项，可称为"提供信息型报告"。这是在上级的指示和命令之外，向上级传述实际情况和变化，如顾客的动向、同行业其他公司的动向、行业的动向、社会及政府的动向等广泛的信息。

联络，即接受上级布置的任务之后主动与相关部门、同事或客户进行联系，告知相关工作的事实信息。联络也包括两种类型：一种是执行上级指示，与有关方面联系有关事项的"义务型联络"；另一种则不伴随义务，是本人"希望告知"或"最好告知"的"自由意愿型联络"。积极、主动、有效地使用联络这一沟通方式，可以更有效地进行信息交流，有助于建立良好的合作关系。

商谈，即与相关部门和人员就工作中遇到的问题进行讨论，协商解决办法、措施和方案等。商谈实际上是一种具有合作意愿，通过共同协商来解决问题的沟通方式。

"报·联·商"之所以受到日本企业的推崇，原因在于：

一是"报·联·商"沟通机制有助于强化和提高沟通意识。工作中的许多失误和错误通常都是在认知不足、重视不够或方式方法欠佳等情况下产生的。比如，有人会认为区区小事无须特意"报·联·商"。与此相反，对"报·联·商"有深刻理解的人通常会遵循这一沟通机制，这样，就减少了可能的失误或错误。再比如，上级交代给下级的工作，上级认为下级理所当然应该报告，下级却认为没有必要报告而不报告，结果造成上级产生误会。或者是报告的不及时，影响了上级的决策。更有甚者，下级知道该报告却瞻前顾后，不愿意让上级知道真相，结果给工作的进展造成影响或带来损失。建立"报·联·商"机制，树立沟通意识，自然就会避免上述情况的发生。

二是这一机制有助于协调关系，提高工作效率。报告是一种必要的信息反馈。日常工作中，完成了上级交给的工作任务，及时向上级报告；工作中发现问题时，或已经出现问题时及时向上级报告，沟通信息，以便制定应对措施。联络是一种工作和交往的需要，定期不定期地与合作伙伴交流工作进展情况，也可能会发现工作中存在的问题。此外，联络也有助于增进彼此的了解和友谊。协商是一种合作式沟通，有助于双方或多方在掌握充分信息的基础上制定行之有效的对策或措施。

4.1.5 领导风格与沟通技能

我们在第 2 章已经介绍了各种不同类型的领导风格，研究表明，领导者的经营理念、领导风格等对组织文化的塑造、组织效益的提高、领导力的提升有着举足轻重的影响。

领导风格一经形成，的确不易改变。但是，领导者必须根据组织发展阶段、组织目标和任务的不同及变化，采取不同的领导方式进行沟通，否则，一成不变的领导风格将会导致组织僵化、缺乏活力。比如，在组织初创阶段，命令式的领导风格也许是合适的选择；在组织亟须变革的阶段，民主式领导风格通常会发掘出员工中蕴藏的潜能，能调动各方面积极性，共同应对困难与挑战。

此外，领导者还应根据员工的构成、专业能力、职业经验、成熟度等综合素质采取不同的领导方式。比如，对于刚刚参加工作、缺乏实践经验的员工，命令式的领导风格会使员工按照要求完成相应的任务。如果员工拥有丰富的实践经验和较高的专业素养，授权式领导风格则更受欢迎。

松下幸之助说过："当我的员工有 100 名时，我要站在员工最前面指挥部属；当员工增加到 1000 人时，我必须站在员工的中间，恳求员工鼎力相助；当员工达万人时，我只要站在员工后面，心存感激即可。"

领导风格决定了组织的沟通渠道建立、沟通工具使用和沟通方式、方法的选择。比如，变革型领导者通常善于运用现代信息管理系统和技术，如 ERP 等进行规范化管理与沟通，魅力型领导者则通常善于深入员工之中进行沟通。

亨利·明茨伯格（Henry Mintberg）提出的"培养社区精神"不啻为一种可以选择的领导方式。[10]培养社区精神是明茨伯格基于当前的经济危机、企业中的社区精神逐渐衰落的情况下向个人英雄主义发出的挑战。他认为社区精神曾给人们带来归属感，并促使人们关心自身层面之外的事务，而今它却已不复存在了。尤其是在美国，数十年来急功近利的管理模式，神化了 CEO 的作用，却贬低了企业里其他人的角色。他认为，光靠个人英雄主义是不够的。人类是群居动物，如果没有一个更广阔的社会系统，我们就无法施展自己的能力。这就是"社区"存在的意义，社区就像是一种社会黏合剂，把我们凝聚在一起，共同追求更大的利益。培养社区精神，当然要借助领导的作用，但不是依靠"个人英雄主义"领导，而是一种"分散式参与管理"。社区领导身先士卒，带动其他人倾力投入，确保每个人都能够发挥积极主动性。日常工作中我们只需要这种适可而止的领导。以此为原则的领导者只在恰当的时候介入，给员工留下很大的空间，鼓励大家发挥自己的作用。

明茨伯格认为，将公司培育成社区，需要适宜的土壤，具体做法包括：发掘并发扬公司遗留下来的良好传统；提倡人人参与、自发合作的精神，以此促进信任；创建有活力的文化；鼓励分散在公司的中层管理队伍产生辐射式的影响。

明茨伯格还就社区精神的培养提出了建议：①播种——在组织中创建社区，最好先从一些忠诚奉献的经理人小群体入手。②发芽——当管理者开始交流并反思各自的体会时，社区意识便在这些群体中萌芽了。③抽枝——反思会带来深刻的见解，从而激发一些小规模行动，进而演变为宏大的战略。④繁茂——这些先锋团队在推动变革的过程中，也成为其他群体的榜样，从而使社区意识传遍组织。⑤扎根——当组织成员本着积极、负责、互惠的原则开始关注更为广阔的社区时，社区意识就在这个组织扎下了根。

沟通技能需要组织通过培训，或员工自我发展等获得或提高。沟通技能会直接影响组织氛围、良好关系的建立以及沟通效果等。因此，组织管理沟通的主要内容之一就是要培养和提高员工的沟通技能。

管理沟通技能从其内容上可分为口头语言表达技能、写作技能、倾听技能，以及冲突处理、危机管理沟通等，这些内容我们将在第 6 章和第 7 章中进行阐述。

管理沟通技能的培养还可以从以下三个方面入手，即下行沟通、上行沟通、平行沟通。沟通对象的差异直接导致沟通方式方法的变化和调整，自然需要不同的沟通技能。

1. 下行沟通

当上级与下级沟通时，主要遵循尊重原则、走动管理原则、弹性原则。建立尊重是上级领导意识和魅力的体现。尊重下属是基本的礼节和常识，只有尊重下属才能得到下属的尊重和拥护；经常深入基层，与员工保持经常性沟通，与下级建立密切的联系和关系有助于工作任务的完成，以及组织凝聚力的提高；与下级沟通时应注意信息传递的量、度，以留有回旋的余地。

领导者与下属沟通时要注意宣扬主旋律，注重理念、方法引导；要让下属明确组织和部门目标，并经常确认其了解的程度；应分享自己和下属的目标，并与团队的目标保持一致；尽己所能地提供下属关注的、真实的组织政策或信息；在维护组织利益的同时，能够代表下属的"声音"，有助于得到下属的认同和拥护；对正确的或有探索价值的意见、建议、技术、方法、方案等，要为下属提供良好的环境，支持下属献计献策、做出贡献；了解每位下属的个性、风格、特点，有的放矢，做好思想引导和工作指导；关心下属的生活，帮助其解除后顾之忧；多鼓励、表扬下属是正向的激励作用。

2. 上行沟通

下级与上级沟通时，要定位出上司的个性风格，针对不同领导风格上司具有的特点进行沟通；要尊重上司，理解上司的立场，依上司的指示行事；当与上司意见或观点不一致时，应从上司的角度去思考和处理问题；要与上司保持经常性接触，让上司知道你的目标是什么，以及什么不是你的目标；要提高自己的执行力，在上司的指导下按期、保质保量地完成工作任务；关注细节，减少失误，并尝试以自己的表现弥补上司的不足；要注意选择适宜的与上司沟通的渠道、方式；学会把握上司的期望，并身体力行，以实绩加上表现能力展示自己的实力；设法消除与上司的心理距离，产生误解一定要尽快想办法解释，并尽快消除；要客观陈述事实、经过，表明哪些是自己的观点；要经常报告自己的工作进展，让上司了解你的行踪，不可成为去处不明的人；切不可当众指出上司的不足，也不可在背地里说上层主管的闲语；注意信息传递的准确性。

在与上司交往时，切不可敬而远之，或我行我素，或自我推销，或总是挑剔、持批评态度，也不可咄咄逼人、锋芒毕露、拖拖拉拉、缺乏激情、效率低下，或是夸夸其谈、不学无术等，这些都难以得到上司的认可与支持。

3. 平行沟通

在组织内部，平行沟通通常指部门与部门之间、管理者与管理者之间的沟通。管理者之间的沟通应互相尊重，采取合作的态度，认同共同的目标，避免本位主义；要遵守游戏规则，不越权行事，对事不对人，不打小报告，出现分歧找上司协调；要换位思考；建立横向沟通制度，明确分工，多采用协商手段，以实现双赢与共享。

跨部门沟通时可采用检核表法，检视自身是否存在以下问题：①作为部门主管，部门目标和组织目标是否清晰、一致？②跨部门沟通的主要障碍和核心问题是什么？③我关心的是人还是事？④在与其他部门产生冲突时，为什么常常认为是其他部门的错？⑤双方利益或分歧的焦点是什么？⑥部门之间冲突的原因是源于部门利益、横向权力维护，还是领导人个人因素？⑦部门之间是合作关系、协作关系，还是制约关系？是选择合作还是竞争？有无解决冲突或分歧的其他方式方法或途径？

部门之间冲突的协调沟通方法主要包括：①水平协调。是指通过协议、协商，成立协调机构，如委员会制等，通过建立的制度协调，如管理流程和业务流程、职位说明书等。②垂直协调。是指依靠组织的职责分工和职权进行协调，即上级对下级发布指令进行协调。③协调方法。部门之间的沟通多选择正式沟通，也可根据实际需要采取非正式沟通。

拓展阅读 4.1
为何偏要证明老板是错的？

美国领导协会提出"良好沟通十诫"：一要阐明沟通目的；二要考虑到沟通的所有环境，如经济环境和人事环境等；三要在沟通前先澄清概念；四要进行跟踪；五要在计划沟通内容时征求他人的意见；六要言行一致；七要尽可能传递那些有效的资料；八要在沟通时着眼于现在和未来；九要在沟通时注意内容和语调；十要成为好听众。

4.2　组织内部沟通网络

组织内部沟通网络是指组织通过各种沟通渠道、沟通活动与员工进行信息交流而构建的管理沟通系统。现代组织都建立了多种沟通渠道，形成了多种沟通子系统，形成了全方位、立体化的沟通网络。

建立何种内部沟通渠道、运用何种沟通工具、开展何种沟通活动视组织实际情况和需要而定。比较常见的内部沟通渠道可以分成两类：一类是传统的沟通渠道，包括文书传递渠道、会议沟通渠道、电话沟通渠道、信访沟通渠道、合理化建议征集渠道、内部宣传渠道等；另一类是现代电子网络沟通渠道，包括即时通信工具、内部网站等。

文书传递渠道通常运用的沟通工具是文件、年度报告、信函、备忘录等。

会议沟通渠道通常运用的沟通工具是广播、电视、文件、报告等。会议沟通活动的形式有很多，如动员会、总结会、专题研讨会、展销会、新闻发布会、座谈会、电视电话会议、联欢会、茶话会等。

电话沟通渠道运用的工具是电话、传真、电话会议等。

信访沟通渠道通常运用的沟通工具包括信函等文书、电话、电子邮件等。沟通活动的形式包括专职部门接待、领导信箱、领导接待日、专线电话等。

合理化建议征集渠道运用的沟通工具包括建议箱、电话、电子邮件等。沟通活动的形式包括书面回复、电话沟通、电子邮件回复、专人接待、会议讨论与沟通、问卷调查、专家咨询等。

内部宣传渠道通常运用的沟通工具包括板报宣传栏、标语、内部广播、内部电视、报纸、员工手册、组织介绍类书籍和画册、内部简报等。沟通活动的形式很多，包括专题宣传报道、电视片、广播剧、宣讲会、内部培训等。

即时通信（instant messaging，IM）是一个实时通信系统，允许两人或多人使用网络即时地传递文字信息、资料，语音与视频交流。即时通信工具主要有微信、QQ、钉钉、Skype、Gralk、新浪 UC、飞书等。运用即时通信工具沟通的形式包括电子邮件群发、电话会议、视频会议、文件传输、网上银行交易等。

内部网站是组织开发的一种计算机网络沟通平台，主要沟通工具包括门户网站、ERP（企业资源计划、企业信息管理系统）等。沟通形式是运用内部网站或信息管理系统发布信息、采集信息、存储信息、处理信息。

组织通过建立内部沟通渠道，构建内部信息沟通网络系统。这一系统包含若干子系统，如文书档案管理沟通系统、人力资源管理沟通系统、财务管理沟通系统、营销管理沟通系统、生产运营管理沟通系统、设备管理沟通系统、行政事务管理沟通系统、危机处理管理沟通系统、公共关系管理沟通系统等。

4.3　员工沟通

组织内部沟通的直接对象是员工、股东，而与员工沟通又是内部沟通的重中之重。有效的员工沟通首要的是明确沟通对象及其特点。不同的沟通对象，有着各自不同的特点，其需求也不尽相同，因此必须采取不同的沟通方式。

4.3.1　员工的分类

一般情况下，员工可分为两大类：管理者和普通员工。管理者又可分为高层管理者、中层管理者和基层管理者。员工又可根据性别、受教育程度、职称、岗位、工种、民族、国别、地区、宗教信仰、个性特征、工作年限、能力等不同情况进行类别划分。

按照个性特征，通常可把员工分为内向型性格、外向型性格、中性性格，还可以进一步按照性格缺陷将员工划分为以下类型：死板型、"闷葫芦"型、争强好胜型、性格孤僻型、性情急躁型、爱唠叨型、鲁莽冲动型、夸夸其谈型、情绪不稳定型、性格耿直型等；按照异常行为表现可将员工划分为以下类型：阿谀奉承型、自私自利型、口蜜腹剑型、挑拨离间型、尖酸刻薄型、嫉妒型、独断专行型、推卸责任型、报复心理型和报喜瞒忧型等；按照独特性（存在特殊问题）可将员工划分为以下类型：犯错误的员工、反对你的员工、爱打小报告的员工、固执己见的员工、"小人"型员工、老黄牛式员工、身体残疾员工、倚老卖老的员工、官迷型员工、不守纪律型员工等。按照个人的能力特征可将员工划分为以下类型：技术型、创新型、交际型、管理型、服务型等。

对员工进行分类的目的是有针对性地开展沟通，在了解员工基本特性的基础上，有的放矢，本着求同存异的原则，使员工与组织目标保持一致。

4.3.2　员工沟通的主要内容

员工沟通的内容实际上就是组织的全部工作内容。从国家的政策、法律与法规，到具体的每一项工作的安排和执行都是员工沟通的内容。以组织的视角，管理沟通的主要内容包括以下几方面。

1. 组织战略和组织文化的认知与理解

组织战略、目标的实现离不开员工的支持与合作。因此，必须让员工对组织的发展战略有一个清晰的认知和理解，以便员工身体力行；组织文化，尤其是价值观、组织精神、使命等必须通过长期的宣传、培训等来引导员工正确理解组织文化的作用，以及其对组织发展的影响。

企业故事是诠释和传播企业文化理念的有效形式。凤凰卫视将企业文化编辑成一个个故事，以此传播企业的文化。凤凰卫视的企业文化故事围绕企业文化理念展开叙述，紧扣文化元素，主题鲜明，价值取向明确，内容丰富多彩。[11]企业文化故事有创业类故事、经营类故事、变革类故事、管理类故事等。凤凰卫视的"战略导向型"企业文化体系，涵盖了企业发展战略、企业核心价值观、企业精神、企业经营思想、企业团队意识和企业使命感等内容。这些内容都以故事的形式向员工讲解、诠释，这些故事揭示了凤凰卫视企业文化的主要内容，每一个故事都蕴含着深刻的文化理念，深深地熏陶、激励和鞭策着凤凰卫视的员工。

2. 了解员工的需求和满意度

不同员工对组织有不同的需求，但组织首先必须了解员工的共同需求，并注意使他们得到满足；其次，关注员工的个体需求，并力所能及地帮助员工解除后顾之忧，以便其全身心地投入组织的发展之中。

员工的利益需求通常包括物质利益和精神利益两个方面。具体的利益需求包括稳定的就业和工作环境，公平的工资和福利待遇，成长和发展机会，良好的工作条件，受到重视和赏识，合理的人事政策，参与民主管理，了解组织政策、管理、发展的情况，精神追求与自我完善，社会保险与其他保障等。

盖洛普公司一项问卷调查显示：员工除了对薪酬和福利待遇的需求以外，还有其他方面的需求。[12]研究人员通过对参加调查员工的答案进行分析和比较，得出以下 12 个需求：一是在工作中我知道公司对我有什么期望；二是我有把工作做好所必需的器具和设备；三是在工作中我有机会做我最擅长做的事；四是在过去的七天里，我出色的工作表现得到了承认和表扬；五是在工作中我的上司把我当作一个有用的人来关心；六是在工作中常常有人鼓励我向前发展；七是在工作中我的意见一定有人听取；八是公司的使命或目标使我感到工作的重要性；九是我的同事也在致力于做好本职工作；十是我在工作中经常会有一个最好的朋友；十一是在过去的六个月里，有人跟我谈过我的进步；十二是去年我在工作中有机会学习和成长。可以说，这些需求集中体现了现代企业管理中员工沟通管理的新内容。

满意度调查是许多现代组织经常采用或定期实施的一种沟通方式。它包括薪酬满意度、职业发展满意度、领导班子满意度、管理人员满意度、福利满意度、绩效满意度以及整体满意度等调查。科学的满意度调查通常利用可信度较高的量表进行调查，并运用科学规范的统计方法进行统计分析，得出结论供决策者参考。

3. 鼓励员工的合理化建议

员工处在工作或生产第一线，了解组织存在的许多细小问题；员工中也蕴藏着大量创新思想、改革意见或建议等。因此，如何调动员工的积极性，激发其参与组织发展的热情，是管理沟通的重要课题。

情景案例

柯达建议制度[13]

1881 年 1 月柯达公司成立。1889 年的一天，柯达的创始人乔治·伊斯曼（George Eastman）收到一份普通工人的建议书。建议书呼吁生产部门将玻璃窗擦干净。这虽然是不能再小的一件事情，伊斯曼却看出了其中的意义所在。他认为这是员工积极性的表现，因此立即对其公开表彰，并颁发奖金，从此建立起一个"柯达建议制度"。

柯达建议制度的主要内容包括：

（1）设立建议箱。公司在许多地方设立建议箱，旁边有建议表和笔，每位员工随手就能取到建议表，丢入任何一个建议箱。这些建议表都送到专职人员，即"建议秘书"手中，秘书负责及时将建议送到有关部门审议，做出评价。

（2）专线电话。公司设有专线电话，由专门人员负责接听建议和意见。

（3）设立专门委员会。该委员会负责建议的审核、批准，以及奖励事项等。建议者随时可以直接打电话询问建议的处理情况。对于合理化建议，公司每年要根据专门委员会的评估意见，给予数额不同的奖励；对于未采纳的建议，也要用口头或书面的方式提出理由。如果建议人要求试验，可由厂方协助进行试验，以鉴明该建议有无价值。

柯达建议制度从建立之初到现在，也经历了一个逐步完善的过程。为了使这项制度更为深入有效，柯达公司在实行职工建议制度时，提出以下要求：一是要求所有管理人员高度重视这一制度。尤其是要求上司对下属职工提出的建议必须积极热情地表示欢迎，不允许冷落下属，否则建议制度就不能得到职工们的支持。二是专门机构及其专职人员必须及时地处理职工的建议，公平地决定奖金的分配数额，耐心地向建议人解释建议不能被采纳的原因和定期公布该制度的实施情况。三是简化建议制度的程序。每当该公司职工想出一个建议时，他们随手就可以拿到建议表，并填上自己的建议。职工们可以将建议表投到工厂的信箱中，也可以将其投到工厂特设的建议收集箱内。如果职工不愿披露姓名，他们也可以采取匿名方式提出建议，然后用建议表上的号码与厂方进行联系，可用电话查询该号码的建议是否已被采纳。建议办公室把所采纳的建议都列成表格，定期在公司出版的报纸上公布，或张贴在公司的布告栏上。四是对每项建议都要进行认真处理。负责建议的秘书及时把各项建议提交给各有关管理人员和科室，必要时，可把建议付诸试验。有关管理人员和科室对建议作出采纳或不采纳的决定后，必须将决定后的材料送进建议办公室，由负责建议工作的秘书提交本部门的建议委员会审批。对未被采纳的建议，必须向建议人送一份详细的材料，说明该建议未被采纳的原因。如果建议人仍认为他的建议有采用的价值，他可向建议办公室提供更多的依据。在这种情况下，有些未被采纳的建议，最后可能会被采纳。五是重视对职工建议制度的宣传和对建议人的奖励。在柯达公司，每位新职工都会领到一本关于职工建议制度及其奖励办法的小册子，这本小册子能很快使职工熟悉建议制度的内容。每周的《职工周报》辟有专栏对建议被采纳的情况进行报道。该公司根据长期的经验，制定了一套标准的方法，用以确定所采纳的建议的价值及建议人应得到的奖金数额。发奖金的办法是，由负责建议工作的秘书将奖金支票分发给各单位主管，单位主管再把奖金支票授予得奖人。

每年，该公司员工都提出各种有关产品质量、管理、技术创新、服务等方面的建议，公司职工因提出建议而得到的奖金，每年大约都在数百万美元以上。

柯达建议制度不仅在降低产品成本、提高产品质量、改进制造方法和保障生产安全等方面起了很大的作用，而且还使公司及时了解了员工的意见和建议，了解到职工在想什么，从而使企业保持一条上情下达、下情上知的沟通通道。并且，所有得知他的建议得到重视或被采纳的员工，都会产生满足感、受尊重感，从而激发出经久不衰的创造力。

将职工建议制度与产品开发结合起来，是柯达公司的特色。因为柯达是靠开发新品种起家的，同时也是靠不断地开发新品种而发展的。因此，柯达公司非常重视新品种的开发，注意在新产品开发中发挥每位员工的聪明才智，从而使职工建议制度更为生动、充实。

柯达公司将产品开发过程明确化，以专案管理的方式，成立专案小组，来从事各项产品的开发工作。而专案小组的成员则包括研究开发、生产、行销等部门的有关人员。小组的成员与组长，将随着产品开发工作的进行而有所改变。同时，公司还鼓励员工在各部门间流通。这就使员工有了用武之地，从而使建议制度建立在扎实的基础之上。

柯达建议制度现在已经被美国和其他一些国家的企业广为采用，并沿用至今，成为企业管理沟通的一种模式[13]。

4. 培养责任感与忠诚度

培养责任感，首先必须明确责任。责任是指对任务的一种负责和承担，是员工分内应做之事，它通常需要一定的组织、制度做出规定，要求员工尽力做好，故"责任"有被动的属性。而责任感则是一个人对待任务、对待公司的态度，是一种自觉主动地做好分内分外工作和义务等一切有益事情的精神状态。美国著名心理学博士艾尔森对世界 100 名各个领域中的杰出人士做了调查，结果表明，其中 61 名竟然在自己并非喜欢的领域里取得了辉煌的业绩[14]。聪颖、勤奋，再加上责任感是他们成功的法宝。美国前总统杜鲁门的桌子上摆着一个牌子，上面写着：Book of stop here（责任到此，不能再拖）。事实上，一个人如果没有责任感，注定不可能做好本职工作，也难以得到社会、他人的认同。

责任包括个体责任、团体责任、组织责任，也可从宏观上划分为家庭责任、工作责任、社会责任。就工作责任而言，责任可划分为主体责任和辅助责任。主体责任是一种分内责任，责任内容比较明确，范围比较清晰，通常与利益挂钩。主体责任又包括基本责任和升华责任两种。基本责任就是岗位或某项工作要求承担或完成的最低标准的工作内容及其质、量等。升华责任是指超额、高质量、高标准地完成工作任务，如图 4-5 所示。

图 4-5 主体责任的构成

辅助责任是一种分外责任，通常没有明确的内容，责任界限也不清晰，具有随机性。通俗地理解，辅助责任就是个人承担的本职工作以外的责任，主要指道义上的社会责任等。

能够完成升华责任的人通常都是具有责任感的人。责任感是一个人对待组织及其工作任务的态度，是一种自觉地做好分内分外工作等的精神状态。

情景故事

送给乔治的礼物

乔治一生都做木匠，并以其敬业和勤奋而深得老板的信任和客户的赞誉。当快要到退休年龄时，他深感年老体衰，便对老板说，自己想退休回家，与妻子儿女享受天伦之乐。老板自然舍不得乔治退休，便再三挽留，可乔治去意已决。无奈，老板只好答应他的退休申请。不过，老板有最后一个条件，那就是希望乔治能再帮助自己盖一座房子。乔治自然无法推辞。

由于乔治归心似箭，"身在曹营心在汉"，结果，他干活并未像以前那样精益求精，而是敷衍了事，无论是在用料上还是在做工的质量上都无法与从前相比。

老板看在眼里，但却什么也没说。等到房子盖好后，老板将房子钥匙交给了乔治，说："这是你的房子，是我送给你的礼物。"

乔治愣了半天，自然是懊悔不已。

在日常工作中，我们经常发现诸如此类的问题。两个同时入职的大学生，几年后，一个被提职重用，另一个却仍然待在原职不动。后者经常找不到原因，常常问自己："差在哪呢？"其实，除了专业素养外，责任感是一个不可忽视的原因。那么，责任感是否是与生俱来的呢？答案是否定的。责任感与自己的目标、人生观、价值观等有很大的关系，并与组织的目标、文化、制度、领导风格、激励方法等有密切关系。员工的责任感强弱与组织有关，并且组织有责任和义务去培养和提升员工的责任感。

培养责任感的途径和方法很多，首先，让员工认同组织的文化，尤其是价值观和发展理念。其次，确保员工的职业发展目标与组织的总目标一致。最后，尊重员工的个人价值，相信员工，为其提供施展才能的环境和空间；对员工进行责任感培训和教育；通过及时、合理的激励加以引导，并表彰和奖励富有责任感的员工，肯定其做出的突出贡献。

所谓忠诚度是指员工对所服务的企业尽心竭力的奉献程度。研究者基本认同员工的忠诚主要包括行为忠诚、态度忠诚。所谓行为忠诚是指员工表现出来的对企业的一系列具体行为，着重强调对企业的贡献。所谓态度忠诚是指员工对企业所持有的一种态度，包括员工的认识、情感和行为倾向等方面。此外，还有一种综合论，认为忠诚是员工对企业行为忠诚和态度忠诚的统一。赵瑞美、李桂云[15]提出员工忠诚是指员工对企业的认同和竭尽全力的态度和行为，具体表现为：在思想意识上与企业价值观和政策等保持一致；在行动上尽其所能为企业做贡献，时刻维护企业的集体利益。

员工对企业的忠诚不仅要看员工对企业的态度，更要看员工对企业的行为，这样员工对企业的忠诚才具有应有的价值。Aoneonsulty Institute（一家总部设在美国的全球性人力资源咨询公司）对员工的忠诚及原因进行调查。此项调查表明，对员工忠诚产生影响的因素是管理层在多大程度上认识到员工个人及家庭生活的重要性、公司的发展方向、个人的发展机会、从每日工作中得到的满足感以及对职员改进工作方式献计献策的提倡等。

企业领导力委员会（CLC）对全球 59 家企业的 5 万多名员工的调查显示，忠诚度高的员工，其绩效高于一般水平的 20%，而跳槽倾向则比一般员工低 87%[16]。

影响员工忠诚度的因素主要体现在三个方面：①员工个人因素，主要包括个性特征、品行修养、职业成熟度、技术能力、年龄与婚姻状况、对组织的满意度和公平感、在工作中获得的成就感和安全感等。②组织本身因素，包括组织的规模和经营状况、制度因素、发展因素、领导因素、文化因素等方面。韩秀景和曹孟勤、魏慧丽等学者[17]指出，企业首先应该对员工忠诚，因为忠诚作为一种心理或社会契约，是需要双方共同承担责任和义务的，企业对员工的忠诚是企业对员工工作、生活和发展的真诚负责。③环境因素，包括同行业的薪酬、职业发展空间和工作环境状况、社会的诚信现状、价值观念的变化、市场化的就业机制、社会约束机制、国家政策导向等。

培养员工忠诚度是组织管理沟通的重要内容之一，其价值在于：一是有利于形成合力，实现组织目标，促进组织的生存与发展；二是有利于保持人力资源的相对稳定；三是可以为组织带来效益和效率，如可以降低员工招聘、培训等方面的成本，提高生产率，创造更多的利润。反之，员工缺乏忠诚度会给企业带来很大的负面影响，包括：组织形象受损，顾客的忠诚度降低，人力资源频繁更替造成人心不稳，效率低下，文化理念难以深入人心，员工没有归属感、责任感和凝聚力，严重时可能会造成组织机密泄露，为组织发展带来负面或消极影响。

培养和提高员工忠诚度的方法有很多，归纳起来主要有以下几种。

（1）情感维系。一些企业的做法是培养融洽的家庭气氛，这些企业通常把组织视为一个扩大了的家庭，所有员工都是这个大家庭中的成员。组织的领导者运用"情感维系"等方式，拉近同员工的关系，培养融洽的家庭气氛。一些企业特别注重向员工灌输忠诚企业的观念，利用各种形式培养员工的"家庭观念"，激发员工对企业的自豪感、责任感、归属感，建立一种以家族主义为主体的管理形式。

（2）文化认同。员工只有认同组织文化，才能真正融入组织之中。但对组织文化的认同需要一个过程，需要组织从员工入职培训开始，就对员工开展组织价值观、行业特点、运营模式、管理特色等方面的宣传，以引导员工的思维模式、心智模式和行为方式早日融入组织之中。

（3）人性化管理。员工的忠诚度取决于他对工作的兴趣与热情，甚至是激情。为此，要了解员工的兴趣所在，给予员工选择合适工作的机会。如果员工能够选择自己喜欢做的事，就会精神振奋，更加投入。盛田昭夫从索尼公司的管理实践中发现了这一点。于是，公司创办了一份内部周刊，不定期地刊登每个单位或部门现有的空缺岗位，有意向的员工可以前去应聘。同时，公司约定每两年一次，设法调整部分员工的岗位或工作性质，使他们对工作保持新鲜感。这一举措，使一些员工及时抓住了内部调整机会，重新找到了适合自己的工作。由于不断有空缺岗位出现，员工们通常都有机会找到自己更满意的工作。公司也从员工的调动过程中发现了管理部门存在的问题。

给员工职业发展提供环境和机会是组织职业生涯管理的重要内容。大部分员工都希望在组织中有所成就，达到自我实现，因此，根据员工的职业生涯规划，结合组织的发展需要，为员工发展铺路搭桥，是许多成功公司的做法。诺基亚公司实施"投资于人"的计划，定期与每位员工讨论个人发展目标，让他们看到自己在公司的成长机会。惠普公司允许员工脱产攻读更高学位，学费100%报销，同时还主办多种专业进修课程，以提高员工的基本技能。

科学的职业生涯管理强调个人的职业生涯设计与组织发展之间的相互配合，其配合程度集中表现为职业生涯设计对个人及组织的需要和利益的满足程度。因此，组织应引导员工的职业生涯设计，建立事业阶梯，制订培养计划，使员工适应各种工作岗位的需要，提高组织的工作效率。组织不仅要了解员工个人的职业生涯规划，而且要对员工的个人发展做出有效的安排，从而使员工感到满意、快乐，使得员工在成长发展的过程中得到心理的激励和各种需要的满足，在自我实现的过程中，也为组织目标的实现贡献力量。

（4）有效的激励机制。一方面要建立科学、公正、合理的薪酬制度和绩效评估制度；另一方面还要建立相对公平的奖惩制度。缺乏激励、奖惩不公通常会导致员工离职。绩效辅导是企业的一种行之有效的管理方法。员工时常抱怨薪酬不公或绩效考评目标难以实现，企业便采取绩效辅导的办法，让直线主管介绍制度的由来、主要内容、实施过程和作用等。通过绩效辅导，一方面让员工对制度有清晰的了解；另一方面能让员工及时发现自身行为与目标的差距，并帮助员工制订计划，实现自己的目标。这一管理方法不仅消除了员工的抵触情绪，使员工产生了一种团队归属感，而且有利于整个团队绩效的提高。

5. 协调关系，解决矛盾和纠纷

组织内部沟通强调的是"人和"。要注意协调好领导者与员工、员工与员工之间的关系，消除他们之间的隔阂、误解与矛盾，其主要方法有：①做好员工的思想政治工作，培养其正确的名利观、价值观、人生观；②培养员工的团结协作精神、集体主义精神；③对各种矛盾和纠纷要及时化解；④关心员工生活，解除员工的后顾之忧。

6. 构建学习型组织，实施知识管理

构建学习型组织是提高员工素养和沟通能力的长效机制。学习型组织这一概念是由美国哈佛大学教授佛睿思特（Forrester）在1965年发表的《企业的新设计》一文中首次提出的。[18]他的学生彼得·圣吉（Peter M. Senge）在1990年出版的著作中，对学习型组织的内在含义做出了比较全面的概括。彼得·圣吉，美国麻省理工学院教授，代表作是《第五项修炼——学习型组织的艺术与实务》。[19]学习型组织，是指通过培养弥漫于整个组织的学习气氛，充分发挥员工的创造性思维能力而建立起来的一种有机的、高度柔性的、扁平的、符合人性的、能持续发展的组织。这种组织具有持续学习的能力，具有高于个人绩效总和的综合绩效。它具有下面几个特征：组织成员拥有一个共同的愿景；组织由多个创造性个体组成；善于不断学习，这是学习型组织的本质特征；"地方为主"的扁平式结构；自主管理（边工作边学习并使工作和学习紧密结合的方法）；组织的边界将被重新界定；员工家庭与事业的平衡；领导者的新角色（设计师、仆人和教师）。

五项修炼的主要内容：第一项修炼——自我超越。通过学习不断地厘清，并加深个人的真正愿望，集中精力，培养耐心，客观地观察和面对现实，从真心向往的愿望出发，不断努力实现。这是学习型组织的精神基础。自我超越的修炼，首先要培养确定个人前景、个人目的的能力。自我超越的修炼还涉及如何保持个人旺盛的创造力，如何发挥个人的潜意识的能力等。

第二项修炼——改善心智模式。心智模式就是植根于心中，影响我们如何了解世界以及如何采取行动的许多假设、成见，或者是图像、印象。一个人的心智模式是在长期的生活实践中日积月累形成的，它在不知不觉中影响着个人的思维方式和行为方式。

第三项修炼——建立共同愿景。将每个人的个人愿景进行交流，会聚成组织的共同愿景。当人们拥有共同的愿景、共同的事业和共同的利益时，他们就能同舟共济，爆发出巨大的力量，不畏艰险，群策群力地去争取胜利。共同的愿景使学习型组织充满活力。可以

说，拥有正确的共同愿景是任何组织与企业取得持久成功的关键。

第四项修炼——团体学习。强调"终身学习""全员学习""全过程学习"和"团体学习"。团体学习就是一种集体进行学习的活动。搞好团体学习是建好学习型组织的重要一环，其关键在于如何使员工们形成一个能默契配合、充分发挥潜力的集体。

第五项修炼——系统思考。系统思考强调系统、辩证和发展的观点，研究系统内各部分之间以及系统与环境之间相互作用、相互影响、不断发展变化的关系。人人都要树立系统观念，身处局部的个人，应注意把握整体、全局的变化。它要求人们从观察局部到综观全局，从观察事物的表面到洞察其变化背后的结构，从静态的分析到认识各种因素的相互影响，进而寻找出一种动态的平衡。

学习一方面是为了保证组织的生存，使组织具备不断改进的能力，提高组织的竞争力；另一方面更是为了实现个人与工作的真正融合，使人们在工作中活出生命的意义。通过保持学习的能力，及时铲除发展道路上的障碍，不断突破组织成长的极限，从而保持持续发展的态势。

建立学习型组织就是要使员工自我超越、自我实现；改善员工的"心智模式"；建立共同愿景；建立组织修炼环境——自我学习机制；培养危险意识，学会用"心"学习，学会"系统思考"。

知识管理的概念可以从狭义的与广义的角度来理解。狭义的知识管理，主要是对知识本身的管理，包括对知识的创造、获取、加工、存储、传播和应用的管理。广义的知识管理不仅包括对知识进行管理，而且还包括对与知识有关的各种资源和无形资产的管理，涉及知识组织、知识设施、知识资产、知识活动、知识人员的全方位和全过程的管理。

美国德尔福集团执行副总裁、企业知识管理咨询专家卡尔·弗拉保罗认为[20]，"知识管理就是运用集体的智慧来提高整体的应变和创新能力，是让企业实现对于显性知识和隐性知识的共享而提供的新途径"。知识管理致力于维护企业的知识，并通过开放式的结构将企业的知识加以收集积累、整理、共享，进一步升华至挖掘企业员工的创造力，使企业能够更好地成长。《知识的进化》一书的作者维娜·艾利认为："知识管理帮助人们对拥有的知识进行反思，帮助建立和发展支持人们进行知识交流的技术和企业内部结构，并帮助人们获得知识来源，促进他们之间进行知识的交流。"[21]

著名的管理大师彼得·德鲁克在他的《知识社会的兴起》一书中指出：100多年来，人类经历过三次革命，这就是工业革命、生产力革命和管理革命。这三次革命都是由知识意义的根本转变驱动的。[22]第一次革命是知识被应用于工具、过程和产品，形成了工业革命；第二次革命是知识被应用于工作，从而引来了生产力革命；第三次革命则是知识被应用于知识本身，从而引起管理革命。

为什么组织要实施知识管理？知识管理具有以下特点。

（1）知识管理能够提高个人和组织创造价值的能力。知识管理的基础活动是对知识的识别、获取、开发、分解、使用和存储：知识的获得，即创建文件并把文件输入计算机系统；通过编选、组合和整理，给知识增添价值；开发知识分类方法，并标示对知识新贡献的特点；发展信息技术基础，实行知识分配；就知识的创造、分离和利用对雇员进行教育。

（2）知识管理是一种经营管理模式。实施知识管理实际上是将知识视为组织最重要的战略资源，最大限度地发挥知识的作用，以提高组织的竞争能力。

（3）知识管理是人、信息、技术的有机结合。

（4）知识管理是一种知识的再利用和创新。

施乐公司非常重视知识管理及其实施。作为公司的长期策略，施乐公司密切关注知识管理的发展趋势，通过采访美国其他机构的知识管理者，了解他们对知识管理的认知程度。施乐公司的知识管理主要采取了以下措施：

（1）明确知识管理领域。施乐公司列出了他们认为最重要的 10 个知识管理领域：对于知识和最佳业务经验的共享；对知识共享责任的宣传；积累和利用过去的经验；将知识融入产品、服务和生产过程；将知识作为产品进行生产；驱动以创新为目的的知识生产；建立专家网络；建立和挖掘客户的知识库；理解和计量知识的价值；利用知识资产。

（2）设置知识主管。施乐公司专门设立了知识主管，其主要目的就是将公司的知识转变为公司的效益。知识主管主要职责包括：了解公司的环境和公司内部知识流向以及信息需求；建立和营造促进学习、积累知识和共享信息的文化环境；在企业内部宣传知识共享的价值观，负责公司知识库的建立；监督知识库内容的更新，保证知识库的质量、深度、风格；加强知识集成和新知识的创造。

（3）建立内部网络和内部知识库。内部网络包括工作空间、知识管理新闻、历史事件、研究资料、产品技术和相关网点。内部知识库包括：公司的人力资源管理、每个职位需要的技能和评价方法；公司内各部门及各地分公司的内部资料；公司历史上发生的重大事件；公司客户的所有信息、公司的主要竞争对手及合作伙伴的详细资料、公司内部研究人员的研究文献和研究报告。

（4）强化人力资源管理。具体措施包括：其一，将公司的人力资源状况存入公司库，方便知识主管及人力资源主管对公司员工的管理。公司在内部网上建立一个技能评价系统，每位员工都可以匿名利用该系统对自己的能力作出评价，并得到该系统给出的改进建议。其二，在存入知识库的建议中注明提建议的员工姓名，以保证提交建议的质量及鼓励员工提交建议的积极性。其三，建立新的知识管理解决模式。施乐公司知识管理的解决模式：建立知识库，实现专家网络以及人力资源方面的激励与开发，即解决知识分类中的know-what，know-how 和 know-why，以及人类管理的知识。[23]

拓展阅读 4.2
买土豆的故事

拓展阅读 4.3
管理你的上司与
信任领导力

4.4　团队沟通

现代组织由于职能分工的细化，组织结构日益复杂，加之业务不断拓展，组织成员日益增加。国外一些跨国集团、国内大型企业员工数量达数万人。即使一般的中小型组织也都自成系统，因此，如何提高组织绩效成为组织管理的永久课题。在长期的管理实践中，人们发现团队合作是一种高效的管理活动和方式。团队是组织提高运行效率的可行方式，它有助于组织更好地利用和发挥员工的才能，能够促使员工参与决策，增强组织的民主氛围，提高员工的积极性。通过团队合作，能使原先以个人为主导而无法达成的目标有效达成。因此，各种团队如项目管理团队、销售团队、科研团队、培训团队、技术攻关团队等应运而生。但是，仅仅建立团队并不能保证高绩效，团队的有效运作成为提高绩效、实现目标的关键。由此，团队沟通的重要性凸显。

4.4.1　团队及其类型

1. 团队及其构成要素

团队（team）是由员工和管理层组成的一个共同体，是由两个或更多人组成的，为了完成一个特定的目标而互相作用、互相合作的组织。管理学家罗宾斯认为：团队就是由两个或者两个以上的相互作用、相互依赖的个体，为了特定目标而按照一定规则结合在一起的组织。[24]

团队的构成通常包括五个要素。

（1）目标（purpose）。团队成员拥有一个既定的、共同的目标。

（2）人（people）。人是构成团队最核心的力量。两个及以上的人就可以构成团队。但团队的规模不宜过大，成员数量不宜过多，大的团队成员数量一般应控制在30人以下，小的团队通常为2~15人。

（3）定位（place）。制定团队的游戏规则，包括职能定位、个体角色定位和规章制度等。

（4）权力（power）。主要指团队拥有的决策权，包括团队的经费使用等财务决定权、人员选择与辞退等人事使用决定权、信息处理决定权等。

（5）计划（plan）。团队的各种计划方案及其实施方案等。

2. 团队类型

团队按职能不同，可划分为职能型团队、跨职能型团队；按运行模式不同，可划分为自我管理（自我指导）团队、虚拟团队、跨文化团队等。

职能型团队是指组织内部的职能部门构成一个个团队，职能部门运用团队沟通实现部门目标。

跨职能型团队，又可称为多功能团队、项目团队等，是指为完成某一工作任务、解决某一问题、实施某一项目等，相关职能部门及其人员组成团队，明确职责，各尽其能，共同攻关。

自我管理团队是指成员拥有必要的专业技能、人际关系技能、发现解决问题的能力和决策能力等，内部实行自我管理、自我负责、自我领导、自我学习的运行机制，共同实现团队目标。它保留了工作团队的基本性质，但在运行模式方面增加了自我管理、自我负责、自我领导的特征。哈克曼（Hackman）认为，自我管理团队的特征是每个团队成员对自己的工作成果负责、监控自己的业绩和持续寻求反馈，管理自己的业绩并对其进行纠正，积极寻求公司的指导、帮助和资源，积极地帮助他人改善业绩。[25]一个自我管理团队的职责包括自我管理、给成员分配工作、计划和安排工作日程、制定与生产相关的决策、解决问题。

虚拟团队是指分散于不同的时间、空间和组织边界的成员，基于共同的目标、爱好等共同协作完成某项任务。汤森德（Townsend）等认为[26]，虚拟团队由一些跨地区、跨组织的、通过通信和信息技术的联结、试图完成组织共同任务的成员组成。虚拟团队可视为以下几方面的结合体：①现代通信技术；②有效的信任和协同教育；③雇用最合适的人选进行合作。

虚拟团队可分为以下七种类型：①网络式虚拟团队（network teams）；②并行式虚拟团队（parallel teams）；③项目或产品开发团队（project or product-development teams）；④工作或生产团队（work or production teams）；⑤服务团队（service teams）；⑥管理团队（management teams）；⑦行动团队（action teams）。

虚拟团队与传统团队在沟通行为上存在一定的差异[27]：①分工上的差异。传统的团队对工作任务详细说明，而在虚拟团队中，团队成员没有固定的分工，他们仅拥有一个明确的、共同的目标，任何人的工作、努力都是追求该目标的实现。②工作管理方面的差异。传统团队管理工作的焦点是"控制""监督""命令"，而且需要设立一个监管他人工作的管理工作岗位；而在虚拟团队中，则要求各个成员充分了解全局工作，且对其主动性、创造性要求较高。③报酬体系差异。传统的团队采用的是基于技术、知识的报酬体系，队员的工作、绩效仅取决于自身的知识技术水平；而在虚拟团队中，报酬体系的设置是基于胜任能力。④团队工作分析差异。传统的团队对分工、要求及工作分析进行十分详细的说明并形成框架，然后照此运作；虚拟团队工作分析是动态的而不是静态的，成员进行阶段性的详细的工作交流与分析讨论。⑤假设前提差异。传统团队的设计是基于"经济人"的假设，将其成员看作是一种工具，在分工上强调熟练，在激励上强调报酬，在协调上强调权威和制度；而虚拟团队的设计是基于"管理人"假设的，在该种团队中强调自我管理。

跨文化团队，又称全球化团队，一些跨国公司或合资企业、独资企业基于管理的需要，由具有不同文化背景的人员组成团队，从事研发、销售、人力资源管理等工作。跨文化团队的核心问题是文化的包容性和协作行为。评价跨文化团队有效性的标准包括团队产出（项目的质量和数量、时间和其他资源投入、项目要求的执行情况）、团体表现（团队的凝聚力和相互协作）、团队成员的支持（成员的参与、行为的和谐）。

4.4.2　团队沟通的基本内容

（情景故事）

皇帝与六只猴子

皇帝把六只饥寒交迫的猴子安排到一座山上，让它们看管那里的桃园，每日只供它们三顿饱餐。它们的工作就是看桃、摘桃，并把摘下的桃子及时送到皇帝那里。

临上任前，皇帝给它们开了一个会。皇帝说："从此以后你们就是一个集体了，你们要团结互助地做好本职工作，不能少收一个桃子，更不能弄丢一个桃子。"

皇帝为它们做了分工：大猴子和二猴子是领导；三猴子和四猴子是管家；五猴子和六猴子是只管干活的奴才。

六只猴子就这样被分成了三等，当领导的只下命令不干活，威风得很。当管家的只是看门、望院、收收桃子，也挺潇洒。而当奴才的就是受苦的命，所有的活都得由它们去干。

可是，哪只猴子都想潇洒威风，谁也不愿意去挨苦受累，它们都想当领导。

大猴子为了保住大领导的职位，处处看着二猴子，怕它有夺权之心，怕它有过己之处。谁与二猴子密切来往，它就以为谁是二猴子的亲信，它就要想着法地整治它，处处给它难堪。

二猴子不甘心总居于人下，它也想当大领导。它也处处看着大猴子，它要抓住大猴子的把柄，要找机会把它拉下来。二猴子看见哪个猴子和大猴子来往，就以为那个猴子去大猴子那里告它的状，它也就想方设法地整治它。

大猴子拉拢其他的猴子，想巩固自己的势力。二猴子也拉拢其他的猴子，想把大猴子推翻自己当大领导。而其他的猴子非常难办，和大猴子走得太近，害怕哪一天二猴子一下成了大领导，那还有它们的好日子过吗？可是，要与二猴子来往得太密切，又怕得罪大猴子，它们同样会遭到大猴子的整治。

在对大猴子与二猴子的态度上，三猴子和四猴子有很大的分歧。

三猴子认为大猴子不会这么快就下台，所以它努力讨好大猴子，并想挤掉二猴子，它好当上二领导。二猴子看出了三猴子的心思，它终于发现三猴子偷吃了一个桃子，就当众举报，要求大猴子按山规处理。大猴子没有办法，秉公给三猴子降级，让它当了二管家，而四猴子自然而然地成了大管家。

通过这件事，四猴子认为二猴子有本事，很有可能会成为大领导，它对二猴子亲密起来。大猴子一看这还了得，它鼓动三猴子报仇抢回大管家的职位。不久，三猴子就发现四猴子偷了桃子送给了二猴子。大猴子大悦，它按山规把二猴子贬为管家，把四猴子贬为奴才，三猴子一越升职为二领导。

五猴子因此从奴才升为了管家，但它也想当领导。后来，它发现大猴子和三猴子这两个领导都偷吃山里的桃子。它趁着往皇帝那里送桃子的机会，把这个消息告诉了皇帝。皇帝大怒，他决定让对自己忠心耿耿的五猴子当大领导，其余五个全做奴才！

宣布完这个决定后，皇帝问大猴子和二猴子："你们为什么会有今天的结果？"大猴子说："我没踩住下边。"二猴子说："我没挤掉上边，也没踩住下边。"

皇帝叹了一口气又问其他的猴子："你们说怎样才能升官晋职？"三猴子说："一定要搞臭上级，它们是前进道路上的绊脚石，只有它们臭了、掉了，自己才能有发展的空间。"四猴子说："一定要踩住下级，别让下级暴露才华和能力，踩不住它们，自己迟早会被它们挤掉。"

皇帝看了看六猴子，它挠了挠脑袋说："你们说得都不对！当领导保住现状最为重要，只要在领导的位置上多待上一天，自己向上发展的机会就会多上一分，所以要想方设法让自己坐稳位子才能有升官进职的希望。"

皇帝笑了笑，又问五猴子："你说呢？"

五猴子意外地当上了大领导，它高兴得很，它根据自己的经验说："要想升官进职一定要做到内紧外松，对外你要不能让别人看出你的升职野心，以免你的上级踩住你不放，但你自己却要时时努力；只要上边忽略了踩你，下边又认为没有必要挤掉你，你就一定会在努力中脱颖而出。"

皇帝看了看这六只猴子，叹息道："你们整天钩心斗角，不好好做事，那工作还会干好吗？算了，你们全都下岗吧！"

团队管理尽管是运行效率比较高的一种管理活动形式，但作为一个由人组成的群体，团队在运行过程中经常会出现诸如此类的问题，如人气不旺、人际信任危机、意见得不到统一、扯皮、冲突、低效、成员不得力、难以协作、因循守旧、目标不清晰、手段与目标不一致等。要有效地解决此类问题，团队沟通是一种有效的方法。其具体内容包括如图 4-6 所示的几个方面。

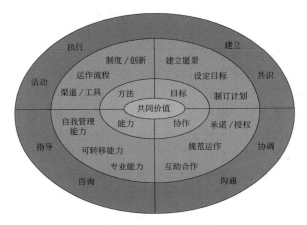

图 4-6　团队沟通模型

以共同的价值理念为团队合作的基础与核心，以团队目标、团队协作、团队能力、团队方法为四大主轴活动进行运作，建立相互信任的文化，包括：建立团队愿景、明确使命、设定目标，制订计划，建立共识；确定角色，分工合作，弘扬团队精神，团队成员积极承诺投入，领导者充分授权，按照确定的游戏规则规范运作，相互取长补短，沟通协作；强化团队技能，建立学习型团队，组织通过咨询、培训、指导等培养和提高团队成员的专业能力、可转移能力、自我管理能力；建立并畅通信息沟通渠道，创新沟通工具，建立沟通网络系统架构，改进作业流程，并将沟通活动制度化，以创新思维有效开展团队沟通。

1. 建立共识

情景故事

"巴顿的战前演说"

在第二次世界大战期间的一次战斗之前，巴顿将军做了一次战前演讲。他对士兵们说：

"你们到这里来，有三个目的：一是保卫家乡和亲人；二是为了荣誉；三是真正的男子汉都喜欢打仗，既然参战，就要赢。"

"不要怕死。每个人终究都会死。没错，第一次上战场，每个人都会胆怯。如果有人说他不害怕，那是撒谎。你们不会全部牺牲。每次主要战斗下来，你们当中只可能牺牲百分之二。真正的英雄，是即使胆怯也照样勇敢作战的男子汉。有的战士在火线上不到一分钟，便会克服恐惧。""大家要记住，敌人和你们一样害怕，很可能更害怕。"

"凯旋回家后，今天在座的弟兄们都会获得一种值得夸耀的资格。20 年后，你会庆幸自己参加了此次世界大战。到那时，当你在壁炉边，孙子坐在你的膝盖上，问你：'爷爷，你在第二次世界大战时干什么呢？'你不用尴尬地干咳一声，把孙子移到另一个膝盖上，吞吞吐吐地说：'啊……爷爷我当时在路易斯安那铲粪。'与此相反，弟兄们，你可以直盯着他的眼睛，理直气壮地说：'孙子，爷爷我当年在第三集团军和那个狗娘养的乔治·巴顿并肩作战！'"

"军中每个战士都扮演一个重要角色。千万不要吊儿郎当，以为自己的任务无足轻重。每个人都有自己的任务，而且必须做好。每个人都是一条长链上必不可少的环节。""每个人都应完成他的任务。每个人都应对集体负责。每个部门、每个战斗团队，对整个战争的宏伟篇章，都是重要的。"

巴顿将军的战前动员，目的非常明确：建立共识。他首先让士兵们明确了团队使命和目标。三个目标层次分明，第一层次的是物质层面的目标：打败纳粹，保家卫国。第二、三层次的是精神层面的目标。一方面是荣誉的要求。这是指美国军队的荣誉，此前美国军队从未打过败仗。而这份荣誉需要当下的每一个士兵来共同维护。第二层次是一个针对集体的精神目标。另一方面，巴顿又针对士兵个人提出了精神目标：在战斗中成为一个真正的男子汉，勇敢地去争取胜利。这三个目标，是物质和精神的结合，是集体和个体的结合。其次，做好动员激励。巴顿先从战胜恐惧入手，然后憧憬未来。在演讲中，巴顿就像一个和战士们一样的老兵，他没有摆架子，也没有顾及一个将军的尊严，而是把自己当成普通一兵。这样的低姿态，必然会获得士兵的认同，让士兵在心理上觉得巴顿和他们一样，与他们永远在一起，共同战斗，去夺取战争的胜利。最后，强调组织内的分工合作。巴顿要让士兵们知道要想取得胜利，靠任何个人都是不可能的，需要分工基础上的密切合作。

如果你想成为团队的成员，就必须接受团队的文化，尤其是团队的价值理念、愿景、使命、目标和计划等。团队领导也必须认识到建立共识的重要性，否则，便失去了合作的基础，也很难实现团队的目标。

2. 确定角色，分工合作，弘扬团队精神

（情景案例）

大 雁 法 则

大雁在飞行时扇动翅膀，为跟随其后的同伴创造有利的上升气流。大雁在排成 V 字形飞行的时候，集体的飞行效率增加了71%。

如果一只大雁脱离排队，它立刻就会感觉到单独飞行的困难和阻力。因此，它便会立即回到雁群的队伍中，再次获得集体飞行的优势。

当头雁疲倦时，它便会自动后退到队伍之中，然后几乎是在难以察觉的情况下，另一只大雁马上接替了头雁的位置。

大雁组队一边鸣叫一边飞行，目的是给前方的伙伴打气激励，鼓励前面的大雁保持速度。

如果一只大雁生病、受伤或被击落，就会有两只大雁离开队伍去帮助和保护它，直到它不幸死去或者重新开始飞翔的时候才会离开，或者加入其他雁群，或者赶上原来的队伍。

大雁团队属于自我管理型团队，每个人的角色是一样的，地位平等，都要力所能及地为实现目标承担艰巨的任务。大雁团队精诚合作，体现了团结友爱的团队精神。

不同类型的团队，成员的角色各不相同。通常在团队中可把成员分成三种：领导者、管理者、操作者或员工。

1）领导者的角色和职责

团队领导者的角色是团队成员心目中的"英雄人物"，是宏伟蓝图的"设计师"，是英明的决策者、勇敢的"变革者"、出色的"外交家"，是善用资源、工于整合资源者，是"儒商"、诚信者和矢志不渝者。

团队领导的职责是构建团队愿景，建立共识，制定总目标和阶段性目标，拟订计划；尊重团队成员的个性，发掘团队成员的积极性，凝聚人心，弘扬团结协作、互信互助的团队精神；为团队成员的能力和素质提高提供咨询、指导；建立畅通的信息沟通和交流平台，改进管理流程，建立科学规范的制度体系，鼓励创新；灵活运用不同沟通方式，促成团队成员之间的交流互动，集思广益，突破障碍以达成团队目标。

2）管理者的角色和职责

团队管理者的角色是辅导员、协调员、裁判员、信息传递员和创意者。管理者的职责是在领导者的授权下有效执行上司分配的相关任务，协调和解决工作中出现的问题，督导员工按时、保质保量完成任务。

情景案例

酒店的门童

加拿大一家酒店以服务卓越著称，而服务卓越直接来自酒店员工对角色的充分认知，让顾客满意是所有员工的角色要求。

一次，住在酒店的一位客人急着前往机场赶班机，参加纽约一个重要的商务会议，可到了机场后才发现自己的行李遗忘在酒店。于是，赶紧给酒店打了一个电话，酒店立即派一个门童前往机场送行李。但是，等门童到机场时，客人的飞机已经起飞了。

这时，门童毫不犹豫地做了一个其他酒店员工很难做出的选择：买了一张飞往纽约的机票赶往纽约。当他到达纽约找到客人开会的酒店时，那位客人惊呆了，从未遇到过如此负责的酒店服务。

这位门童的角色认知正确吗？如果你是这家酒店的经理，你将如何评价这位门童的行为？

3）员工的角色和职责

员工的角色是团队中的操作者、执行者，也是创意者。其职责是接受团队的价值理念，与团队成员精诚合作，共同完成团队赋予的任务，并创造性地开展工作。

剑桥产业培训研究部前主任贝尔宾（Belbin）博士和他的同事经过多年在澳大利亚和英国的研究与实践，提出了著名的贝尔宾团队角色（Belbin team roles）理论。[28]该理论认为，一支结构合理的团队应该有以下九种团队角色（见图4-7）。[29]

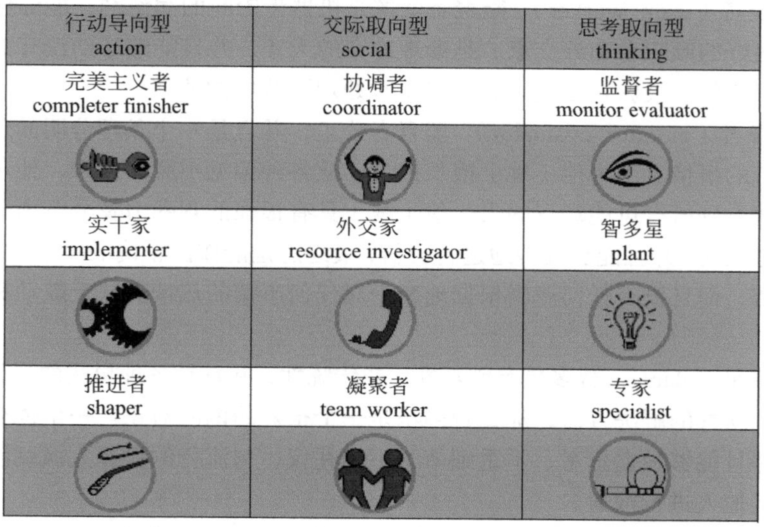

行动导向型 action	交际取向型 social	思考取向型 thinking
完美主义者 completer finisher	协调者 coordinator	监督者 monitor evaluator
实干家 implementer	外交家 resource investigator	智多星 plant
推进者 shaper	凝聚者 team worker	专家 specialist

图 4-7　贝尔宾团队角色

（1）完美主义者（completer finisher）。完美主义者是至善论者，而且往往会作出额外的努力，以确保一切是"恰如其分"的，并且他（她）传递的信息值得人们信任并经得起反复检验。在完美主义者内心，对准确性有很强的意识，很少需要别人的鼓励，因为人们都试图达到自己心里的高标准。他（她）会由于过度担心次要细节问题而容易给他人带来焦虑，并且他（她）缺乏信任感，不愿意把任务委托给别人，他（她）把任务交给任何人都不放心。

（2）实干家（implementer）。他（她）执行被暗示或被要求做的任务。把他（她）的想法转变成积极的行动。他（她）效率高、自律并且总是按时完成任务。他（她）以对团队或是公司忠诚作为动力，那就意味着他（她）经常承担其他人逃避或是不愿意做的工作。然而，他（她）很难远离自己精心拟订的计划。所以，他（她）思想保守、不灵活。

（3）推进者（shaper）。他（她）是任务型领导，精力充沛，他（她）对成功有很大的欲望，并且对他（她）而言，成功就是游戏的名字。推进者对结果负责，并且激励他人实现团队目标。在追求目标实现的过程中，他（她）愿意挑战、讨论、争论并表现挑衅行为。

（4）协调者（coordinator）。协调者通常是团队默认的领导者。协调者自信、沉稳、成熟，因为他们能够看到他人的能力，帮助确定团队中的角色分工、责任和工作界限，明确团队的目标和方向。协调者有时候被认为是好指示人的人，并且趋向于指派所有的工作，但是不会给自己留有任务。

（5）外交家（resource investigator）。外交家能够在项目开始时通过广泛联系和寻求机会给团队注入热情。他（她）主要关注团队外部，与外部世界紧密联系。一个优秀的外交家是可能事件的制造者，同时也是一个非常优秀的网络联系人，但是却往往在项目结束时丧失动力，转移兴趣并忽视一些细节问题。

（6）凝聚者（team worker）。凝聚者就像是机器齿轮间的润滑剂，能够使团队运转。他（她）是很好的倾听者和外交家，是处理冲突的天才，并且能够帮助没有面对面的人彼此理解。凝聚者的积极影响是他（她）能及时处理团队内的冲突。

（7）监督者（monitor evaluator）。监督者公正，并且是一个条理分明的观察者，乐于评价正在进行的事情。因为他（她）擅长把自己从各种偏见中脱离出来，他（她）是那种可以最清楚地看到所有可能观点的人。他（她）具有很强的判断力及分辨力，能够把所有的事情都考虑在内，并且能够慢慢地进行分析，最终总是能作出正确的决策。然而，他（她）非常愤世嫉俗，而且没有任何逻辑根据地减少对任何事情的热情。缺乏鼓动和激发自己和他人的能力。

（8）智多星（plant）。智多星有创新性、非传统性，并且是各种想法的产生者。如果一个问题需要创新性的解决方法，那么智多星是一个很好的询问对象。一个优秀的智多星是非常聪明的并且能够独立思考、不重细节、不拘礼仪、与流行的鲁莽人讽刺漫画很相像，而且很难跟其他人进行沟通。

（9）专家（specialist）。专家对自己从事的领域的知识充满热情，其结果是他（她）具有高深的学问，并愿意传授给他人；他（她）不断地提高学识；对于他（她）不知道的事情，他（她）会很高兴地去研究；专家带给团队本领域高水平的专业知识、能力和技巧，但是他（她）只在某一狭窄的领域有所贡献，因为他（她）对自己专业以外的领域不感兴趣。

尽管贝尔宾把团队角色和管理团队剖面放在一起进行比较，但贝尔宾团队角色代表的是一种对任务和活动实施自我管理所表现出来的个人行为特征，而非个性类型或思维类型。也就是说，尽管有各种测试帮助你确定理想团队角色，但这并不意味着在实践中你不能够担当其他角色。

在团队中，任何一个人的角色都很重要，但只凭个人力量难以成功，团队作业中不应执着于个性表现，应试着改变自己的意见和态度，互相妥协认同，合作才能弥补不足，必须通过不同角色的组合来达至完美；每个角色都是优点和缺点相伴相生，要学会用人之长、容人之短；要尊重角色差异，发挥个性特征，将合适的人安排在适当的岗位上；要尊重彼此的价值判断基准，学会欣赏对方的立场，换位思考。

3. 有效引导与激励，充分发挥成员的潜能

米契尔·拉伯福是一个从车间里成长起来的管理者。在长期的管理实践中，他一直感到困惑的是：当今许多企业、组织不知发生了什么毛病，即使管理者使出"浑身解数"，企业、组织的效率还是提高不了多少，员工、部属还是无精打采，整个企业、组织就像一台生锈的机器，运转起来特别费劲。他试图解开这个迷惑，于是研究管理学理论，向专家请教。经人指点，并从自己的管理实践中反复思索，他最后悟出了一个道理，即世界上最伟大的管理原则："人们会去做受到奖励的事情。"[30]

这一原则的要义是：作为一个管理者，你奖励什么、惩罚什么，无疑就是向人昭示你的价值标准。你的下属、员工，或者认同你的价值标准，努力做你希望他做的事，成为你所希望他成为的那种人；或者不接受你的价值标准，脱离你的企业、组织而去；或者就是阳奉阴违，投机取巧。建立正确的（即符合企业、组织根本利益的）、明确的（即不是模棱两可、摇摆不定的）价值标准，并通过奖罚手段的具体实施准确无误地将其表现出来，应该是管理中的头等大事。

拉伯福在管理实践中有两大发现：一是你要求人们做出什么行为，与其仅仅停留在希望、要求上，不如对这种行为作出明明白白的奖励更为有效；二是人们往往犯这样的错误，即希望、要求得到 A，却往往得到了 B，原因是他自己往往不经意地奖励了 B。

在激励员工方面，过去的做法值得商榷：

（1）需要有更好的成果，但却去奖励那些看起来最忙、工作时间最久的人；

（2）要求工作的品质，但却设下不合理的完工期限；

（3）希望对问题有治本的答案，但却奖励治标的方法；

（4）光谈对公司的忠诚感，但却不提供工作保障，而且付最高的薪水给最新进和那些威胁要离职的员工；

（5）需要事情简化，但却奖励使事情复杂化和制造琐碎的人；

（6）要求和谐的工作环境，但却奖励那些最会抱怨且光说不练的人；

（7）需要有创意的人，但却责罚那些敢于特立独行的人；

（8）光说要节俭，但却以最大的预算增幅，来奖励那些将他们所有的资源耗得精光的职员；

（9）要求团队合作，但却奖励团队中某一成员而牺牲了其他的人；

（10）需要创新，但却处罚未能成功的创意，而且奖励墨守成规的行为。

诚然，团队目标的实现仅靠文化理念和团队协作精神是不够的，还必须依靠团队成员的能力，包括自我管理能力、可转移能力（即从事不同岗位、不同工作的能力）、专业技术能力。团队领导根据成员的素质和能力，一方面把人才放在合适的位置上；另一方面还要给予指导和帮助，或通过培训，提高成员的能力。要保持成员拥有持久的竞争能力，必须创建学习型团队。

4. 鼓励团队创新

1）团队创新的类型及源泉

团队创新包括组织与机制创新（组织结构创新、管理沟通机制创新）、文化创新（理念

创新、制度创新、活动创新）、沟通方法创新（沟通工具创新、流程创新和思维创新）等。

创新即创造，指首创前所未有的事物。创新源于创造力、创造性思维和创造性想象。

创造力是指人们首创前所未有事物的综合能力。我国著名教育家陶行知先生曾经说过："人类社会处处是创造之地，天天是创造之时，人人是创造之人。"我们每个人都有创造性的天赋，这种天赋来自知识和实践经验积累，环境条件的反射与刺激，观察问题、分析问题的能力，记忆和思维能力、想象力和判断力，以及自信心、进取心、事业心等。

思维是人们在社会实践中产生的，在表象、概念的基础上对客观世界进行分析、综合、判断、推理等认识活动的过程。思维的主体是人的大脑，思维的传播工具是语言。人们借助于语言把丰富的感性材料加以分析和综合，由此及彼，由表及里，去粗取精，去伪存真，从而揭露不能直接感知的事物的本质和规律。思维是反映客观现实的能动过程，它既能动地反映客观世界，又能动地反作用于客观世界。创造性思维是创造学研究的核心内容。在人类创造活动和创造行为中，最根本的、直接起作用的就是人的创造性思维。创造性思维一般指人们以新颖的思路或独特的方式开拓人类新领域，解决社会发展新问题的思维活动。

创造性思维的方式主要包括如下内容。

（1）理论思维，即依据科学理论，使理性认识系统化的思维活动方式。理论思维具有科学性、系统性和间接可行性等特点。它作为一种基本的思维活动方式，是以科学理论和专业知识为依据展开的思维，是一种高层次的思维。它往往运用逻辑推理，预见和把握未来事物的发展变化规律，可以在一定的时空范围内预测未来。

（2）求异思维，又称反向思维，即从正常事物的反面进行思考的一种思维活动方式。求异思维的特点在于敢于否定人们已经习以为常、司空见惯的现象，敢于向传统的思维观念提出挑战，甚至对权威的、公认的理论提出疑问。求异思维敢于打破常规，刻意求新。

（3）直觉思维，即通过亲自观察而受到启发，使外界事物在大脑中产生感觉的一种思维活动方式。直觉思维具有直接性、生动性、具体性等特点，通过直觉领悟、猜测和想象等形式来阐明问题、解决问题。它主要依赖于存储在头脑中的知识和经验，使大脑形成一种一旦接收外部信息就很快做出直觉判断或思维决策的能力。

（4）形象思维，即依据现实生活中的各种现象来阐明问题或解决问题的一种思维活动方式，它具有形象性、概括性等特点。通常根据现实生活中的各种人、物、事进行选择分析、综合，然后进行艺术加工提炼而创造出来新的意象。

（5）逻辑思维，即根据科学的原理，按照科学的程序和规则，运用概念的判断推理来阐明问题和解决问题的一种思维活动方式。这是一种具有严密科学性的思维活动方式，它必须按照客观规律进行判断、推理。其推理方法主要有类比法、归纳法和演绎法。

（6）联想思维，即由某一事物联想到另一事物的思维活动方式。事物都是相互联系的，世上没有毫无联系的事物，因此，联想也是开发人的创造性思维的一种方法。

创造性思维的方法很多，还可以从不同的角度进行分类，如发散性思维、收敛性思维；正向思维、逆向思维、侧向思维；线性思维、平面思维、立体思维；单向思维、双向思维；垂直思维、水平思维等。

想象是心理学名词，指在原有感性形象的基础上创造出新形象的心理过程。想象是人们进行创造活动不可缺少的因素。可以说，没有想象，就没有人类创造的一切科学、技术、文化、艺术等文化成果。创造性想象是创造性思维的具体表现形式，意指根据一定的目的、任务，在人们的头脑中创造出新形象的过程。它不依据现成的描述，而是按照自己的创见需要，独立地创造出原先并不存在的，具有新颖性、独特性的新形象。创造性想象是一种高级的思维活动，它是一切创造性活动必不可少的重要思维形式。创造性想象的主要形式包括联想、幻想、预想、形象思维。

2）团队创新的方法

团队创新的方法很多，最基本的方法有头脑风暴法、联想法、检核表法、5W2H 法、提喻法等。[31]

（1）头脑风暴法（brain storming），是 1939 年由美国的创造学家奥斯本（A.F.Osborn）提出的，又称"BS 法""智力激励法""脑力激荡法"等。头脑风暴法最初是精神病学术语，原意指精神病患者在头脑错乱状态时的胡思乱想。奥斯本把这一术语借用到创造学中，转意为思维自由奔放，无拘无束地进行创造性思考和想象。头脑风暴法的实施程序大体上有五个步骤，即准备、热身、明确问题、畅谈讨论、评价筛选。一般情况下，召集 5～12 人开小组讨论会。会议由 1 人主持，1～2 人记录。在小组正式讨论之前，由会议主持人宣布和说明会议应遵守的原则和注意事项。会议开始时，主持人说明会议的目的和要解决的问题，并鼓励大家踊跃发言。记录员的任务是记录下大家提出的所有设想、方案，会后再分类整理。会议的时间以半小时左右为宜，最长不能超过 1 小时。会议通知最好提前几天发出，并告知与会者会议的主题。

召开头脑风暴法会议时，与会者必须明确并遵守四条原则。

第一，不允许批评别人的设想。在会议中，哪怕别人的设想在你看来是如此荒唐、幼稚可笑，也绝对禁止批评。

第二，提倡自由畅想，鼓励标新立异。构想越新奇、越独特越好。

第三，设想多多益善。

第四，可以借题发挥。与会者可以引申和发挥他人的设想，提出更加新颖、独特的设想。

在这四条原则中，第一条原则与会者是绝对不能违背的，否则，就失去了开会的意义。

（2）联想法。联想（association）一词来自拉丁文（associo），意思是联系、联结。联想指的是从某一人或物想到另一人或物的心理活动过程。联想法主要包括：自由联想法，即没有任何附加条件、不受任何限制的联想方法；强制联想法，又称定向联想法或控制联想法，指的是联想的目标和方向是确定的，联想活动在被动条件下进行。强制联想法的特点是联想目标明确，问题集中，它属于收敛性思维。

（3）检核表法（check list technique），又称"奥斯本设问法"，最早由美国创造学家奥斯本提出。它是以提问的方式，对现有事物提出一系列问题，并围绕该事物从不同的角度加以审核、分析、讨论，从而产生创造性设想的一种方法。奥斯本的检核表法几乎适用于任何类型的创造活动，因而被称为"创造技法之母"。它包括 75 个激励思维活动的问题，按具体内容和提问的思路可归纳为九个方面。

◎ 用途。有无新的用途？是否有新的使用方式？能否改变现有的使用方式？

◎ 类似。有无类似的东西？利用类似能否产生新观念？过去有无类似的问题？能否模仿？能否超过？

◎ 扩大。添加些什么？增加使用的时间、次数？增大频率、尺寸、强度？提高性能？放大？夸大？

◎ 缩小。可否减去什么？可否密集、压缩、浓缩、聚束？可否微型化？可否缩短、变窄、去掉、分割、减轻？可否变成流线型？可否化整为零？可否由高级变为低级？

◎ 改变。可否改变功能、颜色、形状、运动、气味、音响、外形、外观？是否还有其他改变的可能性？

◎ 代替。可否换人、换物？用什么代替？其他的成分？其他的材料？其他的过程？其他的结构？其他的地点？其他的颜色？其他的方法？

◎ 变换。有无互换的成分？可否变换模式？可否变换布置位置？可否变换作息时间？可否变换因果关系？可否变换速度或频率？可否变换工作规范？

◎ 颠倒。可否正反颠倒？正负颠倒？首尾颠倒？上下颠倒？位置颠倒？作用颠倒？提出问题的另一面？

◎ 组合。可否尝试混合、合成、配合、协调、配套？可否把物体组合？目的组合？特性组合？观念组合？

（4）5W2H 法。5W2H 法是美国陆军首创的设问方法。5W2H 是通过对为什么（why）、做什么（what）、何人（who）、何时（when）、何地（where）、如何（how）、多少（how much）这七个方面进行提问，诱发创造性设想的一种方法。5W2H 法的应用，首先视事物的不同，提出七方面的问题。事物不同，发问的内容角度也不同，然后将发现的问题列出，进而讨论分析，寻找改进的创新方法。

拓展阅读 4.4
拉姆·查兰的商业智慧

拓展阅读 4.5
从局外人到局内人

（5）提喻法（synectics method）又称为"综摄法""戈登法""集思法"等，它是美国科学家戈登（Gordon）于 1944 年率先提出的。提喻法就是运用类比并通过小组讨论集思广益来诱导创新设想的一种方法。

实施提喻法的要求：

一是人员的组成结构要合理、精干。要选择在各行各业具有代表性的、精力充沛的、具有进取创业精神和管理潜力的人员 5～7 人。

二是选择一名乐观、幽默，富有经验和事业心，知识丰富、组织能力、创新能力强，对提喻法有深刻理解的做主持人。

三是应着重把以下两个方面作为出发点进行考虑：一是变陌生为熟悉，即将头脑中给定的陌生事物与自己熟悉的事物进行比较，在比较的过程中，逐步地把陌生的事物转换成自己熟悉的事物，于异中求同；二是变熟悉为陌生，即将熟悉的事物从新的角度，以新的认识来观察、思考，变熟悉为陌生，于同中求异。

四是实现"变陌生为熟悉""变熟悉为陌生"要通过以下四种类比方法，即拟人类比、直接类比、象征类比和幻想类比。

3）团队创新的实现方式

团队创新就是要在实践中开启创造力，运用创造性思维方法和创造性想象，打破传统思维束缚，高效率地实现组织目标。

（1）化繁为简。分析自己要做的工作，对每项工作逐次提出三个问题：①能不能取消这项工作？②能不能与其他工作合并？③能不能用简单的东西代替？

崔西定律：任何工作的困难度与其执行步骤的数目的平方成正比。例如，完成一件工作有 3 个执行步骤，则此工作的困难度是 9；而完成另一工作有 5 个执行步骤，则此工作的困难度是 25。所以，必须要简化工作流程，这是所有成功主管的共同特质。

（2）化整为零。第 2 章中介绍的舒乐博士从无到有建起了水晶大教堂的故事就是化整为零的一个典型例子。

化整为零，各个击破，也曾是我军游击战取胜的法宝。这一法宝对团队创新仍具有借鉴意义。

（3）关注细节。关注细节，实际上是一种观察问题、分析问题的能力。细节决定成败的例子不胜枚举。

（4）综合运用创造性思维方法，强化创造力。美国哈佛大学校长普西（Nathan Marsh Pusey）曾经深刻地指出："一个人是否具有创造力，是一流人才和三流人才的分水岭。"[32] 创造力的发挥需要学习和灵活应用创造性思维和方法，转变思维习惯，打破思维定式，包括传统观念、权威理论和已有经验，另辟蹊径，拓展新的空间和发展路径。

拓展阅读 4.6
制度的力量

案例讨论

好员工为何弃我们而去[①]

星期四的傍晚，桑比恩公司的商业设计副总监汤姆·福赛思走进了人力资源总监玛丽·多尼罗的办公室。玛丽指着一把舒服的椅子，示意汤姆坐下。窗外，芝加哥的天空一片灰蓝，沉沉暮色衬得室内的荧光灯格外耀眼。

"你好啊，汤姆，"玛丽招呼道，声音中平添了几分热情，"听说你决定辞职，我真的很遗憾。我知道你是铁了心要走，九头牛都拉不回来了。不过，我还是希望你能跟我说说，到底为什么走。"

玛丽顿了一下，苦笑道："你这一走，对公司来说损失很大，但是，兴许我们能从中吸取点儿教训。"

---

① 本案例作者爱德华·劳勒三世（Edward E. Lawler Ⅲ），原载于哈佛《商业评论》中文版 2009 年第 6 期，经哈佛《商业评论》书面授权转载与使用。

汤姆僵硬地坐在椅子上，几绺黑发从他脑后梳的马尾中散落下来，挡住了小半边脸。在耀眼的灯光下，他的两个眼袋显得格外突出，胡子也像是许久没刮了。汤姆的妻子刚给他添了一个宝宝，玛丽猜想，他大概有日子没睡过一个囫囵觉了。

"怎么说呢，我想，你应该知道，并不是我出去找的，"汤姆说，"是猎头主动找上门来的，我能怎么说呢？人家给的条件实在太优厚了，我没法儿拒绝。开口就让我做J&N公司的合伙人呢，这种机会可不是随便就能撞上的啊。"

一听到J&N公司的名字，玛丽忍不住打了个激灵。J&N可是桑比恩公司的老对手了，规模要比桑比恩大得多。去年，这家公司似乎盯上了桑比恩的人才库，频频挖墙脚。桑比恩不少才华横溢的员工都落入了这只"黑手"——这是桑比恩公司的CEO海伦·加斯布赖恩对J&N的称呼。

"我为你高兴，"玛丽好不容易吐出这五个字，"不过，我真希望你去的是别的公司。"

"我明白。"

玛丽目不转睛地盯着汤姆的脸，琢磨着怎么才能从他口中套出更多的话来。员工出乎意料地跳槽当然不是好事，但这件事确实为玛丽敲了一记警钟。汤姆今年35岁，在桑比恩干了快8年了，目前正处在事业的顶峰。8年来，汤姆一直爱岗如家，就连结了婚有了孩子后也是如此。他捧回的设计大奖不计其数，当仁不让地成为CEO最看重的少数骨干之一。当然，玛丽能理解汤姆很难拒绝当合伙人的诱惑。但仅仅是为了这个吗？说起来，汤姆在桑比恩公司的权限即使不比以后他在J&N公司更多，也绝对不会少。他想做哪个项目就做哪个项目，他想先干什么后干什么也绝没有人唱反调。新到一家公司——不管是做合伙人还是别的什么——将很难拥有这样的自主权，这点汤姆难道不知道吗？

玛丽想再次探探汤姆的想法："我想你也知道，公司其实很快就要提拔你了，今年不提，明年也要提。要是给你加薪幅度再大一点，你能留下来吗？如果让你现在重新考虑，你会怎么想？我是说，重新考虑也没什么难为情的，你知道，大家都很敬重你。"

汤姆垂下眼帘，看着两手，说："玛丽，听你这么说，我很高兴。可我已经接受了那边的邀请。再说，现在也是向前走的时候了，我得给自己一点挑战，保持思维的活跃和新鲜。"

"可是一直以来，你的新想法新创意就从没断过，在这方面你比谁都强。是不是现在的项目本身不够刺激了？"玛丽没有直接问他：你是不是不开心？

汤姆歪着头，直视玛丽那双灰色的眸子，似乎看穿了她的心思。"我在这儿很开心，"他说，"大家都非常好。我离开这儿可不是想要逃避什么，只不过有个绝好的机会从天而降，而且来得正是时候。"

玛丽还是没放过他，又抛出了一大堆常规性的问题，但汤姆一点也不合作，只是一遍遍地重复已经说过的话。终于，对话结束了，玛丽看着汤姆离开办公室的背影，沮丧万分，像只泄了气的皮球。

离开玛丽的办公室后，汤姆径直走向后面的楼梯间，掏出手机，迅速给妻子拨了个电话。

"艾莉森吗？嘿，听我说，你就为我自豪吧——我一个字也没说。你说得有道理，咱不该过河拆桥。不过都这会儿了，谁还在乎呢？这鬼地方，爱怎么折腾就怎么折腾去吧，反正跟我没关系啦。"

让人烦的备忘录

第二天一大早，玛丽轻轻叩响了海伦办公室的门。推开门，她看见海伦正目不转睛地看着计算机屏幕，双眉紧蹙。海伦最讨厌员工跳槽去 J&N，这一点她说都不用说，全在脸上写着呢。

"写备忘录呢？"玛丽轻声问道。

海伦点点头："真没意思。我正要发给你，你帮我看一遍。你和汤姆的离职面谈怎么样？"

玛丽坦白地说汤姆没有曝多少"料"："他既没明说人家的月亮怎么就比咱们的圆了，也没说他在这儿有什么不开心。"

桑比恩公司是海伦的父亲皮特于 1975 年创建的。皮特的初衷就是开创一个与 J&N 这样的行业巨无霸完全不同的公司。他希望通过网罗年轻才俊，创建一家顶尖的建筑工程公司，让年轻人一进公司就可以根据自己的兴趣选择项目，展示锋芒，张扬个性，而不用像在大公司里那样，为腰缠万贯的合伙人做默默无闻的铺路石，数年没有出头之日。自独生女海伦宣布报考建筑学院后，皮特终于将孕育多年的这些构想变成了现实，这可绝非巧合。

1997 年，皮特去世，海伦毫无悬念地继承父业。那时的海伦已经是一名出类拔萃、折桂摘金的建筑师了，她立志要加强公司顶尖的设计师、工程师和客户经理之间的合作。一时间，创新之花开遍公司各个角落，公司还成了"绿色建筑"运动的先锋。当别的大型建筑公司才刚刚开始筹建绿色建筑实践小组时，桑比恩公司就已经有几十项建筑设计通过了美国绿色建筑协会的"绿色建筑评估体系"（LEED）认证。桑比恩公司就在这股"绿色大潮"中乘风破浪，在旧金山、纽约和伦敦安营扎寨。

海伦很想把损失汤姆的责任推到玛丽身上——或者某个人身上，任何人都可以——可是她不能。她冷冷地盯着玛丽，说："你知道，从我父亲创建这家公司开始，我们就一直想把这儿变成一个大家干事业的好地方。可是……"海伦叹了口气，接着说："我觉得我们对员工不赖啊，问题到底出在哪儿了呢？"

"说实话，我也不知道。"玛丽听出海伦口气中的困惑，小心翼翼地回答说，"不过，我也时时提醒自己，也别把这事看得过于严重。当然，我们得了解事情的真相，但说不定最后我们发现，他们这样一个接一个地跳槽只不过是巧合罢了，确实棘手，可并不成什么气候。员工辞职的原因本来就是五花八门的嘛。"

海伦思索着玛丽的话说："嗯，话是不错，帕特·多尔蒂'因为家庭原因'去了爱尔兰；伊连娜·米尔科维奇决定单飞，自己给自己打工，我还没弄明白她是怎么想的。现在汤姆呢，则是为了去一家老牌的传统公司当合伙人。"海伦摇摇头，又说："我看啊，这已经成气候了。我想知道，我们怎么才能留住剩下的人！"

玛丽尽力宽慰她："海伦，我有一些想法。我想把今年的员工调查提前，我认为我们现在需要一些新的数据来帮助我们摸清情况。"

海伦的身子已经转回到计算机前："好，去做吧，尽快做，越快越好。"

窃窃私语

从海伦办公室往下走两层，就到了桑比恩公司的大餐厅。设计师哈尔·波普和工程师萨文娜·多尔西正在那里用微波炉热午饭。他俩刚刚看过老板的备忘录，知道了汤姆辞职的消息，都有些闷闷不乐。

"自从上次咱们竞标 Marko 失败之后，汤姆的心好像就不在这里了。"萨文娜先开了腔，"他太想把那个设计变成现实了。整套照明和通风方案都经过精心设计，简直无可挑剔，而且大家觉得价格也很合理。"

哈尔点头赞同。"设计确实没话说，不过？"他压低嗓门，"要是鲍尔发言的时候，能把这点突出一下就好了。"鲍尔·邦尼是公司的建筑销售总监。

萨文娜会意地盯着哈尔说："原来你也这么想啊。当时鲍尔的口气听起来是那么的，嗯？毫无激情。"

两人正说得起劲，碰巧工程部另一位同事阿德里娜·帕尔来餐厅拿东西，不小心听到了他俩的对话，忍不住插进来说："鲍尔确实毫无激情，这种人还不止一个。你说说，好不容易做出这么个有创意的设计，支持部门却不能让客户看到它的价值所在。所有的销售人员都只知道做买卖。要我说，汤姆就是为这离开的。他是一流的设计师，但要是没有一流的销售和营销队伍支持他，那他什么都不是。他在这里算是被埋没了。我一直在告诉楼上的那些人，我们脱离了根基，可是没人听我的。"

哈尔摇摇头："这很难说，伙计们。汤姆拿过那么多大奖，手上的活儿也多得干不过来，说不上被埋没吧。我认为问题的关键在于，他抬头一看，发现一时半会儿根本没有晋升的机会，那些主管们离退休还早着呢。加上公司的组织结构本来就够头重脚轻了，他在这儿还怎么发展？"

阿德里娜苦笑了一下，表示同意哈尔："他去 J&N 做合伙人不知道能挣多少钱？其实也没什么难理解的，汤姆现在可是两个孩子的爹了呢，总得想办法为孩子将来上大学攒点钱吧。"

萨文娜插话说："这么说当然没错，但你们不觉得他以后的生活质量恐怕会成问题吗？我猜，艾莉森肯定打算辞职做家庭主妇了，汤姆这个一家之主以后可别想歇着了。"

战斗已经打响

一个月后，海伦正在办公室浏览用工情况报告，电话响了起来。从来电显示上看，电话是工程部副总裁鲍勃·沃瑟姆打来的。办公室的门大敞着，海伦看见助理杰西正要接这个电话。

"我来接，杰西。"海伦一边说一边拿起听筒，"你好，鲍勃。有事吗？"

"我可能得要你帮忙了。阿德里娜怕是要走了，虽然还只是传闻，我想还是早防备为妙。"

海伦面露苦涩："阿德里娜？你说得对，我们不能没有她。要不你现在上来一下？"

挂掉电话后，海伦朝门外的杰西喊道："你能不能去看看玛丽有没有空？如果她没事我希望她马上来一下。"

说完海伦站起身来，走到窗前，将前额贴在冰凉的窗玻璃上。楼下的广场上，几个到现在还未吃午饭的员工正围在一个流动不锈钢餐车旁。海伦闭上眼。鲍勃又损失了一名干将，她琢磨着，是不是部分责任在鲍勃呢？她甩甩头，迫使自己不要这么想。想要降低员工的离职率，肯定不能靠开除忠心耿耿的老臣。

在海伦办公室外的走廊上，鲍勃遇到了匆匆赶来的玛丽，他将阿德里娜可能辞职的传言告诉了玛丽，玛丽的心一沉，感到血色正从自己的脸上一点点消失。

"要是阿德里娜走了，我们可就真麻烦了，"鲍勃说，"她现在是我们一个大项目的顶梁柱，客户很买她账。"经过杰西的办公桌时，鲍勃狠狠地看了玛丽一眼，说："到底怎么回事？怎么感觉咱们的人才都被吸血鬼吸走了似的？"

听到鲍勃和玛丽的脚步声，海伦转身离开窗边，说："好了，鲍勃，传言到底是怎么说的？"

"大家似乎都心照不宣，认为阿德里娜可能步汤姆的后尘，跳槽去 J&N。"鲍勃一把关上门，说，"他们俩原来就很投脾气。要是汤姆在 J&N 给阿德里娜谋了一席之地，那我一点也不觉得奇怪。"

海伦快速扫了玛丽一眼："没跟他们签竞业禁止协议吗？"按道理，汤姆应该签过，所以他不能把以前的同事或客户带走。

"噢，当然签了，"玛丽答道，"不过执行起来很难。"话音刚落，她就后悔了——真不该如此多嘴。

"呃，那我来想办法吧。"海伦抢过话头，"就算我赢不了，我也不让他有好日子过。"

玛丽和鲍勃飞快地对视了一眼。海伦转向鲍勃，语调开始有点咄咄逼人了："你跟我说我们不该感到惊讶，那么我倒要问你，既然你料到她可能走，为什么什么都没做？"她忍不住也给了玛丽狠狠一击："还有你，什么行动都没有，非要等员工满意度调查的结果出来吗？"

玛丽正要张口辩解，海伦却不耐烦地摆了摆手："好啦，听着，我来找她谈谈。看看我有没有什么办法。"说着，海伦向外走去，打开门朝杰西喊道："杰西，给阿德里娜打电话，问她现在能不能过来。我要见她，越快越好。"

你愿意留下来吗？

十分钟后，阿德里娜出现在海伦办公室门前。一副边框厚重的名牌眼镜遮住了大半个脸，很难看出她的真实表情。不过她的肢体语言暴露了她的心慌意乱。毕竟，被 CEO 传唤到办公室可不是常有的事。

俩人没头没脑地寒暄了几句，反倒延长了尴尬的时间。不过，海伦还是尽可能快地直奔主题。"阿德里娜，我听说，你好像在考虑跳槽。当然，我希望这只是谣言。"

阿德里娜低头看看咖啡桌，然后抬头环视了一圈办公室，似乎想要把那个泄密的人揪出来。"咱们这儿的人听风就是雨，谣言跑得比什么都快。"她终于开口说。

"我希望你能跟我说实话，就我们俩，我绝不会给你穿小鞋。"海伦恳求道，她特意停顿了一下，希望沉默能加重她的语气，接着问道："汤姆是不是和你联络过？"

阿德里娜的眼睛微微睁大了，答道——在海伦看来，她的回答有点太快了："汤姆和这事儿一点关系也没有。我是说，我和他是有联系。我们俩认识很久了，从我 5 年前加入公司起就认识了。在我遇到的这么多人中，他最像我的导师。他走了以后，我确实有些失落。"

"嗯，我的职责就是不让你感到失落。我们真的很重视你，我也非常希望你在公司工作得愉快舒心。但愿你从来没动过辞职这种念头。"海伦顿了一下，说，"你觉得鲍勃能扮演导师的角色吗？"

阿德里娜很不自在地耸了耸肩，她小心翼翼、搜肠刮肚地寻找着合适的措辞："啊，这个嘛，倒不完全是，嗯？"她的声音越来越弱，到最后自己也不知道说的是什么。

海伦不再难为她。"好啦，咱们来想想，怎么才能为你填补没有导师的空白。"很显然，阿德里娜并没有完全开诚布公，但她到底隐瞒了多少，海伦也没法儿得知。阿德里娜当然不至于傻到直接说汤姆想把她挖走，哪怕他真的在这么做。想起鲍勃刚才说话时流露出的无奈和绝望，海伦当即做了一个决定："其实，从某种程度上说，或许我也可以给你做导师啊。这样吧，我给你升职。"

两害相权

"海伦，你不能这么做！阿德里娜还只是个六级员工，她会栽在那个职位上的。"海伦早就料到她的这个突然决定会让玛丽感到不爽，但玛丽反对得如此激烈，还是令她暗暗吃惊。可不管怎么说，她这招儿毕竟留住了阿德里娜。"非常时期需要非常策略。"海伦为自己辩护道。

"问题就在这儿，"玛丽提高了嗓门，"那些听说过她要跳槽的员工会觉得我们无计可施了。而且更糟糕的是，你这样做不公平。即使有空缺，也应该给大家公平竞争的机会。难道对公司忠心耿耿的人反而该失去晋升的资格吗？你这样做会给大家传递出什么信号？"

"我告诉你是什么信号。大家会意识到，对于快速成长的人才，我们不会受缚于人事制度的条条框框，我们会破格提拔他们。这是一个积极的信号。至于阿德里娜嘛，你就不要为她操心啦。她人缘很好，这份工作她没问题。"

玛丽摇摇头："这不是人缘好不好、态度怎么样的问题。她还欠缺某些能力。"

"好啦，有谁是十全十美的呢！"海伦打断她说，"有时候，我觉得我们会过于在意别人的缺点。如果阿德里娜是公司外的求职者，咱们看了她的简历，肯定会觉得这个职位非她莫属。你敢说不是吗？"

员工心声

阿德里娜风波后几个星期，玛丽再次叩响了海伦办公室的大门。

"调查结果出来啦。"玛丽故意拿腔拿调地喊道——她和海伦总算言归于好，这着实令她松了口气。她在海伦办公桌前坐下，把那份密密麻麻绘满图表的报告递给海伦。"我先简要说一下概况吧，总的来说，员工对在这里工作的方方面面都相当满意。"

"哼。"海伦颇为不满地叹息道。

"我知道，我知道，"玛丽继续说，"不过一旦深入下去，就会发现有些细节还是挺微妙的。"接着，她列举了调查结果与平均水平有明显差异的几个部门。还有，员工对开放式问题的回答也和往常一样，很耐人寻味。有几位员工在匿名调查表上抱怨说，项目经理这一级有太多冗员。一位员工还提到"有些头头"一门心思拿大奖，根本不把预算当回事。行政人员则大部分保持了中立的态度，也有人指出讨厌"某些位高权重的人拖拖拉拉"，导致自己不得不利用晚上和周末加班。有人觉得奖金不错，有人觉得奖金太少。有人抱怨奖金制度向年轻员工倾斜，而年轻员工却抱怨没有受到足够的重视。

海伦安静地听玛丽说了20分钟，几乎没有插话，只是频频地摇头。听到玛丽开始念某个员工关于厨房点心和饮料的评论时，海伦发话了。

"噢，那是我写的。"她开玩笑道。

玛丽顺着老板说："我猜也是。别担心，这个我来处理。"不过她知道，老板听她唠叨了这么久，已经够了。于是，她合上报告，背靠着座椅。"我知道，从这么多乱七八糟的信息中，很难挑出真正关键的信号，但至少，我现在知道跟他们一对一谈话时该问些什么了。"

"要是他们能正面回答咱们的问题就好了。"海伦说。

桑比恩公司如何才能知道员工到底为何跳槽？

讨论：

1. 桑比恩公司出现人才频繁流失的主要原因是什么？

2. 如何看待汤姆的跳槽行为？

3. 桑比恩公司的人事制度存在哪些亟待解决的问题？如何评价玛丽的管理风格？

4. 海伦破格提拔阿德里娜是否合适？

5. 如何才能留住人才？

 **本章小结**

1. 组织内部沟通是管理沟通研究的核心内容。

2. 7-S 模型指出了组织管理的七个关键要素，即共同价值观、战略、结构、制度、风格、人员、技能，其中共同价值观是核心要素。管理沟通作为贯穿组织管理全过程的一种活动，其内容自然是围绕着组织管理的七要素展开。

3. 建立内部沟通渠道是内部沟通的基础性工作。

4. 加强员工对组织战略和组织文化的认知与理解，了解员工的需求和满意度，鼓励员工参与民主管理、提出合理化建议，培养员工责任感与忠诚度，建立有效的激励机制，协调关系，解决矛盾和纠纷，构建学习型组织，实施知识管理等是组织内部沟通的主要内容。

5. 团队是组织提高运行效率的可行方式，它有助于组织更好地利用和发挥员工的才能，促使员工参与决策，增强组织的民主氛围，提高员工的积极性。

即测即练

6. 建立相互信任的团队文化、建立共识，确定角色、分工合作、弘扬团队精神，有效引导与激励、充分发挥成员的潜能，鼓励团队创新等是确保团队有效沟通、获得高绩效的关键。

参考文献

[1] 戴维·怀斯，马克·乌西德.撬动地球的 google[M]. 北京：中信出版社，2006.

[2] Peters J. T., Waterman R H. In Search of Excellence[M]. Harper & Row, United States, ISBN, 1980.

[3] 李志，杨帆. 我国优秀企业的价值理念特点及启示[J]. 中外企业文化，2005（2）：25-27.

[4] 邓正红. 企业未来生存法宝[M]. 北京：清华大学出版社，2008.

[5] Dell M. Direct from Dell：Strategies That Revolutionized an Industry. Harper Collins Publishers，2006.

[6] Argenti P. A.，Howell R. A.，Beck K. A. 战略要沟通，沟通靠战略[R]. 赵建伟译. 麻省理工学院斯隆管理评论. Tribune Media Services，2006-03-31.

[7] 迈克尔·哈默. 企业行动纲领[M]. 王建南，房成鑫，赵学凯，译. 北京：中信出版社，2002.

[8] 柯林斯等. 基业长青[M]. 真如，译. 北京：中信出版社，2002.

[9] 法约尔. 工业管理与一般管理[M]. 迟力耕，张璇，译. 北京：机械工业出版社，2007.

[10] Mintberg H. Rebuilding Companies as Communities[N]. Harvard Business Review，2009-07-08.

[11] 张明海. 凤凰卫视企业文化故事解析[N]. 中国工商报，2008-12-12.

[12] Thackray J. Feedback for Real[J]. Gallup Management Journal，2001（1）：1-5.

[13] 王惠. 柯达的建议制[J]. 企业改革与管理，2002（2）：40-41.

[14] 佚名. 责任感[EB/OL]. http://baike.baidu.com/view/165451.htm.

[15] 赵瑞美，李桂云. 企业员工忠诚度下降的原因与对策分析[J]. 聊城大学学报，2003（4）：36-38.

[16] 包立杰. 企业员工忠诚度研究[J]. 内蒙古民族大学学报，2006，12（3）：35-37.

[17] 高福霞，李婷，李志. 我国企业员工忠诚度研究述评[J]. 经济师，2006（1）：192-193.

[18] Forrester J. W. A New Corporate Design[J]. Sloan Management Review（formerly Industrial Management Review），Fall 1965：5-17.

[19] 彼得·圣吉. 第五项修炼——学习型组织的艺术与实务[M]. 上海：上海三联书店，1994.

[20] 邢棉，陈莉，任峰等. 模糊多级评价在知识管理水平评估中的应用[J]. 运筹与管理，2004，13（3）：86-89.

[21] 维纳·艾莉. 知识的进化[M]. 珠海：珠海出版社，1998.

[22] 张振学. 管理革命[M]. 北京：中国商业出版社，2006.

[23] 王福军. 施乐公司的知识管理[J]. 企业改革与管理，1998（9）：14.

[24] 斯蒂芬·P. 罗宾斯. 管理学[M]. 北京：中国人民大学出版社，1997.

[25] Hackman J. R. The Psychology of Self-Management in Organizations. In：Pollack M. S.，Pasloll R. O. Psychology and Work：Productivity，Change and Employment[J]. American Psychological Association，Washington，D. C.，1986: 85-165.

[26] Townsend A.，DeMarie S.，Hendrickson A. Are You Ready for Virtual Teams?[J]. HR Magazine，September 1996：122-126.

[27] 樊耘，朱荣梅，张灿. 虚拟团队与传统团队的行为差异及其管理对策研究[J]. 中国软件科学，2001（12）：66-70.

[28] Belbin R. M. Management Teams：Why They Succeed or Fail Publisher[M]. A Butlerworth Heinemann Title，2004.

[29] Belbin Team Role Theory：History & Research[EB/OL]. http://www.belbin.com/rte.asp?id=3.

[30] LeBoeuf M. The Greatest Management Principle in the World[M]. G. P. Putnam's Sons，1985.

[31] 郭文臣. 公共关系管理[M]. 大连：大连理工大学出版社，2005.

[32] 郎加明. 创新的奥秘[M]. 北京：中国青年出版社，1983.

第 5 章
外部沟通与跨文化沟通

学习目标

通过本章的学习，你应该能够：

1. 了解组织外部沟通的重要性和对象；
2. 熟练掌握外部沟通的着力点；
3. 掌握外部公共关系的内容；
4. 了解文化差异对跨文化沟通的影响；
5. 掌握跨文化管理的内容及策略。

引导案例

真诚赢得信任

2022 年 5 月 10 日，48 岁的王女士来到北方银行中心支行营业大厅。当时大厅内还有大概 4 到 5 名客户在等待办业务，排到王女士到柜台办理业务的时候已经接近银行业务办理截止的时间。王女士拿出 18 万元要存款，其中 14 万为零钱，柜员用了将近 25 分钟的时间清点存款。因清点零钱时间较长，王女士也露出尴尬神色。此时大堂经理张斌及时给客户递上水，报以微笑。王女士有点不太好意思："小伙儿，我知道你们快要下班了，可还是过来了，压得现金有点多，不存进来我真是不放心。"

大堂经理张斌报以理解的微笑，回复到："您来办业务的时候还没有到银行关门时间呢，您不用替我们担心。"王女士看到大堂经理和自己孩子差不多大，随口问道大堂经理年纪，这一攀谈，才发现自己的孩子和这名大堂经理都在同一个城市读的大学，自己的孩子留在异地安家，这个小伙子回到了家乡，不由心生亲切之感。大堂经理张斌在与王女士的沟通中了解到她是附近的个体经营者，虽然业务不大，但是资金流动很大，其存款和账户主要开立在他行，于是不动声色的询问王女士是否有取大额（超过 10 万元）的需求，如果有需要提前预约。王女士回复没有。谈话中，大堂经理张斌亦表达了王女士与自己母亲年纪相仿的亲切之感。

业务结束后，大堂经理张斌完全可以下班，但他仍热情的送王女士出门，王女士感到不好意思，说道："其实平时有固定的银行存钱，只是那家的服务总是差强人意，这个时间去，我肯定能感受到他们的不愿意，所以厚着脸皮上你们这。"大堂经理张斌这时已经换了称呼："王阿姨，您别再这么说了，银行就是为客户服务的啊！"这站在客户角度说话的态度更是让王女士听了心情舒爽。张斌顺便建议王女士："其实刚才把钱存在活期里收益低，不如买七天滚动理财，利息比活期高6到8倍。"并贴心告诉王女士："这个存款专为存款大户设计的产品，不保本浮动型收益，但是推出至今并未发生过风险。"王女士满意地离开。

几天后，大堂经理张斌正在排队机前值班，引导、分流客户，又见到这个王女士，热情打招呼："王阿姨，您这是又来存钱啦！"随后自然的取了号，交到王女士手上。王女士考虑一下，回答说：想咨询点理财业务方面的问题。张斌问王女士是否买过理财产品，王女士毫不隐瞒地告诉张斌从她存款的那个银行买过200万元，收益还不错。但手续较麻烦，由于银行理财人员业务不熟悉，在赎回过程中造成了一些不愉快。王女士紧接着又告诉张斌因为她还需要经常办理一些个人业务，看到贵行的员工服务水准和服务环境都非常好，所以想咨询一下贵行代理的理财产品。听到这里大堂经理张斌判定王女士是一名优质客户，就引导王女士来到贵宾客户理财区，热情地同王女士进行了交流。张斌了解到王女士近期收回一笔款临时不用，想了解一下该行的理财产品，便和客户就基金的走势和投资理念进行了交流，同时给王女士一些投资风险提示。在与王女士反复沟通后，张斌发现王女士对该行前期代理的指数基金很感兴趣，也可能是客户对去年的基金热产生了热情，也想了解这方面的产品。张斌便详细向王女士介绍了该行的产品，并推荐了贵宾卡和该行快捷方便的手机银行，细心的向王女士进行了操作演示。随后王女士当场办理了贵宾白金卡，开通手机银行。开通过程中王女士说道："其实我们这个年纪的人真的不行了，用不明白电子产品，你们银行现在理财基本都是网上办理，我们真不方便。"大堂经理张斌考虑到客户的孩子也在外地，可能不能随时指引父母如今的手机操作，贴心说道："王阿姨，我都理解的，您和我父母都一样大，他们也总在家这样念叨，您要是下次还用不明白，到我这来我帮您操作不就行了！没关系的！"

王女士对大堂经理张斌的服务非常满意，不但把他行的存款转入到本行账户上，而且通过手机银行一次性购买了500万元基金。

从此，北方银行中心支行又多了一位优质客户。

（本案例由大连理工大学MBA学员贾卉宇提供）

注重日常客户的维护，真诚的服务、有效的沟通是打开客户心门的一把钥匙。沟通的关键在于是否能沟通到位，做到专业化、精致化、进而创造沟通的附加价值，让客户跟进你的思路那才是优质的沟通。针对银行这种服务类行业来说，客户和银行服务人员接触后有没有在心里留下一份温暖的感觉是客户是否选择继续接受银行服务的关键所在。专业的知识是吸引客户、提升兴趣的敲门砖，只有通过真诚的服务、有效的沟通，了解客户需求并满足客户需求，才能为企业创造价值，实现共赢！本章将着重探讨与各类外部公众有效沟通的问题。

5.1 组织外部沟通的内容

5.1.1 外部沟通及其重要性

许多企业家经常奔走于世界各地，参加各种活动。这些活动，有的与企业业务有关，而很多都与企业业务没有关联。那么，为什么处于百忙之中的企业家还要参加诸如此类的活动呢？

其实，表面上看一些活动与企业业务无关，但实际上这些活动也是企业家的工作内容之一，与社会各界交往是企业家不可或缺的重要工作内容。这是因为：

首先，企业组织是社会大环境的一个子系统，它必然与外部环境发生物质、能量和信息方面的交换。系统理论认为，组成系统的各要素之间存在着相互作用和联系，正是这些作用和联系，才能使各要素结合成一个整体。此外，企业组织作为一个子系统，生产经营活动必然会受到外部环境的制约，社会外部环境作为外在条件对企业的生存发展产生限制与约束。如国家的政治形势、宏观产业政策、法律法规、税收政策，以及地方政策、社会治安状况、同行业竞争者发展态势等都会给企业的发展带来极大的影响。有些外部环境因素不是企业能够改变的，只有去适应它才能进行正常的生产经营活动，才能得到生存与发展。所以，适应环境、开展与外部社会的交流与互动是企业组织正常经营的必要条件。

其次，加强与外部社会的沟通，有助于树立良好的组织形象。组织形象的衡量指标主要是知名度和美誉度。知名度是外部公众对组织了解、认知的程度，是建立组织形象的基础；美誉度是外部公众对组织信任和赞美的程度，是建立组织形象的目标。知名度低、美誉度高的组织，通常是因为与外部世界沟通不足；知名度高、美誉度低的组织，通常是沟通工作虽然做得不错，但组织内功不足，在公众心目中可能会留下负面、消极印象；知名度和美誉度都低的组织则一定是个普通的组织，或是新成立的组织；知名度和美誉度都高的组织通常是在公众心目中具有良好口碑及品牌形象、组织效益高、具有发展潜力、值得尊重和支持的组织。所以，加强与外界的沟通是提高企业知名度和美誉度的一种途径，有助于树立良好的组织形象。

再次，有助于企业组织建立广泛的关系网络，增加合作的渠道，扩大产品销售，提高竞争能力。广泛的横向联系网络和畅通的纵向联系网络是企业组织发展不可或缺的"软件"。通过与政府等部门的交流与协作，将会优化组织的发展环境；与经销商、供应商、顾客等进行沟通并建立良好的关系，必然会使信息畅通，扩大产品销售，提高效率与效益，进而提高企业组织的竞争力。

最后，加强与外部社会的沟通，有助于开阔企业组织及其管理者的视野，提高管理者自身素质，强化组织内部管理。美国等西方国家的企业之所以能成为跨国公司、开展跨国经营，源于其视野开阔，信息灵通，能够预测并掌握整个世界的经济发展趋势、行业发展风向标，甚至对竞争对手了如指掌。同时，能够吸引优秀的人才，开发最先进的技术，并运用先进的管理理念、方法来经营企业。占有信息并合理利用信息是其制胜的重要法宝之一。

5.1.2　外部沟通对象

与内部公众相比，组织的外部公众与组织不是结为一体，而是广泛存在于组织之外与组织具有依赖关系的所有组织、群体和个体。这些外部公众，虽然在性质、与组织的互补关系和密切程度、对组织的态度等方面各不相同，甚至有很大的差异，但是，彼此互相关联、互有影响。比如，企业为满足顾客的需要，计划增加新产品的生产，而增加新产品生产又涉及新的生产设备和原材料的供应以及金融组织对资金的支持，而资金的支持又可能涉及政府有关部门政策的规定等。这说明，组织与外部公众的依赖性往往并不单纯是一种单一的关系，而是要受一系列相关因素的制约，这使得组织外部关系趋于复杂化。

同时，组织外部公众不同于组织内部公众，他们一般与组织的利益不具有同一性，与组织也不存在根本利益一致基础上的依赖关系，而是建立在各自利益需求基础上的一种互补性依赖关系。尤其是各类外部公众由于与组织面临不同的问题，从而需求目标互不相同，明显呈现出多元化的性质。比如，顾客要求组织提供优质的服务；社区要求组织支持社区的事业；政府要求组织自觉遵守有关政策法规；新闻媒介要求组织为其报道提供便利等。因此，这种特征要求组织重视研究各类外部公众的利益需求，把组织外部公共关系协调作为一个系统工程，全方位地搞好组织与各类外部公众的互补合作。

此外，组织外部公众独立于组织之外，他们与组织的关系一般不具有稳固性、安定性，而具有经常的变动性、流动性。随着组织自身工作的开展，原先影响组织发展的较为重要的外部公众，会因为某种原因变为较为次要的外部公众。另外，由于组织的工作或其他原因，原先与本组织密切相关的外部公众也可能转向其他组织，从而脱离了原先的关系。这些变化，可能是长期的，也可能是暂时的。外部沟通对象的变动性，对组织外部沟通提出了更高的要求。

组织外部沟通对象很多，形成了一个复杂的网状结构，如图 5-1 所示。

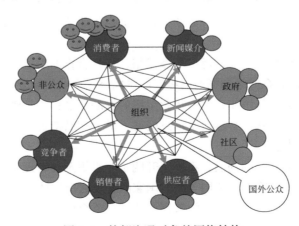

图 5-1　外部沟通对象的网络结构

图 5-1 显示的是企业组织在一般情况下通常要面对的外部沟通对象，也就是说几乎所有的企业组织都要面对这些沟通对象。实际上，不同组织在不同时期所面临的沟通对象是有所不同的，重点也各不相同。因此需要企业组织了解沟通的对象及其特点、一般需求，分清不同时期沟通的重点对象及其特点、特殊需求，有针对性地开展沟通工作。

5.1.3 外部沟通的着力点

鉴于外部环境的复杂性、变化性、不确定性，以及沟通对象的多样性、差异性等，外部沟通应找准切入点和着力点，有的放矢。

1. 诠释和解读组织文化

《惠普之道》诠释的是由惠普公司创始人比尔·休利特（Bill Hewlett）和戴维·帕卡德（Dave Packard）共同创立的惠普文化。戴维·帕卡德曾说过："回顾一生的辛劳，我最自豪的，很可能是协助创设一家以价值观、做事方法和成就，对世界各地企业管理方式产生深远影响的公司；我特别自豪的是，留下一个可以永续经营、可以在我百年之后恒久继续作为典范的组织。"[2]

"惠普之道"作为惠普独特的企业文化，强调信任和尊重个人、追求卓越的成就与贡献、注重速度和灵活性、专注有意义的创新、靠团队精神达到共同目标、在经营活动中坚持诚实与正直等，体现了惠普以人为本的管理精神，因此其受到了惠普员工及其广大客户和合作伙伴的广泛赞誉。

诠释和解读组织文化的方式很多，如讲故事、做报告、开展活动等，但如果没有外部公众对组织文化的认同与理解，所有的一切努力都将付之东流。文化具有超乎寻常的感召力，诠释和解读组织文化理念、价值观、经营哲学等，会使沟通对象产生理性共鸣，进而成为组织最忠实的公众。

2. 全力打造信誉、品牌及形象

2000 年 6 月，美联储主席格林斯潘在哈佛大学演讲时谈了他对声誉作用的理解："如果竞争是市场经济的引擎，那么声誉就是使之运行的燃料。"[6]法布朗（Fombrun）[7]认为，"企业声誉是企业过去一切行为及结果的综合体现，这些行为及结果反映了企业向各类利益相关者提供有价值的产出的能力。企业声誉可用来衡量一个企业在与内部员工及外部利益相关者的关系中所处的相对地位，以及企业的竞争环境和制度环境"。企业声誉的关键特征包括：企业声誉具有可被感知的特征，能明确一个公司在某个领域中相对于其他竞争对手的主观排名；在判断一个企业的声誉及其未来前途时，每一个人使用的是个人的、经济的、社会的和伦理的标准的联合；企业声誉是一种能使企业所有的成员所持有的多样的企业形象相互和谐的简单印象，它暗示了企业对员工、消费者、投资者、供应商和当地社区的综合吸引力。威尔逊（Wilson）等认为，企业声誉是利益相关者伴随着时间的流逝对一个企业的一种综合评价，这种评价是基于利益相关者在企业中的亲身经历、利益相关者之间的沟通、企业在产品服务市场和观念市场中的实际行动以及象征性事件[8]。

　　法布朗等在对经济学、战略管理等六个学科的文献进行梳理后，提炼出企业声誉的六个属性：①声誉明晰了企业在组织领域的突出地位；②声誉是企业内部识别（如员工对企业社会身份的识别）的外在反映；③声誉源自企业发展历史及此前的资源配置，并作为行动壁垒规定企业自身的行为和对竞争对手的反应；④不同的人使用不同的标准对企业的能力和潜力进行评价，声誉是这些评价的综合；⑤声誉可以简化企业绩效的构造，帮助观察者应对市场的复杂性；⑥声誉体现了评价企业效率的两个维度，即经济绩效和社会责任履行情况[9]。

　　1998 年，格雷（Gray）和巴尔末（Balmer）在法布朗研究的基础上，提出了一个企业声誉与形象管理模型[10]，如图 5-2 所示。

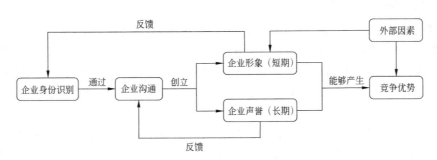

图 5-2　企业声誉与形象管理模型

　　这个模型揭示了企业识别系统（corporate identity system，CIS）、企业沟通（corporate communication）与企业形象、企业声誉之间的传导机制，并且将企业形象与企业声誉作为两个不同的概念区分开来，明确了二者的地位和作用。模型的提出者认为，企业形象与企业声誉是既有联系又有区别的两个概念，企业形象可以通过广告、公关等企业沟通手段在短期获得；而良好的企业声誉则需要一个长期的、持久的努力过程，众多可控因素与不可控因素都对企业的声誉产生直接或间接的影响。同时，不可否认，广告、公关等沟通手段确实可以提高和巩固企业声誉。

　　从 1999 年开始，法布朗领导下的声誉研究所又开始进行企业誉商（corporate reputation quotient，RQ）测评。誉商测评的依据是 Fombrun-Harris 框架，分六大类指标：企业感召力、产品与服务、愿景与领导力、工作环境、财务业绩、社会责任感；六大类指标下又分为 20 个细化指标（见表 5-1）[11]。

　　菲利普·科特勒认为，从消费者的角度来看，品牌具有六层含义：属性、利益、价值、文化、个性、使用者。当品牌作为客体和其他信息一起传递给消费者时，品牌的六层含义就构成了消费者心目中品牌形象的具体方面。成功的品牌使购买者或使用者获得相关或独特的、最能满足他们需要的价值和附加价值。从某种意义上来讲，品牌形象随着品牌的产生而产生，品牌的含义决定了品牌形象的内涵。

　　品牌形象是人们对品牌的总体感知，是消费者从消费经验中形成的对产品的信念。企业品牌管理的核心就是塑造消费者心目中正面的品牌形象，以达到增强品牌竞争力、实现

表 5-1　企业誉商测评指标体系（Fombrun-Harris 框架）

RQ 六大类指标	RQ 细化指标	RQ 六大类指标	RQ 细化指标
企业感召力	• 对企业的良好感觉 • 对企业的尊重 • 对企业的信任	工作环境	• 管理有序 • 看似一个值得效力的好企业 • 看似拥有高素质的员工
产品与服务	• 产品与服务背后的立场 • 提供高质量的产品与服务 • 开发新颖的产品与服务 • 提供高品位的产品与服务	财务业绩	• 盈利记录 • 投资风险低 • 可预见的强劲的增长势头 • （财务）表现往往超过竞争者
愿景与领导力	• 非凡的领导力 • 对未来有热切的愿景 • 善于识别和利用市场机遇	社会责任感	• 支持正当权益 • 对环境负责 • 善待他人

企业营销目标的目的。罗子明对品牌形象的特点进行了较为全面的总结，认为品牌形象主要有多维组合性、复杂多样性、相对稳定性，以及可塑性和情境性等特点。[12]由于品牌形象的复杂性和情境性等特点，在不同的时间、地点和使用情境下，消费者赋予其不同的含义和内容。许多研究人员也从各自的研究角度提出了不同的品牌形象模型，如科勒（K.L. Keller）模型（见图 5-3）。科勒从建立基于顾客的品牌权益的角度把品牌知识（brand knowledge）分为品牌知晓度和品牌联想两个部分[13]。品牌知晓度（brand awareness）是指品牌被消费者所知晓的程度；品牌联想（brand association）是指消费者由品牌而产生的印象。

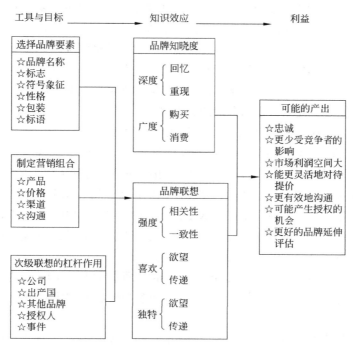

图 5-3　柯文·科勒的品牌权益模型

组织形象指的是社会公众心目中对一个社会组织的整套要求、全部看法和总体评价。简单地说，组织形象就是组织在公众中产生的印象。

组织形象的构成要素如下所述。

（1）产品形象。即通过组织的产品或提供的服务所反映出来的组织形象，它是组织形象的基本要素和客观基础。产品的形象包括质量、名称、商标、性能、外观、包装等。除了组织的产品以外，餐馆的菜肴、宾馆的客房、出版社的书籍、电视台的节目、学校培养的学生、医院治疗的病人、服务业的项目和品种等，都是特定组织的产品形象。

（2）服务形象。即组织通过服务行为展现的形象。服务形象通常包括服务人员的服务理念、态度、仪表、礼貌、服务方式、服务规范、服务环境等。塑造服务形象的过程就是如何满足公众心理需要，使公众满意的过程。

（3）人员形象。即通过组织成员的品行、素质、作风、能力、态度、仪表等所体现出来的形象。它包括组织领导人的形象、管理人员的形象和全体员工的形象。

（4）环境形象。即通过组织的和相关的环境设施所展现的形象，包括组织的区域周边环境、建筑外观、门面招牌、厂容店貌、橱窗布置、办公场所环境形象等，它是现代办公文明、生产文明、商业文明的一部分。

（5）文化形象。即组织通过一系列文化要素展现出来的形象，包括组织的物质文化和精神文化，狭义上包括组织的价值观念、管理哲学、历史和传统、规章制度、行为规范、职业意识和职业道德、口号、训诫、歌曲、旗帜、服装和各种宣传品，这些要素都鲜明地体现出一个组织的文化形象。

（6）标识形象。即组织通过组织的标志和识别系统所展现的形象。它能够帮助公众识别和记忆组织的形象，如组织的名称、产品的品牌、商标或徽记、广告形象、主题词、典型音乐、特定的字体、特别的色彩、包装的设计、宣传的格调等。

除此之外，组织形象的构成还包括组织的方针政策、办事程序与效率、财政资信、市场开发能力、技术开发实力、信守合同的信誉、参与社区活动的影响等方面的内容。可见，组织形象的构成是多方面的，是综合性的有机整体。

导入企业识别系统（CIS）是塑造组织形象的一种方法。CIS 是指组织（或团体）为塑造富有个性的社会形象，将其理念、行为、视觉形象及一切可感受的形象实行统一化、标准化、规范化，并进行有计划的传播与实施，以提高组织的竞争力和形象力的一项系统工程。

传统的 CIS 主要有三大构成要素，即理念识别系统、行为识别系统和视觉识别系统。

（1）理念识别系统（mind identity system），简称 MIS 或 MI。理念识别就是给组织的精神理念进行定位。组织的理念识别系统全面、系统地反映出组织的经营哲学、组织精神等，是组织的灵魂，也是 CIS 战略的核心。

（2）行为识别系统（behavior identity system），简称 BIS 或 BI。行为识别就是组织行为的内外展示。组织的行为识别系统是以组织理念为核心而制定的组织运行的全部规章策略。

（3）视觉识别系统（visual identity system），简称 VIS 或 VI。视觉识别就是组织标识的视觉感知。视觉识别系统是指组织根据其理念和行为所设计的具有视觉感知性和冲击力的统一的组织标识系列，其设计的基础是 MIS 和 BIS。它采用的是直观地传达组织理念与行为的方法，是 CIS 中分列项目最多、层面最广、效果最直接的一个子系统。

导入并推展 CIS 有利于全方位地塑造与提高组织形象，提高员工士气，增强组织的凝聚力和向心力，提高组织在国内外的竞争力、影响力，有利于创造名牌产品及名牌企业，也有利于优化组织的生存和发展环境，提高组织的社会地位。

3. 把脉客户需求，提高满意度和忠诚度

根据马斯洛的需求层次理论，客户的需求包括生理需求、安全需求、社交需求、尊重需求和自我实现需求。也有人认为，客户的需求可概括为物质上、精神上和心理上的需求。

不同类型的客户需求各不相同，因此首先要研究客户的需求结构。客户需求的基本结构主要包括：①品质需求——质量、性能、适用性、使用寿命、可靠性、安全性、经济性和美观与否等；②功能需求——主导功能、辅助功能和兼容功能等；③外延需求——服务、心理及文化需求等；④价格需求——价位、性价比、价格弹性等。

了解并确定客户的需求结构，目的是满足不同层次顾客的要求，使顾客满意。美国营销学会顾客满意的定义是：顾客满意 = 期望 - 结果。满意决定于顾客所预期的产品利益的实现程度，反映出预期与实际结果的一致性程度[14]，或是指一个人通过对一种产品的可感知结果与他的期望值相比较后所形成的愉悦或失望的感觉状态[15]。顾客满意通常是指顾客将企业组织所提供的产品、服务的最终表现与自身期望、要求的吻合程度进行比较后所产生的满意程度。

顾客满意度指数根据对顾客的了解以及整个行业状况，确定达成各项目标的考核指标，并使用统计技术核算它的指数，对比前后的工作，明确企业在市场以及顾客心中的地位，随时指引企业走向一个正确方向。1994 年美国密歇根大学商学院、美国质量协会（American Society of Quality，ASQ）等单位联合编制顾客满意度指数（American customer satisfaction index，ACSI）。ACSI 是对美国境内产品和服务质量进行满意度测评的统一的、全国性的和跨行业的衡量指标。ACSI 模型中各变量的关系如图 5-4 所示[16]。服务利润链理论认为，顾客满意可以促进顾客忠诚，而顾客忠诚可能会带来终身价值（包括保留、重复交易、推荐新顾客等），进而带来企业收入的增加、盈利的提高。顾客忠诚是指由于价格、产品/服务

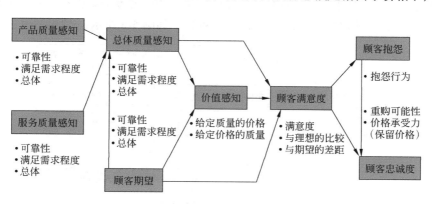

图 5-4　ACSI 模型图示

特性或其他要素吸引力的影响，顾客长久地购买某一品牌产品或服务的行为。国内外学者的研究以及企业的实践表明，顾客忠诚首先有助于企业巩固现有市场，既可以增加企业的销售收入，提高企业的长期获利能力；又可以减缓竞争对手的威胁，从而有效地保护现有市场。其次，顾客忠诚所产生的良好的口碑效应会产生积极的连锁反应，有利于企业吸引新的消费者和开拓新市场。最后，顾客忠诚有助于企业降低成本，提高利润率水平等。

无论是了解客户需求，还是了解顾客满意度和忠诚度，都必须采用科学的沟通方法，即在确定相关指标的基础上，通过调查研究和统计分析，得出初步结论，或经过专家论证后，制定满足客户需求、提高顾客满意度和忠诚度的对策、措施等。

5.2　公共关系的建立与维护

美国的约翰·马斯顿给公共关系下的定义是：公共关系就是运用有说服力的传播去影响重要的公众[17]。美国马里兰大学詹姆斯·格鲁尼格（James E. Grunig）教授认为："公共关系是一个组织与其公众之间的传播（或沟通）管理，其目的是建立一种与这些公众互相信任的关系。"[18]一个组织与其公众有良好的关系，自然也就在这些公众中有了良好的信誉。良好关系具有五大特征：①互相控制，即组织管理层和公众都认为他们对影响彼此的组织决策有一定的控制权；②关系承诺，即组织管理层和公众都意识到双方的互相依存性，并愿意给对方与其他方建立关系的一定的自主权；③双方满意，即双方都认为这种关系对彼此有益；④彼此信任，即各自都愿意授予对方一定的控制权，因为相信对方的行为会负责任；⑤达到目标，即以这种关系的存在或是通过这种关系，双方都达到了各自的目的，或确保了自己的利益。

关系是一种资源和财富，公共关系已成为现代社会的一种重要资源，组织需要通过开展公共关系活动和公共关系管理来充分开发和利用这种独特的资源，良好的、稳定持久的公共关系需要管理和维护；公共关系已成为现代组织的一种无形资产，组织需要通过公共关系及管理来经营和提升这种资产的价值；公共关系已成为现代经营管理的一种重要手段，组织需要运用这种手段去谋生存、求发展；公共关系已成为现代组织的一种日常行为，需要通过公共关系及管理来规范这种独特的组织行为；组织要发展就必须与社会公众建立一种可持续发展的、和谐友善关系，并时时加以维护，如图5-5所示。[19]

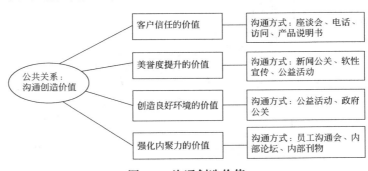

图 5-5　沟通创造价值

作为社会环境大系统中的组织，实际上是一个独立的子系统，但它与社会经济、政治、文化等各方面存在横向依赖性，因而形成了组织外部不同的公共关系。组织在实现自身目标和运行过程中，总要与顾客、社区、政府、新闻媒介等外部公众进行沟通和交流，这样必然要建立并维护自然形成的顾客关系、社区关系、政府关系、新闻媒介关系等。具体而言，组织的职能类型不同，外部公众也各不相同。例如，企业组织的外部公众还有供应厂商、金融组织、经销商、竞争企业、合作企业、同业组织、科教组织、咨询服务组织、公共事业组织等。因此，组织在外部公共关系协调中，应当根据自身的类型和情况，认真进行公众细分，统筹拟订总体方案，分别确定具体工作的目标公众。

拓展阅读 5.1
伊利并购新西兰 Westland 乳业

5.2.1　与消费者（顾客）沟通

所谓消费者，通常既包括物质产品的消费者，又包括享用某种服务或精神产品的消费者。每个组织都拥有一定的消费者。与消费者进行有效沟通是组织管理沟通的主要内容，处理好消费者关系也是组织外部公关工作的重要内容。

美国学者研究表明：每有一名通过口头或书面直接向公司提出投诉的顾客，就有约 26 名保持沉默的感到不满意的顾客。这 26 名顾客每个人都会对另外 10 余名亲朋好友造成消极影响，而这 10 名亲朋好友中，约 33% 的人会再把这个坏消息传给另外 20 个人。换言之，只要有 1 名顾客不满意，就会产生 $1 \times (26 \times 10) + (10 \times 33\% \times 20)$，即 326 人不满意。因此，现代组织经营管理者、决策者都清醒地认识到消费者关系的重要性，把它作为一项长期的战略任务来抓。消费者关系之所以重要，就是因为消费者是组织存在的价值和可能。即消费者对组织来说，是组织得以生存的条件，并决定着组织的前途和命运；组织就是因消费者的需要而存在。因此，与消费者沟通对组织的生存和发展至关重要。

与消费者沟通的主要内容包括以下几个方面：

（1）高度重视消费者及其价值。阿里巴巴明确提出"客户第一"的经营理念，把客户放在至高的位置。也有许多企业树立"顾客至上"的经营观念，既体现了组织对消费者的重视程度，也让消费者对组织的经营理念等有了一定的认知。

（2）进行消费调查，了解消费者的需求，确定消费者类型。进行消费需求或满意度调查是与消费者有效沟通的基础性工作。科学的消费调查，有助于组织了解消费者的喜好、目标公众的构成、不同时期的需求特点、消费趋势等，以便于组织有的放矢。

（3）寻找与消费者的共鸣点、契合点。与消费者有效沟通，必须进入消费者的内心，达到心灵的交融与契合。这就需要在沟通过程中更多地了解对方的信息，并适时加以利用，如利用亲缘关系、业缘关系、地缘关系、相同爱好和经历等，使对方产生信任、共鸣，并为进一步交流奠定基础。

（4）进行消费教育，引导消费。鉴于消费者对某一产品或服务项目的认知不足，或者由于市场繁荣、物质丰富而造成消费者眼花缭乱、无所适从，组织应抓住有利时机，开展消费教育，引导消费。当然，这种引导需要沟通技巧。以产品销售为例，应搞好售前引导、售中开导、售后指导。

（5）开展丰富多彩的营销、广告、展览活动等。通过各种类型的活动，让消费者通过不同渠道了解组织及其产品、服务等，甚至让顾客参与到组织的活动之中，享受活动带来的乐趣，加深顾客对组织的好感，以提高顾客的满意度和忠诚度。

（6）与消费者保持经常性联系，及时处理消费者投诉。只有不断地与消费者进行沟通，才能把握消费者的真正需求与喜好；只有保持经常性联系，才能由陌生到熟悉，才有可能产生情感。此外，一旦发现有消费者投诉，组织必须立即与消费者进行沟通，了解事情的发生发展过程，并采取有效措施解决相关问题，否则，忽视消费者的投诉所带来的负效应，在今天的网络时代，其后果不可想象，其处理的难度可能要比及时处理高出好多倍。

情景故事

"未来"老总的紧急行动

一天，未来集团王总经理正在与一位下属研究工作，突然，电话铃声响了，里面传来驻内江办事处推销员的焦急声音："当地媒体报道一个 3 岁小孩突然死亡，家属怀疑是吃的四种米粉所致，其中就有未来米粉。"王总经理听罢，立即乘车到上海，转乘飞机赶到内江，找到了死亡小孩的家。王总慰问了小孩的亲人，并表示："小孩吃了未来米粉，就是我们的顾客，不论检验结果如何，我们公司决定，如果你们再有小孩的话，我们公司负责供养他一直到大学毕业。"说完，王总经理先拿出 5000 元慰问金给了孩子的父母，看到孩子的爷爷和奶奶特别伤心，又掏出 3000 元给了两位老人，请他们保重身体。

几天后，检验结果出来了，小孩吃的四种米粉没有质量问题。小孩的死因与未来米粉无关。

王总经理从当地报纸上了解到内江市设立"见义勇为基金"，便派工作人员向该基金捐款 10 万元。

拓展阅读 5.2
如何正确地与客人沟通

王总经理的举动引起了内江市政府有关部门的注意。内江市政府对未来集团的义举给予了高度评价，政府有关负责人接见了王总经理，并希望加强合作。王总经理也表示愿意合作。双方经过协商，未来集团决定在内江建立分厂，内江市给予了一定的优惠政策。

5.2.2　与新闻媒介沟通

新闻媒介是组织的外部公众之一，也是组织重要的沟通对象。新闻媒介通常是指报纸、广播、电视、互联网等传播新闻及其他信息的传播媒介。新闻媒介具有自己的特性和传播优势，它的独特性集中表现在传播信息迅速、范围广、影响力大、威望度高。它已成为人们日常生活和工作不可或缺的信息渠道和窗口，成为人们的耳目喉舌。新闻媒介传播的信息还具有典型性、时间性等，甚至可以左右社会舆论、影响和引导民意等。因此，新闻记者被尊称为"无冕之王"，没有哪个组织和个人敢于轻视新闻媒介这一重要舆论工具的地位和作用。因此，重视与新闻媒介的沟通便成为组织外部沟通的重要内容。

通常，与新闻媒介沟通主要侧重于以下几个方面。

（1）熟悉新闻媒介的特点，与新闻界保持经常性联系。新闻媒介除了具备上述介绍的一般特点之外，每一新闻媒介又都有其特殊性，即使是同一种新闻媒介，如电视，由于其所处的地位、地点、定位、内容、影响力等不同，人们对其的关注度也各不相同。所以，必须了解新闻媒介的特点，甚至细化到每一个栏目的风格、主持人的风格、播出时间、沟通的主要对象等。主动与新闻媒介进行沟通，保持经常性联系，以便于把握新闻舆论的导向、焦点等。

（2）对新闻机构要一视同仁，并尊重新闻界人士的职业特点。新闻媒介无论其规模大小、人员多少，由于其任务的规定性及其本身的特殊性，都会在一定范围内产生不同程度的影响力。因此，对新闻媒介一定要平等相待、一视同仁。同时，必须尊重新闻界人士的职业特点，向他们提供真实、准确、客观的信息，尊重新闻记者的独立报道权，不能通过非常手段诱使或强迫其报道有利于组织的信息，尤其是要正确对待不利于本组织的报道。如果确实是组织自身的原因，就必须立即改正；如果是报道有所偏差或对组织不利，也不要与新闻媒介形成对立，而应通过积极主动的沟通，或采取有效措施，引起新闻媒介的再关注，重塑组织形象。

（3）积极主动地向新闻媒介提供有价值的新闻稿件和信息资料。新闻媒介虽是"无冕之王"，但其也有致命的弱点，即新闻媒介自身不能产生新闻，它具有相当大的依赖性，一旦离开了各种组织和个人，乃至社会的协助，没有人为其提供新闻素材，新闻媒介便成为"无源之水、无本之木"。基于此，组织可以积极主动地向新闻媒介提供有价值的信息，包括组织的变革、领导人的更替、重大发明、重大事件，以及新闻界需要的、有价值的信息等，如果组织能够提供新闻稿件或素材及相关背景信息，新闻媒介也会感谢组织的支持，并及时发布组织的相关信息。

（4）适时举办新闻发布会和记者招待会，邀请新闻界人士参观、座谈、指导。新闻发布会和记者招待会都具有相同的特征，即这一活动既利用了人际沟通方式，又利用大众传播媒介进行传播，因此，这一活动方式因具有花费少但传播面广、速度快、影响力大等特点而受到大多数组织的青睐。还可利用这一时机，邀请新闻界人士到企业组织参观、座谈、指导等，或寻求机会，安排并促成领导者与新闻界人士的直接接触。这样，有助于加深新闻媒介对组织的了解，与新闻媒介建立良好的关系。

（5）不失时机地"制造新闻"，引起新闻媒介的关注。当然，组织不能不择手段，制造假新闻欺骗新闻媒介和公众，这是行不通的。但是，组织可以利用自身及周边发生的新颖、奇特、与众不同的活动或具有新闻价值的人、物等，通过巧妙渲染或加工，引起新闻媒介的关注和报道。

情景故事

阿里巴巴支付宝员工的"裸奔"

2009年5月的一天，早晨九点半，支付宝会议室里，两位女员工给即将"裸奔"的同事"化妆"……9点35分，上千平方米的敞开式办公室里，突然间响起欢快的音乐声——花儿乐队的《嘻唰唰》。一名男子随之旋风式地从会议室里冲出，围着办公室快速地奔跑。

他光着脚，头上戴着由孔雀羽毛、树枝编织成的花帽，赤裸的上身和小腿上贴满了彩条，唯一穿着的短裤也被密密麻麻的彩条装饰成了"裙子"，看起来有点像非洲酋长。

办公室的许多人都傻愣愣地站着，看着突如其来的这一出"喜剧"。跑到办公室中间时，这名男子忽然将原本抱在胸前的长方形纸牌翻转过来，高举过头顶，上面用超大号的红字写着"交易量创新高"。

一头雾水的同事们这才恍然大悟，哦，公司传统的庆功方式——"裸奔"再次上演了。

随即便是全场长时间的鼓掌和欢呼，狂喜中的几位男同事开始追赶"裸奔"男子，争抢着扯下他身上的彩条，几个女同事更是直接冲上去与男子拥抱、合影。

大约5分钟后，"裸奔"男子突然冲进了会议室，音乐也骤然停止，办公室恢复了平静，每位员工又重新开始了先前的工作，犹如一切都没有发生过。

支付宝的"裸奔仪式"开始于2005年，是为了庆祝日交易量突破700万元。当时公司想以一种震撼的方式把这个消息告诉每位员工，觉得开会或发电子邮件缺少创意，经过一番讨论后，最终决定"裸奔"。支付宝的第一次"裸奔"，主角是倪某，时间是在2005年上半年，日交易额破700万元那一天，倪某在办公室里疯狂地"裸奔"了一回。回想起那一天，倪某坦言在完全没有准备的情况下被同事扒光了衣服，实在是不好意思。但是发起人是他，一诺千金。

"以前支付宝日交易额每过10万元他就会发邮件通知大家，后来变成了每到100万元邮件通知，大家吃饭庆祝，久了之后大家都觉得这样的方式很枯燥。"倪某说。每一次突破都是对历史的刷新，但是当交易额一茬盖过一茬时，总要有一点特别的东西让大家记住。

就在日交易额破700万元那一天，倪某和同事在旺旺上聊第二天该怎么庆祝，他开玩笑地提议"裸奔"庆祝，"我预料我们的交易额肯定会破700万元，但是完全没有想到第二天自己会成为裸奔主角。"

支付宝的"裸奔"庆祝形式正是从那个时候开始的，后来延续这个方式的同时也将各种价值观因素注入，从而形成了支付宝特有的文化之一，而且"裸奔"的形式也比以前丰富多了。

"对这个仪式，还有具体的说法。裸，象征了坦诚、开放的公司文化；奔，寓意着狂欢庆祝。""裸奔"的人则是选择对完成任务做出最大贡献的，女员工可以找男同事代"裸"。这次"裸奔"的是产品技术部主管冯某，他带领的团队为完成交易量创新高的任务立下了汗马功劳。

对这种充满激情的庆功方式，新同事很惊喜，老同事则觉得振奋。新入职的 80 后员工小李说："这是第一次看到，我很震惊，接着就是兴奋，没想到这种超时尚、前卫的方式真的会被公司用来庆功，这很符合年轻人的作风，成功就应该张扬地狂欢！"一位老员工说："在经济寒冬里，这种出位的、热力四射的活动，很能鼓舞大家的士气，我们期待着再次'裸奔'！"

7 月 6 日，在庆祝用户数突破 2 亿、成为全球最大第三方支付公司的仪式上，支付宝有 4 位员工再次"裸奔"出场。支付宝总裁表示当日交易额达到 12 亿元，他也将当众"裸奔"。

资料来源：根据 2009 年 5 月 5 日《钱江晚报》和支付宝网站相关资料改编。

（6）利用现代网络通信工具进行沟通。随着互联网的普及以及现代信息技术、计算机技术的快速发展，网络的传播沟通功能日益凸显，网络通信工具种类越来越多，功能愈加全面且方便、实用。为此，组织要善于利用现代网络通信工具，如主流网站的博客、播客、微信、QQ 等即时通信工具及其电子信箱、社交群平台等。万科董事会名誉主席王石等企业家曾通过博客，记录自己的人生感悟和对相关领域问题的看法，每篇博文的阅读者和评论者都很多，加之其他媒体转载，所产生的社会效益及经济效益可能远远高于有的公司花费巨额资金所做的广告收益。有的公司通过网络在线意见和建议平台，研究分析消费者的需求、满意度和忠诚度等，针对顾客提出的问题或意见、建议，采取措施加以解决或改进，并向顾客进行通报。这样，顾客的意见最快、最大限度地受到了重视，也使顾客感觉到了公司的诚意以及对顾客的尊重。

拓展阅读 5.3
维护媒体关系的要点

5.2.3　与政府和社区沟通

政府是国家的权力执行机关，它是对社会进行统一规划和管理的权力机构。任何一个组织，作为社会大系统中的一个子系统，都必须服从各级政府的统一管理。这种关系处理得好坏对组织有重要的影响。作为国家权力的执行机构，政府通过政策的制定和执行，制约和影响着社会组织活动，如在经济领域，企业在诸如税务、财政金融、外汇、审计和统计、海关与进出口贸易管理、物资与能源的计划和调配、干部和人事、价格和市场管理、环境和生态保护、商标和专利、产品鉴定和商品检验等方面都服从政府的管理。组织的活动必须在政府政令许可的范围内进行，而政府的政策法令则是社会经济多元利益的综合体现。一项法令或法规，可能使一些组织得利较多，也可能使一些组织得利较少，甚至有的组织还会损失部分利益，这样就需要和政府之间建立良好的关系，主动与政府做好沟通，使政府了解组织的基本情况，帮助解决一些单个组织无法解决的问题，促使政府制定出更有利于本组织发展的政策法令。特别是在组织遇到困难时，良好的政府关系，则显示出更为突出的作用，可以通过政府的行政力量，唤来社会各界的支持和援助，使组织转危为安。因此，任何组织都不能忽视与政府的关系。协调好与政府的关系，可以给组织带来许多有价值的东西。

与政府沟通，应着力做好以下几个方面： 一是加强与政府及其相关部门的信息沟通。组织必须有专人研究政府的政策法令，为组织决策提供可遵循的政策依据。组织一定要熟悉政府颁布的各项政策法令，随时随地注意政策法令的变动，及时修正组织的方针政策和调整完善组织的实际活动。同时，组织还应主动向政府有关部门提供和通报本组织的重大情况。因为政府的政策法令都是依据基层的实际情况制定的，如果情况不明、信息不准，就会造成政策偏离实际。要做到这一点，组织必须熟悉政府机构的内部层次、工作范围和办事程序并与主管部门的有关工作人员保持经常的联系。只有这样，才能经常地、迅速地把有关本组织的情况真实而及时地通报上去。二是加强与政府的往来，为地方的经济建设和社会发展贡献力量。组织应设专人负责与政府打交道，要熟悉政府机构的设置、职能和工作程序、工作人员的风格等，借助良好的人际交往带动政府关系的和谐发展。企业组织可利用新厂房落成、新生产线投产、周年庆典、新技术新产品问世等机会，邀请政府主管部门领导及党政要人出席企业组织的重大活动，主持奠基仪式或落成剪彩，参观新设备、新产品，通过各种专题活动，提高政府部门对本企业的信心和重视程度。组织还可以通过新闻媒介向社会公众介绍组织情况，同社会知名人士、社团领袖、专家学者等保持密切联系，通过这些来扩大影响力，争取政府部门和有关各界对组织的支持。此外，企业组织还应替政府排忧解难，承担一定的社会责任，如支持公益事业、为灾区捐款捐物等。

"社区"是一个社会学的概念，由英语"community"汉译而得名，指的是聚集在某一地域中的社会群体、社会组织所形成的一种生活上相互关联的社会实体。社区关系也称区域关系，主要是指一个组织与周围相邻工厂、机关、学校、商店、旅馆、医院、公益事业单位以及居民的相互关系。

社区是组织的根据地，对组织的生存和发展起着重大作用，因而构成了组织外部沟通工作中不容忽视的一个环节。也可以说，社区是组织生存的"土壤"，是组织重要的外部环境。因为社区为组织提供可靠的后勤服务，如组织在生存和发展中所必需的电力、水、交通等，必须从社区提供的后勤支持中得到保证，任何一个环节发生问题都会影响组织的正常运转；社区为组织创造了良好的员工生活环境，为组织准备了充足的劳动资源,社区公众是组织较为固定和经常的消费者。所以，社区与组织的利益紧密相连，与组织的发展息息相关。实际上，与社区沟通，目的是建立良好的社区关系，其关键在于组织是否能以平等、热情的态度积极支持社区工作，维护社区利益，进行信息交流，参与社区活动。

社区沟通通常包括以下途径：承担社会责任、加强信息沟通、参与公益活动、实行开放参观等，如开放式剧场讨论会（与社区互动）、参与或赞助社区的"特殊事件"（活动）、将内部出版物发行范围扩大至社区、鼓励员工担任社区志愿者、基金捐献（社会公益事业）等。

拓展阅读 5.4
移动互联时代的
品牌传播和营销
📖 探索

5.3 跨文化沟通

5.3.1 跨文化沟通概述

（情景故事）

精明的船长

一群商人在一条船上谈生意，船在途中出了故障，必须让一部分人先跳下去，船才能不下沉。船长命令大副赶快通知各位商人穿好救生衣从甲板上跳下去，可是谁也不愿意跳。

怎样才能说服这些人跳船呢？老于世故的船长深知这些人的文化背景，于是，转过身来对一名英国商人说："跳水是一项体育运动。"英国商人听罢，纵身跳入水中，因为英国人一向喜爱体育运动。

他对法国商人说："跳水是一种时髦，你没看见英国人已经跳下去了吗？"法国人爱赶时髦，也随之跳进水中。

船长面对德国人，表情非常严肃："我是船长，现在，你必须跳水，这是命令！"德国人一向遵守纪律，服从了船长的命令，也跳进了水中。

接着，船长走到了一向具有逆反心理的意大利人面前，大声地说："乘坐别的船遇险可以跳水，但今天你乘坐的是我的船，我不允许你跳水！"对于意大利人来说，你越不让我跳，我非跳不可，于是他也纵身跳进水中。

还剩下一个美国人和一个中国人，只见船长对美国人说："我这只船已办理了人寿保险，跳吧，没你亏吃！"美国人一向非常现实，听罢跳进水中。

最后，船长转向中国人说："先生，听说你家里有一位 80 岁的老母亲，你不逃命，对得起她老人家吗？"中国商人听罢也跳进了水中。

1. 文化与文化差异

按照马克思主义的观点，文化是人类在社会中为了生存和发展，通过体力和智力劳动，以适应和改变自然界而创造的物质财富和精神财富的总和，包括生产工具、生产方式、科学技术、政治制度、社会组织、哲学、文学艺术、宗教信仰、风俗习惯等。

文化是在适应外界和统一内部成员的过程中形成的逐渐不为成员察觉的隐含性假设。群体本身是不能自发感受到自身文化的，文化需要比较才可以显示出各自的特色。随着组织行为学的发展，人们逐渐将民族文化（national culture）或地域文化（regional culture）与组织文化（organizational culture）或内部文化（internal culture）区分开来。

英国的泰勒说过，文化是包括知识、信仰、艺术、道德、法律、习惯，以及人类作为社会成员而获得的能力、习性在内的一种复合的整体[20]。而《辞海》中对文化的解释是：文化是人类社会历史实践过程中所创造的物质财富和精神财富的总和。

站在当代实证研究的角度，荷兰文化协作研究所所长霍夫史特德给出了这样的定义：所谓"文化"，就是在同一环境中的人们所具有的"共同的心理程序"[21]。因此，文化不是一种个体特征，而是具有相同生活经验、受过相同教育的许多人所共有的心理程序。不同的群体、不同的国家或地区的人们，这种共有的心理程序之所以会有差异，就在于他们所受到的教育、所建立的生活和工作经验是不相同的。强皮纳斯在《文化踏浪》中提到文化是"某一群体解决问题和缓解困境所采用的途径和方法。"文化也被其他学者定义为"人为创造的、被他人认可的观念，给人们提供聚合、思考自身和面对外部世界有意义的环境，并由上一代传递给下一代。"作家梁晓声认为文化是根植于内心的修养；无需提醒的自觉；以约束为前提的自由；为别人着想的善良。

针对文化层次的划分可谓见仁见智，有两层次说，即物质文化和精神文化（非物质文化）；有三层次说，即物质、制度、精神三层次；有四层次说，即物态文化、制度文化、行为文化和心态文化；有六大子系统说，即物质、社会关系、精神、艺术、语言符号、风俗习惯等。

20世纪90年代中期，荷兰管理咨询顾问冯斯·川普涅尔（Fons Trompennar）与英国学者查尔斯·汉普登·特纳（Charls Hampden Turner）以著名心理学家帕森斯的价值观取向与关系取向的理论为基础，提出了国家文化的七个基本方面：普遍性与具体性；个人主义与共有主义；中性与情感性；特殊性与扩散性；成就文化与归因文化；时间取向；环境。[22]川普涅尔与特纳认为，文化只存在差异性，而没有"对"与"错"、"好"与"坏"之分，文化的差异性表现的是不同文化所选择的解决问题的方法不同。

美国著名人类文化学家爱德华·T.霍尔（Edward T. Hall）提出了高情景文化语言和低情景文化语言分析框架。[22]高情景文化语言的特征是，在沟通过程中只有很少的一些信息是经过编码后被清晰传递出来的。高情景文化语言的社会，重视的是人际交往和沟通过程中的"情景"而不是"内容"，人们注重建立社会信任，高度评价关系和友谊，关系的维持相对来说较长久。沟通常常是含蓄的，但人们对含蓄的信息非常敏感，也能体会它的含义，个体在其早年就学会了准确地解释这些含蓄的信息。具有权力的人对下属行为负有个人责任。信任是人们履行协议的基础，协议常常是以口头形式，而不是以书面形式确定的，"圈内人"和"圈外人"较为容易辨识，"圈外人"很难进入"圈内人"的群体。在商务谈判的过程中，人们不太重视时间，但却拘泥于形式。低情景文化语言的特征恰好相反，在沟通过程中大量的信息已经存在于清晰的编码中。低情景文化的社会，重视的是人际交往和沟通过程中的"内容"而不是"情景"。低情景文化语言的社会不太重视个体之间关系，"深入了解对方"似乎是没有必要的，人际之间关系持续的时间较短，沟通常常是直接的，人们在生活早期就被教育要准确清晰地表明自己的意思。权力被分散在整个官僚体系中，个人的责任被严格地确定，法律是履行协议的基础，协议必须以具有法律效力的书面形式确定。"圈外人"与"圈内人"的界限并不十分清晰。在谈判过程中，人们重视时间和效率，但却不太重视形式。

总之，上述跨文化管理的文化维度系统，把文化分解成易于辨识的要素特质，为人们提供了观察不同国家文化差异性的"坐标系"，使人们在跨文化管理的过程中可以按照不同的文化维度来认识不同国家的文化差异，处理文化冲突。但是，文化维度系统还没有给人们提供一个如何进行跨文化管理可能依据的具体比较模式，它还停留在抽象比较上，这正是文化分维度系统的不足之处。[23]

纵观世界文化，主要有两大流派，即东方文化和西方文化。东方文化主要以儒学为主导的中国文化为代表，包括东亚的日本、朝鲜、韩国，东南亚的新加坡等国家所形成的文化。西方文化主要是指欧美的英国、美国、加拿大，以及大洋洲的澳大利亚、新西兰等国家所形成的文化。东、西方文化由于地域以及历史成因等因素，存在一定的差异。以下介绍三位学者的文化价值观。

1）梁漱溟的文化认知观[24]

梁漱溟认为，东方文化重视天下（全人类）和家庭，而西方文化重视群体（组织）和个体，如表 5-2 所示。

表 5-2　梁漱溟的文化认知观

东方文化	西方文化
• 将生活当成是事物的不断延续	• 认为生活就是无尽的欲望,生命的过程就是追求、满足欲望的过程
• 用伦理道德组织社会	• 崇尚科学与民主
• 重视阶层分化	• 重视法律
• 缺乏公共观念、规范习俗、组织能力和法律精神	• 没有阶层划分,但有专业分工

2）李大钊的文化观

李大钊在 20 世纪初叶，以其独特的视角，对东、西方文化进行了比较全面的对比分析，如表 5-3 所示。[24]

表 5-3　李大钊的文化观

东方文化	西方文化	东方文化	西方文化
自然	人工	直觉	智力
闲暇和平	战争	幻想	实际勘察
被动	主动.	艺术化	科学化
依赖	独立	精神的	物质的
暂且求生	冲动	心	体
习老路	创造	面向天空	脚踏大地
保守	进步	自然与人融合	人战胜天

3）霍夫斯泰德的"4＋1 文化维度"论

霍夫斯泰德（G. Hofstede），荷兰文化协作研究所所长、教授，社会心理学家，他认为文化是一个环境中人的"共同的心理程序"（collective mental programming）。他在 1980 年发表了《动机、领导和组织——美国的理论可以在国外应用吗？》，首次提出确定民族文化特征的四个维度，即个人主义与集体主义、权力差距、不确定性的避免、阳刚与阴柔（男性度与女性度）。后来，他又对亚洲部分国家和地区职员进行了调查，提出了第五个维度，即长期导向性与短期导向性。这五个维度分别表明人们对他人、对权威、对不确定性、对自我、对时间的价值观。[25]

（1）个人主义与集体主义。这是表明个人与集体融合程度的维度。个人主义是指在一个松散的社会结构中，假定其中的人们都只关心自己和最亲密的家庭成员；集体主义则是在一个紧密的社会结构中，人们分为内部群体与外部群体，人们期望自己所在的那个内部群体照顾自己，而自己则对这个内部群体绝对忠诚。

个人主义的社会行为特征包括：个人的态度、个性；喜欢群体内的对抗；强调个人命运、个人成就、个人独立；认为个人目标高于群体目标；个人是社会分析的基本单位；与群体感情淡薄；典型价值观是成就、荣誉、竞争；自信"我可以做我自己的事情"。关键单位是个人；空间和隐私很重要；喜欢直接、明确和个人化沟通；在商业中是喜欢交易、具有竞争性。代表国家：北美、大多数西欧和北欧国家以及澳大利亚、新西兰等。

集体主义的社会行为特征包括：顺从规范，与规范一致是人的美德；强调层次、和睦、面子、内部一致，"家丑不外扬"；强调内部群体同呼吸共命运，相互依靠；认为群体目标高于一切；群体是社会分析的最小单位；关心群体内部成员事务；典型价值观是完整、完全、服从和遵从；自信"我不是群体的负担"。关键的单位是群体；空间和隐私都没那么重要；喜欢直觉式的、复杂的和根据印象进行的沟通；商业中是相互关联协作。代表国家：亚洲、非洲、中东地区、中南美洲以及太平洋岛屿地区。

（2）权力距离。指的是一个社会对组织机构中权力分配不平等的情况所能接受的程度。在权力距离大的文化中，下属对上司有强烈的依附性，人们心目中理想的上司是开明专制君主，是仁慈的独裁者；在权力距离小的文化中，员工参与决策的程度较高，下属在其规定的职责范围内有相应的自主权。

"大"权力距离的基本特征包括：权力是超越善恶的基本事实；等级是实际的不平等，掌权者是有特权的；有权人和无权人之间存在着潜在的冲突；等级顺序严格，处在权力地位上的人应该尽可能地表现出权力；他人是对权力的潜在威胁，几乎不能信任；非权力的合作是难以达到的，因为他人是不可信的；改变社会制度的方法是推翻掌权者。沟通受到各种限制，而且是从层级的顶层扩散开来的。沟通经常会通过某个处于有利位置的、知识渊博的中间人来进行，倾向于具有严格的层级的权力结构。

"小"权力距离的基本特征包括：运用权力是合法的，并受到善恶判断的制约；每个人应有同等的权力，等级是为了便利而建立的不同角色；有权人和无权人之间存在着潜在的和谐；等级差别应该减少到最低程度，处在权力地位上的人应该表现出的权力比实际上他们所拥有的权力要小；处在不同权力地位的人相互信任，很少感到威胁；非权力的合作可以建立在团结的基础上；改变社会制度的方法是重新分配权力。有权力和没有权力的人之间的距离更短，而且沟通既可以向上进行，也可以向下进行，倾向于具有更扁平化、更民主的权力结构。

（3）不确定性的规避。指的是一个社会对不确定和模糊态势所感到的威胁程度，试图保障职业安全，制定更为正式的规则，拒绝越轨的观点和行为，相信绝对忠诚和专业知识来避免上述态势。强的不确定性避免文化将生活中固有的不确定性因素看作是必须与之战斗的威胁，个体在其中体验到高度的焦虑。弱的不确定性避免文化中的个体较容易接受生活中固有的不确定性因素，每天都能接受它的来临。

强的不确定性避免文化的特征包括：喜欢较多的情绪表现；文化中的个体有一种内在的冲动去努力工作；比较能接受自己和他人的攻击性行为，但却强烈要求一致性；由于冲突和竞争可能增加攻击性，因此应该避免；相信专家和他们的知识，认为偏离主流意识的人和思想是危险的，不能容忍其占优势；成员非常关心生活安全；知识分子或其他人喜欢去研究最终的、绝对的真理和价值；在政治上，认为普通公民是无能的。

弱的不确定性避免文化的特征包括：人们体验到平静和较低的应激反应，喜欢较少的情绪表现；不将努力工作作为美德；不赞成攻击性行为；认为冲突和竞争能够维持在公平竞争的水平，并建设性地使用；相信普通人和常识，接受更多的意见，不认为偏离是威胁，有较大的容忍力；人们在生活中更乐于冒险；个体都强调相对论和经验论；在政治上，认为为公民服务是第一位的。

（4）阳刚与阴柔，又称男性度和女性度。指的是社会中"男性"价值观占优势的程度，即自信、追求金钱和物质、不关心别人、重视个人生活质量，其反面则是"女性"价值占优势的程度。

男性度的基本特征：认为男人是自信的，在社会中应该占统治地位；珍视、炫耀男子气，认为女人是养育性的，社会中的性别角色是截然明确划分的；推崇"为了工作而生活"，追求成绩是主要的，抱负是工作的动力；钱和物质非常重要；独立是人的理想；基本价值观是"大和快是美好的"。

女性度的基本特征：认为生活中男人不必是自信的，生活中性别角色不是确定的，两性之间应该平等，不分男女或男女混合较好；追求生活质量是重要的，"为了生活而工作"，服务才是工作的动机；人和环境是重要的，相互依赖是人的理想；同情不幸者，基本价值观是"小和慢是美好的"。

（5）长期导向性与短期导向性。它表明了一个民族对长期利益和近期利益的价值观。具有长期导向的文化和社会主要面向未来，较注重对未来的考虑，对待事物以动态的观点去考察；注重节约、节俭和储蓄；做任何事均留有余地。行为习惯是从边缘切入，全面了解情况后，再进入中心，谈"正事"。短期导向性的文化与社会则面向过去与现在，着重眼前的利益，注重对传统的尊重，注重承担社会的责任；在管理上最重要的是此时的利润，上级对下级的考核周期较短，要求立见功效，急功近利，不容拖延。喜欢从中心"正事"开始谈起，如果成功，再拓展关系，了解其他方面的情况。

研究表明，海峡两岸暨香港均属于"儒家文化圈"的范围，它们的文化层面和管理形态受儒家文化的影响很深，倾向于集体主义，保持了较大的权力距离；从不确定性规避方面看，台湾属中等，香港较低，内地在由低向高的方面发展；从男性与女性价值观方面看，港台更倾向于男性价值观，而内地则属于一种中性的、混合型的价值观。

美国和加拿大是高度实用主义的国家，强调利润最大化、组织效率和生产率。它们是个人主义化和行动导向的国家，对风险具有高度的忍耐性，具有低程度的不确定性规避的倾向。美国属于高成就需求型，强调个人的自我成就，重视民主领导方式，倾向于集体决策与参与，权力距离很小，男性化的指标是中等的，倾向于体贴人的、关系指向型的领导。

日本社会和企业高度重视集体主义，在权力距离方面，保持了一方面扩大，另一方面又缩小的两种倾向；日本人具有高度的对不确定性进行规避的倾向；在男性化与女性化价值观方面，日本人保持了高度男性化的文化价值观。[26]

2. 跨文化沟通的含义

跨文化又叫交叉文化（cross-culture），是指具有两种文化背景的群体之间的交互作用。跨文化沟通是指发生在不同文化背景的人们之间的信息和情感的互相传递、交流和融合的过程。

文化差异对跨文化沟通的影响主要表现在以下几个方面。[27]

（1）感知差异。感知是指个人对外部世界的刺激进行选择、评价和组织的过程。感知与文化有着密切的关系。生理因素、环境因素、文化因素等都造成了感知差异。

（2）思维方式差异。如美国人强调个性，思维上部分优先，即从部分到整体的思维方法。在时间概念上，美国人的顺序是秒→分→时→日→月→年，而中国人的顺序则是年→月→日→时→分→秒。在空间概念上，美国人表达的顺序是街道→市→省或州→国家；在社会关系属性上，美国人遵循的也是个体→部分→整体，如姓与名的排列顺序是名→父名→姓氏，而中国人则是姓→辈→名。美国人开会往往是一事一议，谈论问题常常从具体问题开始，工作分配什么就干什么，职责分明。

美国人的思维方法还倾向于把一切事物都分为对立的两个方面，对任何事情都做两极化的考虑。好—坏、是—非、成功—失败、原因—结果、人—自然、工作—娱乐都分得非常清楚。比如，对事物的是非判断，是就是，非就非，很少有第三种思考问题的方式。美国人倾向于把世界看成为黑白两色的世界，并据此对一切事物做出评价。

（3）世界观、人生观和价值观差异，即对是非、美丑、爱情、忠孝、人与自然等方面的观点、思想和看法存在差异。

（4）社会规范差异，即在风俗习惯、道德规范、法律规范和宗教规范方面存在差异。

（5）物质文化差异，即在建筑物、产品、服装、环境布局等设计理念有所差异。

（6）语言差异。即在口头语言、书面语言和体势语言上存在差异。语言的使用对我们世界观的影响是最易被观察到的，不同语言的应用方式反映了不同民族的交流特性，也成为跨国管理者必须了解的一门学问，弄不好，也会产生误解甚至尖锐的冲突。如在交流中，美国人喜欢直切主题，对那些不切要害的长篇大论会显得不耐烦；沉默和保留会引发美国人强烈的不舒服。而拉美人则对只握手而不拥抱耿耿于怀，有种被冷落的感觉，或没有被充分信任。在体势语言上的差异无以计数，甚至有时相同动作的意思会完全相反，如点头在南亚等部分国家则表示不同意。

拓展阅读 5.5
中美制造业的真实成本对比

5.3.2 跨文化沟通管理及策略

1. 跨文化沟通管理

跨文化沟通管理就是在跨文化经营中，对不同种族、不同文化类型、不同文化发展阶段的组织所在国的文化，采取包容的管理方法，并据此创造出独特组织文化的管理过程。跨文化沟通管理的中心任务是解决文化冲突，在管理过程中寻找超越文化冲突的组织目标，以维系不同文化背景的员工共同的行为准则。

跨文化沟通管理的模式较多，主要有以下几种模式。

模式一：母国文化主导型、当地文化主导型、文化合作型、文化融合创新型。

模式二：隔离型策略、强制型策略、适应型策略、协作型策略、妥协型策略。

模式三：文化注入式、文化融合式、文化促进式。

模式四：一体化（混合式）、吸收（掠夺式）、分隔（独立式）、抛弃（混沌式）。

2. 跨文化沟通的内容及策略

1）识别文化差异，发展文化认同

首先，要认清文化范畴，识别文化差异。按美国人类学家爱德华·霍尔的观点，文化可以分为三个范畴：正式规范、非正式规范和技术规范。正式规范是人的基本价值观，是判断是非的标准，它能抵抗来自外部企图改变它的强制力量。因此，正式规范引起的摩擦往往不易改变。非正式规范是人们的生活习惯和风俗等，因此引起的文化摩擦通过较长时间的文化交流可以克服。技术规范则可通过人们技术知识的学习而获得，很容易改变。可见，不同规范的文化所造成的文化差异和文化摩擦的程度和类型是不同的。只有首先识别文化差异，才能采取有针对性的措施。

文化差异会对管理者的经营目标、领导风格、决策模式等方面产生影响，为了避免这种差异产生的碰撞在跨文化管理活动中产生具有破坏性的文化冲突，就必须实现高层管理者有效的跨文化沟通，对文化差异进行有效的协调和融合，乃至将其转化为一种优势，从而提高管理水平和决策质量。正如管理学家德鲁克曾指出的：应该使自己的跨文化性成为一种优势。任何一种文化以及它所派生的管理方式各有优缺点，文化的冲突伴随着跨文化组织发展的全过程，而这种文化差异本身就蕴含着合作、交流和发展的机会，蕴含着文化的冲撞、文化的沟通以及适合于跨文化组织发展的一种新的文化的再生。近年来的研究发现，由于人们所处位置和所思考的角度不同而引起的认知冲突，如果对其合理利用，有助于群体和组织的战略规划，有助于提高决策质量。

其次，要建立跨文化沟通渠道并实行跨文化理解。跨文化沟通必须借助于一定的沟通渠道，因此要有意识地建立各种正式的和非正式的、有形的和无形的跨文化沟通组织与渠道。要实行跨文化理解：要理解他文化，首先必须理解自己的文化；还要善于"文化移情"，理解他文化。要站在对方的立场和视角上，揣摩对方的思维方式和语言习惯，要时刻想到"如果我是他，我会……"。

2）进行跨文化培训，造就一批高质量的跨文化管理人员

跨文化培训的主要内容主要包括对他国或民族文化的认识和了解、敏感性训练、语言学习、跨文化沟通及冲突处理、地区环境模拟。

敏感性训练（也叫 T 小组）是跨文化培训中的一种重要方式。它是为了提高人们对不同文化环境的反应和适应能力，促进不同文化背景的人之间的沟通和理解。敏感性训练的目标一般包括：使一个人能更好地洞悉自己的行为，自己在别人心目中是如何"表现"的；更好地理解具体的活动过程；进行多种文化培训，在集体活动过程中培养判断问题和解决问题的技能。

例如，日本富士通公司（Fujitsu）为了开拓国际市场，早在 1975 年就在美国檀香山设立培训中心，开设跨文化沟通课程，培训国际人才。该公司为期四个月的跨文化管理课程（intercultural management program，ICMP）除了用于培训本公司的人员外，还被用于其他公司和国家跨文化管理人才的培训。韩国三星公司（Samsung）每年都会派出有潜力的年轻经理到其他国家学习，学习计划由学员自己安排。但是公司提出一些要求，例如，学员不能坐飞机，不能住高级宾馆；除了提高语言能力外，还要深入了解所在国家的文化和风土人情，等等。通过这样的方式，三星公司培养了大批熟谙其他国家市场和文化的国际人才。

怎样才能成为一名良好的跨文化沟通者，格兰迪·E.海恩斯（Geraldine E. Hynes）给出了以下建议：第一，避免民族优越感；第二，对他人对本国提出的批评或意见采取非防卫性反馈；第三，好奇并敢于面对他文化；第四，善于换位思考，能设身处地为他人着想，善解人意，并且避免批评性言论；第五，有耐心；第六，真诚待人，尊重他人。[28]

3）建立共同文化价值观，促进文化整合与交融

具体策略是求同存异、兼容并收、统一价值观、协同发展。

文化冲突是一种客观现象，谁都无法回避也无法制止。同时，文化冲突也促进着各民族文化的发展，实现文化的交融，使人类不断取得进步。可以说，文化冲突与文化融合是统一的不可分割的两个方面，文化融合是化解文化冲突的必然逻辑，是实现人类进步的阶梯。对于管理者来说，关键就在于如何跨越文化差异的障碍，在两种文化的结合点上，寻求和创立一种双方都能认同和接纳的、发挥两种文化优势的管理模式。[29]

一个国家或民族特有的政治经济文化环境深远地影响着身处其中的社会成员，使其带有深刻而牢固的文化烙印，使其从内在的价值观到外在的行为模式都明显区别于其他文化环境下的社会成员。组织的高层管理者除了作为社会成员受到社会宏观环境影响之外，还会受到所处的组织内部的微观环境及其组织文化的影响。同时，每个组织又都具有特定的组织文化环境，因此，必须实现多元文化在组织内部的有效整合。

由多元文化互相融合创新而生成的新的组织文化必然是由全体成员共同理解和认可的价值观为核心的，在多元文化的组织中，价值观的整合实现了，根本性的文化冲突就随之化解，高层管理者跨文化沟通的根本性障碍也就不复存在。

文化整合模式的选择及文化整合策略的制定是建立在对双方的组织文化的评估和测量基础之上的，需要双方的互相信任、彼此了解和密切合作。因此，文化整合的过程本身就是跨文化沟通的过程，有利于双方建立信任和默契，为进一步的沟通与合作奠定良好的基础。

多元文化间的互相了解和借鉴，有助于消除文化差异造成的信息曲解，使信息传递和反馈渠道通畅，提高跨文化沟通的效率。

拓展阅读 5.6
NICE 公司的人事风波

跨文化整合与交融，即进行组织文化的创新，积极构建新型组织文化，这种新型组织文化既要有足够的包容性，但又绝不是跨文化组织内部几种文化的简单的"物理结合"，而是在组织中全体成员所共同理解和认可的基础上而形成的一种全新的文化理念。这是世界经济发展知识化趋势的内在要求，也是组织文化自身发展的需要。

案例讨论

法国总部来了个中国人[①]

"巴黎人虽然因嗜好美食而著称，但是北京烤鸭还是应该留给中国人来做。"杨建国心想，他胡乱扒了两口饭，几乎没什么食欲。最近，他被提升为德龙国际公司的全球产品开发高级副总裁，为此公司管理层特地挑选了一家在当地美食家中享有盛名的中餐馆"中国海"聚餐，欢迎他加入最高层。席间，高管们展开了愉快的交谈，讨论着哪种葡萄酒和北京烤鸭与软壳蟹搭配在一起最好。

杨建国（为行文方便，以下简称为杨——编者注）名字的字面意思就是"建设国家"。对于自己的升职，他油然而生一种民族自豪感。最早的时候，他负责管理中国实验室，研制出了两种在亚洲市场热销的香水。后来，他升任中国区经理。在 18 个月的时间里，他负责的中国区是德龙公司在新兴市场中发展最快的地区。公司 CEO 阿兰·德龙在几位明星经理中挑选了杨建国，除了看中他的技术才能外，也许更重要的是，看重他对亚洲市场的熟悉。

杨认为自己毫无疑问地会想出很多制胜点子。但是，这些点子是否能够让那些受传统观念束缚的西方同事们产生足够的兴趣，他有点缺乏信心。不过，杨不会放过这个机会：迄今为止，在亚洲香水市场上，还没有一家跨国或本土公司的市场份额能取得绝对主导地位。所以，竞争仍在继续。杨是第一位在化妆品行业领导全球产品开发工作的中国经理人，他任职的消息成了中国国内报刊报道的热门话题，他决心不负众望。

CEO 阿兰的声音打断了杨的遐想。杨抬眼看到满脸微笑的阿兰对自己说："很高兴你加入我们的团队，我们都急着想看看你的点子给我们公司带来的变化！希望你和你的家人喜欢巴黎。"杨微微皱了下眉，回答阿兰说他们一家在巴黎过得不错。之后，他突然转变了话题，表示希望在下周高管会议之前能先和 CEO 谈谈自己的想法。听到这里，阿兰不由得感觉有些意外。

"当然可以，我会让我的秘书安排一下。"阿兰回答。他记起在杨的 360 度评估中经常

[①] 本案例作者是尼廷·诺里亚（Nitin Nohria），原载于哈佛《商业评论》中文版 2009 年第 2 期，经哈佛《商业评论》书面授权转载与使用。

看到的一句评语是："他有点让人难以捉摸，总是不露声色。"在选中杨之前，阿兰曾努力想象这样一幅画面：这位中国科学家和他的太太——她叫什么名字来着？——坐在德龙的乡村别墅的露台上，吃着核桃，品尝着鹅肝。而现在，他觉得这幅画面似乎不太可能出现了。

东西方差异

第二天，杨坐在他的新办公室里，感觉到了压力。在经过几十年的两位数增长后，德龙公司的市场占有率开始下滑。公司的标志性产品——无忧牌香水的忠实顾客群年龄越来越大。更糟糕的是，从全局来看，德龙的香水品牌迎合了北美和欧洲市场的喜好，但这些市场现在已经停止增长。公司最好的增长前景是在新兴市场，然而，中国消费者和其他的亚洲消费者却不喜欢欧洲香水的那股浓郁香味。公司在拉美市场的销量也同样不理想。德龙公司在巴西的圣保罗开设了一个研发实验室，却发现尽管巴西经济发展迅速，当地的消费者仍倾向于大众品牌。

德龙是一个家族企业，对其法国身份有着十足的骄傲。无忧香水瓶是一个雅致的圆锥形瓶体，上面有一个多面的水晶塞，其设计旨在捕捉巴黎的神韵。杨心里想，如果香水瓶能以上海的东方明珠电视塔为原型，对中国消费者可能会更具吸引力。

一阵急促的敲门声打断了杨的思绪，他有些气恼地抬起头，那是负责发达国家市场的副总裁伊夫·绍拉克。很多同事，甚至包括阿兰本人，在最后一分钟之前，都认为伊夫会得到这个高级副总裁的职位，而最终胜出的却是杨建国！伊夫为人自信镇定、亲切和蔼、忠诚而高效，是一个强有力的领导者、百分百的法国人。他夏天经常在德龙家族的乡村别墅度周末，和阿兰的女儿雅斯曼一起泛舟多尔多涅河。高级副总裁职位的其他两个候选人也曾被邀请到这个家族庄园，他们是护肤品营销副总裁埃莉斯和水疗产品部门总经理安托万。杨盼望着自己也能登上受邀的客人名单。

伊夫一直在公司内倡导开发新型的空气清新剂产品，如今这一产品系列取得了巨大成功。"我正考虑是不是在我们的空气香氛中加入亚洲元素。"伊夫说，"我想把一根红蜡烛立在一个漂亮的带有红色中式图案的漆器底座上。我们可以将它命名为'Chinoise'（中国香）。你太太会买这样的产品吗？"

"那要看它闻起来怎么样了，但是，我想可能不会。"杨说，"她不太喜欢空气清新剂，而且你知道，事实上我们还没能找出一些在中国受欢迎的香味类型。美国女人可能觉得它很有异国情调，但是我实在不认为中国女人会去买一根法国蜡烛——体现的却是中国文化。你太太会去买一根名叫'法国香'的香槟酒瓶形状的蜡烛吗？"

"我没有太太。"

"好吧，那么你姐姐呢？"

"也许吧——要看香味怎么样。明白你的意思了。"

杨建国扬起眉毛瞥了瞥伊夫，伊夫意识到杨是在示意他离开，于是马上起身告辞。他被杨搞得有些恼火，因为他发现杨对于仍然是公司主流客户的西方消费者完全不在意，既没有向他征询任何意见，自己也没有给出任何高见。

当伊夫在杨身后关上门时，杨心想"该给外甥女打个电话了"。他的外甥女林小姐是一位年轻的商学院毕业生，目前在北京一家高科技公司担任初级管理工作。她似乎很能代表德龙公司的目标消费者。自从杨升职后，林就总是鼓动朋友们去尝试各种各样的西方香水，但是还没发现哪种香水特别受到欢迎。杨看了看手表，这个时候林可能刚刚到家。他拎起话筒，开始拨号。

每次杨用各种方式询问林，她和她的朋友们最喜欢什么样的香水，林总是一次又一次地回答说"清新而淡雅"。杨又向他的外甥女说起了伊夫的提议，林嗤之以鼻："好吧！那么他们还准备生产印度炭火烤鸡香味的蜡烛，给它取名'旁遮普'，然后在印度出售？这可有点侮辱人。"

接下来的一周，阿兰在高管委员会开会的前一天，召集杨和其他几位先前竞争该职位的人共进午餐，讨论对新产品的看法。在吃甜点时，阿兰问安托万，公司是否应当和一位广受尊重的巴黎皮肤科医生合作推出品牌。这个品牌可以包括润肤露、防晒霜和抗衰老产品。

"这听上去很合理，"杨插嘴道，"但是除法国以外，谁知道这家伙是谁？人们根本不在乎。"他的同事一边听着，一边面无表情地瞪着他。随着谈话的继续，杨了解到阿兰希望和法国老牌影星卡特琳·德纳芙（Catherine Deneuve）签约，让她做公司产品代言人，以期能够借此恢复无忧香水的销量，甚至可能以她的名字来命名一款香水。

"德纳芙，"阿兰说，"这款香水一定会立刻变成经典。"

杨努力压住了内心的一声叹息。自从他到任后，已经收到来自各方的种种建议，而其中绝大多数反映的都是法国形象。Tuileries，一组芬芳的绿色沐浴用品；Ravissant，进军化妆品市场的一款烟熏妆产品，公司计划通过在线肥皂剧嵌入式广告的隐秘方式对它进行宣传，肥皂剧的主人公是两位迷人的欧洲年轻模特。现在，又想请卡特琳·德纳芙做代言人？

杨深吸一口气，说："我有些别的想法。"他从自己觉得最合情合理的一个提议开始说起：培养中国年轻消费者对空气清新剂的兴趣。新产品必须香味清新——淡雅而富有花香。"我已经找到一些化学成分，能够用它们配制出温和的空气净化剂，祛除污染性气味。"杨同时还建议生产一组带有牡丹花香的产品——牡丹花是中国的传统名花，在日本则是繁荣昌盛的象征。他解释说，他正在研究一些化学成分，能够稀释牡丹花的香味，以保存其精华之香，但是嗅觉上又不会觉得太强烈，因为在亚洲大部分国家牡丹花香型还是挺新颖的。

"我们可以叫它'Jardin'（花园）！"伊夫说。

杨摇摇头。他想用日语中牡丹的发音"Botan"。

"很可爱的名字！"安托万说。

"听着有点像'Botox'（肉毒素），"伊夫说，"是否可以用'Fleur'（花）？"

埃莉斯看着大家交换意见，她注意到当杨建国说出他的设想时，阿兰脸上露出怀疑的神色。但是，她不知道杨建国是否已注意到老板的不自在了。

文化冲突

第二天一早，杨建国准备好去参加高管委员会会议，这是他上任以来首次面对公司所有高管人员。穿过走廊时，他看见安托万、阿兰和伊夫在窃窃私语。他们见到他就打住了，但是他们的脸上并没有表露出什么。杨走进会议室，埃莉斯和其他一些人已经就座。埃莉斯正在看笔记，她抬起头往室内看了杨一眼，面带微笑地说："这是个小型的贵族俱乐部，不是吗？"杨尴尬地点点头，坐定之后开始翻看自己的笔记。

一刻钟后，所有人都已经就座。阿兰发表了一通热烈的欢迎词，对杨建国的加入表示真诚的欢迎，并着重表扬了他的技术成就，提醒各位关注在新兴市场将出现的商机。尽管如今的中国和其他发展中国家的销售额只占总营收的很小一部分，但是，这些地区的发展前景却是令人鼓舞的。

阿兰和伊夫迅速交换了一下眼色，说："我们希望杨能够帮助我们打开这些新兴市场，所以请大家对新思想抱着一种开放的态度。"说完这席话，他就把会场交给了新上任的全球产品开发高级副总裁杨建国。

杨建国首先对前一天午餐时提出的一些建议快速回顾了一下，然后针对年轻男士护肤产品的开发，谈了谈他的方案。他心中有了一个完美的代言人：奥运会跨栏运动员刘翔。是的，尽管刘翔因伤退出了比赛，伤了亿万粉丝的心，但是，他正准备重回赛场。他的复出象征着希望、象征着新的机遇。中国经济开始在世界舞台上爆发，到达了一个在刘翔的祖父母时代所无法想象的高度，而刘翔自己则证明了中国也可以培养出田径赛场的超级巨星。

"人们会知道他是谁吗？我指的是，在中国之外。"伊夫环视着会议室，"是的，中国的确很重要，但是别忘了，我们大部分客户并不在第三世界国家。"

杨对此不予置评，继续他的演讲："在我们讨论为这些市场开发新产品之前，我想我们必须先做些收购。我们在北京和圣保罗的实验室里都缺乏足够的人手。我已经在巴西找到一家小型实验室，他们正在研究一种化学成分，能够延长香水的有效时间。同时，我在新加坡发现了一家市场调研公司，他们对男性消费者进行了大量的调查工作。"接着，他断言说德龙公司需要找一位巴西足球运动员来代言男士护肤品牌。事实上，他认为在每个新兴市场都应该找一个该国的体育明星来代言。比如，在印度可以找一位板球明星，在俄罗斯则可以找一位冰球明星。

埃莉斯指出，巴西是2014年足球世界杯的主办国，德龙公司可以成为主要赞助商，利用这个机会对一系列男士护肤产品进行积极的宣传报道。

"我们这样是不是走得太快了？"伊夫边说边看了看阿兰，后者以一副深思的姿态点了点头。"我们不要离核心业务太远——至少现在不要吧。也许我们以后需要一些新面孔来代言品牌，但是，目前我们甚至还不知道公司是否能够在男性护肤市场占有一席之地呢。"

杨一下子僵住了，他感到无所适从。大家转而开始讨论财务报表，最后，阿兰看了看表，宣布会议提前结束。他要去达沃斯待一个星期，计划再逗留几天滑雪。他感谢所有团队成员的建议，并且要求他们在他离开期间加强合作，在接下来的10天时间里共同制订出两三种新产品的市场投放计划。然后，他把注意力转向安托万，后者正急着想敲定与那位皮肤科医生的合作事宜。

"我还以为他必须走了呢。"杨喃喃自语说，因为会议似乎还在继续，尽管阿兰已经正式宣布散会，但大家仍在交头接耳。再过了一会儿，杨收拾好自己的文件，走出了会议室。似乎没有人注意到他的离开。"为什么安托万要把这件事情跟阿兰说，而不是跟我讨论呢？"杨想，"难道我不是全球新产品开发的负责人吗？"

伊夫看着杨走开，然后与安托万和埃莉斯交流了一下眼神。他们三个曾经是竞争对手，但是共事多年，三人之间已经建立起某种信任。当他们三个私下在一起的时候，伊夫对公司的未来表示出强烈担忧。"杨已经和我们共事三周了。"他说，"我想我理解为什么他得到了这个职位，而我也努力成为一个合作的好同事。我说过我们不能放弃我们现有的基础，但这并不意味着我很保守。杨一次都没有和我讨论过西方市场。我曾经试图想办法把东方和西方联系起来，但是每一次，他都会把话题转移到一个或另一个不起眼的市场上去。"

成为局外人

一周过后，杨依然感到沮丧和迷茫，他也没机会参与战略决策。有时，他会偶尔听到一些评论，类似"边缘化""不够老成"之类的。甚至有传闻，在德龙的乡村别墅有个聚会，但是没邀请他参加。另外，每当他想要推广自己的点子时，他能得到的，除了礼节性的微笑外，就再也没有什么了。

埃莉斯曾经私下向他表示，她觉得他的想法很棒，但是他必须考虑办公室政治的问题。"你不得不做出一些妥协，"她说，"我也是一个局外人。你必须按他们的方式与他们交谈，因为你不可能改变他们。和他们好好沟通吧。"杨对此依然存疑。他已经很尽力了，到底要怎样才能使这些人与他站在同一条船上？如果阿兰不愿意倾听他的想法，那为什么要选择他来担任这个职务？

反省自己面临的困境，杨建国开始思考自己接受这份工作是不是个错误。相比之下，他在管理中国区业务的时候，日子反而舒坦，他可以自由地做他想做的，而且很多行业内的竞争对手都愿意雇用他。如果去别的公司，他可能会挣更多的钱，也能得到应有的尊重和信任。

讨论：

1. 杨建国处于目前困境的主要原因是什么？
2. 杨建国应如何与 CEO 及其他同行沟通？
3. 要打开新产品开发的僵局，在未来的 10 天内杨建国应做些什么？
4. 从杨建国的新经历中你获得了哪些启示？

本章小结

1. 企业组织是社会大环境的一个子系统，它必然与外部环境发生物质、能量和信息交换。与社会各界交往是组织管理沟通不可或缺的重要内容。

2. 鉴于外部环境的不确定性、复杂性、变化性，以及沟通对象的多样性、差异性等，外部沟通应找准切入点和着力点，有的放矢。

3. 组织在与外部公众（消费者、媒体、政府和社区等）进行沟通时需要采取不同的策略，运用不同的技术。

4. 关系是一种资源和财富，公共关系已成为现代社会的一种重要资源。公共关系运用传播沟通作为中介要素和手段为组织创造价值。

5. 跨文化沟通是指发生在不同文化背景的人们之间的信息和情感的互相传递、交流和融合的过程。

6. 跨文化沟通管理的中心任务是协调和解决文化冲突，在管理过程中寻找超越文化冲突的组织目标，以维系不同文化背景的员工共同的行为准则。识别文化差异，发展文化认同；进行跨文化培训，造就一批高质量跨文化管理人员；建立共同文化价值观，促进文化整合与交融，是跨文化沟通的主要内容。

📖 即测即练

参考文献

[1] 戴维·帕卡德，比尔·休利特.惠普之道——比尔·休利特和我是如何创建公司的[M]. 北京：新华出版社，1995.

[2] 孙振耀. 惠普大中华区总裁孙振耀退休感言[EB/OL]. http://www.icycn.com/Item/1870857.aspx，2009-02-26.

[3] 高建华. 笑着离开惠普[M]. 北京：商务印书馆，2006.

[4] 卡莉·菲奥莉娜.勇敢抉择[M]. 蒋旭峰，译. 北京：中信出版社，2007.

[5] 喻国明. 媒介的声誉管理：构建维度与舆论尺度[EB/OL]. http://media.people.com.cn/GB/22114/51455/1467 91/8829816.html，2009-02-18.

[6] Fombrun C. J. Reputation：Realizing Value from the Corporate Image[M]. Boston，MA：Harvard Business School Press，1996.

[7] 徐金发，刘靓.社会问题管理领域的企业声誉研究[J]. 经济管理·新管理，2004（16）：21-26.

[8] 邓晓辉. 企业研究新视角：企业声誉理论[J]. 外国经济与管理，2004（6）：14-19.

[9] Gray E. R., Balmer J. M. T. Managing Corporate Image and Corporate Reputation[J]. Long Range Planning，1998，31（5）：695-702.

[10] Fombrun C. J., Foss C. B. The Reputation Quotient[J]. The Gauge，2001，14（3）.

[11] 罗子明. 品牌形象的构成及其测量[J]. 北京工商大学学报：社会科学版，2001（7）.

[12] Keller，Kevin Lane. Strategic Brand Management[M]. New Jersey: Prentice Hall，1998.

[13] Oliver R.L.L.G. Effect of Satisfaction and its Antecedents on Consumer Preference and Intention[J]. Advances in Consumer Research，1981（8）：88-95.

[14] 菲利普·科特勒.营销管理[M]. 梅汝和译. 北京：中国人民大学出版社，2001.

[15] 梁燕. 顾客满意度研究述评[J]. 北京工商大学学报：社会科学版，2007，22（2）：75-80.

[16] 严成根，王学武. 公共关系学[M]. 北京：清华大学出版社，北京交通大学出版社，2006.

[17] 詹姆斯·格鲁格.卓越公共关系与传播管理[M]. 卫五名等译. 北京：北京大学出版社，2008.

[18] 林景新. 中国式企业管理[M]. 广州：广东经济出版社，2007.

[19] Tylor E. B. The Origins of Culture[M]. NewYork：Harper and Row，1958.

[20] 刘韬. 我国企业的跨文化管理战略[EB/OL]. 人力资源开发网，2003-09-14.

[21] 张新胜等. 国际管理学全球化时代的管理[M]. 北京：中国人民大学出版社，2002.

[22] 唐炎钊，陆玮. 国外跨文化管理研究及启示[J]. 管理前沿，2005（5）：25-28.

[23] 吴岩.领导心理学[M]. 北京：中央编译出版社，2002.

[24] Hofstede G. Cultural Constraints in Management Theories[J]. Academy of Management Executive，1993，7（1）：81-95 (BUS & PQD).

[25] 黄伟文. 中国企业跨国经营的文化准备[J]. 决策借鉴，2001（6）：2-6.

[26] 郭文臣.公共关系管理[M]. 大连：大连理工大学出版社，2005.

[27] Hynes G. E. 跨文化沟通策略与应用[M]. 贾佳，许勉君，译. 北京：北京大学出版社，2006: 201-202.

[28] Kanter R. M., Corn R I. Do Cultural Differences Make a Business Different?[J]. Journal of Management Development，1994，13（2）：5-23.

第 **6** 章

基于语言的沟通

学习目标

通过本章的学习，你应该能够：

1. 了解言语和非言语沟通的构成；
2. 掌握口头语言有效表达的方法；
3. 掌握面谈的过程和内容，了解招聘面谈和绩效面谈的内容；
4. 理解倾听的重要性，掌握有效倾听的技巧；
5. 掌握提高演讲能力的着力点；
6. 了解谈判的原则、过程，熟练掌握谈判的策略；
7. 了解书面沟通的内容和过程，掌握写作的要领；
8. 了解非言语沟通的作用和功能，掌握体态语和符号语的正确运用。

引导案例

"固化的行为" [1]

惠普前中华区总裁、现任海辉集团董事局主席、台湾扬智科技董事长孙振耀先生在其"心魔"一文中列举了下列"固化的行为"：

剪发时，常遇到这样的对话，"先生，你头发掉得很厉害哦"（"你的白头发又多了"），这时我的心里就会一阵嘀咕"她是善意地提醒我吗？还是有什么仙丹妙药可以救我？？还是？？？"难道没有更好的话题跟顾客交流吗？

在餐厅用餐，你是否注意到服务员上菜时，不管客人是否正在谈话，就直接打断你，只是为了报菜名，这已经成为一种机械化的服务动作。（有时，你还没有用完餐，服务员就把账单放在餐桌上。更有甚者，服务员当众报告今天的餐费价格是多少。）餐厅有没有考虑到客人的不舒服感？难道没有更好的服务方式吗？

2007 年 2 月搭乘中国台湾省的华航回美国，注意到机上的电影娱乐节目单，竟然用飞机的机型及机号来区分节目表信息。我问空乘人员，有多少客人会清楚自己搭乘飞机的机型及机号，她满脸疑惑，好像从没遇到有这样问题的客人（或这样没有"常识"的客人），这是一种以企业自身方便来对待客户的典型例子。（乘坐中国大陆航空公司的航班，服务人员一般要演示安全操作流程，你常常会发现空乘人员机械的动作和三心二意的表情；机舱内的广播服务，语速之快、语气之平淡让人感到不如不说。）

在台北买东西结账时，常会遇到这样的样板问话："先生，你是付现，还是刷卡？""先生，你有没有会员卡？""先生，发票要不要公司编号？""先生，你要不要袋子？""先生，你#@×？"天啊，对方还想知道什么？难道没有更简洁的结账程序吗？

北京首都机场高速路的收费站有一条 ETC 速通卡的通道，但位置处于收费站的最右边。当你经过其他国家的速通卡通道时，会发现它们多是设在左侧位置，因为左线是超车及快速线，而速通卡的服务对象是需要争取时间的人。对于北京的设计，司机需要减速变换车道到右线，通过后，再加速变换车道到左线，你心里会不会疑惑，他们为什么没有考虑到这点？

在北京看路标要特别注意，因为有时只是在路口标明"四环路"，但环路是双线，有去往东、西、南、北四个方向，何不多加上两个字，如"四环路往西"。

住在星级酒店，每次打电话到总机或需要客房服务时，对方接起电话首先便是一段英文问候，当你耐心听完这段连珠炮的英文问候后，忽然在最后冒出一句用中文说的话："孙先生，您好！"原来他们不是不知道我是中国人。既然如此，为何不直接说"孙先生，您好"？

大楼里的通道，不管有多宽敞，还是总会在转角处发生碰撞，这是因为人的自然行为是走捷径，所以我常避开那个位置，特别是右手拿着一杯咖啡、左手抱着笔记本计算机时。

还有一段老故事说明这样的情况。法国一位年轻的炮兵军官上任后，到所属部队视察操练情况，发现部队操练时有一个共同的情况：总有一位士兵自始至终站在大炮的炮筒下，纹丝不动。原来，操练条例因循的是以前用马拉大炮时代的规则，当时站在炮筒下的士兵的任务是拉住马的缰绳，防止在大炮发射时，马因受惊吓而乱动。当大炮不再用马拉时，条例并没有及时调整，因此还保留一位没有作用的士兵。

以上案例中描述的是日常工作和生活中常见的沟通问题，都是基于语言沟通的问题，既有言语沟通问题，也有非言语沟通问题。中国有句谚语："良言一句三冬暖，恶语伤人六月寒。"这句谚语形象地说明了语言的积极和消极作用。其实，除了口头语言之外，还有表情、姿势、动作等非言语信息也会产生同样的作用。这就是本章将要探讨和研究的问题。

言语沟通是人们为了达到一定的目的，运用口头语言和书面语言传递与接收信息，交流思想、情感等言语活动。

语言是声音与意义结合的符号系统，是服务于人类交际和思维的工具。言语是对语言的具体运用及其成品（见图 6-1）。

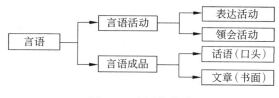

图 6-1　言语的构成

从图 6-1 中可以看出，言语沟通主要包括言语的表达和领会，具体类型包括口头语言沟通和书面语言沟通。

非言语沟通是指不借助口头语言和书面语言，而是借助动作、表情、音调、语气、色彩、服装、环境等进行信息交流的一种活动。

非言语沟通可划分为体态语和符号语两大类。体态语可细分为表情语、手势语、体姿语；符号语可划分为服饰语、色彩语、时空语、旗语等（见图 6-2）。

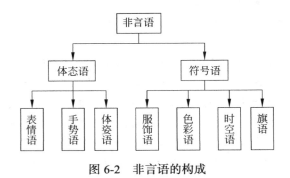

图 6-2　非言语的构成

6.1　口头语言沟通

6.1.1　口头语言沟通概说

口头语言沟通可以简单地理解为"说"。"说"是一门高深的学问和艺术。在管理过程中，几乎每天都要与不同的对象进行口头沟通。口头语言沟通必须明确以下三个问题：一是"What to say？"即说什么？二是"Say to whom？"即对谁说？三是"How to say？"即如何说？

1. 说什么

在进行口头语言沟通前，必须对需要沟通的内容列出清单，至少要有腹稿。至于具体说什么，要根据实际情况决定。比如，根据沟通的目的、目标，考虑双方的处境和可能接受的范围或程度，分清重要的内容和次要的内容等。

2. 对谁说

是上级，还是同级或下级？是员工还是客户？是重要的沟通对象还是一般的沟通对象？是友好的合作者还是对立的竞争者？对方的性格是内向的还是外向的，是孤傲自大的还是平易近人的？是熟人还是生人？是老人、年轻人还是儿童？是男性还是女性？是应聘者还是辞职者……

3. 如何说

如何说，实际上就是如何表达。口头语言的表达方法很多，这里仅介绍四种口头语言表达方法。

（1）委婉法，即用含蓄的语言进行暗示，用曲折、隐喻的方式进行提示的一种方法。委婉的表达可以曲径通幽，发人深省，柔中有刚，易于接受。委婉法可分为三种表达方法：一是讳饰式委婉法，即用委婉的语言表达不便于直说或者使人感到难堪的方法，如对"死"的表达方法有很多种；二是借用式委婉法，即借用一事物或他事物的特征来代替对事物实质问题直接回答的方法；三是曲语式委婉法，即用曲折含蓄的语言和商洽的语气表达自己看法的方法。

委婉是"缓冲剂""溶化剂"，是一种"软化"技术，可以通过巧用语气助词、灵活否定、和缓推托等来达到委婉表达的良好效果。

（2）模糊法，即运用不确定的或者是不精确的语言进行交际的一种方法。模糊法可分为三种表达方法：一是宽泛式模糊法，如"也许""大概""可能是"；二是回避式模糊法，即一些无法明确表达或需要回避的词语采取的一种折中或含糊其词的方法，如用"海峡两岸"表述台湾与内地的关系；三是选择式模糊法，如"明天或后天再通电话好吗？"

模糊词通常包括概数词（多少、上下、左右）、时间副词（刚刚、马上、永远）、时间名词（黄昏、过去）、程度副词（最、非常、格外）等。同时，模糊词的使用需要注意语境，否则会使别人很难理解，产生歧义。

（3）幽默法，即借用多种修辞方法，运用风趣、机智、意味深长的语言进行的一种艺术表达。幽默是交谈语言礼仪的高级表现形式，通常是在一定的语言环境条件下，通过语言反常组合来实现的。幽默法可分为愉快式幽默、双关式幽默、解嘲式幽默、岔道式幽默、哲理式幽默、讽刺式幽默等表达方法。

（4）激励法，又叫"激将法"，即以语言信息的反作用力刺激沟通对象，使其不得不按照说话人的意向发表自己的看法或回答问题的一种表达方法。它通常具有激励和引导作用。激励法可分为三种表达方法：一是反语式激励法，即正话反讲，用故意扭曲的反语信息和反击的语气表述自己的意念，以激起对方发言表态，达到预期目标的方法；二是角色换位激励法，即以一种推己及人、将心比心的心理效应，使对方换位思考，激发对方设身处地替他人着想的一种语言反馈的有效方法；三是贬低式激励法，即以善意贬低他人，激发对方的自尊，促使对方发话，引起互动的一种表达方法。

（情景故事）

名人的幽默

有一天，著名诗人海涅正在伏案创作，突然，有人敲门，原来是仆人送来一件邮包。寄件人是海涅的朋友梅厄先生。海涅因紧张地写作而感到有些疲倦，又因被人打断写作思路而显得很不高兴。他不耐烦地打开邮包，里面包着层层纸张。他撕了一层又一层，终于拿出一张小小的纸条。小纸条上写着短短的几句话："亲爱的海涅，我健康而又快活！衷心地致以问候。你的梅厄。"尽管海涅感到不耐烦，但是这个玩笑却逗得他十分快乐，疲倦感即刻消失。他调整情绪后，决定对他的朋友也开一个玩笑。几天后，梅厄先生收到了海涅的一个邮包。那邮包重得很，他无法把它拿回家去。他雇了一个脚夫帮他扛回家去。到家后，梅厄打开了这件令人纳闷的邮包。他惊奇地发现里面是一块大石头。石头上有一张便条，上面写着："亲爱的梅厄！看了你的信，知道你又健康又快活，我心上的这块石头落地。我把它寄给你，以永远纪念我对你的爱。"

法拉第是近代电磁学的奠基人，他的发明为电的应用开拓了广阔的前景。但是，在电灯、电话、电动机等发明之前，不少人怀疑电的用处。一次，法拉第在做完电磁感应理论演讲以后，一个贵妇人有意挖苦他，说："教授，你讲的这些东西有什么用处呢？"法拉第诙谐地回答说："夫人，你能预言刚生下的婴儿有什么用吗？"

爱迪生致力于发明白炽灯泡时，有一位缺乏想象又毫无幽默感的人取笑他，说："先生，你已经失败了1200次了。"爱迪生回答说："我的成功之处就在于发现了1200种材料不适于做灯丝！"说完，他自己纵声大笑起来。

伟大的德国诗人歌德，有一天在公园里散步。在一条只能通过一个人的小道上，他迎面遇到了一个曾经对他的作品提出过尖锐批评的评论家。这位评论家高声喊道："我从来也不给傻子让路！""而我则相反！"歌德一边说，一边满面笑容地让在一旁。

口头语言沟通的形式很多，包括电话沟通、日常交谈、面谈、倾听与回应、演讲、谈判等。无论采用何种形式沟通，都应注意有效的表达。

（1）赞美式表达。赞美式表达固然比批评式表达更容易使沟通对象接受，但并不是所有的赞美都是有效的表达。如采用评估性赞美，即通过比较或夸大或贬低他人等方式进行比较、评估，通常会导致在场的其他人不悦。因此，应尽量不要采用评估性言辞，而应采用描述性赞美，即客观描述事实，对事不对人。描述性赞美是一种有效的表达方式，通过对沟通对象某一具体行为的真实、客观、及时、具体、真诚的描述，使对方感到很愉悦。

要想达到预期目标，需要在赞美之前理清四个要素：①目的（objective），意即厘清本次表达的目的是什么：明确价值认同、鼓励、建立良好人际关系或礼节等。②需求（demand），赞美能满足人们内心被关注、被赞美、被鼓励、被尊重的人性需求，它是我们改善与他人沟通效果和人际关系的重要工具。因此，赞美前要明确本次表达能满足被赞美者哪方面的需求。③核心（core），意即赞美前要厘清本次赞美的核心或关键点是什么。如赞美的核心是发现总结对方的独特价值，还是展现你与对方具有同类价值观。④结果，意即本次表达要达到的结果是什么。如通过赞美建立良好的人际关系，或是鼓励对方，满足对方的心理需求等。

赞美式表达的有效方式除了描述性赞美之外，还可利用提问、讲故事、对比等方式表达赞美。

（2）建设性表达。建设性表达是指提出的意见或建议使双方产生了共鸣，促进了事情朝好的方向发展。而与之相反的是破坏性表达，即沟通的结果使双方分歧越来越大，激化了矛盾，甚至无法继续交流等。

"词源学"挺管用

在北京外国语学院，我（李肇星，2003—2007年任外交部部长）有幸碰上英国共产党员克鲁克老师。他讲课生动有趣，说有两条船在海上相遇，其中一条船的船长傲慢，打出旗语说："没有谁比我们强。"（We are next to none.）另一条船的船长不紧不慢地用旗语回应道："我们就是那个'没有谁'。"（We are the none.）

克鲁克讲的词源学课尤其令我着迷。他说，人类创造了文字，无论是中文还是英文，都不是随便来的，就如同父母给孩子取名字一样，都是有含义的。他问全班同学，谁知道学校（school）这个词的来源？见大家都摇头，克鲁克娓娓道来："学校"这个词最早是从法国传到英国的，但这个词的老家并非法国，而是希腊。古希腊的孩子上学和旧中国的孩子上私塾一样，老师看谁不听话，就用板子（戒尺）打学生的手心。古希腊文中，那块木板就叫"school"。

克鲁克教的词源学激发了我一生对学习语言文字的兴趣。不管人家是否会被问得不好意思，也不管是否有什么用处，我和一个人认识后，总会找机会问他名字的含义。至于不熟悉的地名，我也会向当地人打听其来历以及在当地语言中的意思。几十年来，我乐此不疲，国内国外莫不如此，并从中了解到当地一些民俗风情和语言文化方面的知识，有时还为外交谈话提供了素材。

2004年1月，我去非洲的科摩罗访问，在飞机上从同行的非洲司同事那里得知，"科摩罗"在当地语言中是月亮的意思。到了之后，科方对我们很热情，总统为我举行欢迎宴会，全体内阁部长出席。宴会上，埃尔－阿明外长致祝酒词。他说："中非关系密切，中国人民对非洲人民好，向非洲提供了大量援助，平均每4个非洲人就有一人被中国大夫救过命或治过病。中国的工程技术人员帮我们修建了首都最好的公路，农业技术人员帮我们提高了粮食的产量。中国是最早承认科独立并与科建交的国家之一。我们是好朋友、好兄弟。"

听到这么一大堆好话，我蛮舒服。随后，埃尔－阿明话锋一转，开起了玩笑："当然啦，中国朋友也不是一点儿缺点没有，我们对中国朋友也不是一点儿意见没有。唯一的意见是，不久前中国第一位宇航员杨利伟遨游太空，可他为什么不带上一个科摩罗兄弟一起上天呢？为什么有这样的好事却忘记了非洲朋友呢？我们有意见。希望中国朋友记住，我们愿与中国朋友一道，不仅在地面上共同发展，也愿在太空中加强合作。下次中国发射宇宙飞船，请一定不要忘了科摩罗。"这段话引起哄堂大笑。

我在答谢时先讲足关于中非友好的正确套话，然后认真地说："刚才外长阁下的意见提得很好，我将带回首都，向中国航天部门反映。但实际上我们中国人一直羡慕科摩罗朋友，因为你们世世代代就住在美丽的月亮（科摩罗）上，中国人到了21世纪才遨游太空，比科摩罗落后多了，你们干吗要羡慕我们？倒是有一件事情，我想问问外长。在很久很久以前，中国有个名叫嫦娥的姑娘，聪明善良，优点很多，唯一的缺点是不听丈夫的话，偷吃了丈夫没完全做好的仙药，只能升天，不能返回。她偷偷离开家乡，去了美丽的'科摩罗'。如果科摩罗朋友知道她在哪里，请给她办个护照，让她回家乡看看，她离家太久太久了。"在场的科摩罗朋友听后心领神会，哈哈大笑。

有一次我访问也门，别人告诉我"也门"一词在古阿拉伯半岛方言中的意思是幸福、吉祥、快乐等词的结合。在为我举行的欢迎宴会上，我在致祝酒词时最后说："祝也门朋友'也门'！"全场一片笑声。

2005 年我访问以色列时，了解到以色列外长的名字沙洛姆（Shalom）是从希伯来语音译过来的，意思是和平、安宁，就在同他会谈和对国会议员演讲时祝愿中东各民族能够实现"沙洛姆"，并表示愿和沙洛姆外长一起为各国人民的"沙洛姆"而努力。说者有心，听者有意，气氛一下子欢快起来。

（资料来源：李肇星. 说不尽外交[M]. 北京：中信出版社，2014.）

1）非暴力沟通

非暴力沟通是指通过观察事实，感受自己的情绪，表达自己的需要和请求，同时聆听别人的需要和需求的一种沟通方式。

非暴力沟通（Nonviolent Communication，简称 NVC）是由美国的马歇尔·卢森堡（Marshall B. Rosenberg）博士 1963 年倡导的一种沟通方式，依照它来谈话和聆听，能使人们情意相通、和谐相处。

马歇尔·卢森堡在其著作《非暴力沟通》中提出，非暴力沟通源于心底的爱意，这让人乐于互助，语言及其表达方式蕴含改变心灵的能量。非暴力沟通指导人们转变谈话和聆听的方式，其目的是使人们不再条件反射式地反应，而是去明了自己的观察、感受和愿望，有意识地使用语言，最后得以让人们在沟通时既能清晰、诚实地表达自己，又尊重与倾听他人。

为了实现非暴力沟通，需要使用非暴力沟通的四个要素，即，①观察，留意发生的事情，不带判断地表达观察结果；②感受，表达观察结果带来的心情，例如害怕、喜悦、气愤、受伤等；③需要，说出哪些需要（价值、愿望）导致了那样的感受；④请求，这一要素在于明确地告知他人，对方期待他采取何种行动，来满足对方的需要。

注意，在使用非暴力沟通的四个要素前，需要明确要素所代表的真正含义，区分人们是想当然地反应还是有意识地表达。

（1）区分观察和评论。非暴力沟通的第一个要素是观察。观察就是要留意发生的事情，并清楚地说出观察结果，而不判断或评估。

《非暴力沟通》中，通过几个例子说明如何区分观察和评论。

印度哲学家克里希那穆提曾经说："不带评论的观察是人类智力的最高形式。"因此，非暴力沟通主张沟通的首要任务是观察而非评论。观察与评论的一个重要区别在于：观察呈现出的是依据和事实，采用的是描述性的、具体的、可衡量的语言。而评论呈现出的是自我的主观判断或评估，采用的往往是一些笼统的、夸张的、不准确的，很难确定描述是否客观的语言。

表 6-1 观察和评论的区分

表达方式	评论	观察
使用的语言没有体现出评论的人对其评论负有责任。	你太大方了。	当我看到你把吃午饭的钱都给了别人，我认为你太大方了。
把对他人思想、情感或愿望的推测当作唯一的可能。	她无法完成工作。	我不认为她能完成工作。/她说："我无法完成工作。"
把预测当作事实。	如果你饮食不均衡，你的健康就会出问题。	如果你饮食不均衡，我就会担心你的健康会出问题。
缺乏依据。	米奇花钱大手大脚。	米奇上周买书花了一千元。
评价他人能力时，把评论当作事实。	欧文是个差劲的前锋。	在过去的 5 场比赛中，欧文没有进一个球。
使用形容词和副词时，把评论当作事实。	索菲长得很丑。	索菲对我没有什么吸引力。

（2）区分感受和想法。非暴力沟通的第二个要素是感受。表达内心的感受，不仅可以促进亲情，还可以改善工作。马歇尔·卢森堡博士主张示弱有助于解决冲突。

沟通时要区分感受和想法，当某人说"我觉得"，常常并不是在表达感受，而是在表达想法。例如，"我觉得我吉他弹得不好"，在这个句子中，"我"评价"我"自己吉他弹得好不好，而没有表达感受。

感受的根源在于自身，只有越清楚地表达自己的感受，才能得到越好的沟通和反馈。例如，"作为吉他手，我有些失落"，"作为吉他手，我很郁闷"，或"作为吉他手，我烦透了"，这些就是表达感受。如果认为自己吉他弹得不好，"我"可能会失落、郁闷或厌烦。而要清楚地表达自己的感受，需要有丰富的词汇。"很好"或"很差"这样的词语很难让人明白对方的实际状况。所以人们需要在日常生活中构建表达自己感受的词汇库，例如受伤、害怕、快乐、甜蜜、感动、兴奋、自信、陶醉、满足、喜悦、开心、气愤、焦虑、失望、孤独、绝望等等。

（3）认清感受来自于自身的需要。非暴力沟通的第三个要素是需要，需要是感受的根源。非暴力沟通强调，感受的根源在于自身。人们自身的需要和期待，以及对他人言行的看法，导致了自身的感受。

日常生活中，当人们听到不中听的话时，情绪会受到影响。通常，人们可以有四种选择：责备自己；责备他人；体会自己的感受和需要；体会他人的感受和需要。一般情况下，人们会选择怨天尤人，责备自己或责备他人。而对他人的指责、批评、评论以及分析，反映了人们的需要和价值观。

非暴力沟通提倡找到合适的方式，使用正向、具体的语言直接表达自己内心所需，即提出需要，这有助于对方准确地了解你的需要，同时也为对方提供了做出准确积极回应的机会。事实表明，你不具体明确地说出来，对方还真的未必了解你的真正请求。有一部分人的为人处世，就是有意无意地去让别人猜你的意图，事实上，很少有人准确猜出另一个人需求的。

（4）区分请求和命令。非暴力沟通的第四个要素是请求。清楚地告诉对方，希望他们做什么；提出的请求越具体越好，如果你的意思含糊不清，别人就难以了解你到底想要什么；阐明提出请求的目的。告诉对方，你提出请求的目的，并非是为了改变对方，而是为了建立一种基于坦诚与同理心的关系，致力于满足彼此需要，将彼此关系放在首位，如此才能让别人相信你提出的是请求，而不是命令或要求。比如："请你以后尊重我的个人隐私！"这一句就像是命令，具体的请求应该是"下次进我的房间，请先敲一下门好吗？"

需要注意的是，当请求没有得到满足时，提出请求的人如果批评和指责，那就是命令；如果想利用对方的内疚来达到目的，也是命令。

口头语言表达要避免以下几种类型：①唠叨不休型；②检察官型；③粗暴打岔型；④先入为主型；⑤不专注型；⑥不善聆听型；⑦赤膊上阵型；⑧不善发问型。

以下是西门子公司接待顾客的语言要求。

不能说"我不知道"；应该说 "请让我试试看"或"请让我帮帮忙"。

不能说"不"；应该说"我能做到的是……"。

不能说"那不是我的工作"；应该说"这件事×××可以帮助您"。

不能说"你是对的，——我们这儿确实很差劲"；应该说"我很理解您的感受"。

不能说"那又不是我的错"；应该说"让我们一起看看这件事能怎么解决"。

不能说"这件事你应该找我们经理或领导去说"；应该说"我会尽力帮忙的"。

不能说"你冷静点好不好"；应该说"很抱歉让你产生不愉快的感觉"。

不能说"我正忙着呢"；应该说"请稍候，我尽快将上一位客户的事情办完就来帮您"。

不能说"过些时候再来电话吧"；应该说"我会在×××时间以前给您回电话的"。

不能说"再等等吧"；应该说"我会随时把进展通知给您"。

6.1.2　面谈

1. 管理中的面谈

管理中的面谈是指管理者有目的、有计划地针对某一管理问题，与沟通对象进行面对面的交流活动。

管理者在工作过程中要进行多种形式的面谈，比如，工作过程中出现矛盾需要谈心，或做思想工作，新入职员工的面试，绩效评估面谈，离职员工面谈，还包括接待客人的会见或会谈等。

面谈虽然在管理过程中是极为普通的一种沟通活动，但每一次面谈所起的作用取决于面谈的有效性。成功的面谈可以化解矛盾或冲突，打开心结，使双方感到愉悦；或是通过信息交流，取得共识，达成理解等。反之，无效的沟通不仅浪费彼此的时间，而且还会加深矛盾，给以后的工作增加阻力和障碍。

通常，影响面谈有效性的障碍主要包括目标差异、信息不对称、存在成见或偏见、准备不充分、言语和非言语的表达、角色定位偏差等。

（情景故事）

歌王卡罗素[2]

《歌王卡罗素》是介绍一代歌剧男高音之王卡罗素的传奇电影,其中有个场景是这样的:卡罗素成名之后,开始世界巡演,来到了伦敦柯芬特花园演出。但当地的首席女高音歌唱家很傲慢,对男人不屑一顾,对前来歌唱的卡罗素更是藐视。偏偏卡罗素在第一次见面的时候,就迟到了。女高音很不高兴,见到卡罗素就一番讽刺,说他是乡下佬,说他不咋样……当然,卡罗素当时年少气盛,非常愤怒,恼火之下气冲冲地跑出现场,大喊"不唱了,回家"。这时候,指挥跟着出来,开始劝说"我们也很不喜欢她",卡罗素依然很愤怒,但是停下了脚步。

"她的目的无非是想把你挤出伦敦歌剧界罢了,你不会跟你最喜爱的音乐和歌剧过不去吧。"听到这里,卡罗素已经安静下来。

"好吧,我答应你,等你唱完之后,我允许你把她杀了。"卡罗素听完,哈哈大笑,转身进了剧场,这是一个很有趣的沟通过程。冲突急剧,几乎无可挽回,一方是傲慢的女高音,另一方是倔强的卡罗素。要劝住他并让他回心转意,是当务之急。而这位指挥家很巧妙地抓住了卡罗素的心理,简短的三句话就扭转了沟通困境。"我们也很不喜欢她"——典型的认同心理,说出对方心里的想法,认同对方的情感,获得情感上的一致,理解了对方。"她的目的无非是想把你……过不去吧"——帮对方分析,并抓住对方最重视的东西,让对方开始理性分析。"好吧,我答应你,等你唱完之后,我允许你把她给杀了"——用幽默的语言,化解尴尬的局面,既尊重对方,又让对方立即释怀。显而易见,这位指挥家是个沟通高手,轻易的三句话,就让对方立即能够接受,并达到了沟通的目的——让对方回到舞台上,完成这场策划已久的表演。而事情的结果是,这次演出是卡罗素巡演中最为重要的一次演出,并取得了空前绝后的声誉,开启了"歌剧之王"的辉煌人生。

2. 面谈的过程及内容

正式的面谈过程可以划分为三个阶段: 准备阶段、实施阶段、分析总结阶段。

第一阶段:准备阶段

面谈准备阶段可以按照"5W1H"逐项进行准备落实。

Why:为什么要进行此次面谈? 必须明确此次面谈的目的、必要性、重要性。面谈的目的决定了面谈的类型或形式。面谈的目的有时不止一个,因而,必须根据不同的目的设定面谈的目标。针对面谈目的,需要厘清的问题包括面谈的类型、要解决什么问题、其性质是什么、希望实现的目标是什么。

Who:面谈的对象是谁? 必须明确面谈的对象构成、基本情况、可能的诉求、优点与不足、与你的关系如何等。

When:何时面谈? 必须明确面谈在何时进行,是否有充足的时间进行准备,给对方的准备时间是否充裕等。

　　Where： 在何地举行面谈？必须明确是正式面谈还是非正式面谈，选择的地点是否合适，是在办公室、会议室，还是需要在安静、隐秘的地方。

　　What： 面谈的内容是什么？对此必须事先了解并认真准备、分析研究、厘清思路。要确定面谈的主题，涉及的部门、领域和人员，面谈的焦点问题，对方可能提出的问题，本人现有的信息、资料，缺少哪些信息、资料等。

　　How： 如何谈？即谈判的最佳方法是什么。包括应该如何开场，如何切入主题，如何提问，开放式问题还是封闭式问题，如何调节沟通氛围，如何打消对方的恐惧或紧张心理，采取何种应对策略等。

　　第二阶段：实施阶段

　　此阶段实际上是对准备阶段的具体执行，并根据实际情况灵活调整沟通内容。这一阶段侧重做好以下几个方面的工作：

　　（1）面谈气氛的营造。即在开头运用问候、微笑、幽默和握手等非言语动作营造良好的面谈气氛。

　　（2）采用半结构化面谈策略。结构化面谈就是管理者事先根据面谈内容及要求，准备了一系列相关问题，依次向沟通对象提问。非结构化面谈是指事先没有准备相关问题，而是根据现场情况或是沟通对象的情况介绍后即兴提出问题。半结构化面谈是以上二者的结合，管理者事先准备了一系列关键问题，以保证满足面谈问题的全面性。同时，又不拘泥于原有问题，采取灵活提问的方式，使面谈的内容更丰富、更符合实际情况。

　　（3）问题的类型选择。面谈问题可分为不同类型：开放式问题与聚合式问题、首要问题与次要问题、折中式问题与导引式问题。开放式问题可以了解沟通对象的更多信息，为其阐发观点或发挥潜能提供了空间；聚合式问题倾向于了解具体、专门性问题，关注的是细节；首要问题是沟通的关键和核心问题，由此引发的其他相关问题通常属于次要问题；折中式问题一般没有倾向性、没有暗示性答案；导引式问题通常是有了先入为主的答案后采用提示、选择、比较等方式引导沟通对象回应。

　　（4）采用漏斗式或反漏斗式提问。漏斗式提问通常是指先提出一般性问题，然后逐渐深入，提出特定性问题，即由浅入深式提问；反漏斗式或称倒漏斗式提问则是先提出特定性问题，再逐渐提出一般性、开放性问题，即深入浅式提问。至于采用哪种方法提问更好，则应根据面谈内容和气氛等决定。通常入职面谈多采用漏斗式提问，离职面谈可采用反漏斗式提问。

　　（5）有效的表达与回应。表达时的语气、语速、声调、助词运用等都会改变一句话的意思，因此，只有真正理解了表达者的真实意图，才能做出正确的回应。

情景故事

如何表达与回应

　　你的同事小张，是个很优秀的销售代表，在公司业绩上领先。但他最近有点消沉。下班以后，在办公室，他找你聊天。

小张表达了自己的苦恼：用了整整一周的时间做这个客户，但客户的销售量还是不高。

下面是用不同的方式表达"用了一周的时间，客户的销量还是不高"的事实。不同的表述，其意思是不同的，回应自然也有所不同（见图6-3）。

小张说："唉，我用了整整一周的时间做这个客户，也不知道怎么搞的，客户的销售量还是不高。"	小张的意思是他没办法了。	此时你只需鼓励他，并介绍你过去的类似经历和经验。
小张说："看来是麻烦了，我用了整整一周的时间做这个客户，客户的销量还是不高。"	小张的意思是在抱怨。	此时你应该安慰他，帮助他分析和查找原因。
小张说："说来也奇怪，我用了一周的时间做这个客户，销量还是不高。"	小张的意思是他想切换客户。	此时你倾听即可，可以附和。
小张说："我用了整整一周的时间做这个客户，但客户的销售量还是不高，气死我了！"	小张的意思是他很无奈。	此时你可以提建议。

图6-3　语言的表达与回应

（6）礼貌结尾。在确定沟通对象正确理解所表达问题的真实含义，并了解了沟通对象的真实意图之后，感谢沟通对象的合作，以礼貌用语道别。

第三阶段：分析总结阶段

无论是何种类型的面谈，都要在面谈结束之后，全面总结面谈目标的实现程度、取得的主要成果，分析存在的问题。有的面谈还需要定性分析和定量分析，对面谈进行全面总结，得出相关结论，为决策服务。

3. 几种主要的面谈

1）日常性工作面谈

这是管理沟通中一种最常见的面谈，通常包括收集信息面谈、解决矛盾或问题面谈、绩效评估面谈、日常接待会谈等。

收集信息面谈的目的是了解相关信息，以便做出正确决策。解决矛盾或问题的面谈通常是基于职责不清、观念不一致、人际冲突或出现意外事故等需要与相关部门及人员进行面谈。绩效评估面谈是指就某一部门或人员某一段时间的绩效进行沟通和评价，目的是让下属部门或人员得到反馈的绩效评估信息，以评估部门或个人的业绩。绩效评估面谈前应预先通知接受绩效评估的员工，使其有时间整理思路，做出自我评价，然后鼓励接受绩效评估的员工参与各个方面的讨论，根据绩效考评指标等客观地评价员工绩效，指出其成绩与不足，并讨论达到目标的方法等。日常接待会谈，又称会见等，是指管理者接待来访的同行、员工等。有的会见属于礼节性拜访，有的属于工作交流，有的属于沟通信息，等等。

2）招聘面谈

招聘面谈又称选聘面试，是指在特定时间、地点所进行的，为某个职位选择合适人员而进行的一种面对面的观察、交谈形式，以了解应聘者的素质特征、能力状况以及求职动机等情况的一种人员甄选与测评技术。招聘面谈的目的是招聘者根据应聘者在面试过程中的行为表现，来观察分析其回答问题的正确程度来予以评定成绩。

招聘面谈通常运用半结构化面谈，招聘者围绕应聘者的工作经历、教育和培训背景、个性特征、兴趣、业务能力、沟通能力等方面进行提问。

招聘面谈过程一般可分为六个步骤，即"PEOPLE"过程（见图 6-4）[3]。

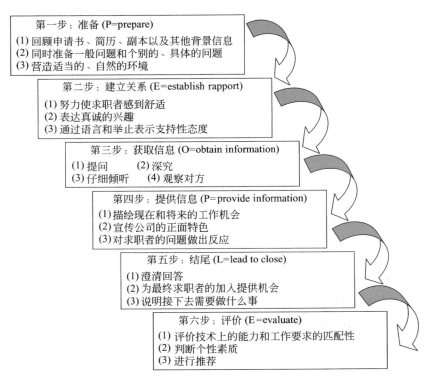

图 6-4　招聘面谈的"PEOPLE"过程

世界 500 强企业最重视的员工能力[4]如表 6-2 所示。

表 6-2　招聘面试自测

能力要素	测评题项	分值
进取心与热情	1. 你为什么觉得自己能够在这个职位上取得成就？	5 4 3 2 1
	2. 你最大的长处和弱点各是什么？这些长处和弱点将对你在企业的业绩产生什么样的影响？	5 4 3 2 1
	3. 是否有教授或者咨询师曾经让你处于尴尬境地，并且让你感到不自信？在这种情况下你是怎样回应的？	5 4 3 2 1
	4. 你是否曾经得到过低于自己预期的成绩？如果有，你是怎样对待这件事的？	5 4 3 2 1
	5. 出于工作晋升的考虑，你打算继续深造吗？	5 4 3 2 1
	6. 你曾经参加过哪些竞争活动？这些活动有价值吗？	5 4 3 2 1

能力要素	测评题项	分值
沟通技能	7. 你怎样使其他人接受你的看法？	5 4 3 2 1
	8. 在做口头陈述方面你有哪些经验？你怎样评价自己的口头陈述能力？	5 4 3 2 1
	9. 你怎样比较自己的口头表达技能和书面表达技能？	5 4 3 2 1
	10. 在写专业论文时，你最不喜欢哪些方面？	5 4 3 2 1
	11. 上下级之间应该怎样交往？	5 4 3 2 1
	12. 你的好友怎样评价你？	5 4 3 2 1
	13. 你和同事们怎样相处？	5 4 3 2 1
成功经历	14. 你认为自己最显著的成就是什么？为什么？	5 4 3 2 1
	15. 在什么情况下你的工作最为成功？	5 4 3 2 1
	16. 为了实现自己的目标，你会怎样地努力工作？	5 4 3 2 1
	17. 竞争对你的成就有什么积极或者消极的影响？是怎样影响的？	5 4 3 2 1
	18. 你怎样看待自己未来五年内的赚钱能力？	5 4 3 2 1
理性思考过程	19. 你在找工作时最看重的是什么？为什么？	5 4 3 2 1
	20. 你认为我们企业是如何取得成功的？	5 4 3 2 1
	21. 在找工作时，你认为哪些事情对你来说在智力上最具有挑战性？为什么？	5 4 3 2 1
	22. 在你做过的事情中，哪些是最有智力挑战的？	5 4 3 2 1
	23. 你怎样做出自己的职业选择？	5 4 3 2 1
	24. 在高薪、工作表彰和晋升之间，你认为哪种形式最有价值？	5 4 3 2 1
	25. 你能描述一下自己的成功阶梯并解释这一过程吗？	5 4 3 2 1
	26. 在决定这一职位聘用什么人时，你认为哪些资格是最重要的？	5 4 3 2 1
	27. 在你做过的事情中，最有创造性的是什么？	5 4 3 2 1
	28. 你是否认为大学的学习成绩能决定你在本企业的成功程度？	5 4 3 2 1
	29. 如果可以在企业内自主选择工作，你想选择什么样的工作？	5 4 3 2 1
成熟度	30. 你怎样成为一名领导者？	5 4 3 2 1
	31. 在成年以后，哪些成就能给你带来最大程度的满足？	5 4 3 2 1
	32. 什么因素决定了你的个人选择？你是否认为其他人应该使用相同的标准？	5 4 3 2 1
	33. 如果重新开始读大学的话，你的做法会有什么不同？	5 4 3 2 1
	34. 你曾经有过的最大失望是什么？你当时的反应如何？	5 4 3 2 1
	35. 你期望从工作中获得的最重要的回报是什么？	5 4 3 2 1
	36. 在什么情况下你曾经向同事伸出援手？	5 4 3 2 1
	37. 你认为怎样才能成为一名专业人士？	5 4 3 2 1
计划与组织	38. 你是怎样准备这次面试的？	5 4 3 2 1
	39.你个人的长期目标和短期目标分别是什么？你是如何确定这些目标的？你准备怎样实现这些目标？	5 4 3 2 1
	40. 你在五年内的个人目标和职业目标分别是什么？	5 4 3 2 1
	41. 如果让你负责的话，你将怎样为自己的企业或部门制订计划？	5 4 3 2 1
	42. 你的长期职业目标是什么？	5 4 3 2 1
	43. 你重视细节吗？	5 4 3 2 1
	44. 如果可能的话，你将怎样改变自己的未来计划？	5 4 3 2 1

第 6 章　基于语言的沟通

能力要素	测评题项	分值
面对压力	45. 如果你在销售一种产品，遇上一位客户一直抱怨你的售后服务很糟糕，这时你会怎么办？	5 4 3 2 1
	46. 什么样的情形会让你感到沮丧？	5 4 3 2 1
	47. 当你确信自己是正确的，但是其他人却不赞同你时，你会怎样做？	5 4 3 2 1
	48. 你是否觉得有能力在自己的职位上取得成功？如果感到不妥，你将如何弥补自己的缺点？	5 4 3 2 1
	49. 完成这个句子：成功的经理应该……	5 4 3 2 1
	50. 你能够在压力状态下工作得很好吗？	5 4 3 2 1
评分	合计分值	

评分：分 1～5 等级。

5 分意味着你对该问题有很充分的准备；3 分意味着你准备得适中；1 分意味着你准备得非常不好；4 分和 2 分则分别代表准备得较充分和较不好。当给自己评分的时候，既要考虑回答的内容也要考虑怎样表达。比如，对第一个问题："你为什么觉得自己能够在这个职位上成功？"如果你觉得自己能够成功，而且知道怎样表达这种想法，就给自己评 5 分；如果你对自己的成功能力很有信心，但是你不确定怎样表达自己的想法，就给自己评 3 分；如果你不确信自己的成功潜力，而且也不知道怎样表达自己对这个问题的想法，就给自己评 1 分。

如果你对有效面试很重视，那么，对于评为 3 分或 3 分以下的每个问题，你都要给予一定程度的重视。如果你对问题的内容感觉困难，那么你就需要花费点时间来仔细考虑，从而找出有说服力的回答。如果是表达有问题，你就需要练习回答，直到你对此感到尽可能自信为止。

当你完成评分时，把你的分数填写到分数单上，标出哪些问题需要在内容方面下功夫，哪些问题需要在表达方面下功夫。当你填完分数单的时候，你对怎样强化自己的回答就有了一个总体印象。

分数单：在下面的空格上对这 50 个问题进行评分。对每个得分在 4 分或 4 分以上的问题，画上"√"作为记号，以表明自己能够对这个问题做出有说服力的回答。得分在 3 分或 3 分以下的问题，对其中需要在内容上做出改进的，在其后的空格里画上一个"C"；对其中需要在表达上做出改进的，在其后的空格里画上一个"D"；如果在内容和表述上都需要改进的，则在这些题后的空格里画上"CD"。

1	2	3	4	5	6	7	8
9	10	11	12	13	14	15	16
17	18	19	20	21	22	23	24
25	26	27	28	29	30	31	32
33	34	35	36	37	38	39	40
41	42	43	44	45	46	47	48
49	50						

用这个分数单做指南，以改进自己的面试效果。首先关注那些在内容和表述上都需要改进的问题，然后关注那些在内容上需要改进的问题，最后关注那些在表述上需要改进的

问题。一旦你提高了在某一问题上的表现，你自己就可以做裁判，将这一问题后的字母改为"√"。当分数单上的所有字母代码都被"√"取代后，你就完成任务了！

以上给出的问题都比较常见，但是因为每次面试都是独特的，所以在面试中，你肯定会遇到很多无法预料的问题。这些问题可能会类似于上面的某一个题目，只不过可能会变换为其他形式。但有些时候，你也必须学会在面试时自己去思考。通过对这50个关键问题的回答做准备，你可以为在无法预料的问题上节省创造性思考的精力。

3）绩效面谈

绩效面谈通常是在绩效考核结果即将公布之前，管理者与被考核者进行面谈，向被考核者反馈其实现目标的程度，并激励下属不断进取，改进提高。首次提出并倡导进行绩效面谈的麦尔（Maier）认为，绩效面谈的目的主要包括：让员工了解自己的位置；表扬好的业绩；向下属传达需要改进之处；在目前的岗位上培养员工；培训员工，提高其胜任更高职位的能力；评估部门整体业绩及个人的作用等。

绩效面谈是绩效考评的一个非常重要的环节，通过面对面交谈，能够让员工明白问题的根源在哪里，并探讨解决问题的思路与办法。有人认为，绩效面谈具有"解压器""兵器库"和"蓄水池"的功能[5]。所谓"解压器"就是面谈能够缓解员工的压力，甚至能够缓解对考评结果的不满情绪。所谓"兵器库"，是指兵器库中既有矛又有盾，而绩效考评难以做到绝对公正，因此，绩效考评的结果可能也是如此。道理讲清楚了，自然就会减少无谓的争议。所谓"蓄水池"，是指绩效面谈会引爆员工的情感，进而将不满、委屈、牢骚等全部发泄出来，这样一方面会给员工以安慰，另一方面也会使不满情绪不至于积聚，甚至集中爆发而导致负面影响。

绩效面谈主要应注意以下几个方面的问题：

（1）绩效面谈前双方做好准备，包括明确面谈目的、确定面谈时间和地点、相关材料等。

（2）绩效面谈内容。管理者面谈内容主要包括：拟订面谈计划，明确主题；对员工绩效做全面分析，找出优点与不足；针对员工的特点选择面谈方法；随时准备应对员工的质疑与不满情况；为员工改进和提高绩效出主意等。员工要准备好个人总结和述职报告，清晰地列出考评规定时间段内的主要工作业绩、存在的不足，目标的实现程度或差距，改进的计划和下一阶段的目标，需要的支持和资源等。

（3）绩效面谈的类型。绩效面谈通常包括三种类型：一是告诉或劝说型，即在没有听取员工意见的情况下直接表述和阐明自己的观点；二是问题解决型，即针对员工存在的不足或不满等，提出解决问题的措施、对策或打消员工的不满情绪；三是协商或参与型，即与员工一道共同商议如何改进和提高绩效，做员工的参谋或助手。

（4）绩效面谈沟通策略。即选择具体的沟通方式[6]。是指根据具体情况选择评估型沟通还是描述型沟通；控制型沟通还是问题导向型沟通；中立型沟通还是移情型沟通；优越型沟通还是平等型沟通；确定型沟通还是探讨型沟通。通常情况下，若选择每一组的前一种类型的沟通容易形成戒备性氛围，若选择后一种类型的沟通往往会形成支持性氛围。

6.1.3　倾听

1. 倾听的含义

倾听是指人们通过视觉、听觉媒介接受、吸收和理解对方思想、信息和情感的过程。倾听属于特殊的言语沟通。有效的沟通始于倾听。

艾科卡（Lee Iacocca）曾经说过："我只盼望能找到一所能够教导人们怎样听别人说话的学院……假如你要发动人们为你工作，你就一定要好好听别人讲话。作为一名管理者，使我最感满足的莫过于看到某个企业内被公认为一般或平庸的人，因为管理者倾听了他遇到的问题而使他发挥了应有的作用。"[7]正是基于对倾听的理解，人们通常建议管理人员应该多听少讲，因为上天赐予人两只耳朵，但只有一张嘴巴。

听，不仅仅需要耳朵，更需要大脑！一般的听或听见只是一种机械的、正常的生理活动，是人的听觉器官自然产生作用的结果；而倾听则是注意力集中、分析、判断、理解或质疑的过程。

倾听是管理沟通的重要技巧，其目的主要是获得事实、数据或别人的想法；理解他人的思想、情感和信仰；对听到的信息进行选择；适时地回应和反馈等。有效的倾听可获取被他人忽视但实际上非常重要的信息；能够更好地理解对方的意图，受到沟通对象的尊敬和信任；能够激发对方谈话欲，获得更多对方的信息，并能找到说服对方的关键；还能够避免误听造成的失误或尴尬；更为重要的是有效的倾听可使你获得友谊，建立良好的人际关系等。

2. 倾听的类型

从专心程度上，可以将听划分为三种类型：随意地听、关注地听和专心地听。按照倾听的定义，第一类不属于倾听；第二类和第三类属于倾听。

国内崇德心理研究所所长魏钧将倾听划分为四种类型：一是主动型倾听，即积极主动地参与其中，时常提问并做出反应。[8]主动型倾听的实现途径包括复述、澄清、反馈。二是移情型倾听，即在倾听过程中换位思考，理解对方的意图、行为表现的缘由等。三是坦荡型倾听，即有选择地倾听，对自己感兴趣的、有利的信息愿意倾听，但忽视或忽略与自己观点不一致的信息。四是警觉型倾听。警觉型倾听有两种方法。第一种是把你的所闻与你自己所熟知的历史、人物和事物做比较。比较的时候不做评判，只是注意一下所谈内容与已知事实吻合的程度。第二种方法是衡量所闻与所见的一致性，即衡量一个人的声调、语气、面部表情和体态姿势是否与他或他讲话的内容相符。

3. 倾听的障碍

产生倾听障碍的主要因素包括环境因素、语言表达因素、倾听者因素、生理差异因素和选择性因素等。

环境因素主要包括自然环境因素和组织内在环境因素。自然环境因素包括噪声、温湿度适宜程度、周边环境等。组织内在环境因素包括人际关系紧张、文化理念不清、制度不健全等。

语言表达因素包括同一种语言的表达是否清晰、准确、简练、易懂，即内涵和外延是否准确、全面。此外，就是不同语言环境下文化差异造成的对同一概念的理解差异，或是价值观不同造成的观念差异。

倾听者因素包括倾听者的态度、心理等因素，如用心不专、急于发言、排斥异议、心理定式、厌倦、消极的身体语言。

生理差异因素包括性别差异造成的理解不同，身体健全与否造成的心理感知差异，生理周期异常造成的心理问题影响等。

选择性因素是指倾听者由于受工作经历、个人喜好、学识、价值观等的影响，对信息选择性取舍，具体包括选择性接受、理解、记忆。

4. 有效的倾听

有研究表明：一个人倾听和思考的速度一般要比讲话的速度快四倍左右。这说明，是否能够有效地倾听，取决于倾听时的态度、注意力、理解力、沟通力以及就讲话速度而言"多余时间"的利用能力等。

提高倾听的有效性或效果，通常注意以下几个方面。

（1）积极投入。即全身心地投入沟通活动之中；无论有多少困难，都意志坚定，排除干扰；集中精力，认真倾听。积极投入者通常采取开放式姿势，身体前倾，目光与沟通者相呼应，对沟通内容有着积极预期。

（2）综合分析与理解。要听清全部信息，并根据所处环境、工作经验等进行综合分析，切不可听到一半就心不在焉，或匆忙下结论；记录并提炼一些关键点和细节，并加以回顾；要注意从沟通者的语气、表情等感情色彩判断其真实意思；要克服习惯性思维，不要总是按照自己的惯常思维去分析判断；要注意非言语信息，"倾听"对方的身体语言，并做出正确判断。

（3）强化记忆。包括重复听到的信息，认清对方说话的模式；采用科学实用的记忆方法，如记笔记、联想、对比等强化记忆。

（4）回应与反馈。要运用诚恳适宜的体势语言或类语言予以回应。事先列出你要解决的问题，在会谈接近尾声时，与对方核实一下你的理解是否正确，尤其是关于下一步的具体安排或打算；对话结束后，记下关键要点，尤其是与最后期限或工作评价有关的内容；克服沟通障碍，切勿自以为是，将自己认为不重要的信息忽略，最好与信息发出者核对一下；消除成见，克服思维定式的影响，客观地理解信息；要考虑对方的背景和经历，简要复述一下他所讲的内容，让对方有机会更正你理解偏差之处。

表6-3列出了一个"倾听"技能测试表。

表 6-3　"倾听"技能测试表

测试题	项分值
1. 你喜欢听别人说话吗？	54321
2. 你会鼓励别人说话吗？	54321
3. 你不喜欢的人在说话时，你也注意听吗？	54321

续表

测试题	项分值
4. 无论说话人是男是女、年长年幼，你都注意听吗？	5 4 3 2 1
5. 朋友、熟人、陌生人说话时，你都注意听吗？	5 4 3 2 1
6. 你是否会目中无人或心不在焉？	5 4 3 2 1
7. 你是否注视讲话者？	5 4 3 2 1
8. 你是否忽略了足以使你分心的事物？	5 4 3 2 1
9. 你是否微笑、点头以及使用不同的方法鼓励他人说话？	5 4 3 2 1
10. 你是否深入考虑说话者所说的话？	5 4 3 2 1
11. 你是否试着指出说话者所说的意思？	5 4 3 2 1
12. 你是否试着指出他为何说那些话？	5 4 3 2 1
13. 你是否让说话者说完他（她）的话？	5 4 3 2 1
14. 当说话者在犹豫时，你是否鼓励他继续说下去？	5 4 3 2 1
15. 你是否重述他的话，弄清楚后再发问？	5 4 3 2 1
16. 在说话者讲完之前，你是否避免批评他？	5 4 3 2 1
17. 无论说话者的态度与用词如何，你都注意听吗？	5 4 3 2 1
18. 若你预先知道说话者要说什么，你也注意听吗？	5 4 3 2 1
19. 你是否询问说话者有关他所用字词的意思？	5 4 3 2 1
20. 为了请他更完整解释他的意见，你是否询问？	5 4 3 2 1
合计得分：	

将所得分加起来：90～100 分，你是一个优秀的倾听者；80～89 分，你是一个很好的倾听者；65～79 分，你是一个勇于改进、尚算良好的倾听者；50～64 分，在有效倾听方面，你确实需要再训练；50 分以下，你注意倾听吗？

注：分值说明：5——几乎都是；4——常常；3——偶尔；2——很少；1——几乎从不。

6.1.4 演讲

1. 演讲的含义

所谓演讲，指演讲者面对听众，以口头语言为主，并辅以动作语言系统地阐述自己的观点，传播信息的一种真实的社会活动过程。演讲是一种高级的、完善的、具有较高审美价值的表达形式。演讲不仅是一门技巧，也是一门艺术，是演讲者思想水平、知识水平、表达能力等各种技艺的集中表现。

管理者每天要与内外公众打交道，需要利用演讲，向公众传播信息、传授知识、沟通思想、联络感情、阐发观点、感召公众等。随着组织的发展和变革的需要，组织结构、管理系统越来越复杂，制度越来越细化，问题和矛盾会越来越多，这就需要领导者和管理者在复杂环境下统一认识、达成共识。演讲作为一种必要的交流形式在管理活动中被广泛应用，提高演讲的有效性成为管理者的必修课。

2. 演讲的类型

按演讲内容的不同，可将其分为政治演讲（竞选演讲、施政演讲等）、教育演讲（学术演讲、教学演讲等）、经济演讲（推销演讲、投标演讲等）、社会问题演讲、宗教演讲、庆贺演讲、凭吊演讲、军事演讲。

按演讲目的的不同，可将其分为娱乐性演讲、传播性演讲、说服性演讲、鼓动性演讲。

按演讲场所的不同，可将其分为游说演讲、巡回演讲、街头演讲、法庭演讲、会议演讲、教堂演讲、宴会演讲、广播演讲、电视演讲、课堂演讲等。

3. 演讲方式

演讲方式有四种类型：宣读演讲、背诵演讲、脱稿演讲、即兴演讲。研究、掌握演讲的各种类型和方式，有助于从整体上认识演讲艺术的本质特征和社会意义，有助于研究不同演讲类型的传播技术和手段。

4. 演讲创作的一般过程

演讲创作一般可分为三个阶段。[10]

第一阶段是构思阶段。这一阶段的主要任务是确定演讲主题、中心思想、演讲风格、结构形式，其中演讲主题是关键。演讲如果没有主题，听众不知道演讲者讲的是什么问题，势必会影响演讲效果。演讲的主题应单一，紧紧围绕一个中心，便于听众理解和记忆。构思阶段实际上是对演讲的创意策划，演讲者考虑的问题较多，包括如何上台、如何开头、如何打动听众、如何结尾、何时停顿、何时提高声调等。演讲者思考得越细致，演讲的逻辑结构越清晰、深刻，中心思想的表达也就越透彻。

第二阶段是具体制定演讲内容和形式阶段。这一阶段的主要任务是确定演讲内容，拟写演讲稿，确定演讲方式及其准备工作。演讲的内容应根据演讲主题确定。其构成要素包括事物（演讲的事项）、道理（演讲事物本身蕴含的道理）、情感（演讲者由客观事物引发的内在激情）、知识（演讲者的学识、修养）。演讲者要综合协调运用以上四个要素拟写演讲稿。

拟写演讲稿之前，应编写演讲提纲。演讲提纲以表格方式列出演讲观点、材料以及它们的组合与安排方式等。演讲提纲一般包括以下内容：演讲题目、演讲的中心论点和分论点、临场需要的各种材料、演讲内容的顺序和层次、开头与结尾的安排等。演讲提纲可分为概要提纲和详细提纲。概要提纲就是列举出演讲的主旨、材料、层次、大意，一般包括开场白、论题、正文、结尾。详细提纲就是具体细致地列出演讲题目、层次结构、论述要点、典型材料、引文材料以及有关材料，显示出演讲的基本内容和详细论证过程。

演讲稿一般包括开头、正文、结尾三部分。

演讲开头要求：吸引听众注意力，激发听众兴趣，争取听众信任。有时也可根据需要解释关键术语、提供背景知识、阐述演讲结构、说明演讲目的等。

开头的形式，主要有开门见山式、名言警句式、展示实物式（道具式）、幽默式、悬念式、新闻式、赞扬式等。

演讲者在正文阐述观点、表述内容时，应抓住演讲内容的四要素，充分揭示各要素之间的内在联系，进行逻辑的推理，使听众晓之以理、动之以情。

演讲正文部分要注意事例、材料的取舍。应处理好以下几种关系：例与理、多与少、新与旧、远与近、虚与实、正与反之间的关系。即列举的事例与阐发的道理的实证性；事例的多与少的取舍、新与旧的取舍；事例与听众的关联度如何，是新近发生的、密切相关的，还是很久以前发生的、与听众关联性小的；事例是虚构的，还是真实的；是正面的、积极的、成功经验型的事例，还是负面的、消极的、失败的教训型事例。

正文的结构安排，包括总分式、并列式、递进式。

正文的材料结构安排，包括时间先后次序、逻辑次序、重要性或复杂性次序。

正文的过渡，其形式包括由总到分或反之，由一层意思转到另一层意思，由议论转为叙述或反之，由一件事转到另一件事，由开场白转到正文。

正文的照应，包括内容与论题之间的照应、内容前后之间的照应、关键词语与论点之间的照应、观点与事例之间的照应。

结尾是演讲画龙点睛之处，也是强化演讲效果的部分。为了加深听众对演讲的理解和记忆，通常采取概括、展望、幽默、含蓄等方式伴以热情洋溢的鼓动结尾。结尾的形式，通常包括总结式（归纳式）、哲理式、号召式（希望式）、名言警句式、表决心式、祝愿式、首尾呼应式、联想式等。特别需要指出的是，在结尾时，切不可说一些不必要的谦虚语和道歉语，也不要画蛇添足、兜圈子、戛然而止、自夸等。结尾应干净利落、不拖泥带水，富有鼓动性、哲理性、启发性的结尾通常会让人记忆犹新。

第三阶段是现场创作阶段，即登台演讲。这一阶段的关键是演讲者要有信心，全身心投入。演讲者只有进入角色，才能驾轻就熟，通过生动、具体、中肯的语言，辅之以动作、表情，准确地向听众传播信息，才能活灵活现、融会贯通地与听众交流思想和观点，才能抓住听众的心，达到相互沟通的目的和效果。

演讲的自信来自于日常活动的历练和经验积累，包括知识的积累、熟谙专业知识与技能、充分的前期准备、对各种可能发生情况的设想及应变对策等。

演讲时语气、语速、动作幅度、动作频率、表情、姿势等要根据演讲内容、对象和环境的变化灵活应变调整。

5. 演讲需要考虑的因素

影响演讲成功与否的因素很多，除了上述介绍的目的、内容、种类和相关技巧外，有几个重要的因素需要特别注意。

一是演讲的时间和场所。从理论上来说，演讲的时间越短越好，但阐发一个观点、愉悦听众等不能只凭一句话，或几句话就能达到目的。心理学研究结果显示，从幼儿、青少年到成年人能够集中精力的时间逐步延长。2 岁的儿童，平均注意力集中的时间为 7 分钟，3 岁为 9 分钟，4 岁为 12 分钟，5 岁为 14 分钟，小学一年级学生为 15 分钟，成人完全集中精力的时间在 20 分钟左右，但由于人的性格、耐力、喜好等不同，成人注意力集中的时间一般为 20～60 分钟。因此，演讲时间一般为 30～60 分钟最为合适，一般不要超过 90 分钟。

演讲的场所大小、空间布局、环境等会影响演讲效果。还要注意是在室内演讲还是在室外演讲，因为演讲者在室内演讲和室外演讲，声音、动作幅度等都要有所变化和调整。

二是听众对象的构成。一方面，要了解听众的年龄结构、知识结构、工作性质、经历、教育程度等，另一方面还要了解听众的需求。

三是着装要得体。演讲属于正式沟通，必须穿正装，注意个人的形象。

四是动作的频次、幅度要适宜。这要综合考虑演讲对象的年龄、演讲场所及其大小、听众构成、演讲内容等。一般情况下动作不宜过多，幅度不宜过大。

五是要善于运用图、表、视听辅助设备等。由于人的注意力集中时间有限，所以必须采用丰富的图、表或是录音、录像片段等，生动形象地把演讲内容展示出来，吸引听众的注意力，也有助于听众的理解。

六是演讲风格。演讲风格通常取决于演讲对象和内容等。学术性演讲需要的是严谨、准确、深度、新意等；布道式或宣讲式演讲需要的是富有亲和力、幽默感、情感和哲理性的、朋友式的交流。不同的演讲类型有不同的演讲风格，但有一条是确定的，即随意、轻松、幽默、智慧、富有感召力的演讲永远都会受到听众的欢迎。

视频资料 6.1
陈铭《女人永远是最佳辩手》——超级演说家

七是谦虚话。无论是开头还是结尾，任何谦虚话都是废话，是不必要的。

八是听众的参与和交流。演讲过程中如果能安排听众参与，演讲结束前预留一定的时间请听众提问，并现场作答，这是成功演讲不可或缺的。

视频资料 6.2
JK 罗琳 2008 哈佛毕业典礼演讲

演讲能力自测，如表 6-4 所示。

表 6-4　演讲能力自测

自测题	项分值
1. 我在整个演讲过程中眼睛同听众保持接触；	1 2 3 4 5
2. 我的身体姿态很自然，没有因为紧张而做作；	1 2 3 4 5
3. 我能运用基本的手势来强调我的要点；	1 2 3 4 5
4. 我运用停顿、重复和总结来强调我的观点；	1 2 3 4 5
5. 我每次演说前都会确定具体的目标；	1 2 3 4 5
6. 我会对听众的需求、忧虑、态度和立场进行分析；	1 2 3 4 5
7. 在组织思路时我会先写下几个主要的论点；	1 2 3 4 5
8. 我会特意准备一个颇具吸引力的开场白；	1 2 3 4 5
9. 我演讲的结尾会呼应开头，且必要时能要求听众采取行动；	1 2 3 4 5
10. 我制作的投影片简明扼要，有助于达到演讲目标；	1 2 3 4 5
11. 我的论点、论据之间有内在的逻辑联系，有助于支持我的主张；	1 2 3 4 5
12. 我会把紧张、焦虑转换为热情和动力；	1 2 3 4 5
13. 我会清楚地叙述我的观点对听众的好处与利益；	1 2 3 4 5
14. 我会热切、强烈地讲述我的观点；	1 2 3 4 5
15. 我会事先演练，以免过分地依赖讲稿，从而集中注意听众的反应；	1 2 3 4 5
16. 我的演讲稿只写关键词，以免照本宣科；	1 2 3 4 5
17. 我会预测听众可能会提的问题，并且准备相应的回答；	1 2 3 4 5

自测题	项分值
18. 我的声音清楚，语速适中，富有感染力；	1 2 3 4 5
19. 我会有意识地运用语音、声调和语速来表示强调；	1 2 3 4 5
20. 演讲前我会检查场地及相应的设施；	1 2 3 4 5
21. 准备演讲时，我会估计将会遭到的反对意见；	1 2 3 4 5
22. 整个演讲过程我会充满自信；	1 2 3 4 5
23. 演讲前我会检查我的衣着打扮是否得体。	1 2 3 4 5
合计分值	

评分标准：105～115 分，你具有优秀演讲者的素质；98～104 分，你略高于平均水平，有些地方尚需要提高；98 分以下，你需要严格地训练你的演说技能；选择得分最低的 6 项，作为本部分技能学习提高的重点。

注：分值说明：1——非常不同意/非常不符合；2——不同意/不符合；3——比较不同意/比较不符合；4——比较同意/比较符合；5——同意/符合。

6.1.5 谈判

1. 谈判的含义

我们生活的世界到处充满着矛盾，没有矛盾就没有世界。不同国家之间、民族之间、地区之间、组织之间、个人之间都存在着各种各样的矛盾。有的涉及名誉与尊严，有的涉及利益分配。解决矛盾的方法只有两种：一种是通过武力解决。双方或多方大动干戈，你争我夺，你死我活，其结果是造成社会动荡、民不聊生、弱肉强食。另一种就是通过和平的方式解决。冲突的双方或多方坐在谈判桌前，通过讨论、协商，避免暴力和流血，解决相互间的矛盾。这是当今世界人们最为推崇的解决矛盾的一种方法。组织在与公众的交往过程中，不可避免地会产生各种各样的矛盾，组织必须运用谈判去协商解决，消除彼此间的纠纷、误解，实现互惠互利，建立良好的公众关系。这样谈判便成为组织沟通活动中的一项重要内容，而熟悉和了解谈判的知识和技巧便成为管理人员的一项基本功。

谈判作为一种人际沟通方式应用非常广泛。从广义上讲，只要人们为某事进行交谈、协商，都可视为谈判。例如，两个孩子分吃一块蛋糕，两个人都想要大块，谁也不愿意吃亏。怎么办？最后两人达成协议，由一个孩子先切，另外一个孩子先拿。两个人都觉得这个建议很公平，然后双方高高兴兴地将蛋糕分吃掉。这就是一次成功的谈判。美国谈判协会会长尼尔伦伯格认为："只要人们为了改变相互关系而交换观点，只要人们为了取得一致而磋商协议，这就是谈判。"[11]谈判是一种协调人们行为的基本手段。所谓谈判就是指面临共同问题的双方或多方在谋求合作的基础上，通过讨论协商，为实现利益均沾的目标而进行的信息沟通与交流活动。

从定义中我们可以看出谈判的含义包括以下几点：①谈判是在两个或两个以上的组织或个人之间进行的；②谈判是一项合作的事业，是一项合作的过程；③谈判双方或多方面临着共同的利益需求；④谈判是一种信息的沟通与交流活动。

谈与判是两个紧密相连的过程。谈，就是各方充分地阐述其追求的目标、利益需求，应承担的义务和享有的权利、建议、意见等。判，则是对各方共同认可的事项的确认。谈是判的基础，判是谈的结果。

罗杰·道森是知名的国际演讲大师、谈判专家。他认为，谈判不是艺术，它是一门科学，是一门精密的科学，没有系统的学习和科学的训练，一般人是很难领悟到它的奥妙的。这门科学，至少包含了语言学、形体学、脸谱学、心理学、表演学、符号学等多种学科，没有系统的教授和引导，一般人很难掌握它的精髓[12]。但大多数人认为谈判不仅是一门高深的科学，也是一门复杂的技术，更是一门语言艺术。谈判是谈判者知识、信息、修养、口才、风度的综合较量。

2. 谈判的类型

谈判作为协调人们行为的基本手段，其应用范围广，涉及的内容十分复杂，加之谈判的对象、运用的手段各不相同，因而就形成了各种各样的谈判类型。

按谈判的内容不同，谈判可分为政治谈判、经济谈判、军事谈判、科技谈判、文化谈判。

（1）政治谈判。意指以政治目的为内容的谈判。它常在政党之间、政府之间、国家之间、社会团体之间进行。其特点是：政治性突出，正规，严肃，时间较长，原则性强。

（2）经济谈判。意指以经济利益为中心的谈判。它是应用最广、最常见的一种谈判。其特点是：涉及内容广泛，时间较短，谈判方式多种多样。

（3）军事谈判。意指以某种军事目的为内容的谈判。它往往涉及政治利益、经济利益。其特点是：利益冲突较大，原则性强，时间较长，也比较正规、严肃。

（4）科技谈判。意指以科学技术交流与合作为目的的谈判。其特点是：气氛热烈，关系融洽，合作性强，专业性强。

（5）文化谈判。意指涉及文学艺术、风俗习惯、意识形态等内容的谈判。其特点与科技谈判相似。

按谈判对手的不同，谈判可分为直接谈判和间接谈判。

（1）直接谈判。意指在谈判利益直接承受者（当事人）之间进行的谈判。其特点是：效率高，时间短，内容具体。

（2）间接谈判。意指在非谈判利益直接承受者（代理人）之间进行的谈判。其特点是：谈判水准高，速度快，法律性强。

按谈判者所持立场不同，谈判可分为刚性谈判和柔性谈判。

（1）刚性谈判。意指一方或各方立场坚定，主张强硬的谈判。其特点是：原则性强，气氛紧张，法律依据明确，利益冲突明显，分歧较大，成功率低。

（2）柔性谈判。意指谈判各方以和平、让步的方式进行谈判。其特点是：意向相近，气氛融洽和谐，内容比较具体，技巧细腻柔和，进展速度快。

此外，还可以根据谈判的透明度不同，将谈判分为公开谈判和秘密谈判；根据谈判的重视程度、方式不同，将谈判分为正式谈判和非正式谈判；根据谈判各方身份地位不同，将谈判分为垂直谈判和水平谈判。

3. 谈判的三个层次

1）竞争型谈判

大部分谈判都属于竞争型谈判。现代社会竞争越来越激烈，企业之间的竞争、同类产品之间的竞争、人才之间的竞争都已经达到白热化程度，如果不竞争或者竞争能力不强，就会被淘汰，因此，在日常生活中，人们面临着越来越多的竞争型谈判。竞争型谈判的技巧旨在削弱对方评估谈判实力的信心。因此，谈判者对谈判对手的最初方案做出明显的反应是极为重要的，即不管谈判者对对方提出的方案如何满意，都必须明确表示反对这一方案，声明它完全不合适，使谈判对手相信，他的方案是完全令人讨厌的，是不能接受的。

2）合作型谈判

尽管谈判中有各种各样的矛盾和冲突，但谈判双方还是存在合作与交流的。谈判双方不是你死我活、你争我抢，而是为着一个共同的目标探讨相应的解决方案。如果对方的报价有利于当事人，当事人又希望同对方保持良好的业务关系或迅速结束谈判，做出合作型反应则是恰当的。合作型反应一般是赞许性的。承认和欣赏对方实事求是地对待谈判的态度，但还必须强调进一步谈判的必要性。这种有必要进一步谈判的事先表示，可以降低对方认为自己低估了案情从而转入防御性交锋的可能性。

3）双赢谈判

"双赢"谈判是把谈判当作一个合作的过程，能和对手像伙伴一样，共同去找到满足双方需要的方案，使费用更合理、风险更小。"双赢"谈判强调的是：通过谈判，不仅是要找到最好的方法去满足双方的需要，而是要解决责任和任务的分配，如成本、风险和利润的分配。"双赢"谈判的结果是：你赢了，但我也没有输。

4. 衡量谈判的三个标准

1）明智：结果是明智的

衡量谈判的第一个标准是明智。因为谈判是谈判双方为了达成某种共识而进行的一种活动，都是为了追求一种结果，谈判中有输有赢，而最好的结果是能够达到双赢，即达到双方都比较满意的程度。没有人愿意为一个不明智的结果耗费时间和精力去交流、沟通，甚至讨价还价。

2）有效：有效率

衡量谈判的第二个标准是有效。谈判追求的是效率，最好能速战速决，除非万不得已，不要拖延时间。时间越长，谈判的成功率就越低，双方耗费的人力、物力和财力就越多。没有人愿意为一件没有结果、遥遥无期的事情耗费人力、物力和财力。因此，谈判要追求效率。

3）友善：增进友谊或至少不损害双方的利益

衡量谈判的第三个标准是增进友谊或至少不损害双方的利益，即友善。谈判不是要你死我活，不是在损害对方利益的前提下满足自己的私利，而是要增进双方的利益，通过谈判使双方达到双赢。如果只有一方达到自己的目的，就不是真正的双赢谈判。

5. 谈判的原则

任何社会组织都希望通过谈判既满足自己的利益要求，又不损害与公众对象之间的关系。为此，必须把谈判作为是一项合作的事业，是一次合作的过程。谈判不是一次你输我赢的比赛，也不是一场你死我活的搏斗，其目标是使各方达成协议，是获得双赢或多赢。

鉴于此，谈判应遵循以下基本原则。

（1）真诚求实。谈判各方是为了追求一个共同的目标和利益才走到一起，因此，各方都应该实事求是地向对方说出自己的意图和合理要求。任何弄虚作假、欺骗对方的行为都会使谈判受阻，甚至中断谈判。

（2）平等互利。无论谈判在谁与谁之间进行，只要各方坐在一起，各方在地位、权利、义务方面都是平等的。平等互利是谈判的基本出发点。遵循平等互利的原则，会使各方共同受益，谈判的成果会更加丰硕、稳固，也有助于各方在互相理解、信任的基础上进一步合作。

（3）求同存异。谈判是在合作的基础上谋求共同利益，各方应该识大体、顾大局、求大同、存小异。即在基本利益需求得到满足之后，适当做出让步，不要在细枝末节或次要的分歧方面斤斤计较。否则，一旦越过了谈判的"临界点"，为了再多要那么一点点利益，极有可能导致前功尽弃，招致谈判失败。

（4）依法办事。谈判的各方必须明确，在谋求各方利益的同时，必须兼顾国家、社会的整体利益，绝不允许钻法律的空子。谈判内容、程序不能违反法律。依法办事、遵纪守法是谈判双方最基本的职业道德。

6. 谈判的一般过程

对于一次比较正规的谈判来说，大致可分为两个阶段。

第一阶段：谈判的准备阶段

古人云："凡事预则立，不预则废。"组织要想取得谈判的成功，必须做好以下几个方面的准备工作。

（1）调查研究，知己知彼。谈判前应根据谈判内容对本组织的情况做详细的调查了解，并尽可能详尽地了解对手的一切情况。

罗杰·道森特别重视对谈判对手的了解。一次，他接到一个电话，对方称在科威特的兄弟被伊拉克总统萨达姆扣为人质，他想聘请道森为谈判顾问，并表示无论花多少钱都愿意赎回他的兄弟。道森告诉他不用花一分赎金就能完成他的心愿。道森联系了一名CBS（哥伦比亚广播公司）的记者，问他是否愿意陪道森去巴格达一趟，如果他愿意，道森就把萨达姆的独家采访权给他。当时正是美伊开战，这名记者乐意前往。几天之后，萨达姆接受了道森的采访要求。在采访结束的两个小时后，萨达姆如约释放了人质，这是那段时期萨达姆所放出的唯一的一名人质。

道森之所以能够成功，是因为他了解萨达姆当时正想通过一个具有国际影响力的媒体来表达他的政治主张；也了解CBS强烈渴求报道有关伊拉克战争方面的新闻素材。道森认为，无论何种形式的谈判，研究谈判者非常重要，这在很大程度上决定了谈判最终的结局。

了解谈判对手主要从以下几个方面进行。

　　一是从了解其生活习惯入手。包括其需求、弱点、喜好、个性等，如果有机会，可以到谈判对手的家里、工作场所去看看，看一看他或她的家、办公室的整洁程度，喜欢看哪些书，借此判断其办事风格、业务专长等。

　　二是尽可能调查和了解对方公司的情况。包括其发展历史、现有规模、文化、管理、盈利情况，存在的优势、不足等。

　　三是谈判者的个人情况及谈判风格。谈判对手的教育经历、职业经历，如对手是否参加过谈判，谈判风格是什么，对手之间有什么分歧，对手是否有取得谈判目标所需的经验、优势和能力，对手的资料是否充分，有无现场决策权等。

　　四是评估对方的实力。尽可能取得谈判对手更多的资料，这些资料包括对方的谈判参与人员，以及参与人员的层次、职位、经验、能力等。

　　五是猜测对手的目标，分析对手的弱点。了解对手的基本目标、最高目标，对手的重要目标、次级目标；分析谈判对手的弱点，包括其个人弱点、团队成员的弱点、资料方面的不足，以及经验方面、时间方面的劣势与不足等。

　　（2）明确谈判目标。明确谈判目标包括：①分清重要目标和次要目标；②分清哪些可以让步，哪些不能让步；③设定谈判对手的需求。

　　明确什么是自己想要的、需要的之后，接下来要明确谈判对手想要和需要的内容。在确定谈判目标时，一定要分清自己想要的和需要的内容，把它罗列出来。谈判中有很多常见的问题都会出现，包括价格、数量、质量、交货期、付款、折扣、培训、售后服务等。在谈判前，先列出自己谈判的目标，再列出竞争对手的目标，考虑对方可能关心的内容，把它们一一地列出来。

　　（3）确定参加谈判的人员。谈判人员一般由本组织的权威人士、专业人员、法律顾问和文秘人员组成，其中应明确首席代表和一般代表。

　　（4）确定谈判的场所。谈判场所有主场和客场之分。谈判也可另选僻静安全的场所。

　　（5）制订谈判方案，拟定谈判议程。谈判前各方都应在调查研究的基础上制订一套或两套甚至几套方案，以适应环境的变化。同时，应根据谈判方案拟定谈判议程，应把各方容易达成协议的问题放在开头，把重要的议题安排在己方精力充沛之时。议程安排合理，可以提高谈判效率。

　　（6）做好文字、财务、安全、保密、接待、服务等各方面的准备工作。这是谈判得以顺利进行的重要保证。

　　（7）重要的谈判应进行模拟谈判。这样有助于增强谈判者的自信心，发现漏洞，拓宽思路，减少失误和意外阻力。

　　第二阶段：正式谈判阶段

　　正式谈判阶段是指从谈判各方聚集到一起，面对面进行谈判伊始到结束为止。一次正规的谈判，大体上经过六个程序。

　　（1）导入阶段。谈判伊始，力争创造一种和谐融洽的谈判气氛。在一种幽雅的环境和友好的气氛中，谈判各方互相介绍、彼此相识。介绍一般采用自我介绍或专人介绍的方式。这一阶段的时间宜短不宜长。

（2）概说阶段。这是谈判各方概要介绍各自谈判意图和目标的阶段。概说阶段开始时，谈判各方要确定谈判的议题、议程、时间。达成共识后，各方简明扼要地说出各自的意图、想法、目标。这一阶段属投石问路阶段，不宜将自己的真实意图和盘托出，否则在以后的谈判中将陷入被动境地。各方在倾听对方概说时，找出彼此差距所在。

（3）明示阶段。这是谈判各方就分歧问题表明态度和立场的阶段。此时，谈判进入实质性问题阶段。在此阶段，谈判各方都应及早确认自己可能获得的利益、让步的范围、条件等。谈判各方应以真诚求实为原则，在心平气和的协商中，主要明确以下四个方面的问题：①己方所求；②对方所求；③彼此所求；④外表暂时不易看出的所求。

（4）交锋阶段。这是谈判各方据理力争，处于对立和竞争状态的阶段。这是谈判最紧张、最困难、最关键的阶段。在此阶段，各方应本着合作的精神，摆事实，讲道理，尽量说服对方，竭力追求各自的利益和需求。这是一种正当的竞争，绝不能持敌对立场、尔虞我诈。交锋的过程实际上是各方交流信息、发挥谈判技巧与能力的过程，谈判各方应坚定信心，据理力争。

（5）妥协阶段。这是谈判各方申明大义，对彼此间存在的矛盾和分歧寻求协商、调节、让步的阶段。谈判各方在交锋的基础上，本着真诚求实、互惠互利、求同存异、依法办事的原则，根据各自的谈判目标，在基本利益需求得到满足的情况下，寻求达成协议的途径，适当作出妥协和让步，以便使谈判得以顺利进行。

（6）协议阶段。这是谈判各方达成共识、握手言和，在协议书上签字的阶段。在协议阶段，一定要重视协议中的每一条款和内容，应字斟句酌、谨慎细致。一看文字表述是否恰当，有无模棱两可之处；二看各方责权利、义务是否清楚明确；三看是否符合党和国家的方针政策，有无违法之处；四看是否符合法律程序，有无公证。当检查无误后，方可举行签约仪式。到此，一次正规的谈判结束。

7. 谈判的主要策略

谈判的策略是指在谈判中，根据谈判的实际情况，所采取的方针、技巧、方式、方法。在长期的谈判实践中，人们积累了丰富的经验，总结出了许多谈判的技巧、方法。谈判的策略可分为时机性策略和方位性策略。时机性策略指把握谈判时机、控制谈判的策略，主要方法有忍耐策略、出其不意策略、休会策略、死线策略、让步策略、适时发问策略。方位性策略是指根据不同的谈判场合、条件、局势，采用相应的手段的策略，主要手段有：合伙、联系和排斥，以攻为守，运用代理人等。下面介绍几种谈判中常常采用的策略。

1）让步

让步是谈判中最常用的策略之一。在妥协阶段，适时采用让步策略，能促使谈判朝着成功的方向发展。任何成功的谈判都必须建立在相互均衡让步的基础之上。采用让步策略应遵循以下几条原则。

（1）不要做无谓的让步。让步应体现对各方都有利的宗旨，只不过是利益分配的多寡而已。力争每一次让步都能得到某种相应的回报。

（2）让步要恰到好处。让步要把握时机，缺乏通盘考虑的让步会得不偿失；对方的让步已经明朗化而己方坚持一步不让，有可能导致谈判失败。成功的让步能使己方以较小的让步使对方有较大的满足。

（3）不要做同幅度、对等的让步，这是毫无意义的。

（4）重要的问题力求使对方先让步。

（5）让步要三思而后行，速度不宜过快，力争"步步为营"。

（6）避免追溯性让步。被对方逼迫让步不仅要付出代价，而且会使己方处于被动地位。

2）忍耐

忍耐是交锋阶段经常采用的策略。当对方咄咄逼人，或情绪激动之时，采用忍耐策略，以缓制急，以静制动，使各方都保持冷静，避免直接冲突，直至时机成熟，再给对方以明确答复。无论是正式谈判或非正式谈判，谈判者一定要控制住情绪，审时度势。俗话说："小不忍则乱大谋。"忍耐不是屈服，忍耐是为了掌握具体情况，寻找应对措施。

3）休会

休会，即暂时中止谈判。休会是一种缓和矛盾和冲突，使谈判各方冷静思考，重新审视谈判方针、方案，有利于谈判继续进行下去的一种策略。休会策略是一种时机性策略。当谈判处于以下几种情形时，应采用休会策略：

（1）谈判时间过长而没有实质性进展，谈判人员已精疲力竭，处于生理低潮。

（2）谈判进入交锋阶段，达到白热化程度，各方彼此唇枪舌剑、各不相让，谈判已进入"临界点"，面临破裂的可能性。

（3）对方采用出其不意的策略，在某一问题上突然提出一个新的方案，令己方措手不及，此时可提出休会。

（4）谈判各方意见分歧过大，一时难以磋商，可建议休会。

（5）谈判进行到正常就餐、入寝休息时间可建议休会。在休会期间，谈判各方应本着谈判的原则，认真总结和审视原来的方针、方案是否切实可行。如若不合适，应做相应的调整，重新部署新的谈判方针、方案，采用新的谈判策略。

4）出其不意

"攻其不备，出其不意"是我国古代名著《孙子兵法》的一种军事策略。在谈判中，这主要是指突然改变谈判方针、方案，令对手措手不及。公共关系谈判尽管是合作型谈判，但并不排斥正常的合理的竞争手段。当谈判处于以下情形时，可采用出其不意策略：

（1）对手在某一问题上占绝对优势，而该问题又是己方基本利益需求，此时可考虑采用一个与原方案截然相反的提案，以另有所图。

（2）当对手迫于成交，而己方感到成交的时机不成熟、条件不具备时，可采用出其不意策略。

（3）对手轻意接受己方认为非常重要的谈判条件，己方难以揣测其真实意图，此时可采用出其不意策略，以测试对手反应，积极把握谈判的主动权。

采用出其不意策略应十分慎重，否则，盲目使用该策略，容易造成紧张局面，招致谈判破裂。但如果适时使用会使对方感到措手不及，也会达到较好的效果。

5）解剖"死线"

"死线"是指谈判对手势在必得，不可摆脱的关键问题。解剖"死线"策略是指在谈判中，掌握对方的利益需求，当对方在非重要问题或细枝末节上斤斤计较时，及时解剖"死线"，阐明利害，迫使对方让步，积极争取主动的一种策略。"死线"往往是对方谈判的希望所在，属于对方的长远利益需求，是对方十分需要绝不肯轻易放弃的关键问题。谈判者在谈判过程中，必须仔细分析，找出对方的"死线"，在关键时刻及时抛出，并给对方以思考的时间。这样，对方必然要权衡利弊，让步的可能性极大。

6）以攻为守

以攻为守是指在对谈判做了充分准备的前提下，积极主动进攻，以提问为主，咄咄逼人。以细枝末节问题让步，换取较大利益需求的满足。

以攻为守策略的主要手段有两个：

（1）不断提问。在谈判中，寻找更多问题适时发问，是占据主动地位的一种方式。提问也是一种技巧。提出的问题越尖锐棘手、越多，从对方答复中获取的信息就越多。

（2）主动让步。如果对谈判的情况了如指掌，对对手可能做出的让步范围心中有数，知晓这一让步，可能会得到更多的补偿，即可主动让步。这种让步，看似妥协退让，其实是一种更有力的进攻。

7）提问

有人说，上帝给人类造就了两只耳朵一张嘴，恐怕就是希望人们多听少说。在谈判中，运用提问的策略就是令自己多听少说的最有效方法之一。在谈判中适时地进行提问，这是发现问题与识别对方需要的一种有效的手段。提问时必须明确：

（1）提出的问题必须有针对性。

（2）问题的表述要清晰准确。

（3）提问的时机要适当，切忌中途随意插话提问。

（4）尽量使用对方习惯的或喜欢的方式提问。

（5）避免一次提出两个以上的问题。

（6）避免盘问式或审讯式提问。

（7）避免使用威胁性、讽刺性语言提问。

（8）避免对答案具有暗示性的提问。

8）倾听

倾听就是指在谈判中，当对手发言时，专心致志地倾听、分析和理解。认真倾听对手发言，一是显示对对方的尊重、对谈判的重视；二是有助于激发或调动发言者的谈话情绪。

在谈判中，谈判者应边听边分析，缜密思考，寻求对策，或适时提出关键问题，令对方打开话匣子，得到你所需要的信息。

9）运用代理人

运用代理人是指选用非谈判利益的直接承受人，即"代理人"做己方的谈判代表，赋予其一定的权限与对方进行谈判。它属于间接谈判。代理人一般都是谈判的行家里手，具有丰富的知识和较高的应变能力、表达能力。利用代理人进行谈判，代理人可以向当事人提出任何问题或要求，而无须向对方做出任何承诺。代理人凭其专业水平和丰富的实践经验，容易在谈判中掌握主动，成功的机会相对较大。利用代理人谈判也可以在处于不利局面时，以问题了解不全面、不具体、代理有限等为理由，暂时休会。运用代理人谈判时，应注意以下几个问题：

（1）代理人必须持有当事法人的委托代理书。

（2）代理人不能超越委托权限，越权代理。

（3）代理人必须全力以赴，实行真实代理。

（4）代理人应随时与当事人进行信息沟通，寻找解决问题的方法和途径。

6.2 书面语言沟通

6.2.1 书面语言沟通概说

口头语言沟通在现代管理中的确应用广泛，但其存在着明显的不足，比如，缺乏凭证作用，即使可以录音、录像，但又需要特殊的设备及人员服务，尤其是远距离、异地、陌生人之间的沟通，口头沟通显示出了其局限性。因此，在现代企业的管理活动中，商务函件、协议或合同、单据、报告、电子邮件、备忘录等书面记录方式发挥着独特的作用，其优越性体现为醒目、准确、可查阅、可保存、正式、方便快捷等。所谓醒目，是指书面语言沟通付诸文字表达，内容一目了然，便于认知、分析与理解；所谓准确，是指文字表达通常经过大脑仔细思考、推敲，一旦付诸文字，与口头表达的随意性相比比较准确；书面语言可查阅、可保存，既可回顾过去的工作得失，又可保存下来，作为历史的记录；所谓正式，是指有些书面记录方式有固定的格式、结构等要求，比较正式，显示出沟通双方对沟通的重视，也显示了沟通者的素养；电子邮件等现代即时通信工具具有方便、快捷等特点，成为现代管理沟通活动中使用频率较高的书面沟通方式。

1. 书面语言沟通类型

书面语言沟通的类型很多。根据书面语言沟通方式使用范畴不同，可将其分为企业内部和外部使用两种。在企业内部，常见的书面沟通方式有文件、报纸、便函、报告、布告牌、工作说明、海报、便条、员工手册、制度汇编、电子邮件、短信、电子布告等；在企业外部，常见的书面沟通方式有商务信函、报告、建议书、传真、合同、广告、产品简介、企业宣传册、画报、新闻报道等。

根据书面语言沟通目的不同，可将其分为通知型（通知、通告、通报等）、宣传型（简介、画册、产品说明书等）、指导型（用户手册、服务指南、操作流程等）、协商型（信函、建议书、请示、报告等）、记录型（会议记录、使用时间和次数记录、服务记录、工作总结等）和凭证型（备忘录、合同、契约）等。

根据书面语言材料的适用性和属性不同，可将其分为通用性、技术性、专用性和事务性四种。通用性是指所有组织都在一定范围内使用的文书材料，是一种适用范围广泛的书面交流工具，包括通知、通报、请示函、报告、会议纪要等；技术性是指在科学研究、工农业生产、基本建设等活动中形成并使用的各种文书材料，包括调查报告、说明书、技术任务书、规划图、设计图等；专用性是指在一定的工作部门和业务范围内，根据特殊需要专门使用的文书材料，如备忘录、起诉书、公证书、涉外信函等；事务性是从事某些具体项目、活动等形成的书面文书材料，如工作计划、工作总结、调查报告、讲话稿、工作简报、介绍信、贺信、慰问信、海报、请柬等。

根据书面语言沟通的载体类型不同，可将其分为纸质类书面语言沟通和电子类书面语言沟通两大类。纸质类书面语言沟通包括利用纸质进行的书面沟通，如文件、书籍、海报、信函等；电子类书面语言沟通包括利用电视、电影、互联网、电话、传真等开展的书面沟通，如电子邮件、电视字幕、电影画面字幕、照片说明、短信等。

2. 书面语言沟通的原则

书面语言沟通通常遵循"4C"原则：正确（correct）、清晰 （clear）、完整（complete）、简洁（concise）。

正确是指主题正确，观点正确，运用的理论与方法正确，语言表达准确，数据准确，结论正确等。

清晰是指思路清晰、层次清晰、版面整洁等。

完整是指内容完整、结构完整。

简洁是指语言表达简单明了，易于理解，让人一目了然。

3. 书面语言沟通（写作）的一般过程

书面语言沟通的过程实际上就是写作的过程，通常的管理写作一般要经过五个过程（见图6-5）。[13]

第一步：收集资料（gather information）

互联网和计算机技术的飞速发展，为信息资料的收集提供了便利条件，尤其是网络搜索、大型数据库检索的日益增多，使得信息资料的收集快捷而容易。

收集资料的途径很多，主要有文件、文章、书籍、统计数据、电话访谈、互联网检索、数据库检索、头脑风暴会议、实地调研等。

目前最为快捷的资料收集方法是运用谷歌、百度等进行检索；其次是到国家、地方和大学、企业的图书馆进行查阅，或通过其购买的数据库进行检索；再次是直接进入政府统计网站、企事业单位网站进行检索。

第二步：组织观点（organize your thoughts）

这一步是将收集的大量零散资料按照其重要程度、逻辑关系、时间或历史发展过程、核心概念等进行分类或分组，分组之后再进行筛选，归纳出每组内容的关键问题及标题，最后有策略地进行编排，厘清层次结构和逻辑顺序。

组织观点最重要的是提炼出核心观点，也就是中心思想，然后确定标题或主题，再确定子观点、论据、结论等。

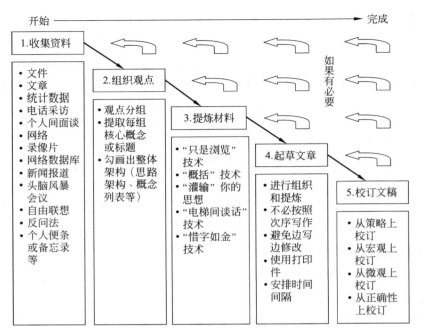

图 6-5　管理写作流程

第三步：提炼材料（focus the message）

提炼材料是把已有信息资料根据确定的子观点进行取舍。取舍的方法有以下几种：一是根据每个子观点需要进行提炼；二是根据现有资料去提炼新的观点；三是有选择地根据沟通对象的需要提取；四是利用多种方法进行提取。比如，设想读者只是浏览，因此必须对材料进行高度概括与提炼，才能立即引起读者的关注与兴趣；或是概括你的观点，或是灌输你的观点，或是利用"电梯间谈话"技术即化繁为简，或是采用"惜字如金"技术。

第四步：起草文章（draft the document）

起草文章，首先要审视标题、结构、中心思想、论点和论据等是否清晰、合理，有无需要调整之处，然后再根据自己对主体的理解，参考已有资料进行写作。起草文章注意不要在乎写作顺序，哪个地方思考成熟了，就可以动笔；不要边写边改，写完一部分或全文后再进行修改，这样可以避免过早删去可能有用的内容；最好使用打印件，以随时保存，修改比较方便；起草后如果时间允许的话，不要马上送交有关部门，而是要暂时放一放，安排一定的时间间隔。过一段时间后再重新审视文章时，可能会发现有些内容需要修改、完善或删除等。

第五步：校订文稿（edit the document）

校订文稿是管理写作的必要环节，因为在管理写作过程中可能会有观点、结构、逻辑、内容、格式、符号、图表等多方面的问题。因此，校订文稿时确保文章准确是首要条件。

校订实际上就是对写作内容进行编辑、修改，具体方法既可以从策略上、宏观上、微观上、正确性上进行修改，也可以就写作内容的正确性与有关部门或领导进行协商后修改，最后定稿。

6.2.2　写作的要领

管理写作首先要明确三个问题：要表达什么意图？用什么来表达这个意图？怎样表达好这个意图？也就是要明确管理写作的四个要素：主旨、材料、结构、格式。主旨是管理写作的灵魂，材料是管理写作的血肉，结构是管理写作的骨骼，格式是管理写作的外表。

（1）主旨是书面沟通要表达的意图或观点、中心思想。它决定写作的材料和结构。主旨一定要正确，符合相关政策，符合实际；要鲜明，提倡什么、反对什么、应该做什么、不应该做什么等都要清清楚楚；要集中、深刻。

（2）材料是构成书面沟通的事实、论据、道理和引语。要广泛收集材料，大量占有材料；严格进行筛选，材料要具有相关性、可靠性、典型性和现时性（新颖性）；进行合理加工，对同类材料进行合并，对冗长的材料进行剪裁；对材料可加工润色，提高材料的质量。

（3）结构是对文书各个部分的布局安排。写作前要拟一个提纲，并注意层次和段落、照应和过渡、开头和结尾。层次安排要注意突出主旨，顺序合理，避免交叉，体例匀称。层次的写法主要有总分式、递进式、时序式等。段落是书面沟通的基本构成单位。划分段落可按中心意思划分，一段一个中心思想；也可按条、项内容划分；还可按事物发展阶段划分等。照应就是公文的内容前后要关照和呼应，一般要注意题文照应、首尾照应、前后照应。过渡就是上下文之间的衔接和转换，起承上启下的作用。过渡通常用于内容转换时或由总括到分述时。过渡的形式有过渡词（因此、可是、综上所述、由此可见等）、过渡句（现将有关情况报告如下）、过渡段。开头的写法主要有概述式、引述式、目的式、说明式、提问式、时间式等。开头要求开门见山，紧扣全文，简短凝练，力求新颖。结尾的写法主要有总结式、强调式、要求式、呼应式、号召式。结尾要干净利落，不能拖泥带水；避免空话连篇；该止即止，切勿画蛇添足。

（4）格式是指书面沟通文字材料的书写规格、结构安排的规则。不同的文书，其格式是不同的。比如，我国对公文有严格的格式要求，公文用纸要求是必须使用 A4 型纸，即 210 毫米 × 297 毫米；版式要求是天头（上白边）：37 毫米 ± 1 毫米，订口（左白边）：28 毫米 ± 1 毫米，版心尺寸：156 毫米 × 225 毫米（不含页码），每页面排 22 行，每行排 28 个字；公文必须体现眉首（首页红色反线以上的各要素为公文份数序号、秘密等级、保管期限、紧急程度、发文机关标识、发文字号）、主体（红色反线以下至主题词之间的各要素为公文标题、主送机关、公文正文、附件、成文日期、公文生效标识、附注等）、版记（主题词以下的各要素为主题词、抄送机关、印发机关和印发日期及版记中的红色反线等）三大要素。

再比如商务公函一般包括四大部分：标题、行文对象、正文、落款。

6.2.3　商务写作

1. 请示与报告

请示一般适用于向上级组织或部门请求指示、批准。请示写作时注意：①说理要充分；②请示的事项要具体、明确；③一文一事；④不可多头主送；⑤应主送相关组织或部门，不应主送给个人（特殊情况除外）；⑥文种不可用请示报告。

请示的特点主要为事前行文，也就是说，请示并不是先斩后奏的行为；凡超出本单位或本人职权范围以外的事项，都要请示后才能执行，特别是涉及政策界限，重大问题和一些需上级机关予以审批的事项。请示的标题通常为"关于××的请示"；请示的正文通常包括请示缘由、请示事项、请示内容，请示内容必须简明扼要；请示的结尾通常为："妥否、请批示"或"以上意见妥否、请批示等"，而且在署名和时间部分要加盖印章。

报告是一种主要用来汇报工作、反映情况的客观陈述性行文。它的主要用途就是向上级组织或部门汇报工作，通报情况，提供决策所需的背景材料，推荐或指示某一行动的途径，答复上级组织或部门的询问等。报告是一种较正式的沟通方式，不仅能够传递复杂的信息，而且有助于为管理决策提供参考。

根据报告的内容不同，可将其分为四大类：工作报告、情况报告、建议报告、答复报告。所谓"工作报告"就是下级对上级进行的汇报。所谓"情况报告"就是关于某个重大事件的经过的汇报，其重点在于事件的时间、地点、人物、起因、经过、结果、分析、经验教训以及处理情况等内容。所谓"建议报告"，就是下级主动向上级提出建议或者希望的报告，其特点与请示相类似。所谓"答复报告"，就是针对上级对自己的一个询问所予以的答复，这种报告具有被动行文的特征，要求实事求是、针对具体问题来进行回答。有的报告属于综合报告，有的属于专题报告。

报告的基本结构包括标题、概要、目录、主体部分（正文）、结论和建议。

常见的年度工作报告的一般性结构框架如下：第一部分，过去一年工作的回顾；第二部分，提出下一年度工作总体思路；第三部分，确定下一年度的工作目标和工作任务；第四部分，明确完成目标和任务的措施；第五部分，简要总结，号召和动员。

报告写作时应注意：①厘清思路，抓住主题（报告什么、为什么、怎么做）；②突出重点，点面结合；③情况与分析相结合，观点与材料相统一；④语言要精练，内容要真实；⑤报告中不可夹带请示。

请示与报告的区别是：①行文目的不同。请示一般要求上级组织或部门给予直接批复；报告则主要是下情上呈，不要求批复。②行文时间不同。请示必须在事前行文，不允许"先斩后奏"；报告则可根据实际情况，随时行文，事前、事中、事后皆可。③行文内容不同。请示主要写带有迫切性的，需要上级组织或部门指示、批准的事项；报告则主要着眼于汇报工作、反映情况，有的还提出建议。

2. 通知

通知一般适用于批转下级部门的文书，转发上级部门和不相隶属部门的文书，传达要求下级部门办理和需要有关单位周知或者执行的事项，任免的人员等。

（1）通知的类型

发布性通知，即告知受文单位，某一规章制度、决定、工作要点等已经某会议讨论通过，或经上级部门批准，现予以发布或印发，并要求贯彻执行的通知。

批示（批转、转发、印发）性通知，即肯定被批转、转发、印发的文件，提出贯彻落实要求的通知。

指示性通知，即上级部门需要对下级部门就某一事项做出具体规定，或对某一问题做出具体指示的通知。

知照性通知，即要求受文单位知晓某一事项或办理某一事情的通知，包括干部任免、召开会议、成立撤销机构等通知。

（2）通知的写作方法

通知的写作方法一般包括两种：一种是转述式写法，主要适用于发布性通知和批示性通知；另一种是直述式写法，主要用于指示性通知和知照性通知。其正文部分一般由通知的缘由、事项、结尾语三部分组成。缘由一般是概述情况，说明目的，交代背景，或陈述理由，指出根据，从中引出问题；事项是通知的中心内容，是指应知应办的事项，是工作的具体部署，是执行的依据，应提出明确具体的要求，一般采取分条分项式写法；结尾一般是要求贯彻执行，抓好落实等。

3. 信函

信函一般适用于不相隶属组织或部门之间商洽工作、询问和答复问题、请求批准和答复审批事项等。

（1）信函的种类

商洽性信函——用于组织或部门之间商洽工作；

询问性信函——用于组织或部门之间询问问题、征求意见；

请求性信函——用于组织或部门之间请求帮助配合，以及向有关主管部门请求批准；

答复性信函——用于答复对方来函的有关问题；

告知性信函——用于告知对方有关工作或活动情况。

（2）信函的写作方法

商务和公务信函主要包括三个部分，即开头段、中间段和结尾段。开头段的好坏决定了能否吸引读者，能否满足读者需求，能否实现信函的目的。因此，开头段应该遵循以下原则：符合信函的目的和读者要求；给人以周到、礼貌、简洁明了的感觉；检查信函的完整性。中间段根据内容的多少，可以是一段，也可以是两到三段，主要是对信函中涵盖的资料、数据进行富有逻辑性的、简要而清晰的描述。结尾段除了对整篇信函做全面归纳之外，还要简明扼要地阐明撰写者希望读者采取的行动。

（3）信函写作注意事项

注意行文关系和文种的使用。不能混淆了信函与请示、报告或通知在行文关系和用法上的区别，并注意用语的口气；语言要精练、短小精悍；用语要谦恭、诚恳、友好。

（情景故事）

"秘书门"事件

2006年4月的一天晚上，EMC（全球网络信息存储领导厂商之一，总部设在美国）中国区总裁 L 先生回办公室取东西。到门口才发现自己没带钥匙，而此时他的秘书 R 已经下班。L 总裁不太高兴，便在第二天凌晨 1 时 13 分给 R 秘书发了一封 E-mail，并同时转给另外几名管理者（M、Z、S）。

L 总裁给 R 秘书的信如下：

L 总裁在这封用英文书写的邮件中说："我曾告诉过你，做事情不要想当然！结果今天晚上你就把我锁在门外，我要取的东西都还在办公室里。问题在于你自以为是地认为我随身带了钥匙。从现在起，无论是午餐时段还是晚上下班后，你都要跟你服务的每一名经理确认无事后才能离开办公室，明白了吗？"

【附信的原文：From: L；Sent: Saturday, April 08, 2006 1:13 am；To: R；M；Z；S Subject: Do not assume or take things for granted

R, I just told you not to assume or take things for granted on Tuesday and you locked me out of my office this evening when all my things are all still in the office because you assume I have my office key on my person. With immediate effect, you do not leave the office until you have checked with all the managers you support-this is for the lunch hour as well as at end of day, OK?】

两天后，R 秘书用中文给 L 总裁回信。R 秘书把这封信连同 L 总裁的原信抄送给了 EMC 中国区北京、成都、上海、广州等地的所有员工。

R 秘书的回信如下：

From: R

Sent: 2006 年 4 月 10 日 13:48

To: L; China All (Beijing); China All (Chengdu); China All (Guangzhou); China All (Shanghai); S

Subject: FW: Do not assume or take things for granted

L：

第一，我做这件事是完全正确的，我锁门是从安全角度上考虑的，北京这里不是没有丢过东西，如果一旦丢了东西，我将无法承担这个责任。

第二，你有钥匙，你自己忘带了，还要说别人不对。造成这件事的主要原因都是你自己，不要把自己的错误转移到别人的身上。

第三，你无权干涉和控制我的私人时间，我一天就 8 小时工作时间，请你记住中午和晚上下班的时间都是我的私人时间。

第四，从到 EMC 的第一天到现在为止，我工作尽职尽责，也加过很多次班，我也没有任何怨言，但是如果你们要求我加班是为了工作以外的事情，我无法做到。

第五，虽然咱们是上下级的关系，也请你注重一下你说话的语气，这是做人最基本的礼貌问题。

第六，我要在这里强调一下，我并没有猜想或者假定什么，因为我没有这个时间也没有这个必要。

这两封信通过电子邮件多次转发，在上海、北京、广州、成都等城市白领中广泛传阅。包括微软、惠普、诺基亚、霍尼韦尔、通用、普华永道、三星等众多知名外企在内的许多职员阅读了这封邮件后，添上自己的评论，再转发给下一个读者。

"雪球"越滚越大,"原始信件"以及层层转发的"附带信息",10 多张 A4 纸也打印不完。不久,两人分别向公司递交辞呈,离开了公司。

4. 会议纪要

会议纪要一般适用于记载、传达会议情况和议定事项。会议纪要是根据会议内容归纳概括出来的要点和精神,是会后整理出来的要点和精神,仅选择发布。另外,会议纪要必须写上与会人员名单。会议纪要可以主要分为决定性的会议纪要和消息性的会议纪要,其作用在于传达会议精神,记录议定的事项,即归纳、提炼和整理会议中的决议内容。

会议纪要的结构包括标题、开头、主体、结尾。

（1）标题：会议名称＋会议纪要。

（2）开头：简介会议概况,说明会议的届次、目的、任务、时间、地点、主持人、与会人员和会议的主要成果。

（3）主体：概括会议的内容、进程、决议、主要精神等。可采用概括式、分项式、发言记录式、条款式写法。

（4）结尾：可以省略,也可以提希望、号召,要求贯彻执行等。

会议纪要的写作要紧扣主题,突出中心或重点;注意真实性、说理性,语言要简洁明了;送交领导审定、签字后存档。

5. 大事记

大事记是指一个国家或地区、一个组织、一个部门将所发生的重大公务活动、重大事件,按时间的先后顺序,用简明的文字记载下来,以备查考的文字材料。

大事记的种类主要包括国家或地区大事记、组织或部门工作大事记、专题大事记、个人生平大事记（年谱）。

大事记主要由大事时间和大事记述两部分组成。编写时首先要确定"大事"的范畴,即大事是指涉及的范围较广、影响较大较深、在工作和历史发展中起重要或决定性作用的事件或活动;其次,大事记要一事一记,对大事要事的时间、地点、情节、因果关系等力求记述清楚;再次,记述要全面、真实可靠;最后,文字要准确、简明扼要。

拓展阅读 6.2

两种时髦：语狂和语障

6.3　非言语沟通

6.3.1　非言语沟通概述

1. 非言语沟通的作用

事实上,人们在沟通过程中常常会同时运用言语和非言语两种形式,尤其是人们在面对面交谈的过程中,会使用大量的非言语形式,如一些动作、姿态、眼神、表情、服饰、仪表等，这些非言语所显示的意义要比言语本身多得多，而且深刻得多。通过丰富多彩的表情、姿态、动作等会使人获得形象而直观的感受，有助于增加对沟通对象的吸引力，体现沟通者的良好形象，增加对沟通者的信任感。

非言语沟通在人类的实际交往中起着非常重要的作用。据语言学家研究表明，在人们实际沟通过程中，非言语所包含的信息远远超出言语所提供的信息。在信息传递的全部效果中，7%是言语，38%是声音，55%是人的外貌、面部表情和姿势（见图6-6）[6]。有的心理学家认为，无声语言所显示的意义要比有声语言多得多，而且深刻得多。口头语言和书面语言可以说谎、造假，但体势语言无法造假，它是最真实的语义的自然流露。所以，在管理沟通中，尤其是在准确表达丰富的情感，增强表达效果，或者从身体语言中传递或接受真实、可靠的心理活动信息时，都必须运用准确的非言语表达方式。

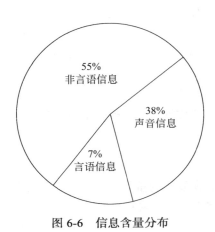

图 6-6　信息含量分布

拓展阅读 6.3
感悟"文化"

2. 非言语沟通的功能

布尔宾斯特认为，非言语沟通有六大功能：补充、强调、反驳、重复、规范和替代。[6]所谓补充功能是指非言语有时辅助言语沟通，补充言语沟通所要表达的意思。所谓强调功能是指通过动作、表情等的变化，强调所要表达内容的重要性、重视程度等。所谓反驳功能是指人们对语言沟通所传递的信息表示不满或意见有分歧时，通过非言语行为给予拒绝或否定。所谓重复功能是指非言语行为与言语沟通的意思相同，重复言语沟通所要表达的意思，是为了更易理解，或是为了进行强调或强化其含义。所谓规范功能是指有些非言语行为是人们在长期的社会活动实践中自然形成的、约定俗成的、共同认可的行为规范，如有些礼节具有一定程式。也有一些非言语沟通行为本身就有暗示作用，对方一下就能明白其含义。所谓替代功能是指在特殊情境下，非言语行为代替了言语表达某种含义，如哑语手势，用一个手指放到嘴前方表示不要出声等。接收者通常明白所传递信息的意思。

情景故事

"车德" [14]

梁晓声讲过这样一件自己亲身经历的小事：

一次在法国，我跟两个老作家坐车去郊区。那天刮着风，前面有一辆旅行车，车上坐着两个漂亮的法国女孩，她们不断从后窗看着我们的车。车轮卷起的尘土扑向我们的车窗，前挡风玻璃被弄得很脏。我问司机："能超吗？"司机说："在这样的路上超车是不礼貌的。"

正说着，前面的车停下来了，一位先生走过来对我们的司机嘀咕了几句，然后回到车上，将车靠边让我们先过。我问司机："他刚才和你说了些什么？"司机告诉我："他说一路上他们的车始终在前面，这不公平。他还说，车上坐着他两个女儿，他不能让她们觉得这是理所应当的。"

梁晓声最后说，就这句话，让我羞愧了好几天。

在美国，从洛杉矶市区前往好莱坞的路上，也有一件令我至今难忘、震惊的事件。我们乘车沿高速公路向好莱坞进发。司机在途中说车要加油，大家也顺便方便一下。当车下了高速后，来到一个十字路口。这本是一个很繁忙的交通要道，但路口的信号灯坏了，没有闪烁变化的红绿灯，但四个路口各排着二三十辆机动车，在没有红绿灯和交警的情况下，路口的交通却秩序井然。我发现在这样的情况下，东西向的车各开出一辆，后面的车就自动停下，东西向的车越过路口的中间位置驶入另一个路口后，南北向的车也各开出一辆，后面的车也是自动停下，东西向开出的车也是在南北向的车越过中间位置驶入另一个路口后，再各开出一辆，后面没有一个司机鸣笛催促超越。

我被这一幕震惊了，在没有交警和信号灯的情况下，司机怎么会这样开车呀？街道的画面是宁静的，但我的心是颤抖的、思绪是万千的，这样的秩序是如何形成的？司机又是如何养成这样约定俗成的习惯的呢？

视频资料 6.3
公益广告妈妈洗脚篇

6.3.2　体态语

体态语，又称体势语，即身体语言，它是利用身体动作或姿势来传递信息的一种非言语沟通手段。其含义丰富，每一种动作、姿势、表情都表达着不同含义，同一个动作、姿势、表情可能在不同的文化、环境里，其意思完全不相同。在沟通过程中，最常用的体态语主要包括表情语、手势语、体姿语。

1. 表情语

人的面部表情是非常有效的沟通工具，嘴、眼、眉等都能敏锐地传递特殊的感情、想法和目的。人的脸部能表达生气、快乐、恐惧、伤心、幸福、惊讶、关心、担忧、窘迫、不屑一顾等各种表情。

通过"表情"，就能断定自己是不是喜欢某个人。通常人们把这归因于下意识、直觉或是"本能感觉"，但是研究人员发现：眼睛收到的信息更加丰富——微表情。

微表情，是心理学名词。人们通过做一些表情把内心感受表达给对方看，在人们做的不同表情之间，或是某个表情里，脸部会"泄露"出其他的信息。"微表情"最短可持续1/25 秒，虽然一个下意识的表情可能只持续一瞬间，但这是种烦人的特性，很容易暴露情绪。当面部在做某个表情时，这些持续时间极短的表情会突然一闪而过，而且有时表达相反的情绪。微表情作为心理应激反应的一部分，由人类的本能出发，无法伪装。即使大家平常努力掩饰自己真实感受，强颜欢笑，都只能在出现第一瞬间的微表情之后，才能装出之后自己想要表达的表情。所以微表情是了解一个人内心真实想法的最准确线索。

　　据有关专家研究表明，人们有超过25万种不同的面部表情，但能够进行描述的甚少。面部表情能传达各种情感，同时也能轻易地隐藏情感。良好的表情必须要心、眼睛和嘴一起笑。不过，在一些社会文化中，人们被教育不要轻易表达情感，对受伤的感情要把它伪装起来。所以，虽然人们经常运用面部表情，但是他们所表达的情感并不易被解读。所以，解读面部表情是一个复杂的过程，需要我们细心地观察、体会。常用的表情语言包括目光、嘴巴、眉毛、微笑等动作。

　　1）目光

　　"眼睛是心灵的窗口"，目光语是通过眼睛的开闭、瞳孔的扩大与缩小、视线接触的时间长短、接触的方向等来传递信息的。有人说，嘴可以撒谎，但眼睛却永远不会撒谎。眼睛能够传神地表达一个人的内心情感，具有很强的交流功能和感染力。

　　眼部不同的动作，会表示不同的信息。例如，眼睛开闭的主要表现形式有目不转睛、眨眼、闭目静思、养神等；瞳孔放大意味着感兴趣、吃惊、激动、出乎意料等，瞳孔缩小表明不感兴趣、不喜欢等；长时间注视意为一见钟情、产生兴趣、信任、友好；短时间一瞥、一闪而过意为不感兴趣、冷淡；仰视表示仰慕、尊敬、期待；俯视表示爱护、关切、宽容；平视表示平等、信任；斜视表明怀疑、瞧不起等。

　　不同的文化背景下，人们对视线接触行为有不同的理解。比如，美国人认为那些回避视线接触的人不可靠、不友善、不值得信赖，或者不专注、不客观。日本人认为直接的眼神接触是一种威胁，并且认为与长者说话时应低垂眼睛，以表示尊重。阿拉伯人通常直接看着对方的眼睛说话，他们相信眼睛是心灵的窗户。拉美文化和非洲文化鼓励长时间的目光接触，但身份较低的人对身份高的人这样做，则被认为是对身份高的人不尊敬。对中国人而言，过多的视线接触或显得专注，或过于热情，甚至显得有些不礼貌；视线接触过少，或者不敢正视对方，则是软弱的表现，或是不感兴趣、不愿意继续交往的信号。

　　2）嘴

　　嘴的动作也能从各方面反映人的内心。嘴的表情是通过口型变化来体现的：鄙视时嘴巴一撇；惊愕时张口结舌；忍耐时紧咬下唇；微笑时嘴角上翘；气急时嘴唇发抖等。当然，嘴还可以和身体的其他部位配合以表示不同的含义。

　　有一种行为具有神奇的魅力，有人说，如果没有它，生活就会暗淡无光。它不费什么，但产生很多；它使得者受益，使施者不损；它发生在瞬间，但回味无穷；它给家人带来快乐，给事业带来兴旺，给朋友带来愉快；它使疲倦者得到休息，失望者见到光明，悲哀者看到希望，它是消除痛苦的天然良药；它不能买、不能求、不能借、不能偷，因为在人们拥有它之前毫无价值。这就是微笑。

情景故事

希尔顿"经营微笑"

　　1887年的圣诞之夜，康拉德·希尔顿（Conrad Hilton）出生在美国新墨西哥州圣安东尼奥的一个挪威移民家庭。1907年，因经济不景气，父亲老希尔顿被迫结束了经营皮货等生意，举家搬到一个小镇上去，开了一家只有五个房间的旅馆，招待过路的客商。这一年，康拉德·希尔顿20岁，他帮助父亲的小旅馆接客人，即到火车站去等车接客人。小车站每天只有三班车，分别在中午、午夜和凌晨三点。每天夜里他必须从被窝里爬起来两次，到小车站去等客人。此外，他还要做其他杂务工作，如照顾客人吃饭、替客人喂马洗车等，从早上八点钟开始，要一直工作到晚上六点。

他从新墨西哥州矿冶学院毕业后，父亲把小店交给了他。希尔顿把小店经营得红红火火。1919年1月，希尔顿的父亲车祸去世。他安葬了父亲，处理掉小店，决心干点大事。母亲鼓励他离开小镇，到大地方去闯世界。希尔顿怀揣5000美元，只身来到了得克萨斯州，一个偶然的机会，他果断地决定买下一家旅馆——莫布利旅馆。

由于拥有早年经营小旅店积累的经验，希尔顿把用借来的4万美元买下的莫布利旅馆管理得井井有条。不久后，其资产已达到5100万美元。一天，希尔顿沾沾自喜，向其母炫耀其成就，但他母亲却淡淡地说："照我看，你跟从前没有什么根本的不同，你必须把握比5100万美元更值钱的东西。除了对顾客诚实之外，还要想办法使每一个住进希尔顿饭店的人住过了还想再来住，你要想出一个简单、容易、不花钱，而又长久可行的办法，来吸引顾客，这样的饭店才有前途。"对母亲的忠告，希尔顿冥思苦想，终于他理解了母亲的忠告：他确信，这一秘密武器就是"微笑"。

第二天，希尔顿上班后的第一项工作，便是把手下的所有雇员找来，向他们灌输自己的经营理念："微笑"。他又对旅馆进行了一番装修改造，增强了接待旅客的能力。此后，他走到每一家饭店召集全体员工开会："现在我们饭店已新添了第一流设备，你觉得还必须配备一些什么第一流的东西，使客人更喜欢它呢？"员工们回答以后，希尔顿笑着摇头说："请你们想一想，如果饭店只有第一流的服务设备，而没有第一流服务人员的微笑，那些客人会认为我们供应了他们全部喜欢的东西吗？如果缺少服务员美好的微笑，就好比花园里失去了春天的太阳与春风。倘若我是顾客，我宁愿住进只有残旧地毯，却处处见得到微笑的饭店。我不愿去只有一流设备而见不到微笑的地方……"

依靠"你今天对顾客微笑了吗"的座右铭，莫布利旅馆日益红火。

希尔顿一直有一个梦想：建造一座拥有"一流设施"、以自己名字命名的大饭店——希尔顿饭店。这一梦想在1925年8月4日得到实现——"达拉斯希尔顿饭店"竣工成立。

"一流设施，一流微笑"成为希尔顿饭店的经营理念，在这一理念的指引下，希尔顿饭店取得了不菲业绩。

1929年全球爆发经济危机，到1930年，大萧条使得全美国的饭店倒闭了80%。希尔顿饭店也难逃厄运，一家接着一家地亏损，一度欠债达50万美元。但是，希尔顿并未因此灰心丧气，他向员工保证，无论多么困难，绝不裁员，并诚恳地对饭店的员工说："目前正值饭店亏空靠借债度日时期，我决定强渡难关，一旦美国经济恐慌时期过去，我们希尔顿饭店很快就能出现云开日出的局面。因此，我请各位注意，万万不可把心里的愁云摆在脸上。无论饭店本身遭遇的困难如何，希尔顿饭店服务员脸上的微笑永远是属于饭店的。"

在艰难生存下来的20%的饭店中，希尔顿饭店服务员的微笑给经济危机中的人们留下了美好的回忆。结果，大萧条一过，希尔顿饭店马上顾客盈门，率先进入了新的繁荣期。

而今，希尔顿的资产已从5100万美元发展到数十亿美元。希尔顿饭店先后并购了纽约的乌斯托利亚饭店和普拉萨饭店，在业内名声显赫。

从20世纪50年代开始，希尔顿除了把目光瞄向美国本土外，马德里、墨西哥城、蒙特利尔、柏林、罗马、伦敦、开罗、巴格达、哈瓦那、曼谷、雅典、中国香港、马尼拉、东京……希尔顿饭店相继开业。而今，希尔顿饭店遍布全球，成为"旅馆帝国"。

1979年，92岁的世界"饭店帝王"、拥有数十亿美元资产的康拉德·希尔顿辞世。但"你今天对顾客微笑了吗"已成为希尔顿的经典名言，并在代代相传。

人们公认的微笑是指口角的两端平均地向上翘起，瞳孔中度放大，眉毛轻扬，鼻孔开合程度正常，左右脸对称。它表现的是一种和谐、友善、诚信、融洽的情感因素。

微笑是自信的象征、是礼貌的显现、是心理健康的标志。微笑像盛开在人们脸上的一朵鲜花，它给人轻松、温暖，使微笑者更具亲和力；它可以消除陌生者之间的拘束感、紧张感或敬畏感，可以给人信任、友善、亲切之感，可以显示真诚、尊重、理解等。达·芬奇《蒙娜丽莎》的微笑被誉为"永恒的微笑"；希尔顿的"你今天对顾客微笑了吗"则赋予微笑难以估量的价值。

3）眉

在交流的过程中眉也能扮演重要的角色：当人们表示感兴趣或有疑问时，眉毛会上挑；当人们表示赞同、兴奋、激动时，眉毛会迅速地上下跳动；当处于恐惧或惊喜时，眉毛会上扬；当处于愤怒、不满或气恼时，眉毛会倒竖。

2. 手势语

手势语是指通过手和手指活动传递信息、表达意图和情感的一种无声语言。手是心灵的触角，是人的第二双眼睛。手势语包括握手、招手、拍手、摆手、翻手和手指动作等。据专家统计，表示手势的动词有200多个。

握手是最常见的见面礼，握手的方式主要有以下几种。

（1）支配式与谦恭式。这种方式握手时，手心向下，传递给对方支配性的态度。研究证明，地位显赫的人，习惯于这种握手方式。掌心向上与人握手，传递一种顺从性的态度，愿意接受对方支配，谦虚恭敬。若两个都想处于支配地位，握手则是一场象征性的竞争，其结果，双方的手掌都处于垂直状态。研究表明，同事之间、朋友之间、社会地位相等的人之间往往会出现这种形式的握手。

（2）直臂式。这种方式握手时，伸出僵硬挺直的胳膊，掌心向下。事实证明，这种形式的握手是最粗鲁、最放肆、最令人讨厌的握手形式之一。所以在日常生活中，应避免这种握手的方式。当然，在特定的场合也许能达到意想不到的效果，如老朋友见面。

（3）"死鱼"式。这种方式握手时，我们常常接到一只软弱无力的手，对方几乎将他的手掌全部交给你，任你摆握，像一条死鱼。这种握手，使人感到无情无义，受到冷落，结果十分消极，还不如不握。

（4）两手扣手式。这种方式握手时，右手握住对方的右手，再用左手握住对方的手背，双手夹握。西方亦称之为"政治家的握手"。接受者感到热情真挚、诚实可靠。但初次见面者慎用，以免起到相反的效果。

（5）握指节式。用拇指和食指紧紧握住对方的四指关节处，像老虎钳一样夹住对方的手。不言而喻，这种握手方式必然让人厌恶。

（6）捏指尖式。这种方式女性常用。不是亲切地握住对方整个手掌，而是轻略地捏住对方的几个指尖，给人十分冷淡的感觉，其用意大约是要保持与对方的距离。

（7）拽臂式。这种方式将对方的手拉过来与自己相握，但这种握手方式常令人不舒服。

（8）双握式。这种用双手握手的方式是想向对方传递真挚友好的情感：右手与对方握手，左手伸出加握对方的腕、肘、上臂、肩等部位；从腕开始，部位越往上，越显得诚挚友好，肩部最为强烈。

握手时应注意以下礼节：伸出右手，动作要大方、自然，面带微笑，注视对方，切不可伸着手给人家握，自己却东张西望、漫不经心；时间要短，轻重要适度，既不要有气无力，表现出不耐烦的样子，也不要使出全身力气使劲地握，更不可上下不住地摇摆或点头哈腰；最好不要伸脏手，令对方为难；一般应摘去手套。如果男女间握手，女同志未摘手套，男同志也可不摘。握手的次序，一般情况下主人应先伸手，客人随之；年长者应先伸手，晚辈随之；职位高者应先伸手，职位低者随之；女同志应先伸手，男同志随之；如果人多时，要有次序地一一握手，切不可多只手交叉同时相握。握手的次数不宜过多，一般是见面和送客时各握一次即可。握手时，可同时称呼或问候对方。

此外，还有大拇指语言、V形手势、背手、搓手、合十等动作。大拇指语言是指伸出大拇指所表达的意思。大拇指向上直立，表示对对方的赞誉；大拇指向下，则是蔑视对方。V形手势表示成功，或代表数字2。背手是表示至高无上、自信甚至狂妄态度的动作语言，也可以起到"镇定"作用。搓手是防冷御寒，也可以表示跃跃欲试的一种急切期待的心情，或期待胜利等。合十则是佛教徒的一种祝福礼节。

3. 体姿语

体姿即姿势，广义的姿势语指所有的无声语言；狭义的姿势语指的是身体各个部位的综合运用而形成的表达信息和情感的无声语言，其类型有站姿、坐姿、走姿、蹲姿、俯姿、卧姿等。不同的站姿和坐姿传达不同的沟通语言。体姿通常

拓展阅读 6.4
渴望的抚摸

能够体现一个人的教养，"站有站相，坐有坐相"，古时大丈夫的标准则是"站如松，坐如钟，行如风"。

（1）坐姿。主要有三种类型。一是严肃坐姿：身体垂直，双肩并拢或略微分开的坐姿。谈判、外事活动、应聘、照证件像或合影等场合采取严肃坐姿。二是随意坐姿：比较随便，无拘无束。熟人之间、家庭场合通常采用随意坐姿。三是半随意坐姿：介于严肃坐姿和随意坐姿之间的坐姿。交谈、接待、联欢会、教室等场合通常采用半随意坐姿。

（2）走姿。走姿的基本要求是方向明确，步幅适度，速度均匀，重心放准，身体协调，

造型优美。走姿有以下几类。一是自然型： 步伐稳健，步幅、步速适度，上身直立，两眼平视，手呈自然摆动。二是礼仪型： 步伐稳健，双膝弯曲度小，步幅适中，步伐和手的摆动有节奏感，眼睛正视前方或斜前方。三是高昂型： 步态轻盈，昂首挺胸，阔步前进。四是思索型： 步伐有快有慢，快者踱来踱去；慢者，低视地面，步伐迟缓。五是沉郁型： 步伐沉重，步幅较小且慢，眼睛低垂。

（3）立姿。立姿包括立正、职业立姿、交谈立姿和特殊立姿等。立正是一种严肃的立姿，要求身体直立，头正，挺胸，颈直，眼睛平视，双臂自然下垂，两腿挺直并拢，两脚尖张开成45度或60度夹角，身体重心落在两只脚掌。职业立姿是指军人、模特、主持人、服务人员等职业要求的站立姿势。交谈立姿是比较随意的站立姿势，没有固定的姿势要求。特殊立姿是比较独特的，或是富有个性的，或是杂耍等立姿，如"金鸡独立"。

不同的场合有不同的立姿要求，正式场合通常要求标准站姿，如立正或职业立姿等，神情严肃。演讲场合一般是交谈立姿，手扶讲台，两脚可轮流放松，或随意走动等。主持活动通常要求"丁"字步，庄重、高雅、大方。

视频资料 6.4
身体语言的秘密
（上）

（4）蹲姿。蹲姿要一脚在前，一脚在后，两腿向下蹲，前脚全着地，小脚基本垂直于地面，后脚跟提起，脚掌着地，臀部向下。蹲下时不要突然下蹲、不要距人过近、不要方位失当（在人身边下蹲，侧身相向）、不要毫无遮掩等。有时候采访坐在轮椅上的人或是小朋友时需要采用蹲姿，以示尊重。

6.3.3　符号语

符号语包括服饰语、色彩语、时空语、旗语等。

1. 服饰语

君子"见人不可以不饰，不饰无貌，无貌不敬，不敬无礼，无礼不立"，这是《礼记》中对君子的服饰要求，以及服饰的重要性的阐述。英国作家莎士比亚曾经说： "一个人的穿着打扮就是他教养、品位、地位的最真实写照。"

服饰功能在现代社会早已由保暖遮羞功能衍变拓展为审美、表意等功能。因此，服饰便成为一种非言语，越来越受到人们的重视。

金正昆教授认为[15]，服饰的整洁是头等大事，着装要求清洁、整齐、挺直，显得容光焕发。服饰要注意色彩及其含义，注意色彩组合的基本原则。

一要根据肤色、身材、体型确定颜色。例如，黄种人不宜穿暗黄色、土黄色、紫色等颜色的衣服，会显得衰老、不健康。

二要善于调解主色、补色、突出色三者关系。例如，西服的颜色为主色，衬衫的颜色为补色，领带的对比色为突出色。

三要根据人的性格特征选择颜色。例如，蓝色是男性永恒的颜色，代表着高雅、理性、稳重，易产生信服感、权威感；红色似火，会使人感到热情奔放；性格活泼者，喜欢选择暖色、花色；性格沉稳者，喜欢选择深色、素色。

四要根据不同场合选择颜色。要善于简化全身的色彩，全身的色彩种类不应超过三种。

服饰的种类难以计数，许多国家、民族、地区的人们都有自己的传统服饰。目前，在正式场合，通常着西装或本民族服装，以示庄重；非正式场合着装一般为休闲装。

在国内一般的正式场合，中国人多趋向于穿西装、中山装、各种民族服装。在国际社交场合，人们大多穿西装。

西装大体可分为三大类：一是日常工作用的西装，一般分冬夏两季穿用，主要在开展业务活动时穿着。二是作为礼服用的西装。西方传统的礼服有：①晨礼服。上装为灰、黑色，后摆为圆尾形；下衣为深灰色底、黑条裤子；系灰领带；配黑皮鞋、黑礼帽等。这种礼服可在白天参加典礼，星期日到教堂礼拜，以及参加婚礼等场合穿着。②小礼服，也称晚餐礼服或便礼服。上衣为全白色或全黑色，下衣为配有缎带或丝腰带的黑裤，系黑色领结，配黑皮鞋。一般用于参加晚六时以后举行的晚宴、音乐会、剧院演出等活动。③大礼服，又称燕尾服。上装为黑色或深蓝色，前摆齐腰剪平，后摆剪成燕尾式样；下衣为黑或蓝色配有缎带；系白色领结，配黑皮鞋、黑丝袜、白色手套。三是休闲西装。这是在休闲、假日出游时穿着的服装。它既能脱离传统西装的束缚，又不至于穿着太随便。休闲西装的款式颜色与传统西装不同。颜色通常是当季最流行的，图案有条纹、格子、印花等。它的风格趋向于时装。

女士可按季节和活动内容、主题、活动性质等的不同，穿着西装（下身为西裤或裙）、民族服装、中式上衣配长裙或长裤、连衣裙等。

情景故事

白色衬衣的价值[15]

著名的礼仪专家金正昆教授应一家企业 M 公司的邀请开展一项关于"着白色衬衣对企业绩效的影响"的研究。这是一家与 IBM 有竞争关系的企业。当时，IBM 公司——曾经是正式的，现在是非正式的——推行了一套非常严格的着装标准，这套标准中一个强制性的规定是销售人员必须着标准化的白色衬衣。这家企业希望金教授找出以下问题的答案：白色衬衣重要吗？它和 IBM 令人叹为观止的成就有联系吗？如果有，如何与它展开有效竞争？

金教授制定了研究计划，并开始进行调查研究。调查对象是在 M 公司工作，或是在与 IBM 公司相关领域的竞争对手公司工作，受过专业技术教育，拥有本科及以上学位，穿着保守的 106 名经理人员。

初步研究结果显示：106 名经理人员中有 87 人认为穿白色衬衣的人品行更好；92 人认为穿白衬衣是 IBM 销售员一大可取之处；86 人认为同 IBM 竞争时他们或自己的销售人员也应该穿白衬衣。当向 102 位经理人员展示初步的调研结果时，有 100 人认为如果他们要在竞争中取胜就应该穿白衬衣。

为了进一步验证初步研究结果的正确性与否，接下来，研究小组又对 56 名经理进行了深度访谈。这 56 名经理在过去 12 个月中都大宗购买了 IBM 公司的设备，而没有购买 M 公司的设备。访谈的目的是要确定他们做出购买决策的动机。研究结果显示：大多数访谈对象的购买动机基本一致，即选择 IBM 的首要动机是对其品质优势的信赖。事实上，很多被访者使用了同样的品质特征来描述 IBM，而这些特征被归结于着白色衬衣的人。

经过市场调查发现，其实其他对手在服务、价格及产品质量方面的表现并不逊于 IBM，白色衬衣的重要性在哪里？就是因为它给客户留下了高品质的良好印象，由此也提升了 IBM 的品牌与公司形象。

2. 色彩语

自人类文明伊始，色彩就成为人类沟通的一种语言。人们用色彩表达情感、宣泄情绪、体现审美情趣等。色彩堪称世界性语言，它代表着一种历史过程、一种文化内涵、一种信仰精神、一种力量聚集。

色彩语存在于我们生活环境的每一个方面。比如，着装色彩代表着个人的性格、喜好等，企业标识的色彩代表着企业的价值理念，商品的色彩传达着商品的个性与特质。

不同的色彩给予人们不同的联想和感觉。比如，红、橙、黄——热感、兴奋感；绿、蓝、紫——冷感、沉静感；黑色等深色——沉重感、收缩感；白色等浅色——轻松感、膨胀感；亮的色彩——近感、浅感、软感；暗的色彩——远感、深感、硬感等。

企业标志设计时色彩具有不同的含义：

红色——活泼、青春、活力、热情、积极等；

橙色——温暖、美味、健康等；

黄色——能源、动力、醒目等；

绿色——生命、健康、安全、可靠等；

蓝色——清洁、科技、速度等；

紫色——高贵、典雅、浪漫等；

黑色——力量、稳固、坚实等。

比如，可口可乐的标识色是红底白字，红色意为激情、希望、活力；IBM 公司的标识色为无云天空的蓝色，意为智慧、科技、先锋；麦当劳的标识色是黄色，意为营养、能量等。

色彩是商品的皮肤，更是商品的第一张名片，决定着产品的销售及其品牌命运。色彩为产品创造低成本高附加值的竞争力。通常，人们在瞬间接受信息并做出反应，第一感官显示的是色彩，其次是图形，再次是文字。

色彩语言善于表达品牌思想，是打开顾客心锁的无形钥匙，容易让消费者产生信任感。曾经有人做过这样的试验，将煮好的咖啡分别倒入红色、黄色、绿色的杯中，让十几个人品尝比较。结果品尝者一致认为，咖啡的味道不同：绿色杯中的味道有点酸，红色杯中的最好，黄色杯中的味道偏淡。色彩极易让人产生联想，包装的色彩若能表现商品的内涵，那么就会让消费者相信商品的功效。色彩是最具有视觉信息传达能力的要素之一，色彩具有其他文字和语言无法替代的作用，具有左右人的感情的能量。

3. 时空语

时空语是指时间和空间的变换也传达着某种意思。

春来暑往，秋去冬来，四季的更替除了日历的变更提供信息外，大自然用发出的嫩芽与绿叶、高温与大雨、果实与落叶、寒冷与雪花等报告给人们四季的变化。这种用时间表达思想、传递感情、交换信息的非言语交流形式，就是时间语。

我们在第 2 章中曾介绍了空间距离和界域语、交际空间、家庭装修、办公室空间布局、企业空间环境等都向人们传达着某种信息。列车上的坐椅安排、飞机机舱内的坐椅安排、教室的讲台和坐椅布局等，都会使人有一种感觉，要么是空间受到侵犯，要么是觉得还算安全，要么是觉得受到尊重等。到过纽约曼哈顿区的人，在感叹林立的摩天大楼之壮观的同时，很多人都有一种压抑感，那是空间狭小所致。初次见到大海时，很多人有一种心胸开阔之感。每到一处旅游胜地，人们常常感叹大自然的神奇，带着某种情感去品味、欣赏，又带着另一种深刻的记忆融入生活和工作之中。

空间语的运用要注意避免空间侵犯。容易引起空间侵犯的，主要有四种情况：一是权力和地位；二是人的视野；三是人群密度；四是"非人"态度。

领导者通常拥有较大的个人空间，下属应注意不要轻易进入其个人空间，但有的领导者自认为可以随便进入下属的个人空间，有的父母则擅自翻阅孩子的日记等，这都是由于权力和地位的原因而导致的空间侵犯行为。

人的视野引起空间侵犯，主要是由于座位离交际对象过近或过远，或是座位方向相对，或是由于视野被某人或某物遮挡等，使人产生不舒服感。

人群密度引起的空间侵犯，主要表现在拥挤不堪的公共汽车等人群密度大的场所，人们失去了个人空间。

"非人"态度引起的空间侵犯是指视而不见某个本来存在的人。如进入某个单位的办公大楼后，没有跟保安或传达员打招呼，径直进入；或是本是 A 的职责范围内的工作，却安排给 B 去做。

礼宾次序不仅体现为一种礼仪，而且也是一种时空语。所谓礼宾次序是指在对外交往过程中对出席活动的国家、社团和有关人士的位次，按公认的规则排列次序。基本规则是：

（1）一般是右为大、为长、为尊，左为小、为次、为贱。两个人同行，前者、右者为尊；三个人并行，中间者为尊；三个人前后行，前者为尊。

（2）上车时，应让尊者、客人先行，尊者、客人由右边上车，主人或接待人员应绕到左边上车，坐在尊者、客人的左边位置；坐车时，后排右为大，左边次之，前排靠司机的座位一般为最次，通常留给主人或接待人员。

（3）上楼时，一般应让长者、尊者、妇女走在前面，下楼时相反。迎宾引路时，主人在前，客人随之；送宾时则相反。

（4）在会客室、会议室、餐厅等室内时，一般以对门的座位为尊位，背向门的座位为主人的座位。

（5）考虑礼宾次序时，还要考虑宾主的职务、社会地位、年龄等，这是一个重要的礼节问题，应正确地安排，切不可随意安排，使客人感到不悦。

4. 旗语

旗语也是非言语沟通的一种形式。众所周知，海军用旗语来传达号令和信息。

小知识

海军军舰上的旗语与国际汽车大赛的旗语

海军军舰上挂旗是有一定规则的。满旗语：悬挂满旗的时间、排列顺序有着严格的规定。悬挂满旗的时机，一般是迎接重大节日、迎接外国军舰来访、出访编队离码头前、到达被访问国港口和在国外停泊时等。满旗悬挂于两桅横桁之间，并分别连接到舰首、尾旗杆，两桅顶各挂国旗一面，舰首、尾旗杆各挂海军旗一面。

代满旗语：出访编队离码头前30分钟，一般要降下满旗，改挂代满旗，出港后降下。代满旗就是在两桅顶上挂1号国旗，舰首、尾桅杆上挂海军旗。在规定挂满旗时，如果大雨、大风，也可以改挂代满旗。编队离码头时，方形黄色的"Q"旗挂到一半，表示编队统一离码头；"Q"旗挂到桅顶，表示开始编队离码头；"Q"旗降下，表示离码头完毕。离码头的标志是解掉最后一根缆。

欢迎、欢送旗语：在欢送我舰艇编队出访时，出访舰艇主桅上悬挂向首长问好的旗组。一组是"LBF"和"LBV"。"L"旗是方形旗，由黄黑黑黄各占1/4的方块组成，黄色方块在左上角和右下角，黑色方块在右上角和左下角。"B"旗是红色燕尾旗。"F"旗是白色旗中一个红色菱形，菱形的四个角在旗子四边的正中。"V"旗是白色方形旗中一个粗壮的红色叉号，叉号的四个终端延伸到旗子的四个角，意思是"热烈欢迎首长指导"和"向首长致敬"。例如，113舰第一次出访东南亚时，离开上海前，向送行的海军首长、部队官兵、被访国驻华使节等，挂了两组旗语："LBN"和"LBZ"。"N"旗是方形旗，四行横向排列，第一行为蓝、白、蓝、白方块；第二行为白、蓝、白、蓝方块；第三行同第一行；第四行同第二行。"Z"旗是方形旗中黄、红、黑、蓝四个等腰三角形组成的信号旗，黄在上，红在下，黑在左，蓝在右，四个等腰三角形的顶尖在旗子的中心点，意思是"感谢首长的关怀和鼓励，保证完成任务。""谢谢你们，再见！"

国际汽车大赛中的旗语含义：

黄旗：事故旗，也称热身旗。

红旗：停止旗，停止比赛。

白旗：提示旗。①赛车以非常慢的速度通过某一个裁判点时，白旗摇动，提示其加速；②在赛道上有拖车、急救车、安全车时，所有的裁判点出示静止的白旗。当车辆通过裁判点摇动白旗。（注意：有些组织者用白旗表示最后一圈。）

红黄旗：提示旗。出示此旗静止，提示赛道某处很滑，或有障碍物。

黑旗：警告旗。赛员因违规或在赛道上违反赛道规则时裁判出示黑旗。黑旗静止还会带上号码牌一同使用，要求该车驶回维修区接受10秒处罚。

黑橙旗：维修旗。与数字牌一同出示，提示赛员赛车有机械故障，或可能影响其他赛车车身安全的问题，要求驶回维修区。

蓝旗：超车旗。静止，表示在赛车的后面有快车；摇动，表示快车已经准备超车。摇动蓝旗指向该赛车让行，接收此旗语的车手只需将车速放慢而不必作出刻意的闪避。

黑白旗：警告旗。赛员出现违规现象或没有按照旗号员的指示作出适当反应，便会接收到此旗。车手必须接收此旗号改变自己的过失或错误。

绿旗：发车旗或解除旗。比赛开始或上一圈有黄旗的弯道已解除黄旗，比赛恢复，并允许超车。

格子旗：终点旗。此旗摇动时表示比赛、练习计时赛结束。

拓展阅读 6.5
Understanding Paraverbal
Communication

案例讨论

手语的力量

2011 年 11 月 15 日，《南方都市报》报道："伸出你的右手，中指和无名指弯曲向下，其他三个手指伸展向上，这就是代表爱的意思。"广州番禺职业技术学院手语协会会长王振国用手语打出爱的表示。他们是一群身体健全的年轻人，但却将自己用心地投入到一个无声的世界中去。一个个手势的转变与连接，在他们与聋哑人的心灵之间建立起一座爱的桥梁。

"其实很多手语动作都是非常简单的。比如说吃饭，我们就是伸出两个手指，模仿成筷子的形状，然后移动到嘴边微动两下就可以了。"手语协会会长王振国用手比画着向南方都市报记者进行讲解。王振国说，一个普通人，在真正接触手语之前，可能都会认为这是一个很难学习的东西，其实不然。

王振国说，聋哑人士因为无法正常使用语言功能，他们与人交流的渠道本身就已经十分狭窄。从内心来说，他们中的很多人都是渴望能和正常人一样，得到社会的认可，和正常人平等交流。在这种情况下，他们没有办法开口说话，那么我们作为正常人，主动学习手语，增进与他们之间的沟通，对于他们来说，这无疑是架起了一座沟通的桥梁。

2001 年的 9 月 20 日，广州番禺职业技术学院内，一个由 5 名学生组成的手语协会正式成立。当时，谁也没有想到，只是一个声音沙哑的女生为了能更多与人交流的念头而萌发的主意，会由此生根发芽并茁壮成长至今。这是一个充满爱心和创新的大学生公益社团，从成立到今天，从最初 10 人小社团发展到现在，12 年来不间断从事公益活动。

手语协会秉承"提高自我，服务他人"的宗旨，恪守"学以致用"的校训，谨记协会的三大任务：第一，学习手语，平等交流；第二，传播手语，共建和谐；第三，自强不息，快乐奉献。一届又一届的手协人默默地服务听障人士、服务社会弱势群体，参与各类志愿服务活动。手语协会用爱和汗水换来了社会的认可，赢得了"沉默天使"的美誉。

在 2010 年广州亚运会、亚残运会期间，手语协会积极参加各项志愿服务活动，手语协会与亚组委合作，举办为期两个月的手语培训班培训会员，299 位会员获得亚运手语服务资格证书。手语协会会员工作专业、勤恳，获得各方高度赞誉。当届会员何敏颐、崔志伟两名手语志愿者还被第 16 届亚运会组委会评为"广州亚运会、亚残运会志愿者先进个人"。

2011 年 5 月 14 日下午，手语协会举办的"爱之语，源之心，感谢有你，相伴十载"十周年庆典活动在学院体育馆顺利举行并取得圆满成功。在各位领导发表致辞并表示祝贺后，主持人与现场观众喊着倒数，顺利开始了本次十周年庆典！开场表演由本协会人员现场演绎《十年历程》与手语表演——会歌《祈祷》。他们用优美的指尖、无声的语言舞出手协十年来走过的风风雨雨。紧接着，由院团委童源锋老师演唱的汶川地震歌曲——《我在你身旁》，感动了现场的观众；更有扬梦之风特殊人士艺术团的舞蹈表演——《竹林深处》与《爱你》，他们在无声的世界里用优美的舞姿，在 4 位手语指挥员的指导下完美舞动；广东女子职业技术学院手语协会联合番职手协男生的手语舞蹈——《爱的城堡》，更是把手语与舞蹈的完美结合体现出来，让简单的手语随着优美的舞蹈动起来了。协会还邀请到广东女子职业技术学院小矮人魔术协会联合我校魔术社为本次活动带来精彩的舞台魔术表演，让本次的庆典活动的氛围达到了高潮。最后由本协会人员精心准备的手语节目《十年路》，把本活动的主题再一次点明，相信手语协会的过去、现在与未来都如歌词一样精彩。

在广州番禺职业技术学院手语协会的博客上有这样一篇日志。

2013 年 6 月 27 日星期四下午 1 点半，番职院手语协会的新任干部们和 12 级旅游管理专业 2 班的同学们在准备着这个学年最后一次的培智读书活动。前任会长叶嘉庆师兄与大家一同前去讲故事，也和那边的老师做一个告别。

准备期间，大家的热情高涨，对此次的培智活动满是期待。2 点了大家一起到正门坐车，3 点钟大家顺利到达番禺区培智学校。由于培智的小朋友们还在午休，大家都自觉地遵守纪律，安静地等候小朋友们的午休结束。在拍完大合照之后，朱阳老师出来迎接我们，得到了老师的允许后，我们可以进去给小朋友们讲故事。在负责人讲完一些礼貌问题和注意事项后，大家怀着兴奋的心情进入了课室。大家在进去之前都会和当时的任课老师询问可不可以进去，这一个小细节，充分体现出了大家都是很注重礼貌的一个人。在大家分别进入分配给自己的课室时，得到了小朋友们热烈的欢迎和一句句响亮的"哥哥好，姐姐好"。大家的脸上洋溢着快乐与幸福，之前的紧张都烟消云散。在给小朋友讲故事的过程中，可能小朋友们会不理不睬，但是每一个人都在耐心地讲解；偶尔加上一些形象的动作，都会得到小朋友们的热烈欢呼。讲完故事之后，大家带着小朋友们一起玩游戏、一起唱歌、一起跳舞、陪小朋友画画。教室里充满好多单纯幸福的笑声，每一个人脸上都洋溢着笑容。场面气氛极其热烈。等到小朋友们放学时，大家才打算回学校。大家要走了，在回到车上时，偶尔的回头望望，眼神里都是对学校的不舍，对小朋友们的不舍。大家都在自己的班级交到了"好朋友"。每一张疲惫的脸上，都是不舍的眼神，都是洋溢着笑容。有的同学还收到了小朋友的画，眼神都是感动与不舍。

讨论：

1. 手语等非言语沟通的作用是什么？
2. "手语的力量"体现在哪几个方面？
3. 从"手语的力量"中你获得哪些启示？

本章小结

1. 语言是有效沟通的重要工具，包括言语沟通和非言语沟通，二者的作用不可偏废。

2. "说"是一门高深的学问和艺术。有效地"说"必须明确以下三个问题：说什么、对谁说、如何说。要善于运用赞美性表达和建设性表达。

3. 管理中的面谈是指管理者有目的、有计划地针对某一管理问题，与沟通对象进行面对面的交流活动。面谈是最直接的沟通方式，包括日常性面谈、招聘面谈和绩效面谈等。有准备的面谈是获得有效沟通的前提。

4. 倾听属于特殊的言语沟通。有效的沟通始于倾听。听，不仅仅需要耳朵，更需要大脑！

5. 演讲是管理者必须掌握的一项沟通技能。演讲是演讲者思想水平、知识水平、表达能力等各种能力水平的集中表现。

6. 谈判不仅是一门高深的科学，也是一门复杂的沟通艺术，更是谈判者知识、信息、修养、口才、风度的综合较量。熟谙谈判原则、规则，灵活运用谈判策略是取得成功的关键。

7. 书面语言沟通应遵循"4C"原则：正确（correct）、清晰（clear）、完整（complete）、简洁（concise）。

8. 非言语沟通在人类的实际交往中起着非常重要的作用。无声语言是最真实的语义的自然流露，所显示的意义要比有声语言多得多，而且深刻得多。管理者不仅仅要了解非言语信息所代表的含义，而且更重要的是要正确应用，掌握非言语沟通的技巧。

即测即练

参考文献

[1]　孙振耀. 转轨的挑战在于战胜心魔[J]. IT 经理世界，2008-11-19.

[2]　Orchids. 三句话打开沟通困境[J]. 世界经理人，2009-01-15.

[3]　魏江. 管理沟通：理念与技能[M]. 北京：科学出版社，2001.

[4]　内尔·依格，李·豪佛. 世界五百强选人标准[M]. 北京：高等教育出版社，2004.

[5]　邱明俊. 绩效面谈改进技巧[M]. 北京：东方音像电子出版社，2008.

[6]　杰拉尔丁·E. 海因斯.管理沟通策略与应用[M]. 贾佳，许勉君译. 北京： 北京大学出版社，2006.

[7]　姚仲达. 沟通是管理者最重要的基本技能之一[J]. 蓝海企业管理咨询. http://www.hzlanhai.com/knowledge_ detail.asp?id=413，2008-04-21.

[8]　魏钧. 有效倾听的四种类型.魏钧的日志[EB/OL]. http://qdweijun.blog.163.com/blog/static.

[9]　玫琳凯. 玫琳凯谈人的管理[M]. 北京： 中信出版社，2009.

[10]　郭文臣. 公共关系管理[M]. 大连：大连理工大学出版社，2005.

[11]　Nierenberg G. I. 谈判的艺术[M]. 曹景行，陆延译. 上海：上海翻译出版公司，1986.

[12]　Mice. 大师教你谈判——对话罗杰·道森[J]. 商务奖励（族行），2008（Z3）：30.

[13]　Munterm.Guide to Managerial Communication: Effective Business Writing and Speaking[J]. Fifth Edition. Prentice Hall, 1999.

[14]　宋强. 从韩国人在美国自称是中国人想到的[EB/OL]. http://019571005.blog. sohu.com/119126049.html，2009-06-22.

[15]　金正昆. 社交礼仪[M]. 北京： 北京大学出版社，2005.

[16]　粟新华. 时间语初探[J]. 邵阳师范高等专科学校学报，2002(1)：69-71.

第 7 章

基于特定情境的沟通

学习目标

通过本章的学习，你应该能够：

1. 了解危机和危机类型，以及危机处理过程模型；
2. 掌握危机管理的原则，熟练掌握危机预警和处理的过程及重点内容；
3. 了解冲突及其产生的原因、类型，掌握冲突管理沟通的原则和策略；
4. 掌握会议沟通的技巧；
5. 了解网络沟通的特点、现代网络通信工具的类型，掌握网络沟通管理的主要内容。

引导案例

火神山医院建设纪实

2020 年 1 月，武汉的新冠疫情形势愈加严峻，从 1 月 23 日到 1 月 31 日，8 天中，武汉市确诊病例从 495 人陡增至 3215 人，疫情蔓延的速度远远超过了新增定点医院的床位数量。为缓解医疗资源不足、进一步加大患者救治力度，1 月 23 日下午，武汉市城建局召开紧急会议，要求参照 2003 年北京抗击非典型肺炎的"小汤山医院"模式，建立武汉蔡甸火神山医院。

火神山医院占地面积 7 万平方米，建筑面积 3.4 万平方米，由中建三局牵头，武汉建工、武汉市政、汉阳市政等 3 家企业参与。该医院主要救治确诊患者，编设床位 1000 张，开设重症监护病区、重症病区、普通病区，设置感染控制、检验、特诊、放射诊断等辅助科室。

1 月 23 日，武汉市城建局成立了医院建设指挥部，召开专题会议，确定火神山医院由中元建筑设计院设计，中建三局、武汉建工、武汉市政、汉阳市政等 4 家单位共同建设。24 日凌晨，指挥部就调集了 35 台铲车、10 台推土机和 8 台压路机抵达医院建设现场，开始了土地平整等相关准备工作。负责火神山医院建设的中建三局党委成立了指挥部临时党总支，并设立了中建三局总承包公司等八个项目临时党支部，全面统筹协调医院建设工作。中铁重工援助火神山医院，成立临时工作党支部和突击队，负责动员、组织和现场全称监督指挥工作，制订以小时为单位的节点计划。从牵头企业中建三局到临时增援企业中铁重工，均成立了相应的督导指挥部门或职位，全方位指挥、督导、管控、保障生产施工各个环节，确保医院建设在统筹协调下有序有质有量的完成。

在设计方面，北京中元国家设计研究院在 78 分钟内，整理完善了 2003 年非典期间小汤山医院全部设计和施工图纸，向负责本次火神山医院设计任务的武汉中信建筑设计院开放共享，并对中信建筑设计研究员提供 24 小时在线技术支持。而接到火神山医院紧急设计任务的中信建筑设计研究总院在接到任务后，在一个小时内组建了一支由 60 人组成的项目组，在 5 个小时内完成场地平面设计图，24 小时内完成方案设计图，60 小时的 1 月 26 日凌晨交付全部施工图。

在物资资源方面，中国铁路武汉局集团公司为运输火神山医院建设物资开辟"绿色通道"，及时协调有关工作，保障物资运输按时运送到工地。宝武钢、浙商中拓、五矿发展、中国建材、中国铁塔湖北分公司、中国移动、中国电信、中国联通等诸多公司为火神山医院建设提供了建筑材料、通信设备等。例如，建筑工地需要用电，武汉航发集团、高能环境、东方雨虹、兴源环境、银江环保、中铁重工、国家电网等众多企业员工，不眠不休 24 小时连续施工，在 1 月 31 日前完成两条 10 千伏线路迁移、4 台环网柜和 24 台箱式变压器落位工作、8000 米电力电缆铺设，并按时开始送电；建筑工地需要手机信号，进行实时联络，中国移动、中国电信、中国联通、中国铁搭、中国电子、中国信科等企业，36 个小时就把 5G 信号全面覆盖；建设工地缺乏原材料，顺丰、中通、申通、韵达、EMS、阿里巴巴物流平台紧急开动了国内及全球的绿色通道，免费从海内外各地向武汉运输救援物资；医院建设需要互联网办公设备，联想、小米、TCL、紫光、烽火通信、卫宁等等公司分别带来了计算机设备、平板电脑、LCD 显示屏、网络安全设备以及互联网医院云平台；医院需要专业医疗设备，联影医疗、上海信投、东软集团带来了医疗专用的 CT 设备，潍坊雅士股份带来了 ICU 病房和手术室专用的医疗空调，上海集成电路行业协会带来了热成像芯片，乐普医疗带来了 2000 支电子体温计和 700 台指夹血氧仪，欧亚达家居带来了物管团队和所有的床铺物资；格力电器向武汉火神山医院捐赠空调物资，其中包括了大量的格力风无界新风空调等。

在火神山医院的建设过程中，大量组织和个人自发为保障医院建设顺利开展贡献自己的力量，捐款捐物，暖流四面八方汇聚武汉火神山。中国红十字基金会资助 4683 万元，定向支持火神山医院建设；中国太保产险为近六千名参与建设的工作人员免费提供专属风险保障；中国外运运送食品、中粮集团捐赠粮油确保千名工人一日三餐的供应；中国石化在知音大道加油站开设绿色专用通道为施工车辆、供电车辆提供加油服务，搭建临时厕所，紧急调配食品与防疫用品，为施工人员提供物资保障。洛阳某家具企业连夜打造了价值 20 万元的文件柜，捐献给医院；河南沈丘白集镇退伍老兵王国辉，大年三十的晚上，驱车三百多公里开到了工地上，为工人们带来了 8000 斤冬瓜、上海青和香菜；营业不到一年的淘宝店主金辰看到工人们昼夜赶工，休息的时候只能坐在地上，于是发来了 400 个板凳……众多企业管理人员、工人主动请战，面对困难仍坚守岗位、义无反顾。中建商砼永丰厂党支部书记戴银刚，在武汉宣布建设火神山医院当晚，就赶回岗位，火速集结队伍投入战斗，无暇照顾怀孕的妻子，鞋子破了几天也来不及换；排水管道安装的工人钻进 30cm 的狭小缝隙中，伏地完成管道安装，很多人即使衣服、手臂被划破，也只是简单处理便又重返工作岗位，直到任务完成。

表 7-1 是参与火神山医院建设单位及其任务完成情况统计表（不完全统计）。

表 7-1 火神山医院建设单位及其任务完成情况统计表

建设单位	具体内容
北京中元国家设计研究院	在 78 分钟内，整理完善了 2003 年非典期间小汤山医院全部设计和施工图纸。
中信建筑设计研究总院	负责火神山医院设计任务，1 小时内组建了一支由 60 人组成的项目组，5 个小时内完成场地平面设计图，24 小时内完成方案设计图，60 小时交付全部施工图。
中建三局	1400 多名工人开展场地平整等工作；轮班作业，24 小时施工。管理人员从 160 人增加到 1500 余人，作业人员从 240 人到 1.2 万多人，大型机械设备、车辆从 300 台到近千台；组建安全防疫管理团队，分成两个安全小组与现场施工同步"两班倒"，24 小时不间断安全监管，项目建立了"5+3+8"模式开展防疫工作；依托中建集团全产业链，提供 2500 余台大型设备及运输车辆、4900 余个集装箱、20 万平方米的防渗膜，以及大量的电缆电线、配电箱柜、卫生洁具等物资；在 3 天内完成室内外地胶铺设、卫生间和缓冲间地砖铺设以及 200 余间病房的室内装饰任务。
武汉建工	负责承建火神山医院的部分场平工程和地基处理，以及医技楼、ICU 病房及部分普通病房，其中医技楼和 ICU 病房属于医院的核心区域。高峰时组织项目管理人员和建筑工人两千余人，昼夜不停连续作业。
汉阳市政	成立火神山医院项目指挥部，1100 余名人员参与医院建设，完成 4 个工区 57000 平方米场地清淤，1500 平方米医药仓库建设，2800 平方米道路施工，3000 米管网建设，14000 平方米两布一膜铺设；负责火神山医院启用后排水管线、路面摊铺、检查井建设以及水电维修等工作。
武汉航发集团	迅速进场开始场地平整、道路以及排水工程施工，240 多名建工工人夜以继日的奋战，在不到 48 小时的时间里就基本完成了场地平整；现场指挥部统筹调度 7 家下属参建单位，现场按小时倒排计划，保节点，保断面。
高能环境、东方雨虹等	组成紧急工程建设团队，负责防渗工程、污水处理和医疗垃圾转运设施建设。
中铁重工	火速增援，23 小时完成火神山医院医学技术楼主体 19 榀桁架现场拼装。
亿纬锂能	紧急提供静音发电车，以解决通讯基站等关键设备的应急供电问题。
国家电网	260 多名电力职工不眠不休 24 小时连续施工；完成两条 10 千伏线路迁改、24 台箱式变压器落位工作、8000 米电力电缆铺设，并按时开始送电。
华为、中国移动、中国电信、中国联通等	36 小时完成 5G 信号覆盖后，交付了云资源、核心系统的计算与存储设备，建成与解放军总医院的远程会诊系统。
宝武钢、浙商中拓、五矿发展、中国建材，华新股份等 13 家公司	提供钢材、石膏板、龙骨、水泥、防火涂料、3500 套装备式集成房、4800 套钢构件、50 套电源设备等等材料与设备。
中石油，中石化加油站	每天派出两辆流动加油车为建设施工的所有车辆和机具免费加油；为项目现场提供油品保障，同时提供方便面、开水，开会场地和临时厕所。
湖北中百仓储、阿里巴巴淘鲜达	一天之内建成一个"无接触收银"超市，为工人和医疗工作者便捷、安全的提供生活物资供应。
顺丰、中通、申通等物流平台	联合开通国内及全球绿色通道，免费从海内外各地为武汉运输救援物资。
武汉交警	增派 72 名交警驻守在 5 个执勤点，24 小时轮班维护交通秩序，力保工程顺利完工。
联想集团	提供全套 2000 多台计算机设备和进驻现场的专业 IT 服务团队。
小米、TCL 电子、紫光、烽火通信、奇安信、卫宁健康	提供平板电脑、公共 LCD 显示屏、网络及安全设备、互联网医院云平台
上海昕诺飞等 11 家企业	提供 930 套紫外消毒灯、2000 支电子体温计、700 台指夹血氧仪以及 CT 设备等等专业设备。
联勤保障部队医院及军医大学三所	抽组 1400 名医护人员，负责火神山医院医护工作。

从 1 月 23 日宣布开建到 2 月 2 日工程完工，火神山医院在 10 天里平地崛起。

火神山医院建设是"武汉抗疫保卫战"的一项重要的系统工程，是武汉抗疫具有战略意义的转折点，对武汉抗疫取得决定性胜利具有里程碑意义，不仅大大缓解了医院病床紧张、患者得不到入院救治的问题，也解除了公众的不满或恐慌情绪，并大大提高了全社会战胜疫情的信心。火神山医院建设体现出中国政府的危机管理能力。

本章将重点讨论危机管理和冲突管理沟通问题，以及会议沟通、网络与新媒体沟通问题。

经国家安全监管总局调查认定，吉林省吉煤集团通化矿业集团公司八宝煤业公司"3·29"特别重大瓦斯爆炸事故和"4·1"重大瓦斯爆炸事故均为责任事故。

7 人因在事故中死亡、免予追究责任；吉煤集团通化矿业公司党委常委、董事长、总经理赵显文因涉嫌不报、谎报安全事故罪和其他严重违纪行为，2013 年 4 月被公安机关立案侦查，目前被吉林省纪委执行"双规"措施；另有包括通化矿业公司常务副总经理、吉林省白山市安全生产监督管理局副局长李士军等在内的企业管理人员、政府公务员等 10 人被批准逮捕；5 人被刑事拘留；50 人被给予党纪、政纪处分。

八宝煤矿因连续发生特别重大事故，处以 700 万元罚款；瞒报事故处以 200 万元罚款；八宝煤矿总经理韩成录处以上一年年收入 180% 的罚款，终身不得再担任煤炭行业的矿长（董事长、总经理）职务，由颁发证照的部门吊销其矿长资格证、安全资格证；通化矿业公司董事长兼总经理赵显文处以上一年年收入 160% 的罚款。

吉林省人民政府向国务院作出深刻检查。

吉林八宝煤矿连续发生的特别重大事故，值得有关各方深刻反思。如何做好危机管理是企业等组织领导者、管理者的必修课。

本章将重点讨论危机管理和冲突管理沟通问题，以及会议沟通和网络沟通问题。

7.1 危机管理

7.1.1 危机和危机管理

20 世纪，人类最难忘的事件包括：两次世界大战、20 年代末期爆发的全球性经济危机、中国唐山大地震、非洲的干旱与饥荒等。进入 21 世纪，人们在憧憬未来的同时，发现世界险象环生，人们难以从记忆中抹去的事件此起彼伏。如美国的"9·11"事件，印度洋海啸、中国"汶川地震"、新型冠状病毒暴发肆虐全球、俄罗斯与乌克兰爆发冲突等。

以上这些危机事件只是冰山一角，危机每年都在发生，而且形式各异，种类繁多。正如英国著名公共关系专家弗兰克·杰夫金斯所说："今天，我们生活在化学、核能、电气外加恐怖危机之中，必须承认，如不采取措施防止可能的危机，任何事情都可能发生。"[1]以组织为例，危机给组织造成的危害，轻则影响组织正常运营，重则危及组织的生存与发展，并给相关公众带来极大的损失，给社会环境造成极大的破坏。

1. 危机及其类型

何谓危机？危机通常指令人感到危险的时刻。C.F.赫尔曼认为，危机是指出乎意外地发生威胁组织目标的实现，决策主体做出决策的反应时间很有限的一种情境状态或事件。[2] 劳伦斯·巴顿认为，危机是不可预测的，隐含着负面结果，是可能会给组织以及组织的雇员、产品、服务、财政和名誉都带来极大损失的事件。[3]如组织不可抗拒的灾难——地震、洪水、火灾、风灾、火山爆发等；突发性重大的灾难性伤亡事故——空难、火车脱轨、汽车坠毁、轮船沉没、大楼倒塌等；严重的生产事故——毒气的严重外泄、大规模的食物中毒、瓦斯爆炸、因工伤亡等；规模较大的群体纠纷事件——罢工、游行、暴力抵抗等。

危机具有发生的意外性、令人关注性、破坏性和处理的紧迫性等特点，但危机中也有潜在的机遇。

对于危机的分类，可从不同视角进行划分。按危机形成的原因不同，可将其分为主观性危机和客观性危机；按危机的严重程度不同，可将其分为一般危机和严重危机；按危机的影响程度不同，可将其分为直接性危机和间接性危机；按危机的来源不同，可将其分为内部危机和外部危机；按危机的形式不同，可将其分为典型的突发性危机和缓慢型的突发性危机。

企业在发展过程中可能遇到的危机可归纳为以下几个方面：

（1）信誉危机。产生信誉危机的因素可能是单一的某个因素，也可能是多种错综复杂的因素。例如，产品质量与安全问题，服务质量与承诺问题，管理层丑闻，社会责任缺失，偷税漏税、污染环境等违法违规问题，重大恶性事故发生及处理不当等。

（2）舆论危机。舆论危机的产生可能是基于大众传播媒介对于企业某些组织行为、领导者个体行为事件的报道、公众舆论盛传或热议组织或领导人的非正常行为等而导致企业出现的社会危机。例如，产品安全问题，高管腐败贪污问题，虚假广告、欺骗公众等行为被媒体曝光。

（3）资源危机。资源危机包括人力资源危机、信息资源危机、物质资源危机、财务资源危机。人力资源危机是指劳动力缺乏，核心技术与管理人才连续离职，群体性辞职、罢工等；信息资源危机是指因核心商业机密外泄、电子交易程序出错、重要信息统计失误等导致的危机；物质资源危机是指因设备老化、设备设计缺陷、原料质量问题等导致的危机；财务资源危机是指因经营不善、巨额亏损、投资失败、资不抵债等导致的危机。

（4）管理危机。管理危机的产生主要是由于领导人不作为、专横跋扈，以及制度不合理或缺失、奖惩不公、考核不公平、员工满意度差等。

（5）公共危机。公共危机又称公共事件，这里的公共危机是指由企业不当行为引发的公共危机，包括产品质量、污水排放、毒气泄漏等引发的危及公共安全的危机事件，如三鹿婴幼儿奶粉事件、松花江水污染事件等。国务院 2006 年 1 月 8 日发布的《国家突发公共事件总体应急预案》将"突发公共事件"定义为"突然发生，造成或可能造成重大人员伤亡、财产损失、生态环境破坏和严重社会危害，危及公共安全的紧急事件"。公共危机的种类很多，如表 7-2 所示。

表 7-2　公共危机分类一览表

自然灾害	水旱灾害	江河堤防决口、洪水泛滥、严重干旱
	地震灾害	
	气象灾害	暴雨、台风、冰雹、龙卷风、沙尘暴
	地质灾害	山体崩塌、滑坡、泥石流、地面塌陷
	海洋灾害	风暴潮、巨浪、海啸
	生物灾害	爆发病虫草鼠害、有害生物爆发流行、转基因生物灾害
	森林草原火灾	严重森林草原火灾、居民点原始森林火灾、境外火场造成重大威胁
事故灾难	安全事故	生产交通运输严重事故、电力通信信息网络金融支付和清算系统特种设备事故、供水燃气中断、坠机撞机
	环境污染和生态破坏事故	严重水污染、严重环境污染和生态破坏、危险化学品严重泄漏、严重放射性污染
公共卫生事件	重大传染疫情	肺鼠、肺炭疽或非典、人禽流感
	特大传染疫情	
	重大动植物疫情	口蹄疫、高致病性禽流感
	特大动植物疫情	
	食品安全与职业危害事件	
社会安全事件	重大群体性事件	金融挤兑、围攻党政机关、阻断交通、非法集会游行示威、高校重大聚会、境外背景非法宗教活动、资源争议、市场混乱
	重大刑事案件	杀人绑架抢劫、走私诈骗、劫持、危害性材料被盗、物种灭绝危险、重大毒品案、盗窃国家秘密、破坏网络传输系统、涉外重大刑事案

2. 危机管理及其原则

危机管理，又称应急管理、危机公关等，一般是指当组织发生了危及组织和公众利益的各种矛盾、纠纷、重大突发性事故时，及时采取有效手段，以最快的速度，尽最大的努力，降低损失，重塑形象的过程。

危机事件的产生对组织危害甚大，实施危机管理已成为企业管理职能的一个重要方面。实施危机管理，有助于维护组织内部的安定和团结，有助于控制和引导公众的舆论，维护组织形象，增强公众对组织的信任感。

格林（Green）认为，危机管理的一个特征是"事态已发展到无法控制的程度"。[3]一旦发生危机，时间因素非常关键，减少损失将是主要的任务。危机管理的任务是尽可能地控制事态，在危机事件中把损失控制在一定的范围内，在事态失控后要争取重新控制住。

米特罗夫（Mitroff）和佩尔森(Pearson)认为，收集、分析和传播信息是危机管理者的直接任务。危机发生的最初几小时（或危机持续时间很长时的最初几天），管理者应同步采取一系列关键的行动。这些行动是"甄别事实，深度分析，控制损失，加强沟通"。[3]

危机管理一般应遵循以下原则。

1）未雨绸缪原则

未雨绸缪是指通过分析研究，确认某些危机的潜在可能性，从而制定多种可供选择的应急措施。危机管理部门要对本组织可能发生的各类危机做出预测和分析，并向组织决策层报告。组织的领导者必须对危机事件的性质、特点、发生发展规律、危害性以及处理危机的方针、政策、对策和职责范围等有比较清晰的认知，具有强烈的危机意识和防范意识。

2）快速反应原则

组织的领导者应对发生的危机事件要快速反应，及时应对。危机从发生到产生大面积影响的时间一般不超过 24 小时。危机处理的难度是与组织处理危机的速度成反比的。反应速度越快，损失就越小。快速反应就是要求组织及其领导者，当危机一旦爆发时，必须及时地予以控制。危机爆发时，会造成一定程度的混乱，给人们心理造成恐惧和紧张，各种谣言也最易流传。如何引导舆论、稳定人心，便成为处理危机的首要任务。

3）利益相关者定向原则

利益相关者是指在危机中组织需要与之沟通的人，或者说是和危机的发生有着利害关系的人。简单地说，利益相关者就是危机管理的对象，包括与危机有直接关系或间接关系的员工、受害者及其亲属。利益相关者可以分为内部利益相关者和外部利益相关者。内部利益相关者主要是员工、股东，外部利益相关者包括政府、媒体、社区、同行业竞争者、供销商等。对每一个利益相关者进行分析、定位，列出其需要、满足需要的可能性、可能的问题等，最后确定应对策略、措施。

4）真诚坦率原则

组织的领导者应持积极的心态处理危机事件，以认真负责的态度对待公众、媒体等。处理危机时，态度是否端正直接影响到危机事件解决的速度和难度。通常，领导者的态度与危机事件处理的速度成正比，难度成反比，态度越好，处理的速度就越快，处理的难度就越小。

5）加大力度原则

组织必须采取有针对性、超常规、强有力的措施控制事态蔓延，迅速解除危机，将损失降到最低点，并通过开展专题性公关活动重塑形象。

6）以人为本原则

无论危机事件有多么严重，也无论组织是主要责任者还是次要责任者，组织都要勇于承担和面对危机事件。做到时刻把受害者和公众利益放在首位，敢于承担责任，对财产损失应合理赔偿，对伤亡人员应为其本人或家属提供医疗、抚恤等，从而以负责的态度和积极有效的行动赢得公众的谅解和支持。

7）透明公开原则

在处理和解决危机事件过程中应积极主动地公布相关信息，避免公众产生误解。任何危机事件的产生都必然会引起社会公众和新闻媒体的关注，封锁消息只能增加公众的主观臆断或推测，无助于问题的解决。"流言止于智者"，增加透明度，公开相关信息，流言会不攻自破。

8）维护信誉原则

在处理危机事件时应维护组织的形象和信誉，并通过卓有成效的努力重塑形象、重建信誉。作为领导者必须视组织信誉如生命，并在危机事件的处理过程中从点滴做起，必然会赢得公众的信任，得道多助，否则，必然失道寡助。

7.1.2 危机管理过程

1. 危机管理过程分析模型

在众多的危机管理的阶段分析方法中，最常见的有四种模型，分别是芬克（Fink）的四阶段生命周期模型、米特罗夫（Mitroff）的五阶段模型、美国联邦安全管理委员会公共危机管理四阶段模型和传统的三阶段模型。[4,5,6]

（1）芬克的四阶段生命周期模型。该模型最早出现在他的文集《危机管理：不仅是未雨绸缪》（*Crisis Management:Planning for the Inevitable*），芬克用医学术语形象地对危机的生命周期进行了描述，如图 7-1 所示。

第一阶段是征兆期（prodromal），即潜在的危机发生前有各种征兆；第二阶段是发作期（breakout or acute），即危机已经发生，并造成伤害和损失；第三阶段是延续期（chronic），即影响危机因素的不确定性和复杂性造成危机的影响持续，必须应对危机，努力清除危机；第四阶段是痊愈期（resolution），即危机事件已经解决，并需逐步恢复元气。

（2）米特罗夫的五阶段模型。米特罗夫将危机管理分成如图 7-2 所示的五个阶段。

第一阶段是信号侦测（signal detection），即识别新的危机发生的警示信号并采取预防措施；第二阶段是探测和预防（probing and prevention），即组织成员探测各种可能的危机风险因素，并加以预防，尽力减少潜在危机可能造成的损失和伤害；第三阶段是控制损害（damage containment），即危机发生阶段，组织要采取措施控制危机蔓延，努力使影响范围尽可能地缩小，不影响组织的其他部分或外部环境；第四阶段是恢复阶段（recovery），即采取有针对性的措施，尽可能快地让组织恢复正常秩序；第五阶段是学习阶段（learning），即回顾和总结危机管理的经验教训，并加以整理，为以后的工作提供指导。

美国联邦安全管理委员会公共危机管理四阶段模型。该模型把危机管理分为减少（缓和）、预备（准备）、反应（回应）和恢复四个阶段。结合危机的生命周期理论，罗伯特·希斯（Robert Heath）提出了危机管理模型（见图 7-3），也就是在危机发生、发展的每个阶段制定出相应的战略。

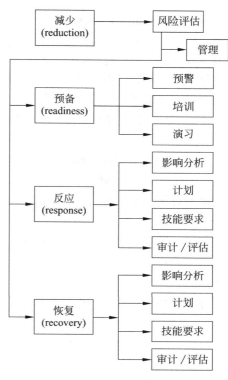

图 7-3 危机管理四阶段模型

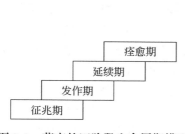

图 7-1 芬克的四阶段生命周期模型

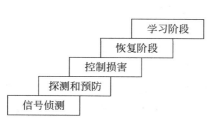

图 7-2 米特罗夫的五阶段模型

（3）传统的三阶段模型。这是被伯奇（Birch）和古斯（Guth）等很多危机管理专家所推崇的危机管理模型。它把危机管理分成危机前（precrisis）、危机（crisis）和危机后（postcrisis）三个阶段。

芬克的四阶段生命周期模型和米特罗夫的五阶段模型的根本区别就在于后者更为积极主动，关注危机管理者在每一阶段应该做出的决策；而前者更具有描述性，勾勒出危机的过程，并侧重阐述危机每一阶段的特点。美国联邦安全管理委员会公共危机管理四阶段模型比较实用，已经被包括中国在内的许多国家所采用。传统的三阶段模型比较宏观，但又十分简捷，易于识别和操作。

近年来，危机事件的持续发生，使得国内的高层管理者、专家、学者日益重视危机管理的研究。一些学者也在已有研究的基础上，构建了危机管理的模型或提出了危机处理的步骤。如薛澜等把危机管理过程划分为五个阶段：危机预警和危机管理阶段、识别危机阶段、隔离危机阶段、管理危机阶段、危机后处理阶段。[7]并倡导根据不同阶段的危机特征采取相应的危机管理策略和措施，准确地估计危机形势，尽可能地把危机事态控制在某一特定的阶段，以免进一步恶化。

2. 危机预警

美国《危机管理》一书的作者菲克曾对《幸福》杂志排名前 500 名的大公司董事长和总经理进行过一次关于企业危机的调查。调查资料表明[8]：第一，80%的被调查者认为，现代企业界面临的危机，就好像死亡一样，已成为不可避免的事情；第二，在寄回调查问卷的人中，74%的人认为曾接受过严重危机的挑战；第三，被调查者几乎百分之百地同意，他们公司容易发生的危机，其原因无外乎 11 种：生产性意外、环境问题、劳资争议及罢工、产品质量、股东丧失信心、具有敌意的兼并、股票市场上大股东的购买、谣言或向大众传媒泄露组织内部秘密、政府方面的限制、恐怖破坏活动、组织内部人员的贪污腐化；第四，57%的被调查者表明，过去一年在组织内部潜伏的危机最近有爆发的可能；38%的人表示，过去一年在组织内部潜伏的危机已经爆发了，另外，70%的被调查者当危机发生时已任现职，其中 14%的人认为危机损及了他们个人的名誉；第五，危机困扰的时间，平均历时八周半，对于没有应变计划的公司，被困扰的时间要比有应变计划的公司长 2～5 倍。危机后遗症的波及时间，平均为八周，没有应变计划的公司，其波及时间也比有应变计划的公司长 2～5 倍。

从以上的调查中可以得出两点结论：第一，几乎所有的组织都有可能遇到危机，甚至是无法避免的；第二，对危机有应变计划的公司遭受到的损失要相对小些，这说明对危机进行预防的必要性。

建立危机预警制度是危机管理的第一步。危机预警制度实际上是一个制度系统，具体内容包括：

（1）组建危机管理机构。其主要职责是根据明确的分工进行决策和指挥。危机管理机构负责人必须由企业最高领导者担当。危机管理机构是一个决策机构，机构内部设置职能部门，主要负责危机风险预测、相关制度建立、事故处理指导原则和方针、人员构成及其职责等。机构下设事故处理小组，具体包括事故处理、涉外对策、事故调查、联络、总务等。危机事故处理小组应设置一个新闻发言人，负责对外信息传播与沟通。危机管理机构必要时可外聘危机处理顾问担任咨询和指导。一旦危机事件发生，危机管理机构下设的危机处理小组立即开展工作。

（2）定期进行组织运营危机与风险分析。危机管理机构定期针对目前企业运营的各层面，包括生产、制造、服务、品牌、销售、投融资等各个环节进行分门别类的危机与风险分析。具体内容包括人事管理、产品研发、销售渠道、政策环境、市场环境、财务状况等可能存在的危机与风险。

（3）进行风险分级管理，制定危机管理计划。危机与风险分析的目的是为了防范风险和危机的产生。定期风险分析的内容需要备案，并将风险进行分级分类；制订每一项风险的解决方案，明确责任人与责任完成时间与指标。比如，公共危机按照社会危害程度、影响范围等因素，一般分为四级。

Ⅰ级——红色——特别重大突发公共事件：表示其规模极大，后果极其严重，其影响超出本省范围，需要动用全省的力量甚至请求中央政府增援和协助方可控制，其应急处置工作由发生地省级政府统一领导和协调，必要时（超出地方处置能力范围或者影响全国的）由国务院统一领导和协调应急处置工作。

Ⅱ级——橙色——重大突发公共事件：表示其规模大，后果特别严重，发生在一个地（州、市）以内或波及两个地（州、市）以上，需要动用省级政府力量方可控制和处置。

Ⅲ级——黄色——较大突发公共事件：表示其后果严重，影响范围较大，发生在一个县（市、区）以内或波及两个县（市、区）以上，超出县级政府应对能力，需要动用地（州、市）级政府力量方可控制和处置。

Ⅳ级——蓝色——一般突发公共事件：表示其影响局限在社区和基层范围之内，可被县政府所控制和处置。

危机管理计划是危机管理的指导性文件，因此它必须是具体的、明确的、可以操作的计划，必须明确危机管理机构及其下设危机处理小组职责、人员的权力和责任，必须具有前瞻性、科学性、实用性和灵活性。

一份完整的危机管理计划书应包括以下三个部分：第一部分，计划释义，包括计划的模拟过程、计划名称、生效日期、发布时期、发布人、发放层次和适用范围、相关管理制度等。第二部分是计划正文，内容通常包括危机管理的目标和任务、危机管理的核心价值观、危机处理的原则、危机管理机构及其人与构成（管理流程图）、经费预算与使用、物资的准备与维护、法律和金融求助程序、危机识别与风险分析、危机预防与控制措施、危机报告及程序、危机应变指挥程序、危机的恢复计划、危机管理的评估等。

（4）不定期地举行不同范围的危机爆发模拟训练。危机模拟训练的内容主要包括各部门危机处理的协调与配合训练、应对财务困境及人事危机方法、与公众和媒体沟通的技巧、非常状态下的危机解决方案、与政府部门沟通的程序及有效配合等方面的训练。危机处理模拟训练结束后，总结存在的问题，迅速予以整改。

（5）确保组织内部和外部信息沟通渠道畅通。建立奖励制度，鼓励员工及时发现问题并及时报告；管理者要深入基层调查研究；建立内部沟通网络，使内部沟通渠道畅通；邀请专家咨询指导等。同时，要与外部世界建立良好的互动、协作关系，改善组织外部的生存环境。

3. 危机处理

1）危机处理的方式

组织遇到危机事件时，应及时调查，迅速了解事件全貌，判明危机事件的性质和来源，认真听取公众意见，选用恰当的方式，有效地处理危机。

（1）快速式。针对由于公众误解引起的，诸如社会流言、不利社会舆论的导向、专家及新闻工作者的误报、竞争对手的误导或造谣中伤，而非组织本身问题等产生的危机，易采用快速处理的方式，通过组织的自身努力来尽快消除危机。其特点是"快"：反应快、确认危机性质快、采取措施的行动快、控制事态发展的速度快、与媒体和政府等相关公众的沟通快。

（2）协商式。针对危机事件产生的时间较长、性质比较严重等情况，可采取协商式方法。比如，有些涉及量大面广的群众的切身利益问题、公共安全问题等危机事件，必须与危机的利益相关者进行协商，或借助公众中的"意见领袖"进行沟通，争取得到他们的配合，借助他们的力量来说服公众，以有效地化解或消除公众的疑虑，使之转变态度。

（3）进攻式。组织面临受害性危机时，采取进攻式比较合适。所谓受害性危机是指他人未经许可假冒企业的包装样式、商标、名义推销伪劣产品或采取投毒等恶劣手段陷害组织，使组织的形象受到损害，名誉遭受损失。对于这类危机，组织要正面反击，依靠自己的力量，采取果断措施消除危机。

（4）迂回式。针对那些单凭自身之力已无法控制和挽回的危机，依据不同情况，可采取迂回战术，依托权威机构、权威人士、名人等关键公众向社会发布信息，或向公众代表发出邀请，一同参与危机处理，取得利益相关者的信任，从而改变危机局面。

（5）以退为进式。针对危机的原因和责任在于组织自身时，需要以退为进来处理危机，即使当危机的原因和责任不完全在组织自身时，组织运用以退为进的方式也是一个较好的选择。如通过各种渠道公开检讨组织行为，采取果断措施制止事态蔓延，向公众承诺、表明态度、及时公布整改方案等，表明承担责任、改正失误的诚意，以获得公众的谅解和理解。

2）危机处理对策

对策一：采取紧急行动控制事态发展蔓延。

（1）立即启动危机管理程序。危机爆发后，组织应立即公布事故处理领导小组，明确组织机构及其人员分工，公布组长、副组长、新闻发言人名单等。

（2）隔离事故现场，调查收集事故发生、发展情况。当出现严重的恶性事件和重大事故时，为了确保组织及公众的生命财产不受损失或少受损失，要采取各种果断措施，迅速隔离险境，使损失降到最低点。危机险境的隔离应重点做好公众的隔离和财产的隔离，对于伤员要进行无条件的隔离救治，这也是危机过后迅速恢复组织形象的基础。

（3）控制危机蔓延态势。在严重的恶性事件爆发后的一段时间内，危机不会自发消失，相反，它还可能进一步恶化，甚至还会引发其他危机。因此，必须采取措施，控制危机范围的扩大，降低其危害的程度。

对策二：调查与分析。

经过第一步采取紧急措施控制了危机之后，组织要从危机反应状态进入积极处理状态。这一阶段的关键是要遵循正确的工作程序，集积极性与规范性于一体，确保有效地处理危机。

（1）开展深入细致的调查，收集信息。组织出现危机事件后，应及时组织人员，深入公众，了解危机事件的各个方面，收集关于危机事件的综合信息，包括现场信息、过程信息、背景信息、影响情况、有关公众的要求、消除危机的机会点、危机事件的发生原因等，形成专题调查报告，提交有关部门，为处理危机提供基本依据。

（2）聘请危机处理专业机构或专家协助调查与分析，制订处理方案。可根据危机的严重程度和影响程度等决定是否有必要聘请专业机构和人员处理危机。通常重大危机不可控因素较多，或企业本身缺乏危机管理经验，可采用此项措施。

对策三：公共关系与沟通策略。

组织必须及时会同有关职能部门，在对危机的性质、影响范围、危害程度、已显现和潜在威胁等进行初步界定后，针对不同利益相关者制定相应的对策，制订消除危机事件影响的方案。

（1）组织内部对策：其一，召集人员。立即召集有关部门负责人明确分工、各负其责，共同采取措施来应对危机。其二，制订解决方案，协同行动。迅速而准确地把握事态的发展，制订总体方案并通知全体人员，以统一口径、协同行动。其三，公之于众。制定事故的处理原则和方针，及时向组织员工和外界公布事故的真相。其四，善后服务。动员职工协助受害者亲属做好服务及善后工作，还要组织周到的医疗工作和抚恤工作。

（2）受害者及其亲属对策：其一，了解情况，承担责任。认真了解受害者的情况，实事求是地承担相应的责任，向受害者表达歉意并通知有关各方。其二，倾听意见，赔偿损失。冷静地倾听被害者的意见，了解和确认有关赔偿损失的要求。其三，把握分寸，沉着冷静。如果受害者家属提出过分的要求，要大度、忍让，力戒在事故现场与受害者或其家属发生争辩。在合适的场合单独与其讲理，有分寸地让步，不得不拒绝时要注意方式、方法。其四，提供善后服务。给受害者以安慰和同情，并尽可能地提供其所需的服务，尽最大努力做好善后处理工作。其五，尽快实施物质补偿。向受害者及其家属公布补偿方法及标准，并尽快实施。

（3）政府主管部门对策：其一，及时汇报。危机事件发生后，及时向主管部门汇报，不能文过饰非，更不能歪曲真相、混淆视听。其二，争取得到政府部门的支持，使事件及时得到处理。其三，定期报告事态的发展情况。事件处理中，应定期报告事态发展，及时与上级部门取得联系，配合有关部门的调查处理工作。其四，形成总结报告。事件处理后，形成详细报告，包括处理经过、解决方法以及今后的预防措施。

（4）新闻媒体对策：其一，统一口径。如何向新闻界公布事故、公布时如何措辞，应事先在组织内部统一认识、统一口径，并由专门设立的发言人负责消息发布。其二，提供消息准确，切忌推测。要向新闻界提供真实、准确的消息，公开表明组织的立场和态度。在事实未完全明了之前，不要对事件的情况进行推测，不轻易地表示赞成或反对的态度。其三，提供报道材料，引导舆论报道。对重要事项应以书面材料的形式发给媒体，避免报道失真。其四，主动与新闻界合作。对新闻界表示合作，应采取主动和自信的态度，不可采取隐瞒、搪塞、对抗的态度。对确实不便发表的消息，不可简单地"无可奉告"了事，而应说明理由，以取得媒体的同情、理解与协作。其五，发现不实报道应及时更正。当媒体发表了不符合事实真相的报道时，应尽快向该报提出更正要求，指明失实的地方，并提供与事实有关的全部材料，派遣重要发言人接受采访，表明立场，要求公平处理，但要注意避免产生敌意。

（5）其他利益相关者对策。组织要根据不同危机，对除了以上四类利益相关者之外的特殊公众制订专门的应对方案，如供应商、销售商、同行业竞争者、社区公众等。

3）危机后恢复：重塑形象。

即使组织采取积极有效的措施处理危机，组织的形象也不可能完全恢复到危机发生前的水平。因此，危机事件得到处理，并不等于危机管理结束，恢复危机造成的影响需要一个渐进的，甚至是相当长的过程。

（1）总结教训。组织在平息危机事件后，要注意从社会效应、经济效应、心理效应和形象效应诸方面，评估消除危机的有关措施的合理性和有效性，并实事求是地撰写出详尽的危机处理报告，为以后处理类似的危机提供参照性文献。

（2）确立重塑形象的目标。在重建良好组织形象的过程中，确立重建良好形象的目标是必不可少的一个步骤。重建良好组织形象的目标，大致可以分为四个方面：第一，使危机事件的受害者及其家属得到最大的安慰；第二，使利益受损者重新获得信心；第三，使观望怀疑者重新成为真诚的合作者；第四，更多地获得事业上新的关心者和支持者。

（3）制订恢复和发展计划。这一计划内容主要包括：一是重申愿景，提高士气；二是着眼于未来，着手于当前，卧薪尝胆，步步为营，完善组织管理的各项制度和措施，有效地规范组织行为，以实际行动赢得社会的信任；三是开展各种有针对性的社会活动，向社会表明组织的社会责任和发展前景，力争尽快获得社会的认同与支持。

情景案例

美国 M 轮胎制造公司的危机处理计划

（1）建立危机处理指挥中心。

◎ 建立指挥中心的组织机构，安排人员及确定职责，立即展开工作（见图 7-4）。

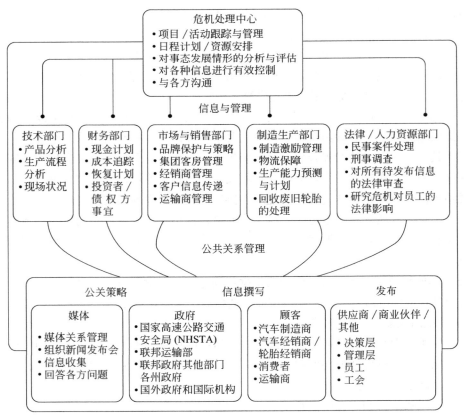

图 7-4　M 轮胎制造公司危机处理组织结构及其职责

◎ 招募必要的专业顾问，如法律顾问、公关顾问、管理顾问、财务顾问等。

◎ 对危机发展的可能情形进行预测、计划并制定相应对策。

◎ 指挥各相关业务部门展开危机处理：生产计划、财务、销售与市场、制造、采购与后勤、法律、人事等。

◎ 指挥公共关系和企业形象管理工作。

（2）制订全面的沟通计划并立即执行，沟通的领域包括：

◎ 媒体沟通（媒体关系管理、新闻发布渠道、新闻材料准备、信息收集与跟踪等）。

◎ 政府沟通（联邦政府运输部、联邦议会、各州政府、消费者保护机构、国际相关机构等）。

◎ 员工沟通/工会沟通。

◎ 投资者股民沟通。

◎ 业务伙伴沟通（供应商、汽车制造商、贷款银行、运输商、经销商等）。

◎ 法律事务沟通。

（3）保证业务运营的连续性，及时展开灾后恢复工作。

◎ 战略规划与预测：历史数据已经无法用于业务预测，需要调整企业计划。

◎ 预算：过去的预算制定方法与结果都需要调整。

◎ 生产计划：危机时生产体系的灵活性成为关键，不再追求设备利用率。

◎ 库存调整：需要快速处理当前的大量库存以保障生产资金。

◎ 绩效管理体系需要调整，成本控制暂时让位于按时供货。

（4）风险管理：发现可能的风险、制定相应政策，并及时处理。

◎ 政府与监管方面的风险。

◎ 债务和欺诈风险。

◎ 媒体和公共形象风险。

◎ 各种业务风险（财务、广告、制造、供应链等）。

（5）关于问题轮胎召回方面的后勤处理。

◎ 发现并确认有问题的轮胎。

◎ 退货与替换。

◎ 回收轮胎的销毁处理。

◎ 发货与运输。

◎ 财务处理。

◎ 发现并避免欺诈。

拓展阅读 7.1

如何写好公关道歉信

7.2 冲突管理

7.2.1 冲突及其产生的原因

1. 冲突的含义

"冲突"（conflict）一词意为"冲撞或对立"。可以说，世界上每天都存在着形式各异的冲突。人际冲突司空见惯，是人们焦虑不安、情绪失控、关系紧张、工作暴力等的导火索。组织在经营管理过程中产生的价值观差异、愿景不一、对同一问题的理解偏差、分配不公、激励缺失、权力争夺等无疑会影响组织的凝聚力和向心力，进而降低组织的绩效。在社会层面，因土地、经济利益、种族利益、政治利益纷争而导致的战争，因文化、价值观、道德伦理、宗教信仰等不同而产生的冲突也随处可见。冲突犹如空气和水一样，与人和自然界共存。

于是，人们便从不同的角度研究冲突，希望化解冲突，为人类社会创造一个祥和、安宁、幸福的生活和生存环境。首要的研究是给冲突的定义、内涵、特性、类别等加以界定。

勒温（Lewin）认为，冲突是相对方向相反、强度相等的两种以上力量同时作用在同一点（个体）时的情境而言的。[9]刘易斯·科塞（Lewis A.Coser）是这样定义冲突的："冲突是有关价值、地位、权力和资源的斗争。"[10]（托马斯）K.W.Thomas认为冲突是始于参与者觉察到他人侵害或准备侵害自身利益的一个过程。[11]（拉希姆）M.A.Rahim认为冲突是社会实体内部或社会实体之间出现不相容、不消减或不一致的一种互动历程[12]。

通过分析发现，这些学者都认为冲突是源于社会实体的目标、行动间或相互作用中出现的不相容或对立。综合以上观点，所谓冲突是指两个或两个以上相关联的人、群体或组织之间在目标、认知、情感等方面存在的不和谐状态。

从冲突的定义中不难看出，冲突中存在着"互动"，即沟通。查尔斯（Charles E.Watkin）提出了冲突与沟通相关的四个公理：其一，冲突至少包括两方，沟通便不可或缺。其二，冲突由感知的互斥目标引起，即由于客观事实或个人的价值和感知等可能导致目标相互排斥。但实际上，经过沟通，各方会发现目标并非完全互斥，有些是可以统一的。其三，冲突各方通常具有不同的价值观和看法，因而，需要通过沟通去认知、理解。其四，只有每一方都对结果感到满意时，冲突才有可能中止。[13]而只有通过沟通，如面谈、谈判等，才能使人们摆脱"你死我活""你输我赢"的竞争、好斗心态，实现"双赢"或"多赢"的结果。

国内学者马新建比较全面地总结出具有共性的冲突的本质内涵[14]：

（1）冲突是不同主体或主体的不同取向对特定客体处置方式的分歧，而产生的行为、心理的对立或矛盾的相互作用状态。

（2）组织的冲突是行为层面的人际冲突与意识层面的心理冲突的复合。

（3）冲突的主体可以是组织、群体或个人；冲突的客体可以是利益、权力、资源、目标、方法、意见、价值观、感情、程序、信息、关系等。

（4）冲突是一个过程，它是从人与人、人与群体、人与组织、群体与群体、组织与组织之间的相互关系和相互作用过程中发展而来，它反映了冲突主体之间交往的状况、背景和历史。

（5）冲突的各方既存在相互对立的关系，又存在相互依赖的关系，任何冲突事件都是这两种关系的对立统一状态。

2. 冲突产生的原因

著名管理学家法约尔从心理学的角度认识冲突的原因[15]，提出了"四基因冲突说"（见图7-5）。

信息基因的冲突是指由于信息沟通的渠道不同，掌握信息的内容不同，信息不对称的个体、群体、组织之间就不可避免地产生冲突。认识基因的冲突是指由于认识分歧的存在，不可避免地会产生冲突。价值观基因的冲突是指由于个人的价值观不同，对同一事物的看法及评价也就不同，因而容易产生分歧，进而引起冲突。本位基因的冲突是指由于人们的本位思想（本人、本部门、本组织利益至上）的存在，不可避免地会产生冲突。

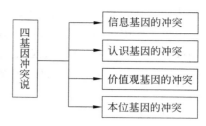

图 7-5　法约尔的冲突基因构成

著名行为学家杜布林运用系统的观点来观察和分析冲突问题，构建了由输入、干涉变量和输出三类要素组成的冲突的系统分析模式[16]，如图 7-6 所示。

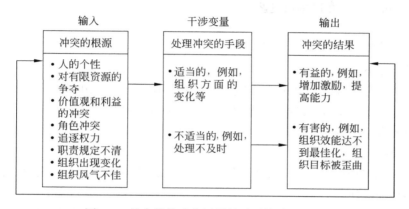

图 7-6　杜布林的冲突因果关系系统分析模型

冲突产生的最基本根源是利益、权力和文化（见图 7-7）。

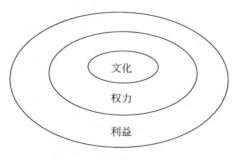

图 7-7　冲突产生的根源

冲突产生的最本质、最根本的原因是文化，具体地说主要是价值观的冲突。无论是国际间的冲突、民族之间的冲突、地区之间的冲突、组织之间的冲突、人与人之间的冲突，最难以调和的就是价值观不同所产生的冲突。

权力通常是由职位权力和个人权力构成。职位权力包括合法权、强制权和奖赏权，个人权力包括专长权、参照性权力。争夺权力最基本的途径就是争夺职位，因为职位赋予其合法权、强制权和奖赏权。因此，在许多组织的高、中、低三个层级的领导和管理职位人员遴选过程中，冲突几乎都或多或少的存在。专家的权威性固然毋庸置疑，但如果过度使用或不合理使用专长权，也必然产生冲突。参照性权力也称典范权，即人格魅力等影响力。这种影响力理论上不应该产生冲突，但由于人的性格、心理等因素的影响，会产生嫉妒、怀疑等，因此也会产生冲突。

利益是最容易引发冲突产生的根源。基于不同的利益需求，如政治利益、经济利益、个人利益、部门利益、组织利益、地区利益、国家利益、民族利益、社会利益等，都有可能产生冲突。因此，基于利益产生的冲突是最广泛的。但是，这种基于利益产生的冲突常常是由于权力、文化因素所致。

7.2.2　冲突的特性和类型

1. 冲突的特性

冲突具有如下特性：

（1）原因的复杂性。冲突既可以由物质性原因引起，也可以由非物质性原因引起，而在这两类原因中又可以细分出众多的原因，冲突呈现出多样性的特点。

（2）利益关系上的对立性或对抗性。参与冲突的各方往往存在着利益上的矛盾，这是诱发冲突的前提。

（3）类型的多样性。冲突的类型多种多样，可以根据冲突的目的、内容、作用、激烈程度等对冲突进行分类。

（4）行为上的攻击性。冲突常常由思想层面的分歧和对立，外化为具体的攻击性行为。

2. 冲突的类型

以冲突作用的性质为依据，冲突可以划分为有效冲突（建设性冲突）和有害冲突（破坏性冲突）。有效冲突是指冲突的产生不是由于组织或部门成员目标不一致，而是由于实现目标的方法不一致，但冲突的结果是促进了组织或部门的发展，对组织或部门乃至个人有益。有害冲突是指冲突各方因目标不一致而导致的对抗，妨碍了组织或部门工作的顺利进行，伤害了人际关系，阻碍了组织或部门乃至个人发展。

有效冲突的表征是：双方对实现共同目标的关心；乐于了解对方的观点和意见；以争论问题为中心；双方交换观点和意见的情况日益增加。[17]

有害冲突的表征是：不愿意听取对方的观点和意见；双方由观点和意见的争论转变为人身攻击；双方对赢得观点的胜利最为关心；双方交换观点和意见的情况日趋减少直至停止。

美国社会学家刘易斯·科瑟尔（Lewis Coser）总结了有效冲突和有害冲突的作用。[10]其中，有效冲突的作用是：内部的分歧与对抗，能造成各社会部门相互支持的社会体系；冲突暴露，恰如提供了一个出气孔，使对抗的成员采取联合方式发泄不满，否则，压抑怒气反而会酿成极端反应；冲突增加内聚力；两大集团的冲突可表现它们的实力，并最后达到权力平衡，以防止无休止的斗争；冲突可促使联合，以求生存，或对付更强大的敌人，或联合垄断市场。

有害冲突的作用是：使人力、物力分散，凝聚力降低；造成人们的紧张与敌意，减低对工作的关心。

冲突会在人们情绪和心理上产生巨大的压力，阻碍和扭曲处于冲突中的个人对于事物、矛盾的认识和判断，导致个人行为的失常和不稳定，形成焦虑情绪，进而降低组织效率，危害个人的身心健康。冲突会冲击组织制度和规范，离间人际关系和组织关系，紊乱组织秩序，破坏组织的均衡稳定，严重影响人们的工作责任感和组织忠诚度，降低人们的工作满意度，从而导致组织绩效下滑。持续的冲突或未能很好地解决的冲突，不仅会极大地浪费组织的资源，而且会极大地降低组织绩效、减弱组织整体实力等。

此外，也有学者以冲突的内容为依据，将冲突划分为目标冲突、认知冲突、情感冲突和行为冲突；以冲突的激烈程度为依据，将冲突划分为论辩性冲突、战斗性冲突和竞争性冲突等。

7.2.3 冲突管理

1. 冲突管理及其主要内容

冲突管理是一门研究冲突的形成机理和内在规律、应对策略和方法技巧的科学。冲突管理理论和实践受到许多专家学者的关注。如福赛斯（D.R.Forsyth）研究冲突的起源，认为对稀有资源的竞争、采取争论性的影响策略、冲突双方的人格特质与行为类型等的不同产生冲突。[18]K.W.Thomas 研究冲突的发展过程，将冲突分为冲突的觉知期、情感反应期、冲突认知期、冲突白热化期四个时期。[19]德国社会学家达伦多夫（R.Dahrendorf）是辩证冲突论（dialectical conflict theory）的代表人物，其主要论点为：社会是一种权力分配不均衡的组合体；支配者与受支配者必然是与组织具有利害关系的利益团体；针锋相对的两个利益团体便处于冲突[20]。美国社会学家科瑟尔是功能冲突论的提出者，他着重研究冲突功能性，认为法律权威的丧失是引发人际冲突的主因，要使冲突产生有益团体的功能，取决于两个因素：一是冲突的主题（即冲突因何发生）；二是冲突发生的社会结构或团体结构。[10]

传统的冲突管理观是基于有了"冲突"就要"化解或消除"冲突，因此其隐含的前提假设是"冲突是具有破坏性的""冲突管理是冲突事件发生以后的工作"，这显然是片面的。现代冲突管理观认为冲突具有双重性，即有效冲突的建设性和有害冲突的破坏性。冲突管理的任务自然也有两个方面，即要管理好冲突，就必须两手抓，一方面要防止冲突的产生，一旦产生就要利用各种有效的方法化解或消除冲突；另一方面要善于抓住有利时机，通过激励或制度等引发和促进建设性冲突，刺激能够产生积极功能的冲突，充分利用和发挥冲突的积极影响并控制其消极影响。

现代冲突管理包括激发冲突、预防冲突、转化冲突、解决冲突等功能。具体而言，冲突管理的基本内容如下：避免不必要的冲突（如过于激烈的情绪、沟通不畅、以偏概全等）；

减少破坏性冲突的影响；界定和分析冲突的实质内容（目标、利益、价值、程序等），寻找解决问题的对策；利用一定的策略方式达成冲突各方可以接受的协议；采用适当的方法技巧控制或转化冲突的方向、水平或属性等。

2. 冲突管理的原则

1）"无为而治"原则

老子曰："无为而无不为。"在处理有益冲突或激烈程度较低的冲突时，可以"无为而治"，任其发展。主要方法如下所述。

（1）不干涉法。组织都有一定的自我调节力。组织内部调节机制可以在一定矛盾发展水平上自行启动去解决问题，从而避免冲突。

（2）避开法。组织中将出现矛盾但不严重时，可以暂时避开矛盾使冲突在短期内不至于发生。

（3）预防法。组织中将要出现冲突时，及时采取措施，将冲突扼杀在摇篮之中。

2）"贵和持中"原则

所谓"贵和持中"就是指在冲突管理中要注重和谐局面的保持，处理冲突时，不可极端而为，应当采取适当措施，求大同存小异，追求"共赢"，维护整体利益，从而减少冲突的恶性发展风险和冲突管理的成本。主要方法如下：

（1）协议法。这是解决冲突比较好的方法。当冲突双方势均力敌、双方的理由都比较合理时，适合采用这种方法。

（2）缓冲法。当组织中的冲突不好调节时，设立中介人或中介部门，对双方冲突进行调节、缓冲。

（3）仲裁法。当双方冲突激化，而且冲突的一方明显不合情理，这时如果由第三者出面调解比较合适。

3）竞争原则

竞争原则就是迎着问题，根据实际情况，运用智谋解决冲突。主要方法如下所述。

（1）比较法。"知己知彼，百战不殆；不知彼而知己，一胜一负；不知彼不知己，每战必殆。"

（2）同心法。"上下同欲者胜。"统一价值观，统一思想，增强凝聚力和向心力，上下同心，矛盾和冲突自然就能解决。

（3）出奇制胜法。讲究战略战术，运用智谋解决和处理冲突与矛盾。《孙子兵法·谋略篇》"五"中说："上兵伐谋，其次伐交，其次伐兵，其下攻城；攻城之法，为不得已。""百战百胜，非善之善者也，不战而屈人之兵，善之善者也。"

3. 冲突管理的模式和策略

1）托马斯冲突管理模式[21]

美国行为学家托马斯的冲突管理模式，是一种着力解决人际冲突的模式。托马斯认为处理冲突的模式是二维的，如图 7-8 所示。

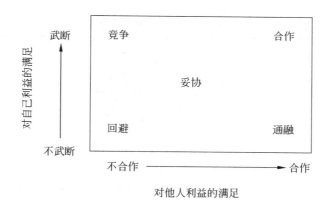

图 7-8　托马斯冲突管理模式

托马斯模式中的横坐标维度"对他人利益的满足"表示冲突主体在追求自身利益过程中与对方的合作程度，也就是其试图使他人的关心点得到满足的程度；纵坐标维度"对自己利益的满足"表示冲突主体在追求自己利益过程中的武断程度，也就是其试图使自己的关心点得到满足或坚持己见的程度。托马斯以冲突主体的潜在行为意向为基础，通过这样的纵坐标轴、横坐标轴，定义了如图 7-8 所示的冲突行为的二维空间，并组合形成了通用的五种冲突管理的基本策略。

（1）竞争式策略又称为强制式策略，是一种"我赢你输"、武断而不合作的冲突管理策略。奉行这种策略者，往往只图自身目标和利益却无视他人的目标和利益，强调维护自己的权益而不愿合作，以别人的利益换取自己的利益；以权力（职位、说服力、威迫利诱等）为中心，为实现自己的主张，认为可以动用一切权力。

（2）合作式策略是一种高度合作和武断性的行为，是一种双赢的冲突管理策略。运用合作式策略的个体想使共同的结果最大化，这种个体倾向于：①把冲突看作是自然的、有益的，如果处理得当会带来一个更有创意的方案；②对他人信任和对他人真诚；③认识到当冲突的解决使所有人满意的话，则所有人也将对这个解决方案给予承诺。运用合作式策略的个体通常被视为是有能力的，并会得到他人的积极评价。

（3）回避式策略是指既不合作又不武断，既不满足自身利益又不满足对方利益的冲突管理策略。奉行这一策略者无视双方之间的差异和矛盾对立，或者保持中立姿态，试图将自己置身事外，任凭冲突事态自然发展，回避冲突的紧张和挫折局面，以"退避三舍""难得糊涂"的方式来处理冲突问题。

（4）通融式策略又称为迁就式策略，是一种高度合作且不武断的行为，是一种当事者主要考虑对方的利益、要求，或屈从对方意愿、压制或牺牲自己的利益及意愿的冲突管理策略。通常的通融式策略奉行者要么旨在从长远角度出发换取对方的合作，要么不得不屈从于对手的势力和意愿。

（5）妥协式策略实质上是一种交易，也有人称之为谈判策略。妥协式策略指的是一种合作性和武断性均处于中间状态，通过一系列的谈判、让步，适度地满足双方要求和利益的冲突管理策略。

这五种策略分别适用于各种不同的情况，如表 7-3 所示。

表 7-3　二维模式冲突处理策略

策略类型	适用的情况
竞争式策略	情况紧急，必须当机立断
	对重大争论必须采取不受欢迎的措施
	涉及团体利益，而自己又确信立场正确
	必须保护自己，以对付欺软怕硬的人
合作式策略	对双方利益重大，无法妥协
	欲综合不同人的观点
	既想得到支持，又想调解彼此的关系
	旨在学习、了解他人观点
回避式策略	当争论的问题并不重要，或是你有更重要的问题要处理时
	当争执徒劳无益、争执的损失大于收益时
	当你想让对方冷静下来，或是你想收集更多信息时
	当引起争论的问题并非基本问题时
通融式策略	自知有错，但表明自己的态度，以示虚心
	引起争执的问题对自己并非重要，而对对方很重要，为维持协作而通融
	己方让步可促使对方作出更大的让步
	继续竞争会影响目标实现，或己方处于不利地位时
妥协式策略	所争取的目标比较重要，不值得因此而破坏双方之间的良好关系
	双方目标相反，但势力均力敌，竞争与合作都行不通时
	暂时解决复杂问题
	在时间压力下想快速解决问题

2）冲突管理中的沟通策略

拓展阅读 7.2
德国人总结的中国工厂的 151 种
浪费

沟通专家总结出处理冲突的九种策略，如图 7-9 所示。[22]

所谓"论点的弹性"，实际上就是你应不应该表现出你的立场；而所谓"互动的强度"，则要看个人希望建立一种什么样的人际关系。这些考虑的不同组合，就形成了九种处理冲突的策略。

互动的强度	论点的弹性		
高	形式 3 铁令如山 运用权势，强迫别人听从命令	形式 6 讨价还价 以协商、交易的方式消除彼此的冲突	形式 9 携手合作 将大家的意见整合在一起
中	形式 2 粉饰太平 强调想法共通之处，而忽略相异部分	形式 5 和平共存 在彼此协议下，维持各存己见的状态	形式 8 全力支持 在可容忍的范围内，给予对方最大的支持
低	形式 1 按兵不动 避免面对不同的意见，或是延续调整的时间	形式 4 制定规则 以客观的规则作为歧见的基础	形式 7 弃子投降 放弃自己的想法，完全以对方的意见为意见
	低	中	高

图 7-9　处理冲突的沟通策略

7.3 会议沟通

7.3.1 为什么要研究会议沟通

在网络上流传着这样一段"开会顺口溜"：开会再开会，不开怎么会，本来有点会，开了变不会；有事要开会，没事也开会，好事大家追，出事大家推；上班没干啥，一直忙开会，大会接小会，神经快崩溃；每周部门会，季度开大会，下班不能走，还要开晚会；有人忙协调，有人打瞌睡，有人瞎附和，有人紧锁眉；发言缺准备，听来活受罪，扯东又拉西，全凭一张嘴；台上说什么，只听不领会，手机不时响，怎还不散会……这段顺口溜中描述的现象和行为尽管不全是一个人能够全部经历过的，但至少有些现象和行为是司空见惯的。不可讳言，会议是一种常见的沟通方式，甚至有时是必需的、不可替代的沟通方式，但是会议又常常成为过街老鼠似的沟通活动，不仅令人乏味，而且还起副作用，甚至无端浪费宝贵的时间或生命。因此，许多人对那些冗长、沉闷、与自己无关、毫无结果的会议感到十分厌烦，进而想方设法"逃会"。

许多专家、学者认为，会议是一种无法取代的沟通方式，只要对会议进行有效的控制，会议就可以产生其他沟通方式无法达到的效果。问题的关键是如何认识会议沟通的作用，如何提高会议的效率和效益，如何掌握会议沟通的技巧。

首先，必须明确：开会是必要的沟通，因为会议具有独特的功能。会议的功能包括传播或沟通信息、知识、情感的功能，协调功能，决策功能，组织、指导、咨询、培训功能，激励功能等。自然，当组织需要以上功能时就可以开会。

其次，有效的会议沟通能杜绝浪费、提升效率创造效益。一项针对经理人的调研统计数据显示，50%的会议是在浪费时间。因此，如果能够科学、合理、规范地组织会议，提高会议的效率，从某种意义上说就是为组织节约成本、创造效率和效益。

最后，掌握会议的沟通技巧是管理人员的一项基本功，有效的会议组织与管理是塑造管理人员高效务实形象、展示个人魅力的一个舞台。

7.3.2 会议沟通前的设问

要确保会议的有效性，会议沟通前通常采用设问的方式，自问自答。

1）本次会议是否为列入年度工作计划中的会议？否则，有无举办的必要？

每个企业或其他类型的组织在年度或季度、月工作计划中通常将必要的会议列入其中。如果此次会议属于计划外会议，则必须考虑其必要性。

一般情况下，在遇到以下情形时有必要开会：①必须依靠集思广益才能解决的问题；②按常规步骤来不及决定的事情；③需要做出决定的事情；④发生重大变革和实行新方法、新方案时；⑤会议对参加者具有训练价值和激励作用，或容易在会议上接受的决定。

在什么情况下需要开会，需要具体情况具体分析，特殊情况必须特殊处理。

2）会议的目的和目标是否明确？

许多情况下，由于会议的目的和目标并非十分明确，因而造成会议效率低下。会议的目的最好是单一的，这样有助于会议聚焦于某一具体问题；多目的的会议可能需要更多的会议时间。会议的目标必须明确、具体，甚至可以量化，有总目标、分目标，甚至落实到岗位目标，这样才能够围绕这些明确具体的目标研究问题。

3）会议的议题和内容是否清晰而完整？重点问题是什么？主次是否分明？

会议的议题即会议的主题表述要简洁、清晰，容易理解，会议的内容要丰富而有意义、清晰而完整。会议讨论或协商的重点问题必须清楚，避免出现偏离主题的倾向。

4）会议的时间是否合适？会议的地点与交通是否便利？场所条件和环境如何？参会人员的构成是否合理？

会议的时间选择既要考虑组织者和参会对象的方便，又要考虑时间的长度。一般会议时间以 1 小时为宜，大型报告会也不应超过 2 小时（生理学家认为，脑力的最佳状态只能保持 45 分钟，人在生理上产生疲劳感的临界点是 1 小时）。开会地点的选择也要遵循便利、实用的原则。参会人员必须是与会议内容密切相关者，否则，既浪费又低效。

5）会议的形式是什么？会议的形式是否合适？会议的频率如何？

会议的形式很多，具体形式的确定取决于会议的类型、性质、会议内容、参会人员及其数量等。

会议有很多种类型，其性质也各不相同。谈判会议主要用于解决争端和冲突，目的在于经过讨论、协商，求同存异或求同化异，实现利益均沾的目标；报告会议的性质是信息单向传递，一般不开展讨论，讨论通常另外安排时间；解决问题会议要求充分发挥参会人员的主观能动性，集思广益，力争尽快找到解决问题的方法或举措；决策型会议一般只限于特定人员参与，组织严密，参与者必须深刻理解决策并对决策承担责任；信息收集、发布、交流型会议具有沟通性质，互通信息，交流观点，鼓励讨论与提问、发表意见和建议等；表彰、奖励、工作总结和布置任务等工作类会议一般具有公开性，目的明确，旨在起到激励和鼓舞士气、宣传动员等作用。

会议的形式可以不拘一格，重要的是要达到会议的预期目的、实现会议的目标。

每种会议都有其合理的发生频率，频率高低取决于实际需要。会议频率适宜，才能更高效地利用各种会议解决问题、达到目的。通常情况下，部门会议建议频率为至少每月一次，但不能多于每周一次；全体会议建议频率为至少每两月一次，可利用全体大会通报政策，但不能频繁，否则会给公司造成沉重的财务负担；处理突发事件的会议必须随时召开，及时采取应对措施，否则会给企业带来无法预知的消极影响；一对一会议按需要设定，但应掌控好时间，最好不要超过 1 小时。

6）会议的费用是多少？能否节省会议成本？

会议成本包括会议的时间成本、开会成本、效率损失成本等。

会议的时间成本＝参加会议的人数×（与会者的准备时间＋与会者的旅行时间＋
　　　　　会议秘书工作时间＋会议服务人员工作时间）

或直接转换成金钱成本，即开会的时间成本×与会人员平均每小时的薪水

开会成本＝会议设施租用费＋会议场地费＋交通费＋食宿费＋文件准备费

效率损失成本是指因开会，入会的管理人员必须离开自己的工作岗位，有可能造成管理效率的下降。由于管理效率下降而造成的损失，就是效率损失成本。

开会总是时间和人力的耗费，所以应该计算成本。日本大阳工业公司每次开会都用以下公式计算成本：

会议成本＝每小时平均工资的 3 倍×2×开会人数×开会时间（小时）

这是因为劳动产值高于平均工资，所以要乘以 3；又因为参加会议而中断经常性的工作，损失要以 2 倍计算。

通过会议费用测算，一方面可以确切地了解成本等开支，衡量召开会议的必要性与否；另一方面也有助于管理者重视会议效率和效益。

7）会议的组织者（主持人）、参会者是否做了相关准备工作？

会议准备不充分是会议低效的症结之一。因此，会议召开之前需要相关各方做好充分的准备，包括组织者、入会者都需要准备相关资料、数据，必要的时候应该进行调研，这样在会议上才能有理有据，既可节省会议时间，又可提高会议的效率和效益。

此外，组织者必须做好会议的日程安排、会场布置、设备调试、参会人员落实、发言人的确定、会议发放材料的准备等。

7.3.3 会议沟通中的问题及其应对技巧

1. 会议主席及其作用

会议主席，就是会议的主持人，通常由组织或部门负责人担任。可以说，会议能否取得预期效果，达成会议目标，会议主席的作用不可低估。

会议主席除了在会前布置会议相关准备工作外，最重要的职责就是在会议进行过程中确保会议正常、有序、有效地举行。会议主席的职责主要包括会议控制、会议引导、会议促进、分歧或不同意见等问题的处理、做出决定等。

（1）会议控制。会议主席在会议开始阶段介绍会议目的、会议主题、会议发言形式、要求、时间限制等。对远离会议主题、中心不突出、超时的发言要及时提醒或叫停；尽可能做到公正，尽全力避免与会者的争论；确保入会人员有机会发表自己的见解。

（2）会议引导。会议主席必须清楚会议的实质性问题，即清楚地了解会议的主题、核心问题、难点与焦点问题，并在此基础上引导入会人员围绕主题进行讨论，发表意见和建议。如果对会议主题所涉及的领域有专门研究，主席可以列出讨论提纲，这样有助于聚焦、提高效率。但如果想倾听大家的意见和建议，可以先让大家发言，当发现偏离实质性问题时，应及时加以引导，回归主题。

（3）促进讨论。会议主席尽可能地不参与讨论，以免事先定调，不利于畅所欲言。主席的作用是鼓励大家发言，激发与会者参与热情，并适当运用表扬、鼓励等方式促进讨论。如发现有冷场现象，可以及时提问，引发大家思考、发言。

（4）处理分歧或不同意见。会议上发言各方存在观点分歧、不同意见是正常现象，关键问题是如何对待这些分歧和不同意见。如果能够有充分可信的论据，主席可以对争论双方或各方的观点加以澄清，否则，允许分歧和不同意见存在，待有充分论据后再做结论；如果双方各持己见、互不相让，主席要分析造成分歧的因素，研究争论双方或各方的主要观点，了解协调的可能性。同时，主席一定要判定双方是建设性冲突还是破坏性冲突，如果是前者继续促进讨论，若是后者则必须中止争论。

（5）做出决定。主席要对会议进行总结，有些会议还要在征求大家意见的基础上做出决策。

小测试

会议主席自我评估

◎ 我对召开会议的目的：　　　　　　　1 非常明确＿＿2＿3＿4＿5＿6＿7 非常不明确
◎ 参会者两天前的会议议程：　　　　　1 非常明确＿＿2＿3＿4＿5＿6＿7 非常不明确
◎ 我对谁应该参加会议：　　　　　　　1 非常明确＿＿2＿3＿4＿5＿6＿7 非常不明确
◎ 我对会议地点和布置情况：　　　　　1 非常明确＿＿2＿3＿4＿5＿6＿7 非常不明确
◎ 我对会议已取得的成果：　　　　　　1 非常明确＿＿2＿3＿4＿5＿6＿7 非常不明确
◎ 我对何时打断会议进程：　　　　　　1 非常明确＿＿2＿3＿4＿5＿6＿7 非常不明确
◎ 我对自己提问问题的合理性：　　　　1 非常明确＿＿2＿3＿4＿5＿6＿7 非常不明确
◎ 我对会议进程中的每一个细微变化：1 非常明确＿＿2＿3＿4＿5＿6＿7 非常不明确

评分标准：得分为 27 分或 27 分以下，表示会议主持得很好；得分在 36 分以上，表示在会议主持方面存在某些问题，需要改进。

2. 会议程序安排和过程控制

会议的组织者或主席必须重视会议的程序安排和过程控制，这是明确会议主题之后的第二个重要内容。

会议的程序安排因会议规模大小而有所不同。会议的程序安排主要应注意以下事项：

（1）根据会议内容确定会议时间的长短。

（2）合理划分会议时间，并做到具体化，细化到小时与分，以及起止时间内的会议内容和负责人、会议地点。

（3）需要考虑会议事项安排的逻辑顺序。应根据会议主题包含的内容，综合考虑各自的重要性、逻辑层次关系、时间因素等进行安排。

（4）复杂问题分组讨论后再集中交流，有助于节省时间、提高效率。会议进行合理分组，明确各个小组的责任人和任务，这样就构建了一个会议的多结构框架，具体事务问题在小组中讨论，甚至解决，主席在合适的时候进行程序上的引导。通过分工，会议主席可以将其大部分时间用于程序问题及过程控制，参会人员则集中注意力去专门解决实质性问题。

（5）会议的开头和结尾尽量简化，剔除形式主义内容，如礼节性讲话、致谢等。

（6）会议程序安排必须提前发送给与会者，便于提前做好相关的准备工作。

至于会议的过程控制，应注意以下几个方面的问题：

（1）无特殊情况，严格按照会议日程进行；特殊情况下灵活调整，但调整幅度和范围不宜过大，尽可能微调。

（2）对各事项的讨论做出时间分配。把一些简单且相对不重要的事项放在开头，将关键问题多安排一些时间，放在会议中间进行讨论和交流，尽量避免压到最后，因时间原因而无法深入讨论和决策。

（3）如果决策过程需要汇集所讨论的一些信息和因素，那么会议主席必须确保能够收集到这些信息。若有矛盾冲突需要解决，会议主席还需要力争在讨论时创造一种气氛，以让持有反对观点的人感到他们至少可以公平地去陈述自己的理由。

（4）控制破坏性冲突发生是主席的职责。主席的主要作用之一首先是要去辨认出冲突出在哪里。其次，在处理矛盾冲突时，采用建设性表达，或客观性评价，而不要采用批评式表达，或评估式表达。

3. 会议的效率问题

据统计，美国每天要召开 1100 万次各种会议，经理们花在会议上的时间要占工作时间的 40%～70%，其中不少会议几乎没有成效。

拓展阅读 7.3
乔布斯和他的开会艺术

会议效率不高的原因及其具体表现如表 7-4 所示。

要提高会议效率，应从以下几个方面入手。[23]

表 7-4　会议效率不高的原因及其具体表现

原　因	具　体　表　现
1. 目的、目标	入会各方对会议目的、目标不明确，导致盲目发言
2. 时间	会议安排的时间过早或接近用餐时间，违反了人的生理要求；会议时间过长导致参会者产生疲劳感；发言时间失控等
3. 地点	会议地点设在经理办公室，致使会议被频繁打断，无法正常进行；会场缺乏必要的温度、湿度调控设备，造成温度或湿度不合适；会场空间狭小
4. 入会者	无关人员入会，必须出席会议的人未到；不遵守时间和会场纪律；发言无重心、流水账、重复别人观点；存在问题人群，包括夸夸其谈者、滔滔不绝者、自恃清高者、别有用心者、好争斗者、多疑者等
5. 主持人	会议主持人缺乏经验，控制能力差；缺乏影响力、说服力，被参会者牵着鼻子跑，无法达到会议的意图；过多参与讨论，引导不力等
6. 日程与议程	安排不当，重点不突出等
7. 准备工作	开会前没有通知与会者相关事宜，致使会议无法按计划执行；资料不全；音响等设备失灵等
8. 结果	备忘录记录不准确；没有结论；议而不决，决而不行，行而不果

（1）做好会前准备工作。要分析召开会议的必要性，明确会议的目的、目标；确定会议的主要议题、难点和焦点；选择入会人员；设计会议日常安排和会议议程；确定会议形式；做好经费预算；准备会议资料；发放会议通知等。

（2）对会议过程进行合理控制。一是要有效控制会议议题和议程。包括明确会议议题所要达到的目标；就会议议程顺序征求与会者意见；给每个人发表意见的机会；控制讨论进程；当会议上出现意见不一致而引起争议时，主持人要做过渡性的总结，即用几秒钟的发言对议题做一小结，要既能表明不同意见，又能帮助与会者厘清思路、把握要点；控制会议时间，不要拖延，按时结束；每个议题讨论结束后，主持人应就已经达成一致的内容给出一个简短、清晰的概括。二是要合理控制入会者的行为。包括严肃对待迟到行为，控制喋喋不休者和问题人群，对沉默给予积极引导，鼓励思想碰撞，鼓励建设性沟通，防止或抑制破坏性沟通。三是加强对会议的组织协调。包括会场秩序、发言顺序、接待工作安排、食宿安排、临时性问题解决等。

（3）做好会后工作。包括整理会议纪要、报道会议消息、监督检查会议规定事项的执行情况等。

拓展阅读 7.4
9 家公司的开会方式

小知识

罗伯特议事规则（Robert's Rules of Order）

亨利·马丁·罗伯特(Henry Martyn Robert)，美国西点军校毕业，工兵准将。罗伯特根据美国草根社团的合作实践，以及英国四百多年的议会程序，用系统工程的方法编纂《议事规则》。该书出版后被广泛接纳为各类会议的议事准则，鉴于该书的重要价值及罗伯特的独特贡献，1915 年起，该书被命名为《罗伯特议事规则》（Robert's Rules of Order）。

《罗伯特议事规则》是作者在系统总结现代组织和公民社会五百多年的实践经验基础上锤炼而成的，其内容庞大、系统严谨、规则周详、逻辑自洽，专业化程度很高，推进了企业的治理，提高了组织决策的效率和效果。《罗伯特议事规则》不仅成为各类会议的"规制词典"，也成为会议组织者不可或缺的"行动指南"。《罗伯特议事规则》现今已广泛应用于公共领域中的联合国大会、欧盟议会、各国国会的议事程序，私人领域里的上市公司、合伙小店、兴趣团体、学校班会等的议事章程，无不以《罗伯特议事规则》为依据和蓝本。

《罗伯特议事规则》的十二条议事规则（简化）。

第一条动议中心原则：动议是开会议事的基本单元。"动议者，行动的提议也。"会议讨论的内容应当是一系列明确的动议，它们必须是具体、明确、可操作的行动建议。先动议后讨论，无动议不讨论。

第二条主持中立原则：会议"主持人"的基本职责是遵照规则来裁判并执行程序，尽可能不发表自己的意见，也不能对别人的发言表示倾向（主持人若要发言，必须先授权他人临时代行主持之责，直到当前动议表决结束）。

第三条机会均等原则：任何人发言前须示意主持人，得到其允许后方可发言。先举手者优先，但尚未对当前动议发过言者，优先于已发过言者。同时，主持人应尽量让意见相反的双方轮流得到发言机会，以保持平衡。

第四条立场明确原则：发言人应首先表明对当前待决动议的立场是赞成还是反对，然后说明理由。

第五条发言完整原则：不能打断别人的发言。

第六条面对主持原则：发言要面对主持人，参会者之间不得直接辩论。

第七条限时限次原则：每人每次发言的时间有限制（比如约定不得超过2分钟）；每人对同一动议的发言次数也有限制（比如约定不得超过2次）。

第八条一时一件原则：发言不得偏离当前待决的问题。只有在一个动议处理完毕后，才能引入或讨论另外一个动议（主持人对跑题行为应予制止）。

第九条遵守裁判原则：主持人应制止违反议事规则的行为，这类行为者应立即接受主持人的裁判。

第十条文明表达原则：不得进行人身攻击、不得质疑他人动机、习惯或偏好，辩论应就事论事，以当前待决问题为限。

第十一条充分辩论原则：表决须在讨论充分展开之后方可进行。

第十二条多数裁决原则：（在简单多数通过的情况下）动议的通过要求"赞成方"的票数严格多于"反对方"的票数（平局即没通过）。弃权者不计入有效票。

改革开放以来，《罗伯特议事规则》被引入我国。"南塘十三条"就是由议事规则专家袁天鹏等据此为安徽阜阳南塘村制定的。

第一条：会议主持人，专门负责宣布开会制度，分配发言权，提请表决，维持秩序，执行程序。但主持人在主持期不得发表意见，也不能总结别人的发言。

第二条：会议讨论的内容应当是一个明确的动议："动议，动议，就是行动的建议！"动议必须是具体的、明确的、可操作的行动建议。

第三条：发言前要举手，谁先举手谁优先，但要得到主持人允许后才可以发言，发言要起立，别人发言的时候不能打断。

第四条：尽可能对着主持人说话，不同意见者之间避免直接面对的发言。

第五条：每人每次发言时间不超过二分钟，对同一动议发言每人不超过二次，或者大家可以现场规定。

第六条：讨论问题不能跑题，主持人应该打断跑题发言。

第七条：主持人打断违规发言的人，被打断的人应当中止发言。

第八条：主持人应尽可能让意见相反的双方轮流得到发言机会，以保持平衡。

第九条：发言人应该首先表明赞成或反对，然后说理由。

第十条：不得进行人身攻击，只能就事论事。

第十一条：只有主持人可以提请表决，只能等到发言次数都已用尽。或者没有人再想再发言了，才能提请表决。如果主持人有表决权，应该最后表决。防止抱粗腿。

第十二条：主持人应该先请赞成方举手，再请反对方举手。但不要请弃权方举手。

第十三条：当赞成方多于反对方，动议通过。平局等于没过。

拓展阅读 7.5
罗伯特议事规则

归结起来，《罗伯特议事规则》按其需要，议事程序的规定可以或繁或简，议事规则的基本精神却是非常简约清晰的，大致来说有五项原则：权利公正、充分讨论、一时一件、一事一议、多数裁决。

7.4　网络与新媒体沟通

媒体是传播信息的介质，如在第 1 章所述，传统媒体主要包括报纸（杂志）、广播、电视，通常被称为三大媒体。20 世纪 90 年代，万维网（World Wide Web）协议的公布（1991年）和图形化浏览器 Mosaic 发布（1993 年）后，互联网正式进入普通人的生活，媒介属性日益凸显，传播沟通的功能与日俱增：电子邮件、即时通信、新闻、论坛、博客、音乐、视频、游戏、社交、购物等，不断拓展着人们沟通、交流与信息分享的时空界限。1998 年5 月，联合国秘书长安南在联合国新闻委员会上将互联网（Internet）称为第四媒体。

互联网的传播沟通功能日益拓展，具有传播沟通速度快捷、形式多样等特点，传播沟通的内容几乎囊括了三大传统媒体的形式，甚至不断超越三大传统媒体范畴，出现了个体建立的博客、公众号等个人网站或群体网站。伴随着互联网的普及应用，以及新的技术支撑体系的不断涌现，在信息化、自动化、数字化、智能化背景下出现的诸多新的媒体形态，如数字杂志、数字报纸、数字广播、手机短信、移动电视、网络博客、桌面视窗等。这些新的媒体形态就是新媒体，又被称为第五媒体。

新媒体的"新"是相对于"旧"媒体而言的。相对于报纸，广播是新媒体；相对于广播，电视是新媒体；相对于电视，互联网是新媒体；相对于互联网，数字媒体、移动客户端等又构成新媒体。其实，新媒体作为第五媒体是在第四媒体互联网基础上衍生出来的。目前，网络沟通和新媒体沟通都是重要的沟通方式。

7.4.1　网络沟通

1. 网络沟通及其特点

网络沟通就是以互联网为工具，以文字、声音、图像及其他多媒体为媒介的沟通方式。这里所指的网络沟通的主体是企业等组织，计算机网络是沟通媒介，对象是企业等组织的内部和外部公众。网络沟通是电子沟通的一种，需要借助计算机网络来实现相互间的沟通，主要手段包括建立企业网站、电子邮件传递，设立领导信箱、讨论区，建立信息管理系统，搭建即时通信工具平台等。网络沟通突破了时间和空间的界限，使人与人之间的沟通不再受时空的限制，人们步入了一种新型的沟通环境之中。网络作为继报纸、广播、电视之后出现的第四种具有超强影响力的传播媒介，具有其他媒介无法替代的功能，在信息沟通方面发挥着越来越独特的作用。

网络沟通与传统沟通方式相比较，具有以下特点：

（1）信息资源十分丰富、空间容量大。由于网络信息技术的不断进步，加之人们对网络的日益青睐，各种信息通过大型门户网站和搜索引擎等被加入互联网，使得互联网成为一个信息和知识的宝库。人们可以轻松地通过搜索引擎查到自己需要的文字、图像、视听资料。在以往传统的沟通方式中，无论是人际沟通还是大众沟通都会不同程度地受到时间、空间等各种因素的干扰和影响，而网络沟通空间巨大、容量无限，它不仅可以跨越地域、文化和时空进行沟通，而且可以通过"超链接"功能把信息连接到其他相关信息上，使互动式信息容量远远超过现实世界中的静态信息。

（2）沟通交互性、多维性、即时性、直复性。网络沟通的一大特色是互动性，网络沟通不仅仅是媒体作用于用户，更多的是用户可以作用于媒体，用户可以对网络信息进行阅读、评论或下载，进行加工、处理。网络沟通不仅能向用户显示文字资料，还能同时显示图形、活动图像和声音，人们可以通过留言，或直接通话，或直接视频沟通，实现即时交流。互动式媒体使用户有控制权和前所未有的影响力，不仅影响企业或组织提供给他们的服务，也影响这些服务提供的时间和地点。特别是随着网络技术不断向宽带化、智能化和个体化方向发展，用户在更广阔的领域内实现声、图、像和文字等一体化的多维信息的共享和人机互动。所谓直复性沟通是指企业和公众通过网络直接连接。它不像以往的沟通方式，往往要通过一定的环节，特别在新闻传播中，编辑、记者经常充当"守门员"的角色，经过层层审查才能与公众见面。而网络沟通则节省了编辑加工环节，立即可以发布信息。企业也可直接面向消费者发布新闻或者通过查询相关的新闻组、网络论坛来发现新的顾客群，研究市场态势，直接得到大量真实的信息反馈等。

（3）空间开放性、虚拟性和相对平等性。网络空间面向每一个人，人人都可以利用网络发表自己的观点、见解，既可以利用网络展示自己的技能，也可以利用网络发表自己的"作品"（如博文）等。空间的开放性、虚拟性，决定了沟通的平等性。人们可以实名或匿名运用网络进行相对自由的沟通。

（4）沟通形式多样，可选择的沟通工具众多。人们既可以在网上浏览信息、阅读电子图书、进行英语对话交流、观看电视和电影，也可以玩游戏、作画、健身；既可以一对一交流，也可以群体交流。近年来，即时通信工具的种类越来越多、功能越来越强大、使用越来越方便，而且还十分经济，很多功能可以免费使用。

总之，网络沟通是一种全新的沟通方式，是一种集个体沟通（电子邮件）、组织沟通（如电子论坛或电子讨论组）和大众沟通于一体的沟通形式。网络沟通已经掀起了一场沟通方式的变革，它改变人们的沟通意识，对组织的沟通管理也提出了新的挑战。

2. 网络沟通的作用和影响

网络沟通是伴随着企业经营管理活动网络化、企业资源信息化、组织结构扁平化、组织机构虚拟化，倡导知识管理和建立学习型组织的情境下产生的。现代企业需要加快信息传递和交流的节奏，网络便成为首选的媒介，在企业管理活动中发挥着独特的作用。

（1）网络沟通极大地加快了信息传递的速度。比如，传统的文件管理需要一系列处理程序才能传到阅文对象手中，并经过人工传递，按照文件的发放对象一一审阅批示，然后才能归档。网络沟通则可以使若干阅文对象同时阅文，处理情况一目了然，甚至出差在外也能及时处理文件，而且随时可以归档保存。

（2）网络沟通实现了资源共享。所有员工无论身处何方都可通过网络了解本组织发生的新闻、各种消息、文件等，也能够及时了解业务活动情况。组织可以利用网络平台存储各种数据、历史记录、规章制度等，每个人都可轻松地获取相关资料，实现资源共享。网络就像一个虚拟的图书资料库、档案库和百宝箱，人们可以各取所需。

（3）工作方式发生"革命性"变化，大大提高了工作效率。传统的"人—人"沟通关系演变为"人—机""人—机—人"的沟通。网络沟通既节省了办公用品，又减轻了工作人员的负担，尤其是现代办公设备与网络连接使用，大大提高了工作效率。传统的手写誊抄基本改变为计算机打印；人工统计分析变为机器自动统计分析；现场会议讨论变为网络视频会议讨论。

网络沟通改变了人们传统的沟通行为和习惯，影响极其深远。

（1）网络是一个经济实惠的工作、生活、学习与交流的沟通平台。现代社会，网络用户数以亿计，已经成为人类沟通的现代化工具，人们也逐渐习惯了网络沟通的方式和价值。网络不仅可以用来讨论工作、交流生活经验，而且还可以在线学习，获取知识、信息，提高自身的修养等。网络上的信息资源十分丰富，如最新股市行情、新闻报道、文献、数据、图表、照片等。网络还为残疾人等提供个性化服务，如盲人可以通过添加计算机配件以语音阅读方式上网。信息资源共享将使人们的沟通变得更容易。

（2）网络打开了人们的视野，扩大了人际交往范围。网络把人们带进了信息社会，使人们很容易就能了解到丰富多彩的世界、千变万化的信息。网络技术开创了新型的互动方式，以计算机为媒介的通信作为功能强大的人际互动媒介，它支持同步交互（如网上聊天室、视频会议等）和异步交互（如 E-mail、BBS 等），也支持一对一、一对多、多对多等多种交流模式，大大促进了人与人之间跨时空的沟通交流，使人际关系的圈子得以扩大。

（3）网络构建了一个虚拟社会，创造了一种新的虚拟生活空间，它从心理、行为等方面对人们产生了一定的影响。人们利用网络虚拟空间与他人沟通，网络有时可以帮助人们解决生活或工作中的难题，有时可以排解人们的心理问题。这种虚拟空间，使人们不必顾忌身份、地位，可以及时尽情地表达自己的想法，进行平等的交流。交流的内容、范围十分广泛，彼此能获得多角度、多方位的启发。

（4）电子邮件服务等为人们提供了便利。即时通信工具、网络传输、网上账户等使人们能方便、快捷地处理各自的业务，如借助网络开展电子商务、电子政务等，不仅速度快，而且节省了大量的人力、物力和财力。

但同时，网络沟通也存在负面的影响，如网络信息内容的丰富性也给人们的选择带来困难，无形中使人们浪费了大量时间；网络沟通的便捷性，也给企业或其他组织的网络管理带来了挑战，如如何使员工集中精力工作，抵制网络信息和内容的诱惑等；网络在缩小人与人之间空间距离的同时，也无情地拉远了人与人之间的心理距离，并引发了许多心理问题；网络在把先进的计算机软件技术带到企业等组织的管理中来的同时，也给企业和组织的管理提出了更高的要求，如观念的与时俱进、健全的制度和有效的执行等。

3. 现代网络沟通工具

现代网络运用电子媒介和各种电子沟通工具，为人们提供了经济实惠、方便快捷的信息服务。由于网络对人们的生活、学习、工作等产生了巨大的作用和影响，网络技术开发也得到了高度重视，网络沟通工具无论在种类上、形式上，还是在数量上、质量上都以惊人的速度得到发展，新的网络沟通工具不断涌现，功能日益完善，使用者越来越多，影响范围越来越大。

网络沟通最常见的方式包括电子邮件、即时通信工具、电子论坛、博客和播客等。

（1）电子邮件

电子邮件（Electronic mail，简称 E-mail）是互联网上的重要信息服务方式。通过网络的电子邮件系统，用户可以用非常低廉的价格或免费把信息发送到世界上任何指定的、同样拥有邮件地址的另一个或多个用户。电子邮件内容可以是文字、图表、视听材料等。E-mail 具有使用简易、投递迅速、收费低廉、易于保存、全球畅通无阻等特点，已经成为利用率最高的沟通形式和沟通工具。

（2）几种即时通信（通讯）工具简介[24]

①腾讯 QQ。这一最早的国产即时通信工具，集图文消息实时发送和接收功能于一体，为用户提供游戏社区、开放型聊天室的服务。在商用领域，由于员工使用 QQ 交流的不可控性会影响工作效率，QQ 分支 RTX 和 TM 相继出现，较早走上了即时通信的商用化道路，但起初效果不太理想，现在正在不断地改进和发展，客户数量在不断增加。

微信是腾讯公司于 2011 年 1 月 21 日推出的一个为智能手机提供即时通信服务的免费应用程序，微信支持跨通信运营商、跨操作系统平台通过网络快速发送免费（需消耗少量网络流量）语音短信、视频、图片和文字，同时，也可以使用通过共享流媒体内容的资料和基于位置的社交插件"摇一摇""朋友圈""公众平台""语音记事本"等服务插件。微信拥有超过 10 亿用户，曾在 27 个国家和地区的 App Store 排行榜上排名第一。

②微软 MSN。微软凭借其技术力量和服务体系，使 MSN 在 PC 机的主流操作系统 Windows XP、掌上计算机、智能手机上使用。MSN 不仅具有实时图文发送、接收功能，用户还可通过 MSN 从 PC 机上与其他联系人进行语音交谈，或者通过计算机给其他联系人拨打电话、发送文件、召开多人联机会议，或进行 MSNZone 网络游戏。同时，用户还可收到 Hotmail 的新邮件到达通知以及最新的 MSNBC 新闻头条等。

③新浪 UC。新浪于 2004 年 7 月 1 日宣布收购"朗玛 UC"，使新浪拥有了技术支持和庞大的用户群体。新浪凭借其国内门户的领先优势、良好的人气及广泛的娱乐服务与 UC 已有成就相整合，打造而成"新浪 UC"。但是，由于 UC 极强的娱乐色彩，再加上投身门户网站，服务于固定网络群体的限制，"新浪 UC"难以得到企业级用户的宠爱。

④网易泡泡（POPO）。网易泡泡最先推出 IM 软件，但由于新浪与 UC 的合并，直接导致其运用于门户娱乐服务的 IM 市场占有率大幅下滑。但网易泡泡在商用领域表现出一定的生存能力，网易泡泡在网络连接和防火墙穿透方面拥有一定优势，只要能浏览网页就能使用泡泡及其可以穿透任何防火墙的能力，使得它对经常在网上传输文件的商务用户形成极大的帮助。

⑤阿里旺旺。阿里旺旺是将原先的淘宝旺旺与阿里巴巴"贸易通"整合在一起的新品牌，是淘宝网和阿里巴巴为商人量身定做的免费网上商务沟通软件，它能帮您轻松找客户，

发布、管理商业信息；及时把握商机，随时洽谈做生意！这个品牌分为阿里旺旺（淘宝版）与阿里旺旺（贸易通版）、阿里旺旺(口碑网版)三个版本，这三个版本之间支持用户互通交流，但是，如果你想同时使用与淘宝网站和阿里巴巴中文站相关的功能，需要同时启动淘宝版与贸易通版。贸易通账号需登录贸易通版本阿里旺旺，淘宝账号需登录淘宝版本阿里旺旺，口碑网对应登录口碑版的阿里旺旺。

⑥YY 语音（歪歪语音）。YY 语音是广州多玩信息技术有限公司研发的一款基于互联网团队的语音通信平台，功能强大，音质清晰、不占资源、安全稳定、适于游戏玩家的免费语音软件，其用户数量与语音通话质量远远领先于国内其他同类软件。使用 YY 语音平台，可以高效地与朋友一起游戏对战，而这一切都是免费的，在网络上人气日渐增长，已经成为集合团队语音、好友聊天、视频功能、频道 K 歌、视频直播、YY 群聊天、应用游戏、在线影视等多功能为一体的综合型即时通信软件。

（3）电子论坛

电子论坛（bulletin broad system，BBS），即电子公告系统，又名电子公告板、留言簿、布告栏。它是网络内容的提供者如商业网站和个人主页，为上网者提供的自由讨论、交流信息的地方。它提供一块公共电子白板，每个用户都可以在上面书写，可发布信息或提出看法。电子公告牌按不同的主题、分成很多个布告栏，布告栏的设立依据大多数 BBS 使用者的要求和喜好，使用者可以阅读他人关于某个主题的最新看法（几秒钟前别人刚发布过的观点），也可以将自己的想法毫无保留地贴到公告栏中。在与别人进行交流时，无须考虑自身的年龄、学历、知识、社会地位、财富、外貌、健康状况等，而这些条件往往是人们在其他交流形式中无可回避的。同样地，也无从知道交谈对方的真实社会身份。这样，参与 BBS 的人可以处于一个平等的位置与其他人进行任何问题的探讨。

（4）博客

"博客"一词是从英文单词 Blog 音译而来。Blog 是 Weblog 的简称，而 Weblog 则是由 Web 和 Log 两个英文单词组合而成，通常称为"网络日志"。Blog 的内容涵盖广泛，有的是纯粹个人的想法和心得，包括新闻、日记、照片、诗歌、散文，甚至科幻小说；有的是对其他网站的超级链接和评论；有的是关于公司事物的公告、管理心得、述评；也有的是在基于某一主题的情况下或是在某一共同领域内，由一群人集体创作的内容。简言之，Blog 就是以网络作为载体，简易、迅速、便捷地发布自己的心得，及时、有效、轻松地与他人进行交流，集丰富多彩的个性化展示于一体的综合性平台。2000 年博客开始进入中国，2005 年开始盛行。国内主要门户网站相继开设博客网，并免费提供博客网络管理服务。

博客类型主要包括微博、个人博客（普通人博客、名人博客）、小组博客、家庭博客、商业博客（企业博客、产品博客）、知识库博客（K-LOG）等。

微博。即微博客（MicroBlog）的简称，是一个基于用户关系信息分享、传播以及获取的平台，用户可以通过 WEB、WAP 等各种客户端组建个人社区，以 140 字左右的文字更新信息，并实现即时分享。最早也是最著名的微博是美国 Twitter，2006 年 3 月，美国人威廉姆斯发布了 Twitter（推特）网站，它支持手机、即时通信、网页等多种客户端来发表文字、图片、音乐、视频等内容。由于推特的形式一改以往，它可以迅捷地进行多媒体交互传播，很快抄袭风起，2007 年全球就有上百家仿推特网站上线。这一年，在中国也出现了饭否、腾讯滔滔、叽歪等网站，以及首款时称迷你博客的 iShuo 微博程序。不过，直到 2009 年国内也没有认识到微博的变革意义，甚至还没有具体的"微博"概念，仍将其作为博客的一个变种对待。

直到 2009 年 8 月中国门户网站新浪推出"新浪微博"内测版，成为门户网站中第一家提供微博服务的网站，微博正式进入中文上网主流人群视野。截至 2022 年 12 月，微博的月活跃用户为 5.86 亿，平均日活跃用户为 2.52 亿。

国内学者对网络通信工具的优缺点和适用范围作了比较分析，如表 7-5 所示。[25]

表 7-5　几种主要网络通信工具的优缺点和适用范围比较

比较项目 网络沟通方式	主 要 优 点	主 要 缺 点	适 用 范 围
全球咨询网网页 （Web page）	信息量大、传播范围广	保密性差、无确定性主题、不确定性反馈	需要公开的、大范围传播的信息
电子邮件 （E-mail）	流向清晰、发送速度快、传达准确、保密性好	邮件接收的不及时、需要反馈等待	需要向特定主体（个体或群体）传递的或要求保密的信息
电子公告牌 （BBS）	信息内容丰富、发布接收信息方便、信息公开透明	保密性差、谣言或不实信息迅速传播	需要向员工或其他相关人员公告的信息和需要讨论或征集意见的问题等
聊天室 （chat room）	可以实现异地同步沟通、立即反馈、话题丰富、保密性好	受沟通对象是否在线的约束和文字载体的约束	员工或领导与员工之间工作之余的情感沟通
网络电话、传真	沟通及时、反馈无须等待、内容清晰、成本低	对通话时间有一定限制，对沟通内容也有一定的要求	紧急性的、需要当即回复的、内容简单、容易表达清楚的信息沟通
电子内部刊物	成本低、保留时间长、浏览方便、针对性强、更具时效性	信息传递的确定性和范围程度难以预知	专业性、针对性较强的信息沟通
网络会议系统	召集会议方便、省时、省力	互动效果相对传统会议较差，参会人员的精力投入不充分	不同地域人员参加的非大型会议或需要紧急召开的、由分散在各地人员参加的会议
即时通信工具	方便、即时互动、时效	受沟通对象是否在线的约束	员工或领导与员工之间工作之余的情感沟通

（5）贴吧

贴吧是百度旗下的独立品牌，于 2003 年 11 月开始运营，是全球最大中文社区。贴吧的创意来源于百度首席执行官李彦宏：结合搜索引擎建立一个在线的交流平台，让那些对同一话题感兴趣的人们聚集在一起，方便地展开交流和互相帮助。贴吧是一种基于关键词的主题交流社区，它与搜索紧密结合，准确把握用户需求，目录涵盖社会、地区、生活、教育、娱乐明星、游戏、体育、企业等方方面面，是全球最大的中文交流平台。它为人们提供一个表达和交流思想的自由网络空间，并以此汇集志同道合的网友。截至 2014 年年初，贴吧已拥有 10 亿注册用户，810 多万个兴趣贴吧，日均话题总量近亿，浏览量超过 20 亿次。

（6）豆瓣

豆瓣是以技术和产品为核心，生活和文化为内容的创新网络服务，表面上它是一个评论（书评、影评、乐评）网站，实际它提供了书目推荐和以共同兴趣交友的多种服务功能，是一个集 blog、交友、小组、收藏于一体的新型社区网络，致力于帮助都市人群发现生活中有用的事物，通过桌面和移动产品来服务都市日常生活的各个方面。

（7）直播社交

是通过视频直播方式进行的一种网络社交，主要应用视频直播软件，将自己的生活或者演唱会现场等内容直播给社交网络上的网友，在直播过程中，用户除了可以与主播发弹幕实时互动以外，也可以通过赠送虚拟礼物等方式进行互动，甚至有可能真正的变成真实生活中的朋友。从实时直播到直播社交，核心逐渐由实时视频转变为社交，同时也通过社交迸发有趣的直播互动方式。直播社交的切入点是，让用户通过高效的社交，找到自己趣味相投的人。未来，这些人可以在平台上开展互动，做一些线上线下的社交活动。

4. 网络沟通管理

网络沟通犹如"双刃剑"，科学、合理地使用网络沟通能给组织创造效益；而滥用网络沟通，会使员工工作时难以集中精力，降低工作效率。在网络业已成为人们日常生活和工作不可或缺的一部分的今天，武断地限制网络的使用，会给员工的社会交往带来不便，甚至会给日常的业务工作带来不便（如营销、公关部门）；但如果对网络使用不加以管控，必然会浪费时间资源和人力资源等。因此，网络沟通管理成为现代组织管理的一个新课题。

网络沟通管理分为内部网络沟通管理和外部网络沟通管理。内部网络沟通管理是指针对组织内部网络平台的设计、使用管理。组织内部网络沟通就是建立在组织内部网络平台基础上的组织内部员工之间的组织沟通。组织的内部网是平台，员工通过内部网上集成的各种网络沟通工具进行沟通。内部网络是利用网络技术建立的面向员工的应用系统网络体系。它以 TCP/IP 协议作为基础，以 Web 为核心应用，构成统一和便利的信息交换平台。组织内部网络沟通管理就是指通过制度建设，科学、规范、合理地使用信息资源管理平台，为组织的发展提供网络服务支持。

外部网络沟通管理是指针对用户服务的外部网络沟通平台的设计、使用管理。组织外部网络沟通就是利用组织开发的综合性或专门性网络技术平台，与组织的外部公众进行互动交流、贸易活动等。

组织网络沟通管理的主要内容包括以下几个方面。

（1）确立网络沟通战略和目标。鉴于网络沟通的必要性和重要性，根据组织总体战略，制定网络沟通战略，确定网络沟通的指导思想，充分利用网络的独特功能，为组织创造价值；同时，制定网络沟通的总目标和分目标，引导组织及其成员开展有效沟通。

（2）设立 CCO（chief communication officer），成立专门的管理沟通部门。CCO 的主要职责包括：专门从事组织对内、对外有关全局性的沟通活动；参与企业沟通战略、沟通政策和制度的制定并配合有关部门执行；对企业管理沟通活动进行计划、组织、实施和控制；为各有关部门或企业的战略制定者提供相关的决策建议等。

成立专门的管理沟通部门，明确其沟通管理工作的职责和内涵。国外一些大公司（如英特尔公司、惠普公司等）都把负责沟通的职能部门提升到企业的最高管理层，设立由一名副总裁统领的"企业沟通部"。这一高级职能部门不但吸纳了传统企业人事部和公关部的工作内容，而且拓展了原有的职能涵盖面，根据沟通对象（如员工、对方、政府、媒体等）和任务的不同分设分支机构。

（3）制定和完善沟通管理的制度、规范。网络内容的复杂性、沟通的交互性和即时性等特征决定了沟通管理的复杂性。因此，必须遵循管理的一般规律，制定明确的沟通管理制度、规范，用制度和规范去约束员工或用户的沟通行为。网络沟通管理制度主要包括网络平台的建设、网络的管理与使用制度、网络沟通工具的使用范围、网络信息保密制度、网络安全制度等与网络管理和服务有关的制度。制定网络沟通格式规范，保证信息格式的统一性，方便处理大量信息而又不至于错漏重要信息的及时处理，如专人监控网络，防范安全风险，规定电子邮件、即时通信工具使用的范畴，以及密级文件的网上安全措施、定期检查制度、技术资料网络管理制度、离职员工对组织信息的保密承诺制度等。

（4）协调网络开放与使用的矛盾，根据部门和职位确定网络开放和使用的权限、范围。在网络时代，许多管理者面临着两难选择：一方面希望组织及其员工充分利用网络资源，为组织和个人发展服务；另一方面又担心滥用网络，浪费人力、物力和时间资源；既希望通过网络与外界建立即时联系，提高工作效率；又不希望员工上班时打开网络，被随时而来的网络呼叫、电子邮件或网络电话等分散注意力。至于是否允许工作时间打开网络链接，应根据工作需要、岗位需要、员工成熟度等做出合理的制度安排。是"疏"是"堵"，是重"过程"还是重"结果"，这是管理理念问题，是组织文化的具体体现。

（5）发挥网络的文化传播功能。利用网络对内、对外传播组织文化已经受到了许多组织的重视，但研究发现，网络的组织文化传播与沟通功能并未得到充分发挥。一方面是有些组织对网络的作用认知不足；另一方面缺乏有效的沟通方法和工具等。

网络的文化传播功能表现在对内具有激励功能、整合功能、导向功能、管理功能，对外具有辐射与拓展功能、塑造形象功能等。只有对网络的文化传播功能深刻认知和理解，才能将传统的组织文化建设与网络文化建设有机结合起来，

拓展阅读 7.6
互联网创业的 24 种商业模式

使优秀的组织文化通过网络快速传播，对内产生持久的凝聚力、向心力和归属感，对外产生辐射力、扩张力，塑造组织良好的社会形象，提高员工的满意度和忠诚度。

7.4.2　新媒体沟通

1. 新媒体沟通的优势、特征与效果

新媒体沟通是指在管理沟通的实践过程中，借助互联网、移动通信等信息技术，使用微信、钉钉、QQ、微博等新型媒体作为组织信息交流媒介的沟通方式，沟通介质的革新是新媒体沟通与传统管理沟通模式最大的区别。

相对于报刊、广播、出版、影视四大传统意义上的媒体，新媒体是借助信息化技术的发展产生的，具有以下优势：传播速度快，受众范围广，实时性较强；信息主体、传播对象边界模糊化；可实现多点传播，交互性极强；信息精准到达，便捷度较高。新媒体在信息传递方面具备传统媒体所没有的技术性和广泛性，不会受到时间和空间的限制，将其应用到企业管理沟通工作时，新媒体沟通便应运而生。

吕宇翔和张铮（2017）认为，新媒体是一个宽泛的概念，新媒体不仅仅限于媒介的技术形态，还包括媒介的经营方式、媒介的表现形式、媒介内容的投放渠道、媒介的用户体验等[26]。在当前的媒介环境下，具备以下特征之一的媒介形式都可以视为新媒体：

（1）使用了新的信息传播技术。如以互联网为代表的新的信息传播技术，包括基于互联网的移动互联技术、直播卫星、地面广播等信号传输方法，以及速度更快、精度更高的信息处理方式，智能识别、自动处理等信息加工手段，使用它们来完成信息发送和接收的媒介形式，都可以称为新媒体。

（2）采用了新的媒介经营模式。如在智能手机应用商店（App Store）购买并下载歌曲、电影影片、电视节目、图书、视频直播，付费在线收听收看；网络游戏的免费模式、网络文学的付费阅读、网络报纸的付费墙等。

（3）开创了新的内容呈现方式。如互联网上的内容聚合产品，Google Reader 等以 RSS（Really Simple Syndication）订阅为主的平台，就可以方便地把受众关心的内容从不同的网站聚合到一个平台之上，还可以根据用户使用的终端类型改变内容的排列与呈现界面。再比如数字机顶盒应用中的"时移电视"可以让观众以交互的方式选择收看之前一段时间内所有的电视节目。

（4）发现了新的内容投放渠道。如移动电视、车载电视、楼宇电视、户外大屏、社区电视、数字信息亭、地铁行驶过程中车厢外的滚动屏幕等等。这些渠道目前大多以广告和公益内容的投放为主，成为媒介经营的另一个亮点。

（5）创造了新的用户使用体验。如微博的信息表达方式便综合了手机短信、社交网络、信息传递与接收、内容分享等多种媒介功能，给用户以全新的体验。苹果和华为手机、3D 电视、新一代智能机顶盒，也都能带给我们许多新的体验。

当然，"新"永远都是相对于"旧"而言的，以上提到的"新媒体"形式，有些已经在被更新的媒介形式替代，但只要确定了一个时间点，这些原则仍可以作为"新媒体"的判断标准新媒体沟通形态涉及新媒体的特征、技术、设备与介质等方面，目前关于新媒体特征已形成较为一致的观点：

历史性，新媒体产生于互联网信息技术的飞速发展阶段；

交互性，新媒体具有超过两个人以上的交互功能；

数字性，新媒体是采用数字技术的媒体。

媒体性，综合集成两种及以上媒体形式，例如支持文字、音频、视频等多重媒体交流；

融合性，传统媒体与新媒体的融合。依据上述新媒体特性，有学者将新媒体沟通形态划分为4种类型：电子文本、声音、电子文本+声音、共享空间。

霍林谢德（Hollingshead）和麦克格拉斯（Mcgrath）将新媒体沟通形态按照语言、非语言、声音、视频和图片等信息传递形式划分为面对面、计算机文本、声音、视频等。[27]基于以上分类，费莱彻（Fletcher）和梅杰（Major）又将新媒体沟通形态划分为面对面、声音、视频和共享空间四类。[28]随着新媒体技术的飞速推进，新媒体沟通形态的划分类型出现新的变化，于树江将微信、微博、QQ 等组织管理沟通中常用的即时通信软件（IM 软件）作为新媒体沟通介质，依据 IM 软件中的文本交流、语音通话、视频通话、信息与文件存储等方面将新媒体沟通划分为电子文本、音频、视频与共享空间（网盘、云盘等）四种类型。[29]

新媒体沟通的效果主要取决于不同形态的媒介丰富度与信息处理能力的异质性。媒介丰富度是对不同媒介所具有的信息传播水平的测定衡量度，不同的媒介具有不同的信息传输能力，主要根据特定时间内信息总量与内容质量的测量分析进行评定。媒介丰富度是对不同媒介所具有的信息传播水平的测定衡量度，不同的媒介具有不同的信息传输能力，主要根据特定时间内信息总量与内容质量的测量分析进行评定，涉及信息接收者特异性、多形式互动能力、传递信息及时性。霍林谢德的新媒体五维度理论依据媒介丰富度对新媒体沟通效果进行排序，由强至弱，分别是共享空间、视频、音频、文字；燕丽依照媒介丰富度衡量不同新媒体沟通形态的效果：面对面>视频媒体>音频媒体>纯文字媒体。[30]信息处理能力是指媒体使得发送方在信息发送前对其进行编辑、校验或调整的能力。较强的信息处理能力能够使新媒体传递更为精准的管理信息并且较好地留存，良好的存储能力可以帮助组织内部的成员记住需要开展的多项任务，有利于管理沟通与任务进程的有效进行。

综合来看，依据信息处理能力对不同新媒体沟通形态的效果进行排序，由强至弱，分别为文字>音频>共享空间>视频。首先，在新媒体沟通形态中，由于文字在传递信息之前能够给沟通双方充分时间思考和润色信息，并对信息内容与逻辑进行编辑、修改与校正，因此文字在信息处理方面具有明显的优势，这使得管理沟通内容更加准确、丰富。其次，共享空间主要被用于组织管理沟通信息文件的存储与提取，大规模信息的超强存储能力使得共享空间的信息处理功能强于音频、视频等新媒体沟通形态。再者，音频的信息处理能力处于中等水平，这种新媒体沟通形态由于发送方的思考时间较少，对需要传递的信息编辑、检验和调整时间较少，使其对信息编辑的能力较弱，而接收方在接受语音信息过程中无法及时储蓄，导致其信息存储的能力较弱；同样，视频的信息编辑能力和信息存储能力也都较弱，无法准确记录沟通信息。

2. 新媒体沟通的双刃剑效应

新媒体对管理沟通具有积极效应，能有效帮助社会组织及各类企业实现层级信息的快速传递。其积极效应具体表现在：

新媒体沟通促进信息知识在组织内的快速流动。新媒体运营方式与载体形态的多元性、互通性、即时性与互动性极大地改变了传统的单一刻板的沟通模式，新媒体沟通在组织信息、知识、经验的扩散方面相较传统沟通具有绝对优势，能够更加快速、便捷地传递管理沟通信息，并且有效地避免沟通过程中的信息滞后，可满足组织管理扁平化信息传递的需求。

新媒体消减管理者与员工双方的沟通阻碍。新媒体沟通方式所表现出来的大众化、草根性、普遍性与实时性，能够大大减少管理实践中沟通双方因地位、权力与身份不对等所带来的隐性非对称心理障碍，扩大管理沟通的受众面与场景，提升企业员工在沟通过程中的参与度和积极性。

新媒体沟通降低企业构建管理沟通体系的成本。管理沟通过程需要组织管理者在沟通过程中付出时间成本与经济成本，新媒体时代组织员工使用移动终端上网的速度更快，微信、钉钉、腾讯会议等移动化办公媒体的出现，能够极大程度地降低管理沟通所消耗的人力、物力成本。

新媒体沟通也存在信息失控、失真、价值弱化与群体边缘化的消极效应。其消极效应具体表现在：

新媒体沟通渠道的稳定性与保密性较差。确保管理沟通渠道的稳定与可控是维系企业组织有效沟通的必要前提，但新媒体时代信息交流的平台化与数字化趋势也导致了频繁的信息泄露问题，微信、微博等新媒体手段的快速普及、新媒体平台信息保密管理体系的缺失等很难完全保证企业管理沟通信息的稳定传播和有效保密。

新媒体沟通过程出现信息缺失、滞后、扭曲与失真问题。新媒体时代企业组织中的成员均能较快地在个人场景下接收组织信息，而面对企业组织发布的各种信息，组织成员能够快速地进行信息个人化加工，并且便利地发表个人看法，最终容易引发组织沟通信息的变形与失真。

新媒体沟通降低上级信息的价值作用。新媒体技术引发的沟通信息失控，也使得企业组织中各种沟通信息的价值作用明显下降，一定程度上阻碍了企业组织发展目标的实现。在传统媒体时代，逐渐实现单位有效沟通，不仅有助于维护组织管理者的权威，而且也能够充分发挥沟通信息对组织成员的鼓舞激励作用，而这些价值作用在新媒体时代很难实现。

新媒体沟通中部分群体利益的挤压。由于新媒体在企业员工群体中存在使用非均衡性，容易导致一部分运用互联网新媒体沟通能力较低的群体被"边缘化"，其合理意见、话语及利益诉求可能被"挤压"。在新媒体沟通过程中的功能滥用，如匿名攻击、群体煽动等一系列不规范的新媒体沟通行为也容易造成不良的企业管理隐患等。

新媒体沟通具有双刃剑效应，如何善于利用新媒体技术开展管理过程中的有效沟通，也成为优化企业组织管理沟通工作的必要选择。多元化的沟通渠道、速度便捷的沟通优势和信息管控的现实困难，是新媒体时代推进组织管理沟通工作必须面临的现实情况，只有重视并科学合理地使用新媒体技术，才能确保企业组织管理沟通的顺利开展。现实实践中，组织管理者容易忽视组织沟通信息的传播与引导，影响企业组织发展目标的高效实现。因此，企业组织需要结合组织自身实际情况，在管理沟通中使用先进的媒体传播技术，始终掌握组织沟通的主导权，有效引导组织沟通工作，消除组织内部非正式沟通渠道，努力确保信息传播的及时和有效。总之，合理使用新媒体沟通手段，有助于破除影响企业组织管理沟通的诸多难题，最终实现组织沟通工作的优化与高效。

情景故事

消失的边界：泛滥的内网监控与员工隐私

2021 年，一名阿里巴巴认证员工在公司内网匿名发帖称被高管侵犯，其用近 8000 字的篇幅详细叙述了事发经过，该内网信息被企业员工截屏曝光于外部社交网站，引起舆论的高度关注。针对该事件，阿里巴巴开除了对外泄露"控诉前公司经理性侵"内网文章的 10 名员工，称这些员工的行为违反了公司的信息保密政策。

互联网公司内部信息的监控一直是各互联网公司都非常重视的工作。早在 20 多年前，员工上网行为监控软件已经诞生，并在国内外许多科技、金融公司以及政府和事业单位普遍使用。仅以 IT 行业为例，《2021 年中国 IT 人才供给报告》统计，2020 年，中国已有 705 万名 IT 从业者。这意味着，每一天，上百万名员工从打卡的那一刻，背后便有一双"眼睛"，时刻关注他们是否在做任何有违公司信息安全和隐私的事件。

阿里巴巴对信息保密监控制定了一套严苛的标准。在阿里巴巴的新人入职培训中，也会三番五次向员工表明"内网信息不可截图外传"，并将签订《员工纪律制度》《阿里巴巴集团数据安全规范》和《保密及竞业限制协议》等涉及保密的文件，后期还需经过一系列保密培训。在阿里巴巴 2016 年发布的新版《员工纪律制度》中，"严重违反保密义务行为"属于一类违规。规定表明企业将"任何非对外公开信息"都列为保密信息，对于泄露、传播保密信息员工，无论是否产生后果、产生何种后果，都将予以辞退处分。

阿里巴巴对入职后的员工工作行为监控也有严格的规章制度。每家企业的内网信息截屏都会留下水印，而企业员工行为监测系统可以查到员工登陆哪些网站和手机应用、关联聊天关键词、图片浏览痕迹等等。阿里巴巴的内网不仅在截图上会打上印有员工姓名和工号的水印，还会在员工的访问界面加一层肉眼无法识别的东西，较难根除，前端工程师解析后即可追踪到员工。甚至有员工称，在截图的一瞬间，后台系统就已经记录下来了。

阿里巴巴员工将内网信息外传事件发生后，无论信息是否敏感，阿里巴巴、字节跳动等互联网企业对员工工作行为的管控变得越来越严苛。这些企业在防止商业机密被泄露的同时，也存有不愿将内部的事情公之于众的私心，但这使得员工与外界的交流日益谨小慎微。站在企业的立场上，无论信息是否敏感，企业们都不希望内部的信息向外泄露，从而尽可能制定严苛的保密规则。但有时绷得太紧，会让员工和企业陷入更深的对立。在这场旷日持久的对抗里，一些员工将公司诉至法庭，一些人选择无声反抗，比如非必要时不接入内网、个人设备不使用公司局域网、使用破解监控的软件甚至编写反监控程序等，但是更多人选择沉默、接受、另寻途径。

这似乎走向了一个悖论：随着互联网经济的壮大，尽管各家互联网企业都有内网，但实名制内网监控的泛滥使得其上通下达作用逐步减弱，员工转而寻求其他更为隐蔽的信息交流媒介与手段，但如此一来更容易成为"泄密者"。脉脉创始人林凡曾透露，互联网企业员工在脉脉的平均活跃比例已经超过50%，最高达到80%，几乎"全员上脉脉"。在脉脉软件上，互联网企业员工之间互通有无的交流欲望被无限放大，除传播企业的小道消息以外，还会发布一些工作抱怨牢骚、正常的人事变动、企业的运行规则等。如"某某企业大裁员，比例为80%"，"字节员工开始普调，到手工资降低了17%"，"据说某某创业公司将出售，字节和京东之间二选一"等言论。在脉脉的匿名讨论区里，常年充斥着类似真真假假的消息，几乎每一条重磅消息之后都会引起媒体和舆论的关注。而发布这些消息的账号备注都是相关互联网公司的员工。

《劳动合同法》规定了企业对员工享有依据规章制度进行管理的职权，例如在办公场所安装摄像头、在办公电脑安装上网检测软件等，监控员工可以作为管理员工的方式之一；同时，员工也享有隐私权和个人信息权益。但是，如何界定企业合法、合理管理的界限，涉及企业管理权和员工人身权之间的利益平衡，往往是一个价值判断的问题。新媒体沟通中的信息保密与员工隐私之间应当如何寻求平衡？信息监控的边界在哪里，是新媒体沟通需要考虑的关键问题。

案例讨论

真假轴承事件

华海公司是海鸥船的所有者，也是一家世界500强国有企业的子公司，旗下有4条国际知名的工程船，海鸥船是其中之一。出于成本控制和专业化管理的考虑，公司将海鸥船委托给更加专业的安德森公司代管。

安德森公司是国际上著名的船舶管理公司，外资企业，拥有悠久的管船历史，机务人员业务素质很高，代管船舶数量约为600多条，公司总部设在香港。

船舶管理分为航运管理部门、运营管理部门和船员管理部门。运营管理部门的职责是通过管理程序监督指导船员做好船上设备的维护保养工作，同时委托专业厂家修理超限或损坏的设备，保证船舶的正常运营。有些公司的船队规模比较小，所以会将其中的某个或全部的管理职能委托给专业第三方公司管理。华海公司作为船东就不设运营管理部门，而是将其完全委托给安德森公司，但华海公司本身也设有一个主管机务，负责监督安德森公司的日常管理工作和费用审核工作。

海鸥船配备了 5 台日本产的作业发电机组，发电机由柴油机驱动发电，柴油机运转超过 8000 小时就需要解体、检查保养，更换易损件（气阀、缸套、密封件、轴承，螺丝等）。在船用设备检修中尤其是柴油机的检修，更换备件的质量占维修质量的 50% 以上，所以备件的来源也是各方重点关注的问题，由于正品船用备件的价格较高，国内市场充斥着大量的仿制件和假冒件，黑心供应商会以次充好，赚取高额利润，如采购管理不严格维修过程中使用了这些备件会造成质量事故，届时责任归属无法分清，双方都将面临损失。

增压器虽然属于柴油机的一部分，但由于维修它们需要专业化的设备和技能，所以增压器都有专业化的服务公司来维修。安德森公司将这 5 台柴油机及其增压器的检修工作交给了海卓公司。由于增压器维修不在海卓公司的业务范畴，所以海卓公司又将这 5 台增压器的修理任务转包给了天达公司。

海卓公司是一家私人企业，成立于 1992 年，坐落于滨城，在全国各个重要的港口城市都设有分公司，主要从事船舶设备维修保养工作。船用柴油机检修是其中一项业务，公司拥有多家国际知名船用设备生产厂家的服务授权，在国内知名度很高，公司的客户主要是国内外的各大船舶公司和管理公司。

天达公司也是一家私人企业，与海卓公司有着十多年的合作历史，主要从事柴油机增压器和调速器的维修业务，公司办公地址在津城。

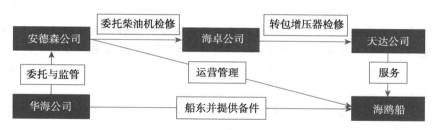

图 7.10　海鸥船利益相关者关系图

事件经过

2020 年 10 月中旬，深秋的寒意已遍布滨城，街道上树木的绿叶已渐渐枯黄，一阵寒风刮过叶子窸窸窣窣的落下更是增加了一份深深的冬意海卓公司经营部李经理紧了紧衣服的领口，这阵寒风让他加快了走路的步伐。

来到办公室，给自己泡了杯热茶，李经理坐下来开始沉思，对于昨天突然发生的事情该如何处理，他还是没有明确的思路。

场景一（10 月 14 日上午 9 点）

地点：海卓公司经营部经理办公室

人物：海卓公司经营部李经理，天达公司赵经理

刚刚天达公司的赵经理给海卓公司李经理打了好几遍电话，但由于在开经营部例行早会李经理没有接，会议结束后李经理回到办公室立即给赵经理回拨过去。

"赵总，什么事情这么着急？我刚刚在开会。"李经理问道"哦，是这样的，我们人员在船上回装增压器发现船上提供的轴承有问题，包装不正规、没有 MARK（型号），不像

是正品备件，我随即让他们停工了，你也知道增压器转子属于高速运转部件每分钟 12000 转以上，轴承质量很关键，如果使用他们提供的备件修后出了质量问题，我们说不清啊，你看看该怎么处理？我让我们人先等着，有结论了再开工。"赵经理急切的说道。"你给船上的轮机长和三管轮看了吗？"李经理问"给他们看了，他们也说不正常，但他们让我们跟他们公司反映，他们不方便评判。"赵经理回答。

李经理沉思了几秒钟说"你们出个报告吧，把你们认为这个轴承不正常的地方拍下来，然后给出不正常的判断依据，我发给安德森公司主管机务让他们来决定。"过了半个小时，天达公司赵经理做出了一份正式的报告发给到了李经理的邮箱。

李经理是做柴油机检修业务出身的，对增压器修理不是很了解，但他跟赵经理合作多年，双方都对彼此的专业能力很信任，所以李经理简单看了一眼报告就转给了安德森公司的主管机务安迪张，并在邮件里对事情经过做了详细说明。

场景二（10月14日上午9点30分）

地点：海卓公司经营部经理办公室

人物：海卓公司经营部李经理，安德森公司主管机务安迪张

安迪张是一个资深的轮机长，从事船舶管理工作20多年，拥有船上设备管理和陆上技术支持的双重经验。李经理在发完邮件后立即给安迪张打了电话"张老轨，实在抱歉打扰您的工作，刚刚我们在修理'海鸥'船增压器时发现船上提供的轴承有问题，我发报告给您了，麻烦您有空看一下，船上已经暂停施工了，希望您能给个明确的意见。"安迪张打开了邮件查看报告后回复到"船上提供的轴承是船东华海公司刘经理安排采购的，我同意贵司的意见这套轴承有问题不能使用，请贵司安排采购正品轴承后安装，我会将报告转给华海公司相关人员说明情况。"

得到了安迪张的意见后，李经理清楚了下一步的工作，安排天达公司采购正品轴承，然后装复增压器试机，这样2天后工作就能结束了，随即他将他的计划通知给了天达公司的赵经理。

场景三（10月14日中午12点30分）

地点：海卓公司经营部经理办公室

人物：海卓公司经营部李经理，华海公司主管机务刘经理

刚刚吃过午饭，李经理就坐在办公桌前开始了工作，最近工程项目比较多，加班成了常态，他一刻也不能松懈。

"铃铃铃……铃铃铃……"一阵急促的电话铃声响起，李经理看了一下显示屏华海公司"海鸥"船主管刘经理，李经理有些疑惑心想"刘经理怎么直接给我打电话了？"

李经理和刘经理是滨城大学的校友但不是同年，他们在校庆时认识，通过对彼此公司的考察，都觉得双方合作能够实现共赢，所以海卓公司的服务能力被华海公司顺利的认可，然后将海卓公司推荐给了安德森公司，由安德森公司负责后续的往来业务，从那以后在业务工作上李经理更多的是与安德森公司的安迪张交往，与刘经理却很少联系。

李经理接起电话说"刘经理，你好！"刘经理没有寒暄的意思直接说道："海鸥船的增压器轴承是我安排采购的，你们的人说是假的，然后一纸报告发给了安迪张，他又把报告

转给了我们公司，这下可好公司领导都知道了，我想知道你们找的天达公司技术水平怎么样？他们判断轴承的真假是否有依据？"李经理赶紧解释说"刘经理，先不要着急，这件事情我可能做的有点操之过急了，等我再跟天达公司核实一下，然后给您答复，是否可以？"刘经理说道："事情已经发生了，如果不给我合理的解释我没法跟领导交代，首先明确的跟你说我已经跟供方核实清楚了，对方能够提供足够的证据说明轴承了来源和品质，其次既然天达公司言之凿凿的判断这个轴承是假的，那么首先要证明他们公司有这个能力，让他们把资质亮出来，其次把轴承真假的判断标准给我看，任何测试都要做，拿出证据来。否则，我们到认为这家天达公司有问题，对于他们给我的船做的其他工作，我都要重新审查一遍。"说完刘经理挂断了电话。李经理立即感觉到事情的严重性，天达公司已经修理完 4台增压器并准备结算了，他毕竟只是个中间人，如果这事闹起来前 4 台的工作成果可能要会被推翻，到时候海卓公司不能按时给天达公司付款，在公司层面会产生很不好的影响。

尾声

李经理为了轴承的问题昨天与各方电话沟通到很晚，现在面临的局面是天达公司赵经理可以提供的增压器专业维修资质，但他们不是轴承的生产厂家不能提供轴承的评判标准。他们从事增压器专业维修多年，他们对轴承的真假判断没有问题，如果华海公司坚决认为他们提供的轴承是真的，那就使用他们的备件，但天达公司不给与任何维修后的质保。

安德森公司的安迪张则明确表示船上的轴承不能使用，为了保证服务质量他建议让我们采购正品备件。但他们毕竟也是管理公司，船东华海公司才是真正的金主，他们有时也要听从华海公司指令。

而华海公司的刘经理则不接受天达公司的意见，要么就拿出证据证明轴承是假的，要么就用船上的轴承并且提供质保。

现在问题就僵持在这里了，"海鸥"船在一周后就要出国，如果这个问题不尽快解决，柴油机无法运转就会耽误船期，造成的负面影响会更大。

李经理站起身来，透过窗户看到街道上满地的落叶，他深深地感觉到冬天真的要来了。

(案例由大连理工大学 MBA 学员孟庆禹提供。)

讨论：

1. 请分析真假轴承事件对利益相关方各自产生哪些影响？
2. 真假轴承事件产生的原因是什么？解决问题的难点有哪些？
3. 海卓公司的李经理该如何化解这次冲突？

 **本章小结**

1. 危机具有发生的意外性、令人关注性、破坏性和处理的紧迫性等特点，但危机中也有潜在的机遇。

2. 危机管理，又称应急管理、危机公关等，一般是指当组织发生了危及组织和公众利益的各种矛盾、纠纷、重大突发性事故时，及时采取有效手段，以最快的速度、最大的努力，降低损失，重塑形象的过程。危机管理一定要遵循未雨绸缪、快速反应、利益相关者定向、真诚坦率、加大力度、以人为本、透明公开、维护信誉等原则。

3. 建立危机预警制度是危机管理的第一步；危机处理阶段要采取科学、灵活的对策，包括采取紧急行动控制事态发展蔓延，科学细致地调查与分析，针对不同利益相关者，采取不同的公共关系与沟通策略；危机后恢复阶段的主要任务是重塑组织形象。

4. 冲突产生的最基本根源是利益、权力和文化。

5. 有效冲突对组织发展具有积极的推动作用，有害冲突则贻害无穷。冲突管理的任务有两个方面：一方面要防止有害冲突的产生，一旦产生就要利用各种有效的方法化解或消除冲突；另一方面要善于抓住有利时机，通过激励或制度等引发和促进建设性冲突，刺激能够产生积极功能的冲突，充分利用和发挥冲突的积极影响并控制其消极影响。

6. 会议是一种无法取代的沟通方式，只要对会议进行有效的控制，会议就可以产生其他沟通方式无法达到的效果。有效的会议沟通和管理能够提高效率与效益。

7. 网络与新媒体沟通管理是现代组织管理的一个新课题。网络沟通犹如"双刃剑"，科学、合理地使用网络沟通能给组织创造效益，滥用网络沟通则会降低工作效率和效益。相对于报刊、广播、出版、影视四大传统意义上的媒体，新媒体被称为"第五媒体"。新媒体沟通是指在管理沟通的实践过程中，借助互联网、移动通信等信息技术，使用微信、钉钉、QQ、微博等新型媒体作为组织信息交流媒介的沟通方式，沟通介质的革新是新媒体沟通与传统管理沟通模式最大的区别。

即测即练

参考文献

[1]　张岩松.危机管理案例精选精析[M]. 北京：中国社会科学出版社，2008.

[2]　Hermann. C. F.International Crises：Insights from Behavioral Research[M]. New York：Free Press，1972.

[3]　罗伯特·希斯.危机管理[M]. 王成，宋炳辉译. 北京：中信出版社，2001.

[4]　Fink.Crisis Management：Planning for the Inevitable[M]. New York：Amacom，1986.

[5]　Johm B.New Factors in Crisis Planning and Response[M]. Public Relations Quarterly，1994，39(1)：31-34.

[6]　朱延智.企业危机管理[M]. 台北：五南出版社，2002.

[7]　薛澜，张强，钟开斌.危机管理——转型期中国面临的挑战[M]. 北京：清华大学出版社，2003：45-47.

[8]　菲克.危机管理[M]. 北京：天下文化出版有限公司，1987.

[9]　Lewin K. A Dynamic Theory of Personality[M]. New York：McGraw-Hill，1935.

[10]　Coser L. The Functions of Social Conflict[M]. New York：Free Press，1956.

[11] Thomas K. W，Pondy L. R. Towardan "Intent" Model of Conflict Management among Principal Parties[J]. Human Relations，1977（30）：1089-1102.

[12] Rahim M.A. A Measure of Handling Interpersonal Conflict[J]. Anacademy of Management Journal，1983（26）：168-176.

[13] Watkin.C.E. An Analytical Model of Conflict： How Differences in Perception Cause Differences of Opinion[J]. Supervisory Management，1974，41（3）：1-5.

[14] 马新建. 冲突管理：基本理念与思维方法的研究[J]. 大连理工大学学报，2002，23（3）：19-25.

[15] 王磊. 管理沟通[M]. 北京：石油工业出版社，2001.

[16] 安德鲁·杜布林. 心理学与工作[M]. 王佳艺译. 北京：中国人民大学出版社，2007.

[17] 姜炳麟，董士波，孙伟.管理沟通[M]. 哈尔滨：哈尔滨工程大学出版社，2006：147.

[18] Forsyth D. R. Group Dynamics[M]. Pacific Grove, CA：Brooks/Cole，1990.

[19] Thomas K. W. Conflict and Negotiation Process in Organizations[M]. In：Dunnette M.D.，Hough L. M. Handbook of Industrial and Organizational Psychology. Chicago，IL：Rand McNally，1991.

[20] Dahrendorf R. Toward a Theory of Social Conflict[J]. Journal of Conflict Resolution，1958（2）：170-183.

[21] Thomas K. W.Conflict and Conflict Management[J]. Handbook of Industrial and Organizational Psychology.Chicago： Rand Mcinally，1976：45.

[22] 孙健敏，徐世勇.管理沟通[M]. 北京：清华大学出版社，2006（5）：290-294.

[23] 王建民. 管理沟通理论与实务[M]. 北京：中国人民大学出版社，2005（12）：310-317.

[24] 张谢敏. 几种即时通信工具的介绍[EB/OL]. http://hi.baidu.com，2008-06-26.

[25] 董玉芳，王德应. 基于网络技术的企业管理沟通：选择与组合[J]. 江淮论坛，2005（5）：34-38.

[26] 吕宇翔，张铮. "新媒体"的再认识[J]. 编辑之友，2017，7：70-72

[27] Hollingshead A B.Mcgrath J E.O'Connor K M.Group Task Performance and Communication Technology：A Longitudinal Study of Computer-Mediated Versus Face-to-Face Work Groups[J]. Small Group Research，1993，24（3）：307-333.

[28] Fletcher T D. Major D A.The Effects of Communication Modality on Performance and Self-Ratings of Teamwork Components[J]. Journal of Computer-Mediated Communication，2006，11（2）：557-576

[29] 于树江，范萌萌. 新媒体沟通形态对团队沟通效果的影响研究[J]. 河北工业大学学报（社会科学版），2021，13(1)：21-27.

[30] 燕丽. 自主管理型团队中手机沟通形态与沟通满意度、合作绩效关系的研究[D]. 上海：上海交通大学，2009.

第 8 章 管理沟通面临的挑战

学习目标

通过本章的学习，你应该能够：

1. 了解组织伦理的含义、内容，掌握组织伦理的基本内容；
2. 熟练掌握伦理型文化及其创建；
3. 了解组织变革的阻力和沟通在组织变革中的作用，掌握 EAP 等变革沟通方式；
4. 熟练掌握组织变革沟通的策略；
5. 掌握管理沟通的新趋势。

引导案例

家庭与事业孰轻孰重？

王欣，女，35 岁，天城建筑规划设计有限公司（以下简称天城公司）景观设计部部长，高级景观规划师。1998 年毕业于国内某重点大学城市规划专业，在 L 市规划设计院工作三年后，被现任公司总经理邓家祺劝服，加入天城公司，起初任部长助理，2005 年起被任命为景观设计部部长。

近几天，王欣的情绪一落千丈，起因是丈夫委婉地问她何时有时间要孩子。王欣知道，这是丈夫和自己结婚八年来第一次鼓足勇气道出心声，而作为妻子的王欣内心对其一直有一种愧疚感。尤其是到了公公婆婆面前，这种愧疚感愈加强烈。

王欣很早就想要个孩子，但由于工作原因，一直拖到如今。她自己也知道，35 岁的年龄已经错过了生育的黄金期，并且年龄越大，生育的风险系数越大。这次，丈夫之所以鼓足勇气提出想要个孩子，是因为最近的一则媒体报道：在 L 市另一家建筑设计公司工作的女设计师宋某因工作压力过大而导致精神失常。33 岁的宋某也一直想要孩子，但因工作忙一再推迟。在宋某被送进精神病院的同时，宋某的丈夫一气之下替妻子到法院起诉该公司，起诉的理由是这家建筑设计公司无视职工权益，超负荷工作，尤其是导致女职工连基本的生育权都被剥夺了。

这一事件对王欣也有很大的触动，因为王欣的经历和宋某的经历极其相似。说到王欣的经历，不得不从邓家祺总经理说起。

邓家祺原来是 L 市设计院的副院长，一直从事建筑设计、城市规划设计，在业界具有一定的知名度。邓家祺是教授级高级规划师、国家特许注册城市规划师，不仅拥有建筑学硕士学位，而且还拥有高级工商管理硕士学位。

邓家祺不仅在城市规划设计方面拥有多个令人称道的作品，而且还是某大学建筑学院的兼职教授。他在城市规划工作中，主张城市规划与设计的统一，强调城市风貌、空间环境的统一，并且强调节约城市土地、增加城市土地的使用价值；要先进行城市规划，然后再进行恰当的建筑设计，设计风格既要统一，又要有所区别。

邓家祺属于完美型性格，对待工作极其认真责任，可谓一丝不苟；对待下属要求近乎苛刻，几乎所有的下属都被他批评过，当然，批评的原因都是因为设计工作存在的问题；他工作起来废寝忘食，睡在设计室是常事；虽已过不惑之年，但一直没有子女。

王欣大学毕业来设计院申请工作时，是邓家祺对她进行的面试。他对王欣寄予厚望，见习期过后，亲自点名把王欣安排到自己所负责的景观设计部门工作。在王欣刚参加工作的三年里，邓家祺把王欣领进景观设计的大门，对她进行重点培养，使王欣在短短的三年里迅速成长。

后来，由于邓家祺看不惯设计院存在的某些不良的机关工作作风，加上他耿直的性格，与院长在观念上产生分歧，于是他决定辞职，自己创业。邓家祺在筹备组建天城公司时，就征求过王欣的意见，并请王欣加盟。王欣很欣赏邓家祺的务实作风和专业素养，加之邓家祺所描绘的企业愿景，打动了王欣，便爽快地答应了邓家祺的加盟邀请。天城公司不久成立，邓家祺担任总经理，王欣当时比较年轻，被任命为景观设计部部长助理。由于邓家祺在建筑规划行业从业时间较长，在业界有一定的影响力，因此，公司发展很快，订单一个接着一个，公司的规模迅速扩大。来到天城公司后，王欣如鱼得水，有了更大的发挥自己才能的空间。工作三年后，王欣便由部长助理提升为部长职务。

建筑规划设计行业有一个特点，就是项目时间紧、任务重、要求精度高，并且必须有创意。尤其是景观设计，是整个项目的脸面，而且对合同签订影响极大。因此，邓总经理非常重视该部门的工作，对设计图经常提出修改意见，工作人员不得不一再修改，直到其满意为止。因此，加班加点、早来晚走已经成为王欣的习惯。有时，任务时间紧，甚至还通宵达旦。

无疑，邓总经理对王欣的工作是比较满意的。因此，多次表扬和奖励王欣，并要求其他部门的员工要以王欣为榜样。这无形中给了王欣动力，但也带来了压力。王欣打心里佩服邓总经理，因为他是一个干事业的人，她感激邓总经理的知遇之恩，同时为了自己的职业发展，总是严格要求自己，总想把工作做到尽善尽美。

邓总经理是个对待工作不看过程、只看结果的人。在他看来，天道酬勤，只要精于设计、勤于思考，公司将会在不久的将来成为业界的排头兵，其目标是把公司建成一个能够走向国际市场的建筑规划设计公司。王欣说："我为公司感到自豪，即使受全球金融危机影响，房地产行业不景气的情况下，作为一家民营公司，天城公司的订单数量仍然没有减少；我也曾憧憬过，激动过，尤其是作为公司的创始人之一，确实对公司的未来充满信心。即使工作任务繁重，但有邓总经理的信任，再苦再累，也觉得这种付出是值得的。"

直到 2009 年上半年公司发生的"大地震"，才使王欣对工作的意义进行了重新思考。

所谓"大地震"，是指天城公司四个部门共计六名设计师在不到半年的时间里先后递上辞呈。要知道，此时正值全球金融危机导致许多公司破产倒闭、就业异常困难之时。这件事令王欣非常震惊。在仔细研究了六名设计师的辞职原因后，她发现在"原因"一栏，无一例外的都有一条相同的理由：不堪重负。更让王欣感到意外的是，公司的女设计师为数不多，但这次"大地震"中，有三名女设计师辞职。究其原因，三名女设计师又有惊人的相同理由：想做母亲。

以上种种，令王欣不得不静下心来，仔细思考。近几天，她彻夜难眠，突然感到有些伤感。王欣回忆了自己在天城公司八年来的工作，除了每年的元旦聚会、接待来宾宴请之外，只有两个夏天公司举办过海上活动；别的公司每周都是双休，而天城公司历来只休周日，甚至周日也经常要加班；自己和丈夫结婚八年来，除了新婚休假到海南度蜜月外，只有一次是趁出差到成都的机会，和丈夫一起到九寨沟旅游过一次。可以说，其余的时间大都是在与图纸和计算机打交道……

家庭和事业孰轻孰重？

鱼与熊掌真的不能兼得吗？

每个组织都在生存和发展中面临着挑战，这一系列挑战包括越来越激烈的质量和服务、人力资本和知识资本等诸方面的竞争，以劳动力多元化为明显标志的经济全球化，无边界或易变性职业生涯导致的员工忠诚度降低，为了经济利益或个人利益而导致组织频频出现的道德困境，如何激励创新与变革，帮助员工平衡工作与生活的矛盾，等等。

近几年来，一个沉重的话题常常见诸新闻舆论和社会舆论，那就是组织伦理问题。三鹿"毒奶粉"事件、美国的"棱镜门"事件、"过劳死""刹车门"事件、"秘书门"事件、拖欠农民工工资等事件直接导致企业伦理危机、公众信任危机和企业生存危机，迫使管理者们开始清醒地思考棘手的伦理问题。

上述案例实际上就是企业或组织面临的一系列问题的一个缩影。王欣的经历和困惑绝不仅仅是个案，一些女性在其职业生涯发展过程中都曾经历过家庭和事业平衡的抉择，有一些如王欣一样的女性正在经历着同样痛苦的抉择。作为组织的领导者和决策者，你是否考虑过管理伦理问题？是否有为这些敬业奉献的员工考虑过她们的苦衷？如何平衡员工家庭和事业的关系？本章将探讨组织伦理与沟通、组织变革过程中的沟通问题以及管理沟通发展的新趋势。

8.1 组织伦理与沟通

8.1.1 伦理与组织伦理

1. 伦理与组织伦理的含义

"伦理"一词，早期在西方是用来表示某种现象的本质或实质，后逐步演变为用来表示一个民族特有的生活习惯，以及"性格""品质""德行"等[1]。伦理是一种有关人类关系的自然法则。成中英认为：伦理是指规范两个或两个以上个体的关系及行为方式的规则[2]。人与人相处所应遵循的公共价值观、行为规范等道理就是伦理。伦理具有两层含义：一是指人与人、人与世界关系的事实，即伦理是客观的社会关系事实；二是指人与人、人与世界关系的规律，从人与人、人与世界关系中引申出来的秩序、法则、道理，以及应当如何规范要求，包括人们共同认可的行为规范、礼仪，对好坏、善恶、正邪的价值取向等。因人与人关系的不同，伦理可分为家庭伦理与社会伦理两大类。近年来，人们对行业伦理（或职业伦理）、企业伦理等组织伦理愈加重视，伦理与道德问题成为现代社会不可回避的重要问题。原因是伦理道德问题在企业经营和行业发展的过程中，或是公共服务过程中常常被忽视，为了追求利润或私利而不惜违背伦理、公然践踏伦理。因此，作为在一定程度上调节社会成员之间相互关系的自然法则的伦理，逐步延展到企业等组织，管理伦理成为伦理研究的分支，对企业的文化、经营管理、服务等提出了基于伦理道德规范的要求，为企业的可持续发展和建立持久的竞争力提供了理论指导。

组织伦理就是将伦理的范围扩大，从人与人之间的关系扩大到组织中，也就是将个人的行为准则扩展到组织的行为准则上。所谓组织伦理是指蕴藏于组织管理活动之中的公共道德，它包含着动态和静态两种伦理价值形态，动态伦理价值形态存在于组织活动过程之中，表现为一种行为伦理；静态伦理价值形态蕴藏在组织文化之中，形成组织的伦理文化。

企业伦理属于组织伦理范畴，起源于美国，是人们对企业运行中出现的种种不道德行为反思和质疑的结果。成中英认为：企业伦理是指任何商业团体或生产机构以合法手段从事营利活动时所应遵守的伦理规则[2]。企业伦理有三层含义：一是指企业内部管理，处理内部各种关系的道德意识、道德良心、道德准则和道德行为活动；二是指企业对外经营处理企业与外部各种关系的道德意识、道德良心、道德准则和道德行为活动；三是指企业管理者自身的道德修养和伦理准则。[3]

由此可见，企业伦理或组织伦理实际上是一种管理伦理。应该说，这种管理伦理是伴随着企业等组织的不断发展而逐步发展的。但是，这不意味着企业创立之初管理伦理水平或层次就可以低一些，相反，只有重视管理伦理的企业才有可能发展壮大，并且随着企业的发展壮大，企业的社会责任也将随之增加，对企业伦理的要求也不断提高。南京大学郭广银教授认为，转型期中国企业管理伦理问题是相当严重的，这主要体现在：从社会认同模型看，转型期中国企业管理伦理处于较低的社会义务层次；从管理伦理金字塔模型来看，企业行为很大程度上还处于是否遵守法律层面，是比较低的法律责任层次；从道德规则和道德理想角度看，在遵守道德规则方面，目前中国企业也存在着严重问题。[4]具体来说，一是转型期的企业面临着最初始的经济效益的拷问，企业为了追逐经济利益往往铤而走险，道德教育功能则在有意无意中被弱化了；二是转型带来的社会问题和法制建设的不完善，给企业不合伦理的行为提供了空间，也就刺激了企业的不合伦理的行为和企业管理道德的滑坡。而一旦企业管理伦理行为滑坡成为一种社会普遍现象，这样做的代价就是没有办法生存。

（情景案例）

三鹿婴幼儿奶粉事件

事件的发生发展过程如下：

2008 年 6 月 28 日，位于兰州市的解放军第一医院收治了首例患"肾结石"病症的婴幼儿，据家长们反映，孩子从出生起就一直食用河北石家庄三鹿集团股份有限公司（以下简称"三鹿集团"）所产的三鹿婴幼儿奶粉。7 月中旬，甘肃省卫生厅接到医院婴儿泌尿结石病例报告后，随即展开了调查，并报告了卫生部。随后短短两个多月，该医院收治的患婴人数迅速扩大到 14 名。

9 月 11 日，除甘肃省外，陕西、宁夏、湖南、湖北、山东、安徽、江西、江苏等地都有类似案例发生。

9 月 11 日晚卫生部指出，近期甘肃等地报告多例婴幼儿泌尿系统结石病例，调查发现患儿多有食用三鹿牌婴幼儿配方奶粉的历史。经相关部门调查，高度怀疑石家庄三鹿集团生产的三鹿牌婴幼儿配方奶粉受到三聚氰胺污染。卫生部专家指出，三聚氰胺是一种化工原料，可导致人体泌尿系统产生结石。

9 月 11 日晚，石家庄三鹿集团发布产品召回声明称，经公司自检发现 2008 年 8 月 6 日前出厂的部分批次三鹿牌婴幼儿奶粉受到三聚氰胺的污染，市场上大约有 700 吨。为对消费者负责，该公司决定立即对该批次奶粉全部召回。

9 月 13 日，党中央、国务院对严肃处理三鹿牌婴幼儿奶粉事件作出立即启动国家重大食品安全事故 I 级响应，成立由卫生部牵头、国家质检总局等有关部门和地方参加的国家处理三鹿牌婴幼儿奶粉事件领导小组等六项部署。

9 月 13 日，卫生部党组书记高强在"三鹿牌婴幼儿配方奶粉"重大安全事故情况发布会上指出，"三鹿牌婴幼儿配方奶粉"事故是一起重大的食品安全事故。

9 月 14 日，石家庄三鹿集团停产整顿。

9 月 15 日下午，石家庄三鹿集团副总裁张振岭在河北省政府召开的新闻发布会上宣读了致社会各界人士和广大消费者的一封公开信，向因食用三鹿婴幼儿配方奶粉导致的患儿及家属道歉。

9 月 16 日，鉴于三鹿集团法人代表田文华对事故负有很大责任，石家庄市委作出决定，免去田文华石家庄三鹿集团党委书记职务，按照董事会章程及程序罢免田文华董事长职务，并解聘其总经理职务。

据初步统计，从 9 月 14 日到 16 日，河北全省损失生鲜奶 5936 吨，平均 3000 元人民币一吨的牛奶，除少量以 200 元一吨贱卖外，绝大多数都被奶农忍痛无奈地倒掉。目前，这种情况还在发展蔓延，且有越来越严重的趋势。

9 月 16 日国家质检总局发布消息，三鹿、伊利、蒙牛、雅士利等 22 家奶粉中检出三聚氰胺，其中三鹿奶粉含量最高。

9 月 21 日卫生部通报三鹿牌婴幼儿配方奶粉事件医疗救治情况：截至 9 月 21 日 8 时，

各地报告因食用婴幼儿奶粉正在住院接受治疗的婴幼儿共有 12892 人，其中有较重症状的婴幼儿 104 人；此前已治愈出院的 1579 人。通报还指出，各地报告因食用婴幼儿奶粉接受门诊治疗咨询并已基本康复的婴幼儿累计为 39965 人，共有 3 名婴幼儿死亡。在所有接受治疗的婴幼儿中，2 岁以内婴幼儿占 81.87%，2~3 岁幼儿占 17.33%，3 岁以上幼儿占 0.8%。经流行病学调查，这些接受治疗的婴幼儿基本上与食用三鹿牌婴幼儿配方奶粉有关。

9 月 23 日，在中国乳制品工业协会和中国连锁经营协会的倡导下，内蒙古蒙牛乳业（集团）股份有限公司等全国 109 家奶制品生产企业和北京超市连锁股份公司等全国 207 家流通企业，联合发布"中国奶制品产销企业质量诚信宣言"，向社会郑重承诺将严格遵守法律法规，自觉执行国家标准和行业标准，营造一个干干净净的奶制品市场。

10 月 13 日下午国家质检总局公布的最新抽检结果显示，市场销售新生产的主要品种液态奶均符合三聚氰胺临时管理限量值规定。

12 月 23 日，石家庄市中级人民法院宣布收到三鹿集团破产申请。并于 12 月 26 日、31 日开庭公开审理张玉军、张彦章非法制售三聚氰胺案，三鹿集团股份有限公司及田文华等 4 名原三鹿集团高级管理人员被控生产、销售伪劣产品案，2009 年 1 月 22 日，三鹿系列刑事案件，分别在河北省石家庄市中级人民法院和无极县人民法院等 4 个基层法院一审宣判。田文华被判生产、销售伪劣产品罪，判处无期徒刑，剥夺政治权利终身，并处罚金人民币 2468.7411 万元。2 月 1 日田文华提出上诉，请求撤销一审判决，改判上诉人不构成指控所涉罪名。

2009 年 2 月 12 日，石家庄市中级人民法院发出民事裁定书，正式宣布石家庄市三鹿集团股份有限公司破产。

2. 研究和重视组织伦理的意义

组织为什么要研究和重视伦理，伦理对于组织有何作用和意义？美国哈佛商学院教授佩因博士认为：一套建立在合理的伦理准则基础上的组织价值体系也是一种资产，它可以带来多种收益，这些收益表现在以下三个方面：组织功效、市场关系和社会地位。[5]

西方管理界在总结 20 世纪 80 年代市场经济发展过程中的教训时得出结论[6]：发展经济必须重视管理伦理，单纯追求企业或个人利益最大化会给整个社会带来很多危害。随着研究和实践的不断深入，管理伦理中"伦理"的作用逐步被西方企业所接受，人们普遍认为企业在追求自身利益的同时必须考虑利益相关者的权益，而尊重利益相关者的权益又反过来促进企业可持续发展。

正是基于此，世界各国特别是美国，理论界和实践中纷纷采取各种措施把伦理和管理结合起来，提升伦理在管理学中的地位，一些有影响的管理学家构建了"道德决策模型""管理人员道德准则"，研究"管理中的伦理问题"等内容。许多管理者把伦理融合到管理实践之中，或者制定伦理守则，或者设置伦理机构、主管，或者开展伦理培训，等等，这些都有力地推动了组织管理伦理化。

从三鹿婴幼儿奶粉事件的发生发展过程，以及导致拥有 50 多年历史的三鹿集团顷刻间破产的这一结果来看，伦理对组织而言，是非常必要且重要的，其意义具体体现在以下四个方面：

（1）组织伦理是组织生存的根基或基石。无论在何种文化背景下，人们都自觉遵守多年来形成的、延续下来的各种公共道德或社会道德准则和行为规范，并以此来判定组织的核心价值观和经营理念，决定是否支持组织的发展。遵守公共道德或社会道德准则，组织行为符合人们共同的行为准则，组织也许不会引起人们的关注，但是正是由于组织至少遵守了伦理道德的底线，才使得组织拥有了生存权利，进而有了发展的可能，否则，一旦组织在任何方面违背了伦理道德规范，其生存都会受到影响，失道寡助甚至无法生存。

（2）组织伦理决定着组织生存的目的及组织行为取向。一个组织究竟为了什么而生存？是利润、财富、名声，还是服务、责任和奉献？可以说道德价值观不同，选择自然不同。松下幸之助曾经说过，"松下是一家制造人才的公司，兼做电器商品生意"。正是有了这样的制造人才理念，松下才重视人才，自然不会损害员工基本利益，更不会做出伤害员工的人格尊严、侵犯员工隐私的不道德的行为。同样，几乎人人知晓的"IBM 意味着最佳服务"，以及众多企业倡导的"顾客就是上帝"等经营管理理念，无不彰显着组织对待顾客的重视和尊重。组织伦理能够发展组织成员对组织的集体认同感，形成组织强大的凝聚力和向心力，能够调节和指导人们的行为，注意得体的言谈举止。

（3）组织伦理能够彰显组织形象。一个具有道德意识、道德良心、遵守道德准则、行为符合社会规范的组织；一个领导者具有良好的道德修养，不仅尊重员工，而且还引导员工敬老尊老、服务家庭和社会，鼓励员工和组织一道承担社会责任的组织，必然会树立良好的社会形象。而拥有了良好的社会形象，自然会受到社会的青睐和支持。上海德邦物流有限公司根据员工大多来自农村这一情况，决定企业和员工每个月各自出资 100 元钱寄给员工的父母。这一举措赢得了员工及其亲人，乃至社会的普遍赞誉，也赢得了人心和信誉。

（4）组织伦理能够决定组织的效益和命运。符合社会道德和价值规范的组织伦理有利于组织的运作和控制，有利于加强组织的团结与凝聚作用，有利于形成对组织成员的激励与振奋作用。组织的伦理价值观对组织行为的约束是无成本或低成本的，尤其是当组织形成了凝聚力和向心力后，组织成员都遵循彼此认同的伦理规范，相互信任和尊重，彼此宽容、谦让，人人平等，成员之间的摩擦和冲突减少了，自觉形成团结合作、和谐有序、富有战斗力的群体，其运行成本也相应降低，而整个组织绩效则得到相应的提高。

8.1.2　组织伦理内容及沟通

1. 组织伦理的结构体系

组织是一个复杂的系统，不同的组织，其目标、结构、体制、业务内容等各不相同，因此，组织伦理的结构也有所不同。

国内学者顾文涛、韩玉启、汤正华对企业伦理的结构进行研究和分析，构建了企业伦理结构体系模型（见图 8-1）。[7]

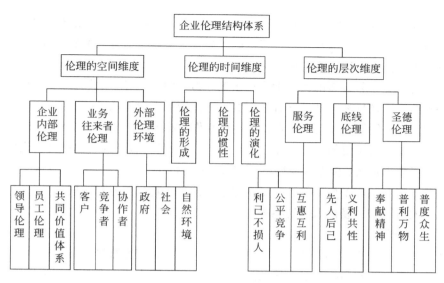

图 8-1　企业伦理结构体系

从图 8-1 中可以看出，企业伦理的结构分为三大维度，即空间维度、时间维度和层次维度。其实，这一结构体系是从企业内部到外部、伦理的形成发展过程和伦理文化三个方面进行的结构体系构建。对于一个组织来说，需要重视的伦理贯穿于组织管理活动的全过程。

2. 组织伦理的内容

特别需要注意的组织伦理包括领导伦理、员工伦理、文化伦理、产品伦理、服务伦理、制度伦理、网络伦理等。

1）领导伦理

领导伦理是指领导者本身拥有的道德素质和修养，以及在领导活动过程中应遵循的基本道德和行为规范。简单地说，领导伦理就是领导者的德行修养及其在管理实践中的具体体现。

首先，从领导者自身的素养和特征的角度，着眼于领导者应该是一个什么样的人。这一角度的领导伦理要求领导者"德才兼备""以德为先"，有的学者将其命名为"以美德为本的领导"，即将美德植根于个体内心深处和性情之中。

其次，从领导者管理活动实践的角度，着眼于领导者的领导或管理行为，即他是一个什么样的人。这一角度的领导伦理要求领导者在道义上有尊重追随者的人格尊严的责任，要把他们每一个都当作独立的人来尊敬。领导者要明确追随者的个人需求和职业发展目标，了解其兴趣、爱好和特长等，通过领导者的伦理道德观念去影响追随者、激励追随者，与大家一道共同实现组织的目标。

西班牙学者阿莱霍·何塞·西松在其《领导者的道德资本》一书中提出了"领导者的道德资本"理论，认为领导者的道德素质是其带领企业从事经营管理的、与人力资本和货币资本等一样不可或缺，领导者要精心培育道德资本。[8]西松认为："道德资本可以被定义为卓越优秀的品格，或者拥有并实行特定的社会背景下认为适合人类的各种美德。""具备美德或者优秀的品质可以被视为道德资本。"

西松认为：一个领导者的关键素质在于领导力，而"领导力的核心是伦理道德"，"领导力是一种存在于领导者与被领导者之间的双向作用的、内在的道德关系。在领导关系中所涉及的双方——领导者和被领导者，通过相互作用在道德上相互改变和提升。由此，在道德上的领导就成为主要的领导途径，基于此，个人及其所服务的组织都具有伦理道德性。领导力丰富了个人道德，使个人道德不断成长，并有助于形成良好的组织文化"。龚天平认为，当代领导者应该具备如下德性：诚实守信、公平正直、服务与信任、勇于担当责任、尊重员工的发言权、关爱他人的情感等。[9]

2）员工伦理

员工伦理是指员工所具有的、在工作中所遵循的基本道德准则、行为规范，以及组织伦理规范等。员工伦理包括员工个体的道德水准、行为取向，以及员工对工作的责任感、态度及对事业的忠诚度等。员工处于组织的第一线，其一言一行都代表着组织的形象，影响着组织的声誉。因此，对员工进行组织伦理宣讲和培训，提高员工的伦理意识、道德水平等，是管理沟通的基本内容。

3）文化伦理

文化伦理是指组织特有的文化中所包含的伦理规则。比如，同仁堂人始终恪守"炮制虽繁必不敢省人工，品味虽贵必不敢减物力"的古训，树立"修合无人见，存心有天知"的自律信条，虽历经 300 多年的发展，至今仍享誉海内外。许多百年老店正是秉承"童叟无欺"这个看似简单的经营理念，并长久地遵循和践行，终于得到了消费者的拥戴。如何让组织文化的精髓真正深入人心，这就必须依靠长期不懈的沟通和交流，使员工在真正理解其深远意义和作用的基础上努力恪守，并创造性地发扬光大。

4）产品伦理

产品伦理是指产品设计、运输、使用、宣传等过程中所包含的伦理规则。产品伦理是企业及其他组织立足社会的保证。产品伦理规范体现的是企业及组织对消费者、享用者的态度和关切程度等。以餐饮业为例，真正的产品伦理不仅仅是做出色香味俱全的一道道菜和热情周到的服务，而且是从最初的每道菜的设计开始就应体现出对消费者的关心，比如，菜的原料是否受到污染，菜的配料是否提供了最充足营养，营养组合是否是最佳的，菜的配料有无营养损失或搭配不当，菜的配料是否做到经济实惠，加工过程中是否做到清洁卫生，所使用的餐具是否经过杀菌消毒处理，等等。

三鹿婴幼儿奶粉事件是产品伦理缺失的典型案例。不法分子明知限定于工业用途的三聚氰胺对人体有害，但为了利益不惜在婴幼儿喝的奶粉中加入三聚氰胺，致使数万名婴幼儿的身体健康受到威胁，甚至导致 3 名婴幼儿死亡。

产品伦理失范通常体现在以下几个方面：产品质量低劣，存在安全隐患，污染环境，隐瞒产品缺陷，假冒名牌商标，包装上信息不充分或信息失真，夸大产品功能和效果，销售过保质期的产品，产品认证虚假，迎合不当需求等问题。

解决或杜绝产品伦理失范问题，一方面要树立以人为本的设计理念；另一方面要加强制度、规范建设和建立监督机制。倾听消费者的呼声，并不断完善产品设计，提高产品质量和竞争力。

5）服务伦理

服务伦理是指组织和个人在服务过程中所包含的伦理规则。服务伦理是人与人之间一种客观的服务与被服务的关系，是人们在相互服务过程中所形成的客观伦理关系，是相互服务过程中所表现出来的一种伦理上的必然性。[10]服务伦理体现的是服务过程中对服务对象的尊重（包括人格、性别、种族、个人爱好及特殊需求等方面），服务理念、服务目标、服务内容和服务过程设计中对服务对象的真诚、周到思考及其人性关怀、文化关怀等。在美国，几乎所有机场、车站等服务场所的卫生间都有专供为婴儿服务的人性化设计的平台，有专为残疾人和儿童使用的设施，有专为盲人提供的盲文符号。在美国川流不息的车流中，除了警车等特殊车辆外，还有一种车的颜色最容易引起警觉，那就是专供中小学生上学的校车。这种设计本身就体现了对中小学生安全的重视。

6）制度伦理

制度伦理是指在制度设计过程中包含的伦理规则。诺斯认为，制度是一系列被制定出来的规则、守法秩序和行为道德、伦理规范，它旨在约束主体福利或效用最大化利益的个人行为。制度是一个社会的游戏规则，更规范地说，它是决定人们相互关系的一系列约束。制度是由非正式约束（道德的约束、禁忌、习惯、传统和行为准则）和正式的法规（宪法、法令、产权）组成的。一项制度安排包括：①以规则和管制形式对行为施加一系列约束；②检验行为是否偏离了规则和管制的一系列程序；③一系列道德和伦理行为规范，它们限定了规则和管制可选择的订立方式和实施方式。[11]

制度设计过程中通常蕴含着伦理追求、道德原则和价值判断。每项制度的设计和安排，是否考虑到伦理原则或道德标准，是否公正、合理。制度伦理的核心在于体现社会公正，即制度公正是制度伦理的根本原则和最高目标。一项正义的制度安排，就是使其最大限度地实现某种平等和正义。制度伦理的目的是更好地培养社会成员的自律能力，引导人们认同社会道德规范，用良心审视自己的行为。[12]

情景案例

是否开除阿强？

阿强是某公司的员工，去年冒着暴风雨抢救公司的物资，为公司挽回了近20万元的损失。对此，公司只口头表扬了阿强的行为，而没有任何物质方面的奖励。最近公司因经常发生物品盗窃事件，便颁布了"偷窃者一律开除"的规定。有一次保安从阿强的包里翻出了一盏从旧机床拆下的台灯。按照公司的规定，阿强应该被开除。后来，公司280名员工联名上书给董事长，请求公司不要开除阿强，认为阿强去年为公司挽回了那么大的损失，公司对其没有物质奖励，所以这次也不应该开除阿强。

如果你是董事长，你会开除阿强吗？

7）网络伦理

网络伦理是指网络行为及网络管理中包含的伦理规则。网络伦理是伴随着网络的普及和应用而出现的新型伦理问题，它是由网络行为所引发的道德关注。由于网络沟通行为处于一种虚拟的网络空间环境中，虚拟环境中产生了虚拟人（virtual human）、虚拟社会（virtual society）、虚拟社区（virtual community）、虚拟全球文化（virtual global culture），进而形成了虚拟情感、虚拟伦理道德。这种匿名的、特殊的虚拟交往方式，加之广泛的交往空间范围，改变了人际交往中可能顾及的"关系""面子"等因素，人们以"虚拟人"的面目出现，可以畅所欲言，甚至为所欲为。"人肉搜索"、恶意制造谣言等已经超出了伦理道德的底线，不仅给相关利益人造成不可挽回的声誉损失，而且还引发了诸多不稳定因素，甚至造成恶性事件的发生。因此，网络管理与沟通便成为当今组织乃至全社会的应急研究课题。

对网络违背伦理道德行为，一方面需要制定网络管理制度和规则，规范人们的行为，如注册实名制、签订互联网使用契约、制定网络道德规范等；另一方面需要通过宣传、引导，提高网络使用者的法律、道德意识，使其注意规范自己的网络行为。

利用网络开展伦理道德等问题的讨论，是一种积极有效的沟通形式。由于网友来自世界各地，对同一个问题通常会有诸多不同的看法，对管理者来说具有很高的学习、借鉴和参考价值，听到不同的声音、意见和建议，审视组织的行为，并着力加以改革和完善，这是网络沟通带给组织管理者免费的、无私的贡献。

8.1.3 创建伦理型文化

1. 伦理模式

伦理模式是指企业或组织的伦理性格或伦理个性特征的表现结构。伦理模式包括三个层面，核心层面是企业或组织的价值观及伦理精神，中间层面是员工认可的企业或组织的道德规范、规章制度等，外部层面是企业或组织在处理同利益相关者关系时的各种伦理行为。核心层面的价值观及伦理精神决定着中间层面企业或组织的道德选择、规章制度安排，并通过一定的载体传递给全体员工，使员工产生伦理行为，并作用于企业或组织的利益相关者。

伦理模式有很多类型。结合企业的经营管理活动，从企业伦理理论类型来看，企业伦理可以划分为企业科技伦理、企业生态伦理、企业经济伦理和企业管理伦理等类型。

从企业伦理学角度来看，企业经营一般可能采取两种伦理模式：伦理经营和非伦理经营。而伦理经营又有两种对待道德的态度：道德的经营与不道德的经营。根据美国著名企业伦理学家阿奇·B·卡罗尔（Archie B. Carrou）所确定的伦理标准、动机、目标、法律导向和策略五个指标，又可以把企业经营的伦理模式细化为三种：不道德经营模式、道德经营模式、非道德经营模式。[13]

也有学者认为中国企业的伦理模式主要包括以下四种[14]：①权威模式（企业家的人格

感召模式）；②使命和责任模式；③制度伦理模式；④血缘亲情模式。

一些学者认为中国传统文化是一种伦理型文化，甚至有人按照中西方价值取向的差异，将中西文化分别概括为伦理型文化与功利型文化。应该说，中国传统文化一直重视伦理、道德等教化，"仁、义、礼、智、信"中体现的是伦理、道德内涵，但把西方文化归结为功利型文化有失偏颇。

2. 伦理型文化的构建

随着组织管理理论的发展，东西方研究伦理的专家学者都提倡组织必须创建伦理型文化，以确保组织具有凝聚力、向心力和外张力。

伦理型文化是以伦理为主导与核心的一种组织文化。在这种文化中，伦理道德观念贯穿于组织文化之中，成为组织运转的核心理念和员工行为的指南。

组织构建伦理型文化，其来源和动力应该来自于领导层的伦理意识，并在营造组织文化环境中自觉地把伦理道德意识与企业日常运作、管理等结合起来。西奥多·珀赛尔（Theodore Purcell）和詹姆斯·韦伯（James Weber）建议运用公司政策或伦理准则、成立伦理委员会、将伦理列入管理人员培训计划中。最重要的是制定伦理准则，并通过专门的伦理委员会定期举行会议讨论伦理问题，处理涉及企业与相关利益者之间的经济问题、贿赂问题和不正之风问题，把准则向组织的全体成员传播，对可能出现的违反准则的行为进行检查，有效地实施准则，奖赏遵守准则的员工，处罚违反准则者，不断审议和更新准则，并向理事会汇报相关工作的执行情况等。

巴达拉科和埃尔斯沃斯主张管理层应创建伦理型氛围，管理者个人应具备较强的个人伦理观、真诚地相信他人、为组织创造令人信服的愿景，尤其是要"正直"，即要具有一致的、公正的、有道德修养的行为等。他们还对具有"正直"伦理的管理者的角色进行了归纳，认为管理者必须确立共同的目标和目的，推进经营管理，促进对问题进行开放、坦率的辩论，实现更广泛的自治，提高伦理标准观念等。[15]

创建伦理型文化的另一个重要内容是承担社会责任，即企业在追求利润最大化的同时或经营过程中，应承担一定的社会责任或对社会应尽的义务。在经营管理过程中，特别是在进行决策时，企业及其管理者除了要考虑自身利益外，还应适当地考虑其他利益相关者，尤其是公共利益。美国学者戴维斯就企业为什么以及如何承担社会责任提出了自己的看法，这种看法被称为"戴维斯模型"，其基本内容如下：①企业的社会责任来源于它的社会权力。由于企业对诸如少数民族平等就业和环境保护等重大社会问题的解决有重大的影响力，因此社会就必然要求企业运用这种影响力来解决这些社会问题。②企业应该是一个双向开放的系统，即开放地接受社会的信息，也要让社会公开地了解它的经营。为了保证整个社会的稳定和进步，企业和社会之间必须保持连续、诚实和公开的信息沟通。③企业的每项活动、产品和服务，都必须在考虑经济效益的同时，考虑社会成本和效益。也就是说，企业的经营决策不能只建立在技术可行性和经济收益之上，而且还要考虑决策对社会的长期和短期的影响。④与每一活动、产品和服务相联系的社会成本都应该最终转移到消费者身上。社会不能希望企业完全用自己的资金、人力去从事那些只对社会有利的事情。⑤企业作为法人，应该和其他自然人一样参与解决一些超出自己正常范围之外的社会问题。因为整个社会条件的改善和进步，最终会给社会每一位成员（包括作为法人的企业）带来好处。[16]

查尔斯·E.贝克对创建伦理型文化提出了七项建议[15]：

（1）高层管理者必须身体力行，实施一致的领导，体现高尚的价值观，在组织中得到广泛的信任。

拓展阅读 8.1
职业与人生——融至道总裁金海腾在湖南农业大学创业论坛上的讲话

（2）伦理价值观与承担的义务必须一致且有意义。通过深入的培训，所有的组织成员必须理解这些价值观。

（3）组织中各层面的成员都必须具有良好的伦理行为。

（4）公司的体系和结构必须强化这些伦理行为，并将所信奉的价值观整合到管理决策之中，使其在组织的重大活动中体现出来。

（5）所有层面的管理者必须具有学识和能力做好每日的伦理决策。

（6）组织必须培养一种富有生机且不断实施伦理行为的过程。

（7）组织必须不断评估其结果。

8.2　组织变革与沟通

8.2.1　组织变革

1. 组织变革及其阻力

组织变革（organizational change）是指组织为适应内外环境及条件的变化，对组织的目标、结构及组成要素等进行调整和修正。邓小平曾说过"发展是硬道理"，适当的组织变革是组织保持活力和可持续发展的一种重要手段。因此，为了应付日趋激烈的竞争、技术发展和客户的需求，领导者总是需要不同的路径、工具和方法，寻求变革之道。

1996 年，约翰·科特（John Kotter）出版了《领导变革》（*Leading Change*）一书。科特研究发现：只有 30%的变革计划最终获得了成功。[17] 2008 年，麦肯锡对世界各地的 3199 名企业高管进行的一次调查发现，只有 1/3 的变革能够获得成功，这一结果与科特研究结论基本吻合。

通过对变革管理文献的研究发现，组织变革出现了一些异常：目标、制度的确定随意、速度过快，朝令夕改，让人无所适从等。组织变革过程往往被视为"strengthening sauna baths"，即越经常发生就越好。但是，有证据表明，管理者发起的激进的重组方案往往导致混乱[18]。

国内外无数事实也证明了这一点。从国外来看，2007 年 9 月 24 日和 10 月 10 日，美国通用汽车公司和克莱斯勒汽车公司的员工因裁员和医保基金问题分别举行罢工。中国 2009 年 7 月和 8 月分别在吉林通化钢铁有限公司和河南濮阳市林州钢铁有限公司连续爆发了因企业改制导致工人集体抗议活动，媒体称之为"通钢事件"和"林钢事件"。

为什么组织变革经常遭到员工的抵制，甚至给企业带来较大的经济损失或人员伤亡、财产损失？究其原因主要有以下三个方面：

（1）利益的博弈。改革必然是利益的再分配和重新调整，受到影响的既得利益者必然会引发不满或抗争。利益的博弈主要是经济利益博弈，其次是权益的博弈。比如，因为工资改革而导致的矛盾和冲突非常多。此外，有的是员工因为担心技术改革后被解雇，计时工资制的工人担心变革之后减少工作时间，使自己收益减少；有的是因为改革后薪水降低，或是担心增加产量而不增加个人收入，担心改革后企业的经济风险增加等。

（2）心理上的抵制。心理上的抵制因素非常复杂，有的是因为对领导层不信任，或是因为组织变革的进行，有可能在某种程度上影响个人的安全感，或是因为改革会加剧竞争及对自身地位的挑战等。心理上的抵制直接导致的行为表现是：产量持续性地减少；强烈要求增加报酬或调职；情绪激动，发牢骚，不断地争吵，罢工，无故旷工或怠工等。如若对员工的心理抵制协调不当，就有可能激化矛盾，导致组织层面的危机事件，如群体冲突、静坐、罢工等。

（3）对改革的步骤、方式和内容不满。有的改革缺乏与员工的沟通，程序不合规则；有的改革采取武断方式，以命令压人；有的改革内容缺乏科学论证等。

2. 组织变革的步骤

心理学家卢因（Lewin）认为，组织变革应包括三个步骤：解冻、变革、再冻结，用以解释和指导如何发动、管理和稳定变革的过程。他特别重视组织变革过程中人的心理机制。这三个步骤就是他针对职工的心理态度和行为提出来的。

（1）解冻：这一步骤的焦点在于激励要求变革的动机。采用比较评估的办法，把本单位的总体情况、经营指标和业绩水平与其他优秀单位或竞争对手——加以比较，找出差距和"解冻"的依据，帮助员工"解冻"现有态度和行为，产生要求变革的动机，愿意接受新的工作模式和挑战。

（2）变革：首先需要改变思维定式，为员工提供新信息、新行为模式和新的视角，指明变革方向，实施变革，进而形成新的行为和态度。

（3）再冻结：利用必要的强化方法使新的态度和行为方式固定下来，使之处于稳定持久的状态。需要鼓励员工尝试和检验新的态度与行为，并及时给予正面的强化；同时，加强群体变革行为的稳定性，促使形成稳定持久的群体行为规范。

卢因的组织变革论受到了普遍的关注，且影响较大。除此之外，组织变革模型还有Kotter组织变革模型、弗里蒙特·卡斯特（Fremont E. Kast）组织变革模型、埃德加·沙因（Edgar Schein）的组织变革模型等。[19]科特（Kotter）认为，组织变革失败的原因主要来自高层管理部门，究其原因，主要是由于组织没有唤起变革需求的紧迫感；没有建立负责变革过程管理的有力指导小组；没有确立指导变革过程的愿景，并开展有效的沟通；没能系统计划，获取短期利益；没有对组织文化变革加以明确定位等。因此，Kotter构建了组织变革模型，提出了指导组织变革规范发展的八个步骤：建立紧迫感、创设指导联盟、开发愿景与战略、沟通变革愿景、实施授权行动、巩固短期利益、推动组织变革、定位文化途径等。（弗里蒙特·E·卡斯特）（Fremont E. Kast）提出了组织变革过程的六个步骤：审视状态、觉察问题、辨明差距、设计方法、实行变革、反馈效果。沙因认为组织变革是一个适应循环的过程，一般分为六个步骤：洞察内部环境及外部环境中产生的变化；向组织中有关部门提供有关变革的确切信息；根据输入的情报资料改变组织内部的生产过程；减少或控制因变革而产生的负面作用；输出变革形成的新产品及新成果等；经过反馈，进一步观察外部环境状态与内部环境的一致程度，评定变革的结果。[19]

8.2.2　沟通在组织变革中的作用

1. 沟通与组织变革

最近的研究显示，许多组织变革行动之所以失败，原因在于内部沟通的缺陷（艾尔金，巴雷特，卢因）；比尔（Beer）和诺瑞亚（Nohria）声称，在70多个重大变化的项目中，有70%的项目失败了。许多专家都强调在变革过程中沟通的重要作用；卢因认为，沟通和组织变革是密不可分的过程。[20~26]

阿普力克斯（Aprix）和盖伊（Gay）认为，任何变革战略的成功与否取决于员工，关键在于上级领导如何就变革与员工进行沟通，如何改变员工的行为，使员工的行为和变革需求、组织目标获得一致。[27]

华信惠悦管理咨询公司CEO何立杰认为："作为领导者，要成功领导一场组织变革，首先要有非常清晰的目标，他必须知道公司目前处在怎样的情况，而他希望将公司带向哪里。其次，他必须要有敢于做出变革的勇气。最后，他必须能够灵活适应可能出现的种种变化，要能够随机应变。"此外，还有三个因素在组织变革中是不可或缺的：第一是商业策略；第二是人力资源策略；第三仍然是坦诚的沟通——这是组织变革的关键。[28]

理论和实践已经证明：组织变革离不开有效沟通。沟通是组织变革中不可或缺的重要内容，贯穿于组织变革的全过程。

2. 如何发挥沟通在变革中的作用

科特的研究表明，成功的组织变革中有70%~90%是由于有效的领导，还有10%~30%是由于管理部门的努力。麦肯锡公司的艾米·劳森（Emily Lawson）和柯林·普莱斯（Colin Price）认为，要使员工改变自己的行为习惯，需要具备四个基本条件：其一，一个具有说服力的故事，因为员工必须看到变革的目标，并且认同这一目标；其二，角色楷模，因为员工还必须看到他们所崇拜欣赏的首席执行官及其同事身先士卒，以新的行为方式为人处世；其三，强化机制，因为系统、流程和激励机制必须与新的行为方式保持协调一致；其四，能力培养，因为员工必须具有实施变革所需的技能。[29]

因此，要有效发挥沟通在变革中的作用，需要注意以下几个方面。

（1）提高领导者的沟通意识，即在决策过程中，包括变革目标的确定、计划的制订、方案的实施和评估等环节，都要制定清晰而有效的沟通策略。

（2）了解员工的需求。通过科学而广泛的调查，了解员工的需求，激励满足员工的基本需求，维护员工的合法要求和权益。

（3）领导者身先士卒。员工的信心来自于领导者的信心以及不遗余力的努力与付出。

（4）组织系统整合。包括组织的结构调整、人力资源整合、制度的配套、流程再造等，以确保组织系统能够使变革顺利进行。当然，所有改革不可能一步到位，需要逐步调整和完善。

（5）开放沟通渠道。建立并通过各种沟通渠道倾听员工的意见、建议，做到互动交流。利用沟通渠道对员工进行培训，提高员工对变革的适应能力。

（6）信息公开。对不涉及企业或组织的核心秘密、与员工利益息息相关的信息进行公开，让员工对变革的过程有比较全面的了解，甚至直接参与变革过程。

（7）科学引导员工。参考卢因等专家开发的组织变革模式，结合组织自身的具体情况，重点开展对组织的愿景、目标的宣传解释，以及对变革目的和对组织发展的影响的认知、理解，使员工认可组织的文化，愿意和组织一道投身于变革之中。

8.2.3　组织变革沟通方式与策略

1. 组织变革沟通方式

组织变革沟通是一项系统工程，需要从企业内部与外部入手进行系统思考和设计，通过多种沟通渠道和方式，沟通相关信息，在员工理解与合作的基础上，共同推进变革目标的实现。王吉鹏从组织内部和外部两个角度提出了组织变革沟通的方式与沟通要点，如图8-2所示。[30]

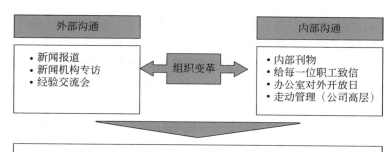

图8-2　组织变革沟通方式与要点

组织变革沟通的一个有效方式是实施EAP（employee assistance program），即员工帮助计划或员工协助计划、员工关怀计划。EAP由美国人发明，最初用于解决因员工酗酒、吸毒和不良药物影响而带来的心理障碍。后来经过不断实践，逐步演变为一项系统的、有效地解决员工及其家庭成员各种心理和行为问题的、长期的援助与福利项目。经过几十年的探索和不断完善，EAP服务的内容逐渐增多。

根据国际EAP协会的指导手册（2003年版），EAP的核心内容包括以下七项：[31]

（1）提供咨询、培训，援助那些处于困境的雇员，改善工作环境，提高雇员工作绩效，并培养雇员，使其家人了解为EAP服务的工作组织人员。

（2）为雇员、客户所关心的个人问题提供保密和及时的问题甄别与评估服务，因为这些个人问题可能会影响工作绩效。

（3）运用建设性的面谈、激励和短期干预的方法，帮助员工、客户处理可能影响工作绩效的问题。

（4）为员工与客户推荐诊断、治疗和援助服务以及案例监控和跟踪服务。

（5）使工作组织与提供治疗和其他服务的供应商建立和保持有效关系以及管理供应商契约，为其提供咨询。

（6）为工作组织提供咨询，鼓励适用医疗和行为问题（包括但不限于酗酒、药物滥用、精神和情感紊乱）能够通过 EAP 得到帮助。

（7）鉴定为工作组织和个人工作绩效提供的 EAP 服务的效果。

佛罗里达州立大学提供的 EAP 服务内容中，包括处理以下问题：婚姻和家庭冲突；工作压力；酒精和药物滥用；饮食失调；财务困难；法律需要；分居/离婚；悲伤/损失；子女抚养；关系问题；焦虑、失望、愤怒；生理、性、情感滥用；交流障碍。中国 EAP 服务中心提供的服务有心理咨询、压力测评、离职面谈、经理求助热线、相关培训及讲座、创伤管理服务等[31]。员工帮助计划的本质是通过对员工的深层关怀来提升其工作绩效，实现组织与员工共同、和谐发展[32]。

EAP 项目通常可以分成三个部分：第一部分是针对管理不当和外部环境因素变化给员工产生的心理压力，通过专业人员的诊断、建议等，对员工及其家庭成员进行专业指导、培训和咨询；第二部分是针对员工个人因变革、工作调动、职业发展、业务能力等方面产生的压力及所造成的反应，对其情绪、行为及生理等方面症状进行缓解和疏导；第三部分是针对员工个体世界观、价值观等与组织愿景、价值理念等产生的不和谐状态，通过培训、宣传、阐释等改变员工存在的偏见、不合理的信念、行为模式和生活方式等。

据报道，截至 1994 年，世界 500 强企业中，90% 以上企业建立了 EAP；到 2005 年，美国已有 2 万多个 EAP 方案。日本企业在应用 EAP 时创造了一种被称为"爱抚"管理的模式，如一些企业设置了放松室、发泄室、茶室等[32]，来缓解员工的紧张情绪；制订员工健康计划和增进健康的方案，帮助员工克服身心疾病，提高健康程度；设置一系列课程进行例行健康检查，进行心理卫生的自律训练、性格分析和心理检查，等等。

EAP 服务的作用主要体现在以下方面：对员工个人的作用主要是有效缓解员工工作压力、改善工作情绪，使员工心态得到调整，促进员工身心健康；使员工对企业改革有了更深入的了解和理解，对企业发展中出现的问题有了比较客观的认识；员工自信心得到增强，能够通过沟通有效地处理与同事、客户的关系，并能够迅速适应环境的变化，积极主动地影响和改变自身环境；帮助员工提高自我认知、自我控制和自我管理、自我发展能力，有效开展自我职业生涯规划和管理等。EAP 服务对企业的作用主要是优化了企业变革环境，改善组织气氛，减少或杜绝了各种影响组织发展的矛盾和问题；解决了员工的心理问题，提高了员工士气；畅通了沟通渠道，架起了组织与员工之间沟通的桥梁，通过有效沟通，创造和谐的劳资关系，减少了误会和分歧，增加了彼此的信任感，使组织的凝聚力进一步加强；为企业节省了大量因不可控因素可能造成的改革成本，如节省了招聘费用、培训开支，减少了错误解聘成本等；提高了组织的经济效益和社会效益，改善和提高了组织形象等。

EAP执行模式主要有六种[33]，前四种模式是马西(Masi)等提出的，即内置模式(in-house model)、外设模式(out-house model)、联合模式(consortium model)、整合模式(affiliated model)，另外两种是由Cunningham等提出的，即工会成员援助计划(union-based member assistance programs)和共同委托模式(common trust model)。

内置模式是指由组织内部设立专门的机构负责EAP服务；外设模式是指将EAP服务外包给专业服务机构和人员；联合模式是指若干组织共享一个由各组织经过协商联合成立的专门的EAP服务机构，为各成员组织提供EAP服务；整合模式实际上是内置模式与外设模式的综合，即组织内部的EAP服务机构与外部的EAP专业机构或人员联合开展EAP服务；工会成员援助计划是指由工会成立EAP服务机构，聘用专职人员，直接或间接提供信息、指导等，为员工提供EAP服务；共同委托模式是指若干个组织共同委托EAP专业服务机构和人员，为员工提供EAP服务。

以上六种执行模式是针对执行EAP服务的机构不同进行的分类，在具体提供EAP服务的实践过程中，必须针对某一类或具有相似性的某几类员工帮助项目制订具体的执行方案。以裁员为例，裁员是企业改革过程中必须面对的现实问题。为此，有的组织专门针对裁员制定了具体的EAP服务流程模型，如图8-3所示。[34]

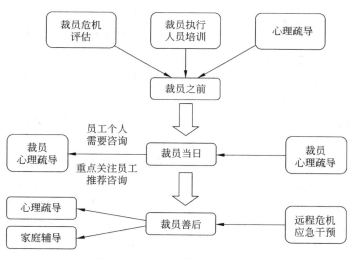

图8-3　EAP裁员帮助方案模型

该模型将裁员过程划分为前期准备、具体实施、后期善后三个阶段，利用多种手段从三个阶段来对裁员中可能出现的心理危机进行预防和干预。

裁员之前主要是对即将被裁的员工进行心理危机评估，并做相应的前期干预，心理疏导，同时要做好裁员执行人员的培训工作。裁员当日主要是进行面谈、疏导与应急处理。裁员善后工作主要是持续关怀，了解其生活上、心理上的问题，继续为被裁员工提供心理疏导和危机干预服务。

2. 组织变革沟通的策略

沟通是组织变革的润滑剂、助力器，是影响组织变革成功的关键因素。在组织变革过程中如何开展有效的沟通，确保变革的顺利实施，是企业及各类变革组织研究的主要课题。

组织变革沟通是一项复杂的系统工程，需要组织根据变革时期的组织内外环境，结合变革的目标、内容、步骤等制定具体的变革沟通策略。组织可借鉴的变革沟通策略包括如下几种：

（1）变革环境调查分析。组织可利用 SWOT 分析等方法，对组织变革的内部环境和外部环境进行调查分析，明确组织变革的优势与劣势，以及面临的机遇与挑战，并及时将调查结论自上而下地公布、讨论，使员工了解和理解组织变革的必要性、重要性、紧迫性，为组织变革方案的制订奠定舆论基础。

（2）决策层对变革取得共识。决策层是组织变革中的领导核心，决策层必须在对变革进行深入研究、科学论证的基础上统一认识，取得共识，否则，任何歧义都可能导致思想与行动不统一，并导致基层执行难度的增加。领导层对变革不仅要有坚定信心，而且还应是变革的马前卒、排头兵，身先士卒，起到模范带头作用。如爱尔兰银行（Bank of Ireland）实施转型变革计划的一个关键内容是提高整个领导团队的管理水平。为了促进对信息技术等业务部门做事方法的变革，使其以崭新的面貌运作，爱尔兰银行的几位高级主管推出了所谓领导班子集体支持计划，从整个团队的角度出发来提高管理技能。

（3）将沟通意识贯穿于整个变革方案之中。组织变革的每一个环节都需要与不同对象进行沟通，因此，组织变革计划制订者、实施者都必须具有强烈的沟通意识，在变革方案制订过程中应同步制订变革沟通方案，将其作为组织变革的配套方案。组织变革过程中应运用各种沟通手段、方式方法，深入沟通，持续交流，优化组织变革环境，协调和解决变革中出现的各种矛盾和问题。

（4）明确沟通对象，并使其厘清变革沟通内容。变革沟通的主要对象有两个群体，一是普通员工；二是中层管理者。

员工是变革沟通的首要对象，也是变革沟通的难点所在。员工沟通主要应讲清楚三个方面的问题：一是要通过沟通使员工认识到变革的重要性和必要性，使他们厘清变革内容、了解事情的来龙去脉，并最终说服他们支持变革。二是要让员工清楚变革的实施步骤、程序、难度、经济投入以及可能带来的具体变化等。要让员工参与到变革之中，倾听员工对变革方案、内容、流程等的意见和建议，尊重员工的利益、权利。三是统一员工的思想及行为。要明确告诉员工变革的指导思想、变革理念，让员工知道什么是组织所提倡的态度与行为，什么不是组织所提倡的态度与行为，如果有意见，通过什么渠道进行沟通等。

其次，变革沟通的第二个对象是组织中的中层管理人员。中层管理人员是组织变革的执行者，变革时可能遇到的复杂局面，会导致中层管理者产生为难情绪或矛盾心理，有的可能会对变革的成功产生怀疑、丧失信心等。这在变革过程中是非常危险的信号。因为中层管理者的思想观念问题一旦不能及时化解，会传染给广大员工，这无疑会给组织变革带来巨大阻力。为此，要想排除这种阻力，必须对中层管理者进行系统培训，将变革的战略规划和变革所需的环境条件一一做出解释，坚定中层管理者对变革的信心，鼓舞其士气，充分调动其对变革的积极性，协助高层管理者共同完成组织变革。

（5）建立并畅通信息沟通渠道。组织既可利用已有的正式沟通渠道，如文件、会议、网络等进行宣传、解释、引导；还可利用非正式沟通渠道进行有针对性的沟通。组织可根据变革需要，专门开设新的沟通渠道，如网络热线、专家咨询等；注意信息的及时反馈，及时通报有关的变革进程和成果等。

（6）设立专门的变革沟通部门，开展 EAP 服务等。组织应建立变革沟通机制，由专门的沟通部门和人员负责具体的沟通事务；可邀请专业人员进行心理辅导、咨询，并通过长期的 EAP 服务，提高员工的变革意识、心理承受能力，以及提高员工整体素质等。

拓展阅读 8.2
华为离职副总裁给任正非的辞职信

（7）开展全员培训。一方面培训与变革相关的内容；另一方面通过培训，提高员工的能力和综合素质。全员培训的重点是提高员工对变革的认识，取得员工对变革方案和领导者的信任，让员工对组织变革有充分的理解，并提前做好必要的思想准备，支持组织变革，与组织同呼吸、共命运。

8.3　管理沟通的新趋势

8.3.1　知识管理沟通

1. 知识经济对企业管理的影响

著名的管理学大师彼得·德鲁克在他的《知识社会的兴起》一书中指出：100 多年来，人类经历过三次革命，即工业革命、生产力革命和管理革命。这三次革命都是由知识意义的根本转变驱动的。第一次革命是知识被应用于工具、过程和产品，形成了工业革命；第二次革命是知识被应用于工作，从而引起了生产力革命；第三次革命则是知识被应用于知识本身，从而引起了管理革命。在德鲁克看来，下一个社会将是知识社会。知识会成为社会的关键资源，知识工作者将成为主要的劳动力，它具有下列三种主要特质：没有疆界，因为知识的传播甚至比资金流通还容易；向上流动，每个受过正规教育的人，都有力争上游的机会；成功和失败的概率均等，任何人都可以获得"生产工具"，即取得工作所需的知识，但不是每个人都能成功。

进入 21 世纪后，人们发现第四次革命已经不期而至，知识经济时代已经来临。知识经济对企业管理的影响可谓深远，具体体现在以下三个方面：一是经营环境发生变化，包括基础和主导型要素的变化。农业经济、工业经济均以自然资源为基础，但知识经济时代却是以不断创新的知识为基础，由劳动密集型、资本密集型转变为知识密集型的经济形态。在农业经济中主导型要素是土地，在工业经济中主导型要素是资金，在知识经济中主导型要素是人才。这种改变是潜移默化的，要求企业及组织必须审时度势，及时调整经营战略，转移战略重点，研究和开发知识密集型产品，积累和应用知识，更好地发挥人才的作用。

二是竞争的焦点发生变化。在农业经济中竞争的焦点主要是自然资源；工业经济中竞争的焦点主要是产品质量和服务；知识经济条件下，竞争的焦点是具有高智能和创新能力的人才，载体是知识本身的价值和使用。

三是投资的重点发生变化。竞争焦点的变化，直接导致了投资重点的变化。工业经济与知识经济时代的不同之处是：过去主要投资于厂房、设备、生产线等有形资产；目前必须将大量投资投资于人力资源的选拔、培训、激励创新等方面，投资于研究与开发、就业能力的培养，而保护知识产权、重视无形资产成为知识管理的基础性工作。

2. 对管理沟通提出的挑战

企业管理进入知识管理阶段，要求管理沟通必须适应其变化，逐步调整沟通策略。

沟通的重点由传统的信息交流转变为知识的积累、存储、传播、创造和分享；沟通对象的重点由传统的从事生产和服务的员工转变为从事知识生产和传播的人；沟通渠道的重点由传统的人际沟通、大众传播渠道转变为网络沟通渠道；沟通内容的重点由传统的员工沟通、客户沟通、媒介沟通、政府沟通等转变为团队沟通、虚拟沟通、开放式沟通、伦理型沟通等。

总之，知识管理阶段对管理沟通的目标、内容、对象、方式等提出了新的要求，要求企业及组织的管理沟通更微观、更深入、更具体，更有针对性、时效性。

8.3.2 劳动力多元化下的跨文化沟通

1. 劳动力多元化及其特征

劳动力多元化，又称人力资源多元化或员工多元化，是指组织由不同种族、国籍、文化背景的成员组成。劳动力多元化已成为现代企业的主要特征。劳动力多元化的特征表现在以下几个方面。

一是种族、国籍多样化。当今企业，尤其是 IT 类、高科技类企业员工来自世界各地，不同国籍、不同肤色的人坐在一个大办公室里办公已经不再是新鲜事。

二是文化背景多元化。东方文化和西方文化具有很大的差异，但来自西方国家的员工与来自东方国家的员工各自带来不同的价值观、行为，使组织文化呈现出多文化聚集的特征。

三是雇用模式多样化。目前企业及组织不再采用单一的雇用模式，而是采取兼职、人事代理、钟点工、合同工等多种雇用方式，以节省人力资源成本。

2. 跨文化沟通技能成为基本沟通技能

劳动力多元化对员工的管理沟通提出了挑战。奈斯比特在《大趋势 2000》一书中特别强调了跨文化沟通将成为不可阻挡的趋势。[35]跨文化沟通不仅更为频繁和重要，而且将成为企业及组织必须熟练掌握的一项基本技能。

组织领导者必须精通英语等国际通用语言，了解不同国家或地区、不同种族、不同文化背景下人们的价值观、风俗习惯、礼节仪式等。管理者必须在工作中时刻注意沟通对象的差异，兼顾不同类型员工的利益需求，既要尊重其信仰、传统、礼仪，又要在具体执行过程中统一思想，取得共识。这是管理沟通必须面对、必须解决的难题。企业及组织的中高层管理者必须习惯于各种文化差异，并培养一种跨文化沟通的技能，能在任何复杂的沟通环境下保持尊重和避免冲突、达成一致的能力。

8.3.3　新型网络通信工具的利用与管理

1. 网络革命

奈斯比特在 20 世纪 80 年代就对未来发展趋势得出了以下判断：网络组织是社会行动的有力工具，有心改变世界的人开始在本地做起，志同道合的人自然而然地聚集在一起；网络的重要性超过传统的等级，网络组织可以提供一种等级制度永远无法提供的东西——横向联系；一个网络组织中最重要的就是，每一个人都是中心。[36]可以说，网络在今天不仅改变了人们的生活，也正在改变人们的工作方式和工作效率。未来世界是由快捷、廉价的网络通信联系起来的世界。这种因技术变革而实现的联结将会重新定义我们的工作方法、生活方式和市场交易法则。伴随着网络虚拟组织的出现，以及网络通信工具的日益智能化、便捷化和经济实惠，网络沟通在当今的企业管理和组织管理沟通过程中将成为一种不可或缺的重要的沟通平台。从某种程度上说，网络沟通还将决定着企业及组织的兴衰成败，决定着个人的生活质量和工作业绩等。

比尔·盖茨曾经说过，网络是一个变革因素，它将重新安排一切。网络在短短的十几年时间里已经影响和改变了世界。仅以网络在企业的应用为例，从最初的将企业手册等传统宣传资料、年度报告等贴到网络到运用网络接收或发送电子邮件、沟通信息；从企业内部搭建、运用 BBS 探讨问题，到运用互联网与客户进行交易与合作，开展电子商务；从实施 ERP，开展信息化建设，到网络化企业建设，这一切似乎在不知不觉地发生。《世界是平的》[37]一书的作者对网络技术带动的经济全球化、世界一体化等进行了形象的描述，使人们对"地球村"的概念有了更为清晰的认识和理解。

毫无疑问，这是一场悄无声息，但又来势凶猛的网络革命，它正在改变着整个世界，要求企业不得不接受这场革命，并重新安排一切。

2. 网络沟通的重点

伴随着网络革命，信息化建设已经成为企业管理和发展的基础平台，管理沟通的重点将逐渐转移到以下几个方面。

一是新型网络通信工具的利用。虚拟运作的团队将把工作迁移到公司内部网上，可以跨越空间和时间的界限办理业务。可视网络会议（Net-meeting）和 QQ 等可以实现即时交流。网络化使人们的活动空间在虚拟中得以迅速扩大。管理者通过网络可以随时了解各类信息；网络招聘将成为人力资源选拔的主要方式；网络技术交流与合作成为必然；信息更加开放，绩效评估标准的科学量化使员工对自身的能力与评估更为清晰，"晒业绩"在使大家分享成果的同时，也汲取了更多的营养；网络上与领导者和管理者面对面地交流司空见惯，没有出现在网络上的领导者和管理者将难以获得高额的得票率；与客户通过视频谈判、通过网络签署合同；网络成为员工和外部公众了解企业、获取相关资料、决定是否与企业合作的重要平台。

二是网络管理。开放的网络需要建立网络使用和管理制度；建立与组织文化相匹配的网络文化，利用网络传播功能弘扬组织文化、宣传主旋律、抵制网络垃圾等是网络管理的重要内容。

8.3.4 无边界和易变性职业生涯下的员工沟通

1. 无边界和易变性职业生涯对员工的影响

1994 年亚瑟（Arthur）首次提出无边界职业生涯（boundaryless career）概念，引起国内外众多学者的共鸣，[38]特别是 1999 年 Sullivan 对传统职业生涯与无边界职业生涯的比较研究[39]，较为清晰地勾勒出了经济社会发展过程中出现的雇用理念、雇佣关系、自我职业生涯设计、组织职业生涯管理、职业成功标准等发生的巨大变化（见表 8-1）。

表 8-1 传统职业生涯与无边界职业生涯的比较分析

比 较 维 度	传统职业生涯	无边界职业生涯
雇用心理契约	以工作安全换取员工的忠诚	可雇用性换取绩效和灵活性
边界	一两个组织	多个组织
技能	与组织相关的特定技能	综合的、可迁移的技能
管理责任	组织	个人
发展阶段	与年龄相关	与学习相关
培训方式	正式的程序	在职、即时

霍尔（Hall）和莫斯（Moss）提出易变性职业生涯概念，具体内容如下：职业生涯是由个人负责，而不是由组织负责；职业生涯是一生中经验、技能、学习、职业转换和身份的一系列改变；职业发展是持续学习、自我主导以及在工作挑战中实现职业生涯成功；职业发展不一定需要正式的培训、再培训以及向上的流动；成功转变的因素是，从知道什么到学会什么，从工作保障到就业能力，从组织职业生涯到个人职业生涯；组织提供挑战性的安排、发展性的关系、信息以及其他开发的资源；目标是心理成功。[40]

这一系列的变化，意味着雇员和雇主之间的关系由原来的"关系型契约"（relational contract）向"交易型契约"（transactional contract）转变。[41]由于组织不再为员工提供终身就业机会，因此员工的职业生涯就可能不再是在同一组织逐步升迁、发展的过程。基于此，传统的终身就业观念逐渐被提高终身就业能力的观念所取代。员工个体开始为自己的职业生涯进行重新规划，并承担主要责任。与此同时，组织面临着员工忠诚度下降、频繁流动等情况，不仅影响组织的人力资源稳定，而且还影响组织的凝聚力、绩效等。

2. 对员工管理沟通的挑战

职业生涯的易变性在西方企业早已得到印证，在 21 世纪初叶经济快速发展的中国，职业生涯的易变性在部分行业、青年群体中正在被印证。员工频繁跳槽、忠诚度下降、事业心缺失等现象给需要稳定的人力资源支持和发展的企业带来了前所未有的挑战。

其实，许多员工离职并非完全自愿，原因既复杂又简单：有的确实是由于组织制度、职业生涯发展等原因所致，但有的却是由于缺少信任、温暖、关怀和真诚的沟通所致。为此，员工沟通管理的核心是信任，建立相互信任的文化。一是尊重每一个员工的价值，视员工为最宝贵的资源和财富。二是给予每一个员工发挥才能的舞台和机会，做到人尽其才。要了解员工的需求、爱好和特长，多给予其锻炼的机会。三是确保公正与公平，确定绩效考评、薪酬待遇、职位升迁等涉及员工切身利益的各项制度、规则时，要多征求员工的意见和建议，鼓励员工通过多种沟通渠道参与民主管理。四是做好心理辅导、培训等，提高员工的综合素质和终身就业的能力。五是为员工职业生涯发展提供指导，即使离职的员工也应视其为企业或组织的财富，加强交流与沟通。

8.3.5　管理沟通方式的丰富化

1. 组织发展变化对传统管理沟通方式提出的挑战

我们所处的时代已经被冠以"信息时代""网络时代""知识经济时代"等不同的称谓，这说明时代在不断变化。就组织本身来说，其发展变化速度之快、范围之广、幅度之大，的确令人难以预料，甚至是猝不及防。表 8-2 初步罗列出了传统组织与现代组织的区别。

表 8-2　传统组织与现代组织的区别

要素	传统组织	现代组织
组织结构	金字塔式	扁平式
工作基本单位	组织	团队
组织决策	自高层向下传递	在所在地作出决策，报告上级
人力资源	单一种族、国籍	多元化
	强调忠诚组织	强调忠诚团队
	强调拥有技能	强调学习能力
	终身就业	终身就业能力
	职业路径向上、线性	职业路径灵活、非线性
工作时间	固定工时	灵活工作日，允许兼职
工作场所	固定办公场所	家庭等任何场所办公
信息传递	纵向	横向、纵向
	强调线性模式	强调网络化
组织制度	着重管理	着重激励、开发、创新
绩效评估	强调规则、标准程序 标准化的评价和奖励系统	强调结果、产出 灵活的评价和奖励系统
组织文化	单一文化	跨文化
	功利型文化、制度型文化	伦理型文化
	行为遵从单一强势文化	观点和行为的多样化
组织环境	聚焦于国内	聚焦于全球

面对日趋激烈的市场竞争，劳动力多元化，贸易全球化，职业生涯的无边界和易变性，因兼并、重组以及伦理道德缺失而造成的组织内外冲突和危机，员工工作与生活的矛盾，组织环境的不确定性、复杂性和多变性，传统的链式、环式、Y 式等管理沟通方式明显难以适应组织发展的要求。

2. 管理沟通方式的丰富化

在组织管理沟通实践中，许多组织根据自身实践，发明和创造了形式多样的沟通方式，柯达建议制度、EAP 服务项目、"安抚"管理、"走动管理"、领导接待日制度等无疑都是富有成效的管理沟通方式。但是，面对组织快速发展变化的实际，组织必须因地制宜，有针对性地根据组织发展变化，建立更加科学、实用、持久性的管理沟通方式。如针对知识管理建立一系列开放式、共享式沟通平台；针对劳动力多元化，创新跨文化沟通方式，使不同文化背景下的人们能够相互学习、共同进步、和谐发展；针对新的网络革命，开发出适合本组织特点的网络方式，充分发挥网络在信息沟通、电子商务方面的作用；针对无边界职业生涯和易变性职业生涯带来的影响，建立与员工沟通的新渠道和新制度，让员工即使在组织生活三个月也会对组织留下终生难忘的印记；针对因兼并、重组等给员工心理造成的负担以及可能出现的冲突与危机，建立、改进或完善员工帮助计划，或制定更加符合组织发展需要的新的沟通项目；针对组织发展变化的新趋势，建立学习型组织、伦理型组织、学习型文化、伦理型文化等。

"没有管理的管理"被视为管理的最高境界，自然，不需要强调管理沟通的沟通才是沟通的最高境界。

讨论案例

只有 CEO 才能做的事[①]

2000 年 6 月，我临危受命，出任宝洁公司 CEO。在此之前，公司于 3 月 7 日宣布第一季度收益将无法达到预期，公司股价应声而落，一日之内从每股 86 美元跌至 60 美元，拖累道琼斯工业平均价格指数下滑了 374 点。

在宝洁宣布我出任 CEO 的那周，公司股价又下跌了 11%。导致公司陷入困境的因素很多，其中最主要的原因是公司进行了一次过于冒进的组织转型。由于变革项目太多，变革进度过快，大家的精力都被分散了，因此无法全神贯注地做好日常事务。然而，我们在 2000 年夏季所遇到的最大问题并不是公司市值缩水了 850 亿美元，而是公司内部的信任危机。公司的许多领导都在推诿责任，事业部说是总部的错，总部说是事业部经营不善、业绩太差。这一切令投资者和金融分析师大为惊讶和恼火。员工要求严惩"元凶"，退休人员更是怒不可遏，因为他们与公司利润挂钩的养老金惨遭"腰斩"。

---

① 本案例作者是雷富礼（A.G.Lafley），原载于哈佛《商业评论》2009 年第 5 期，经哈佛《商业评论》中文版书面授权转载与使用。

对于这一事件，各新闻媒体大肆报道，标题五花八门，从《宝洁投资者信心尽失》到《爱恨交织话宝洁：产品让人爱，股票让人恨》。说得最悲观的是一家知名的行业出版物，其文章标题是《宝洁还有救吗？》。

上任第一天，傍晚六点，我站在一家电视台的演播室里，茫然不知所措地接受"拷问"——问题出在哪里？打算如何解决？每个人都指望我能给出答案，而事实上我并不知道该如何让公司重回正轨。我就这样开始了在宝洁的 CEO 工作、一份我从未做过的工作。

CEO 的工作

2004 年 10 月的某天，当我和几位其他公司的 CEO 以及几位管理学者坐在彼得·德鲁克（Peter Drucker）的身旁时，我又回想起了我担任宝洁 CEO 第一天的"受炼"以及随后几周那些更为艰辛的日子。那天我们一起向德鲁克请教了一个问题："CEO 的工作是什么？"（本文引述的德鲁克的话语，大部分都来自他那次谈话内容的记录。）

这个问题似乎问得有点莫名其妙，因为 CEO 的工作早已受到了巨大的关注。人们不是把 CEO 敬为公司的救世主，就是认为他们只会残害公司。但问题是，我们真的了解公司一把手的角色及其专属工作吗？德鲁克的回答是否定的。他指出，人们总是把 CEO 误认为是教练和棒球赛中能攻善守的"内场手"（infielder），以为只要有需要，他们便会挺身而出，化解问题。而德鲁克认为，CEO 是有他们自己的特定工作的。德鲁克在 2005 年 11 月与世长辞，留下了一篇尚未完成的文章，里面概述了他的最新思想（《华尔街日报》于 2005 年 1 月发表了该文章的部分内容，名为《美国的 CEO》）。在 2004 年，他写道："CEO 是企业内部与外部的联结者。内部指的是'组织'，外部则包括社会、经济、技术、市场和客户。组织内部只产生成本，而结果则只产生于组织的外部。"

我的经历印证了德鲁克的这一观点。而且，我在宝洁从开始一直到今天的所作所为都符合德鲁克的思想。我一遍遍地拜读德鲁克的未完之作，反思他所提出的那个中心问题：CEO 的专属工作——别无选择、义不容辞的工作是什么？渐渐地，我明白了德鲁克所说的"企业内部与外部的联结"所蕴含的意义。他是说只有 CEO 才能站在企业的高度感受到外部的意义，因而他有义务去了解外部，并对此加以诠释、表述和宣扬：只有这样，企业内部才会作出积极回应，保障销售收入、利润和股东总回报（total shareholder return，TSR）的可持续增长。

这一工作唯 CEO 可为，因为组织中其他人所关注的范围都要比 CEO 狭窄得多，且通常只关注一个方向——除了销售人员关注外部，其他人几乎都是关注内部。做到内外兼顾很难，而只关注一个方向则要容易得多。CEO 能够看到别人看不到的机遇，而且作为公司里唯一没有上司可以依靠的人，他必须作出其他人无法作出的判断和艰难抉择。此外，他也是唯一对公司业绩和结果承担全责的人，CEO 的所为不仅要与组织自身的目标相符，而且还要与各类外部利益相关者的要求和标准相符，而这些相关者之间往往存在利益冲突。然而，这是 CEO 义不容辞的职责，因为若没有外部，内部就无从谈起。CEO 的职责和本分是要促进组织的可持续增长，而只关注内部的做法是增长的大忌。在宝洁公司，我们每年的目标是：销售收入达到 4%~6% 的内生性增长（organic growth），每股收益则至少要增长 10%，我们需要增加一个与汰渍（Tide）的销售收入规模相当的新品牌，如要实现 6%，则还需要增加一个能达到宝洁在拉丁美洲销售收入的新业务。如果不深入了解外部利益相关者以及他们之间的利益冲突，不深刻理解这些利益与组织的能力和局限性是如何保持协调的，我们就无法实现目标。

既然 CEO 的角色是联结组织内部与外部，那么他的实际工作是哪些呢？根据德鲁克的观点，我总结出了 CEO 的四个基本职责。

（1）界定并阐释外部的重大意义。

（2）时不时地问自己两个重要的问题——我们从事什么业务？我们不从事什么业务？

（3）在短期丰厚收益和未来必要投资之间取得平衡。

（4）建立组织的价值观和衡量标准。

我这样的总结有个优点，那就是既简单又清晰。但是，这种简单也会给人以错觉——因为这些工作真正做起来相当费力，远远没有旁人想得那么轻松。其中的挑战就是要避免陷入那些非 CEO 专属的工作中而无法自拔。

1. 界定外部的意义

在某种程度上，公司连年的成功和令人迷乱的网络热潮让大家忘记了我们的业务何以能长久不衰，员工们开始沉溺于内部的利益。因此，我需要为大家界定与我们相关的外部世界，因为最有意义的结果是产生于外部的。哪些外部利益相关者是至关重要的？哪些结果是最重要的？这些问题唯有 CEO 能解答，因为其他人都是从自己的立场来看待各种利益相关者的重要性，而 CEO 既对组织有明晰的全局观，又对外部负有责任。

德鲁克还说过，企业的目的就是要创造客户。宝洁公司的目的就是每天让更多的宝洁品牌和产品走进更多消费者的生活，并改善他们的生活品质。在所有内部与外部的利益相关者中，消费者是宝洁最首要的利益相关者。

顾客就是上帝，这个道理人人都懂，我们也不例外。当然，我们在 2000 年的时候也明白这个道理。可是，我们并没有根据这一认识来采取行动。我是在 1998 年才真正领悟到这一点的。当时，我刚完成亚洲的工作返回公司总部。在亚洲，我们公司没有太多有关消费者和市场的调查数据，所以在像中国这样的国家，我们没有别的选择，只能去消费者家中拜访，并在他们平时购物的地方观察他们。回到俄亥俄州辛辛那提（Cincinnati）的公司总部后，当我走过偌大的办公室，看到那么多的员工埋头于计算机前，那么多的人整天忙着在公司里和其他宝洁人一起开会时，我的心中颇有感触。在办公室里，我们没有去接触消费者，我们没有到市场上去感受硝烟弥漫的竞争压力。太多的时候，我们都在讨论消费者并不想要的计划和方案，而由此产生的成本最后却由消费者埋单。

因此，不管走到哪里，我都不断地强调这样一条简单的信息：消费者是我们的衣食父母。我们每天都必须在两个关键时刻（moment of truth）赢得消费者：第一个关键时刻是在商场，当消费者面对琳琅满目的产品决定是否购买宝洁产品的时候；第二个关键时刻是在消费者的家里，当他们使用宝洁的产品并判断是否从中获得愉快难忘感受的时候。我差不多每次出差都会亲自上门或者到商场去拜访消费者。事实上，在宝洁的每个办公地点和创新中心，每天都会有消费者与宝洁的员工一起工作。我们的员工还会与低收入的消费者一起生活数日，并且到他们的社区商店里工作。在辛辛那提的宝洁总部，我们取下了几十幅由当地艺术家绘制的画作，代之以全球各地的消费者日常购买和使用宝洁产品的照片。所有这些努力，都是为了让宝洁人在平时工作中时刻牢记那两个关键时刻。

消费者是宝洁最重要的外部利益相关者，这点已经很清楚了。不过，其他的外部利益相关者也不可小觑——零售商和供应商，同样重要的当然还有投资者和股东。在过去十年间，我们与零售商和供应商的合作方式发生了显著的变化，而宝洁能实现自己的目标，他们功不可没。此前的很长一段时间里，我们与零售商和供应商之间都是交易性的关系，我们进行了很多一方若赢另一方即输的谈判。自2000年起，我们开始努力建立双赢的合作关系，重点关注双方共同的商业目的和目标、共同的业务计划，以及最为重要的——共同的价值创造。这种关系可不是那种靠软推销营造出的一团和气，而是由过硬的业务计划支撑起来的——这些计划讲求创造销售收入、利润和现金，而且都会进行季审和年审，双方还会指派领导者对此共同负责。我们的联合业务计划收到了成效，由于这些计划将消费者放在首位，它们将更多的价值带给了零售卖场里的购物者。

我们所有伙伴的业务绩效和财务成果也都证明了这种合作关系的效力。大家都愿意选宝洁为合作伙伴，这点在零售商和供应商对生产商的年度评分中得到了体现。

此外，我们还加强了与分析师及投资者的关系。在这一方面，我们的做法是努力了解他们的需要和欲求，并尽可能简单明了地向他们解释宝洁的长期目标和战略。这些利益相关者应该也是宝洁的消费者，并且常常会对宝洁各个品牌下的创新活动产生个人兴趣。自2000年以来，宝洁股票的市场股东总回报水平一直优于标准普尔500指数和道琼斯指数的股东总平均回报水平，而且同期的内生性销售收入、稀释后每股收益（diluted earnings-per-share）和自由现金流（free cash flow）平均来说都超过了长期目标。

那么，公司又是如何看待员工这一利益相关者的呢？我们认为，宝洁的员工是公司最重要、最有价值的资产。没有他们，就没有宝洁的品牌，也就没有宝洁的创新和宝洁的各种伙伴关系。但是，若把员工的利益置于其他外部利益相关者之上——尤其是消费者利益之上，就会导致大家过于注重内部，而这可以说是一种短视的做法。在公司目标的鼓舞下，宝洁员工对如何能亲自接触消费者并改善他们的生活很感兴趣。

对外部有了清晰的认识之后，我们接下来必须界定哪些结果对我们而言最有意义。与其他所有营利性组织一样，宝洁公司设有以财务指标为主的公司总目标。但是，在事业部、产品类别、品牌、区域和客户等层面上（公司99%的员工都在这些领域工作，而且也是从这里产生了关键的日常业务决策），我们的衡量指标则更注重以顾客为中心。我们是否在商场里的第一个关键时刻赢得了顾客？我们是否在消费者使用宝洁品牌和产品的第二个关键时刻赢得了顾客？我们的理想是，消费者不仅会尝试宝洁的产品，而且会一辈子用宝洁产品。较高的消费者尝试比率和较高的忠诚度正是驱动宝洁商业模式运转的两大因素。

举一个例子。我们了解到在速易洁（Swiffer）地板清洁系列推出10年之后，每年只有15%的美国家庭购买或试用过这一产品——这说明每年我们都有85%的人口尚未接触到这一产品。然而，我们还了解到，凡是买过速易洁的人都很喜欢这一产品，而且大部分都成为老顾客。因此，速易洁业务的领导人就把重点放在了吸引新顾客尝试产品的工作上，以此来推动品牌的业务增长。从这个例子中我们可以看出外部对于组织内部的意义。我们已经根据弗雷德里克·赖克赫尔德（Frederick Reichheld）的客户净推介值（net promoter score）

制定了我们自己的品牌资产衡量指标。通过这一方法，我们得以了解消费者的行为方式及其原因所在，并专门安排业务经理和高管对此负责。

我们努力阐明外部的重大意义，并获得了相当大的回报。2000 年，在当时 60 亿的全球消费者中，使用过一种或几种宝洁产品的人数为 20 亿；到 2009 年，全球消费者增长到 67 亿，而使用我们产品的人数达到 30 亿。接触更多的消费者、帮助更多的消费者改善生活，这原本就是宝洁公司作为一个组织机构的总体目标。

"以外部利益相关者为重"的阐述与宣传还在持续进行的过程中。内部和外部利益相关者很多，他们都有重要的需求，任何一方都不容忽视。但是，一旦出现冲突，我肯定会先考虑消费者的利益。

2. 决定你所从事的业务

CEO 的第二大职责是确定你能在哪个领域获胜。德鲁克曾说："唯 CEO 能做的另一个重要工作就是决定我们从事的是什么业务。我们应当从事什么业务？我们不从事哪些业务？我们不该从事哪些业务？"

2000 年，在确定了消费者为我们的衣食父母之后，我们的第二项重要任务就是决定宝洁将在哪些领域开展业务。哪些"可为"？哪些"不可为"？我们分析了以下几项因素：公司已有业务和拟从事业务的结构性吸引力（structural attractiveness），这是最重要的一项；宝洁在其参与竞争的现有行业中的领先地位；宝洁核心竞争力或竞争优势——消费者洞察、品牌建设、创新、产品上市能力和全球规模——与不同行业的战略契合度。

我们决定从宝洁的"核心"入手来寻求发展。我们将洗涤用品、婴儿纸尿裤、女性护理产品和洗发护发产品定为公司的核心业务。在这些业务领域，宝洁在全球销售额和市场份额方面已成为领导者，公司对这些业务也非常了解，代表公司竞争优势的核心产品技术和核心力量也都在此，其销售工作也主要通过宝洁的核心分销渠道（折扣店、药店和零售连锁店）进行。我们曾几度只是一味地从这些业务中获取利润而不再投入，我们以为这些业务不会再有增长空间，所以想投资发展新业务。但是，我认为这些业务虽然越来越成熟，却仍有发展的余地。我的这一结论不仅立足于财务数据，也是在更加密切地关注消费者和市场趋势后得出的。我们进行了周密的计算。例如，在估测了全世界拥有洗衣机的家庭数量和每个家庭每周的洗涤量之后，我们确定：通过品牌和产品创新，宝洁的汰渍和碧浪（Ariel）等品牌仍有很大的增长空间。自 2000 年以来，宝洁的四大核心业务在公司的销售增长总量中占到了 58%。

接下来，我们决定更多地涉足美容与个人护理产品领域，这主要有三个原因。第一，这些产品符合我们的结构性吸引力标准，美容与个人护理属于资本密集度低、利润率高、增长相对较快的业务。第二，这些领域与我们的核心优势相契合，它们显示出了以消费者为主导的品牌建设和创新机会，而且可以通过我们的核心渠道（折扣店、药店和零售连锁店）进行销售。第三，从相关的统计数据来看，这么做也是有意义的——消费者开始尝试美容与个人护理产品的年龄在提早，终生使用量在不断增加，而且持续使用的年龄在往后移。从 2000 财年到 2008 财年，保洁公司增长总量中有 49%来自美容与个人护理业务，其中部分是通过收购实现的，如伊卡璐（Clairol）、威娜（Wella）和吉列（Gillette）等品牌，但我们的内生性增长率也达到了两位数。到 2009 年，潘婷（Pantene）的年净销售额已达 30 亿美元，玉兰油（Olay）为 20 亿美元。

我们还决定对低收入消费者和发展中市场投入关注。这主要是由人口因素决定的。发展中市场的婴儿出生量在提高，家庭数量在增加，个人收入也在快速增长，这些都为家庭消费品、个人护理用品和宝洁公司提供了巨大的发展空间和机遇。中国、中欧和东欧等地区同时对所有的生产商敞开大门，这为大家提供了一个公平的竞争环境。自 2000 年以来，宝洁在发展中市场的销售收入在公司总销售收入中的占比已从 21%提高到了 31%；而且，公司目前近 40%的销售增长都来自这些地区。

在思考德鲁克第一个基本问题——"我们从事的是什么业务"的同时，我们也在努力解答他的第二个问题——"我们不从事什么业务"，这个问题与前一个问题同样重要。面对这个问题，只有 CEO 才能站在企业的高度作出艰难抉择。这是因为，虽然大部分业务领导人的行为都受到增长机遇的驱使，让他们提出关闭或出售自己所经营的业务仍是一件极其困难的事情。结果当公司的一项业务面临困境时，领导者的决定反而往往是知难而上，努力去扭转颓势，也不管这项业务是否与公司的战略相契合。

要想解答"我们不从事什么业务"这个问题，必须对公司进行一个全面评估，使用同样标准的结构性吸引力、核心优势、竞争地位、人口发展趋势，以及全球化的潜力和增长潜力等衡量标准。根据这些衡量指标，宝洁公司已退出了大部分非关键战略性的食品与饮料业务领域。我们将食用油品牌可瑞斯（Crisco）、花生酱品牌吉夫（Jif）和咖啡品牌福杰仕（Folgers）出售给了盛美家公司（J.M.Smuckers），这些品牌与盛美家公司战略契合的程度更高一些。我们还卖掉了情况不理想的家居用品品牌及美容品牌，如清洁机品牌科美特（Comet）和护肤品牌 Noxzema，并正在着手研究出售宝洁制药业务的问题。

决定"我们不该从事什么业务"是一项持久性的工作，需要我们不断地"剪枝"和"清理杂草"。处置资产可不像收购公司那么激动人心，但两者却同等重要。"我们的外部是什么？""我们的业务是什么？"德鲁克说，"这两大决策应该成为 CEO 完成自己职责中其他一切事、其他一切决策的基础"。

3. 平衡现在与未来

德鲁克曾提醒我们，企业需要不断解决经营中时有分歧的短期目标与长期目标之间的平衡问题。人类自从开始经商活动以来，就一直面临这一挑战。德鲁克说："公司既要从当前的经营活动中获得收益，又要对充满诸多不确定性及不可知因素的未来进行投资，CEO 必须决定如何在两者之间取得平衡，这一行为与其说是根据'事实'进行决策，不如说是一种判断。"

对于德鲁克的这一观点，我冒昧地加以了扩展：我们必须从当前的业务中获取适当的收益，以投资未来。这种平衡唯有 CEO 才能把握，因为唯有 CEO 才同时面对整个外部世界和内部利益，并对企业的长期发展负责。

在当前产生的收益和高度不确定的未来投资之间寻求最佳平衡，是 CEO 所做的风险最大的一种决策。它是一种既讲究科学又讲究艺术的决策。人们永远都倾向于关心眼前，因为大多数利益相关者的利益都是短期的；很少有人会去特别关心一家公司一两年后的业绩如何。在金融危机和全球经济萧条期间，CEO 的压力更大，他们不得不把注意力放在公司本季、本月乃至本周的业务情况上。在这种压力下，他们会大量削减投资项目和研发创新工作，而这势必会导致中长期投资的大幅下降。

第一次担任 CEO 的人大都没有从长远角度来平衡取舍的经验。这是因为他们过去往往只对不超过几个月的短期结果负责。他们不会为自己的职业生涯押上 10 年或者更长时间的"赌注"，而且他们尚未练就为企业长期增长进行投资的直觉。从长远角度进行平衡取舍的能力一般都是在 CEO 的岗位上培养起来的。根据我的实际经验，要想达到这一平衡，需要做到以下关键几点：

第一，确定切合实际的增长目标。在宝洁公司，我们已经习惯了将内部设定的张力目标当作对外部承诺的目标。然而，一个公司一旦开始追求不切实际的增长目标，就很少能培养出为长期增长而投资的能力和灵活性。为了完成当期的目标，公司会采取寅吃卯粮的做法。例如，设法把计划中下一季度完成的销售额在本季度完成了。这样做的结果就是减少了用于进行未来投资的资源，投资的自由度也降低了。

在为宝洁设立长期目标之前，我首先要决定什么样的短期目标是"足够好"的。刚担任宝洁的 CEO 不久，我就宣布了公司要降低业绩目标，结果我们的股价反而上涨了8%——这是因为，投资者认识到更低的目标是切合实际的，而且这一决策也符合公司的长远利益。尽管我们最后总是超过了预期目标，我们仍然会顶住压力，避免将目标提高到不切合实际的水平。

第二，设立一个灵活的预算编制流程。我们根据短期目标和具有可持续性的长期目标来进行滚动预算，以销售收入、利润增长率和营业性股东总回报为基础，为我们业务组合中的各项业务分配明确的"角色"。换言之，我们并非同等对待所有的业务。但是，某个增长较慢的业务未必比增长较快的业务价值低。只要各项业务都完成了各自的任务，我们就能够实现公司的总目标。对于创新项目，我们设立了能够起到互为补充作用的短期、中期和长期工作重点，规划期则定为 3~5 年和 10~15 年两种时间跨度。

在编制预算时，最重要的是我们管理各项业务的节奏。我们的做法是一边实现短期目标，一边投资和规划中期目标，一边还要为长期目标进行大胆的试验。例如，在过去的 20 年间，我们致力于开发一种浓缩洗涤剂，这一方面让我们得以实现经常进行重要创新的目标；另一方面也为消费者减少了不必要的包装，并保护了环境。当然，这些大胆的试验未必都有成效。比如，虽然我们的浓缩洗涤剂大获成功，可我们同期投入巨资开发的块状洗衣剂却并未获得预期的成功。我们开发的这种洗涤剂具有简化洗衣流程的作用，但并不被消费者接受。后来我们认识到其中的原因：消费者在洗衣服时，希望按照每次所洗衣物的种类、数量以及污渍程度来更好地掌握洗涤剂的用量。如果这些针对长期而开发的新产品具有经济上的可行性，那么它们就会变成中期的工作重点，然后我们再努力将其变成短期可以实现的结果。这样的过程循环往复，我们年年都是如此。

第三，以战略性眼光配置人力资源。如何为现在和未来选拔并培养优秀的人才？德鲁克说："高效的 CEO 会确保在给有能力的人员指派工作时，不仅仅是派他们去解决问题的岗位，也要派他们去拥有机遇的岗位，同时还要确保这样的安排能够充分发挥个人的优势。"

以战略性眼光来配置人力资源是 CEO 的主要职责之一，因为这一工作不仅要立足于我们现已了解的情况，还要着眼于那些目前可能尚不存在的业务——经营这些业务，需要什么样的领导技能和经验。要想为企业的未来培养人才，CEO 除了亲力亲为之外别无选择。我认识宝洁最优秀的前 500 名员工，并亲自参与其中 150 人的职业发展规划，他们都具有担任事业部总裁或部门领导的潜质。我至少每年审查一次给他们的工作分配计划，评估他们的优势和不足，并让他们在公司的董事会、午餐会和其他重大场合中露面。在我所做的 CEO 工作中，很少有什么工作能像这一项会对宝洁的长远未来产生持久的影响。

4. 建立价值观和标准

价值观可以确立一个公司的身份，它与行为有关。如果一个公司的价值观不能帮助其业务向前发展，那它就只是一个漂亮的空壳，对公司的未来毫无意义。而标准则与期望有关，它们将指导我们的决策，并且，标准是价值观的"量尺"。德鲁克说："CEO 设立价值观、标准和组织的道德规范。而它们要么是将公司引上正路，要么是把公司引入歧途。"

CEO 的第四项也是最后一项职责就是在不断变化、激烈竞争的环境下阐释组织的价值观并界定组织的标准。这是我担任宝洁 CEO 第一年间的首要任务，我是在为公司设定目标之后和制定战略之前的这段时间里完成的。在宝洁公司，大家都以目的为动力，以价值观为导向。我首先要找出什么是不可改变的，即公司的核心目标和价值观，这样更便于我带领组织进行一些较为激进的变革。我所面临的挑战是，既要理解并拥护长期以来宝洁公司的价值观——信任、诚信、主人翁精神、领导才能和积极求胜，又要从外部的角度出发对它们重新定位，并结合当前情况与未来发展加以诠释。

我认识到，经过时间的推移，宝洁公司价值观其实已经发生了潜移默化的改变——变得无形中把员工的需要凌驾于客户的需要之上了，导致公司将关注点放在了内部。今天，我们信守的是更加以外部为重的公司价值观。过去，"信任"代表的是员工相信公司会为他们提供终身的工作保障，现在则被重新定义为消费者对宝洁品牌的信任以及投资者对宝洁进行长期投资的信心。"积极求胜"过去常常表现为内部竞争，现在则被重新定义为对消费者信守承诺并赢取零售商。

界定了我们的价值观所处的外部环境后，接下来就该根据外部情况来设定标准了。如果公司设定的标准不够明确，那么人们就会自行设定标准，这是人性使然。这类自定的标准往往都是内向型的和渐进型的，如"今年比去年好"之类的。在重新设定标准时，有一个办法比这更有效，那就是问两个简单的问题——"我们是否赢得了消费者？""我们是否战胜了最强的对手？"不管是消费者，还是最强的对手，他们都不在组织内部，而是存在于外部。

为了加强公司的外向型转变，我们重新设定了一个新的业务绩效标准，即要求各项业务的营业性股东总回报要居于行业前三位。营业性股东总回报关注的是价值创造，其主要驱动因素是销售额的增长、利润率的提高和资产的效率。这一内部衡量指标与外部股票市场的股东总回报高度相关。宝洁提出将营业性股东总回报作为衡量指标已有好几个年头了，但并没有在公司内得到广泛运用。我们现在把它作为公司首要的绩效指标，与管理者的薪酬直接挂钩，以此树立起了"价值创造"的观念。此外，我们还将股东的观点纳入我们的重要业务决策中。

对于所有外部利益相关者中最重要的消费者，我们还界定了"赢得消费者"的标准，我们详细说明了在第一关键时刻和第二关键时刻应该达到哪些要求才叫作"赢"。购买某宝洁品牌和产品的家庭数量是否在增加？在曾经购买过某一宝洁产品的消费者中，成为回头客的百分比是多少？消费者是否认为某一宝洁品牌物有所值？消费者在心中是如何把宝洁品牌与其最强的竞争对手的品牌相比较的？为了提高产品新举措的平均成功率，我们还对新举措设定了明确的标准，结果成功率提高了一倍。

CEO 所处的位置很独特，他必须保证公司设定的目标、价值观及标准与公司的现在、未来和所从事的业务相关联：在必要时他可以而且必须进行干预，以保证公司的目的和价值观自始至终以外部为重；他必须设立新的标准，以保证公司能赢得消费者并战胜最强的对手，从而保持竞争优势和增长。

在《21世纪的管理挑战》这本书中，德鲁克写道：我们无法驾驭变革，我们只能走在变革的前面，我们现今所处的是一个动荡不安的年代，变革是常态。可以肯定，变革是痛苦和充满风险的；而最重要的是，变革要下很多苦功夫。但是，如果一个组织不将领导变革当成自己的任务……它就无法生存。

外部的变化不可避免，有时非常之快，且往往不可预料。但无论外部如何多变，我们都必须做好一件工作，即将外部与内部联结起来。CEO 是企业中唯一一个既能体察到内部又能体察到外部的人，这一工作永远不能缺少。

CEO 应该把大部分时间都投入上述四大职责上。可是，对于许许多多甚至绝大部分的 CEO 而言，事实上他们并没有这样做。以我为例，我对内部需求的重视程度已超过了应有的尺度，我一直都在努力挣脱内部的"万有引力"。但我还是清楚地认识到，CEO 真正而且专属的工作就是要利用他所独有的外部视角，这一视角其他人无法企及——除非 CEO 通过日常的决策和行动，来让组织成员看清外部的世界。

观点实践

CEO 这一工作的重要性在于它独有的外部视角，它必须把外部环境与组织内部联结起来，其中包括四大职责。

◎ 界定外部的意义

在你所有的外部利益相关者之中，哪些最为重要？哪些结果对你是最有意义的？

实例：在宝洁公司，我们认为消费者就是我们的衣食父母，没有他们就没有宝洁。因此，对于我们而言，有意义的结果来自两个关键时刻：一是消费者在商店里放弃其他品牌的产品选择宝洁产品的时候；二是消费者在家中使用宝洁产品的时候。虽然其他外部利益相关者的需求也很重要，但如果出现冲突，我们在解决时还是会倾向于消费者，因为他们对我们是最重要的。

◎ 决定你所从事的业务

哪些领域你应该参与竞争？哪些领域你根本不该涉足？这样的决策很难作出，需要进行深入的评估和讨论后才能决定。只有 CEO 才能在整个企业的层面上努力地作出抉择。

实例：我们决定从关注宝洁的核心业务入手，这些业务包括洗涤用品、婴儿纸尿裤、女性护理产品和洗发护发产品。在这些业务领域，宝洁毫无疑问是行业的领导者，而且这些业务也与公司的核心优势相契合。至于我们不想参与竞争的那些领域，削减业务虽没有收购那么有意思，却与收购同等重要，而且可能难度更大。例如，我们有个叫"吉夫"的花生酱品牌，我们必须对它忍痛割爱，原因是美国人才吃花生酱，这种产品无法让公司发挥出创建一个全球性品牌的优势。

◎ 平衡现在与未来

要学会在短期目标和长期目标之间取得平衡，更多的是靠经验和判断，而不是依据事实。取得平衡的第一步是确定切合实际的增长目标，短期目标定得"足够好"很关键，因为它会增加人们对长期目标的信心和动力。此外，CEO 亲自参与领导力发展，将会对公司的未来产生巨大而深远的影响。

实例：我们已经习惯于把内部设定的张力目标（stretch goal）当作对外承诺的目标。担任宝洁 CEO 不久，我就调低了公司的财务目标，使它们变得更加切合实际。虽然这一决策令华尔街感到不悦，但它符合公司的长远利益。在组织发展方面，我会亲自参与公司中 150 人的职业发展规划，这些人都具有担任事业部总裁或部门领导的潜质，他们是我们公司的未来。

◎ 建立价值观和标准

价值观可以确立一个公司的身份，它与行为有关。如果公司想胜出，那么它的价值观必须与外部保持联结，而且要考虑到现实和未来的状况。标准代表着期望，它详细说明了达到哪些要求才算是赢得外部的认可。在确立标准时，有两个重要的问题我们必须问：我们是否赢得了消费者？我们是否战胜了最强的对手？

实例：宝洁的价值观已长久地植根于公司之中。然而，随着时间的推移，它们渐渐变得以内部为重，而且已被诠释为员工的需要高于客户的需要。我们从外部的视角重新为公司的价值观定位。比如，"信任"曾一度被理解为员工相信公司会为他们提供终身的工作保障，现在则被重新定义为消费者对宝洁品牌的信任。还有标准，我们也从外部视角进行了重新定义。我们开始衡量宝洁品牌在消费者家庭中的渗透度，即购买某一宝洁品牌的家庭在总家庭数中所占的百分比。我们还衡量消费者的忠诚度，即新顾客转变为老顾客的百分比。正是通过这种方式，我们了解到公司是否赢得了最重要的外部利益相关者——消费者。我们还会将宝洁的业绩与最强的竞争对手相比较，以确保我们比他们更强。

讨论：

1. 德鲁克说：我们无法驾驭变革，我们只能走在变革的前面，我们现今所处的是一个动荡不安的年代，变革是常态。那么在开展一项变革之前，应考虑哪些影响变革的因素？

2. 宝洁公司是如何将从"内部为重"转移到"外部为重"的？为什么要进行这一转变？

3. 宝洁是如何调整产品结构的？又是如何处理与各类公众之间关系的？

4. 组织的价值观、标准和道德规范对组织发展有何作用和影响？

5. 案例中列举的 CEO 的四大职责是否全面？试阐述你的观点。

 # 本章小结

1. 伦理与道德问题已成为现代社会不可回避的重要问题。作为在一定程度上调节社会成员之间相互关系的自然法则的伦理，逐步延展到企业等组织。组织伦理是指蕴藏于组织管理活动之中的公共道德。组织伦理是一种管理伦理，它对组织的文化、经营管理、服务等提出了基于伦理道德规范的要求，目标是促进企业的可持续发展和建立持久的竞争力。

2. 组织伦理是组织生存的根基或基石；组织伦理决定着组织生存的目的及组织行为取向；组织伦理能够彰显组织形象；组织伦理能够决定组织的效益和命运。

3. 特别需要注意的是，组织伦理包括领导伦理、员工伦理、文化伦理、产品伦理、服务伦理、制度伦理、网络伦理等。

4. 伦理型文化是以伦理为主导与核心的一种组织文化，在这种文化中伦理道德观念贯穿于组织文化之中，成为组织运转的核心理念和员工行为指南。

即测即练

5. 组织变革是组织保持活力和可持续发展的一种重要手段。组织变革离不开有效的沟通。沟通是组织变革中不可或缺的重要内容，贯穿组织变革的全过程；沟通是组织变革的润滑剂、助力器，是组织变革成功的关键因素。在组织变革过程中如何开展有效的沟通，确保变革的顺利实施，是企业及各类变革组织研究的主要课题。

6. 组织变革沟通的一个有效方式是实施 EAP，即员工帮助计划。

7. 知识管理沟通、劳动力多元化下的跨文化沟通、新型网络通信工具的利用与管理（即网络沟通）、无边界和易变性职业生涯下的员工沟通、管理沟通方式的丰富化等是未来管理沟通要研究和解决的重要课题。

参考文献

[1]　衡书鹏. 企业组织伦理气氛的实证研究[D]. 河南大学硕士学位论文，2008.

[2]　成中英. 文化、伦理与管理——中国现代化的哲学反思[M]. 贵阳：贵州人民出版社，1991.

[3]　林恩·夏普·佩因. 领导、伦理与组织信誉案例：战略的观点[M]. 韩经纶等译. 大连：东北财经大学出版社，1999.

[4]　郭广银. 转型时期中国企业管理伦理的重构[J]. 齐鲁学刊，2006，193(4)：135-140.

[5]　林恩·夏普·佩因. 公司道德：高绩效企业的基石[M]. 杨涤等译. 北京：机械工业出版社，2004.

[6]　汤正华. 中西管理伦理比较研究[D]. 南京理工大学博士学位论文，2005.

[7]　顾文涛，韩玉启，汤正华. 企业伦理的结构分析[J]. 商业研究，2006(3)：1-3.

[8]　阿莱霍·何塞·西松. 领导者的道德资本[M]. 于文轩，丁敏译. 北京：中央编译出版社，2005.

[9]　龚天平. 领导者伦理：当代企业伦理发展的新动向[J]. 哲学动态，2009（2）：25-30.

[10]　卫建国. 简论服务伦理[N]. 光明日报，2006-12-25.

[11]　道格拉斯·C. 诺斯. 经济史中的结构与变迁[M]. 陈郁，罗华平等译. 上海：上海三联书店，上海人民出版社，1994.

[12]　郑大喜. 构建和谐医患关系的制度伦理视角[J]. 中国医学伦理学，2006，19（4）：26-30.

[13]　龚天平. 论企业伦理的模式、类型与内容[J]. 中南财经政法大学学报，2007，164（5）：113-117.

[14] 朱金瑞. 中国企业伦理的几种模式及特性分析[J]. 中州学刊，2004，142（4）：164-166.

[15] 查尔斯·E. 贝克. 管理沟通——理论与实践的交融[M]. 康青等译. 北京：中国人民大学出版社，2002.

[16] 蓝海林.企业战略管理理论与技术[M]. 广州：华南理工大学出版社，1998.

[17] Kotter J. P. Leading Change[M]. Boston：Harvard Business School Press，1996.

[18] Newell S.，Robertson M.，Swan J.2001，Management Fads and Fashions[J]. Organization，8（1）：5-15.

[19] 王重鸣. 管理心理学[M]. 北京：人民教育出版社，2006.

[20] Barrett D. J. Change Communication：Using Strategic Employee Communication to Facilitate Major Change[J]. Corporate Communications：An International Journal，2002，7：219-231.

[21]]Elving W. J. L. The Role of Communication in Organizational Change[J]. Corporate Communications: An International Journal，2005（10）：129-138.

[22] Lewis L. K. Communicating Change：Four Cases of Quality Programs[J]. Journal of Business Communication，2000（37）：128-156.

[23] Beer M.，Nohria N. Cracking the Code of Change[J]. Harvard Business Review，2000（78）：133-141.

[24] Daly F.，Teague P.，Kitchen，P. Exploring the Role of Internal Communication during Organizational Change，Corporate Communications：An International Journal，2003（8）：153-162.

[25] Elving W. J. L. The Role of Communication in Organizational Change. Corporate Communications: An International Journal，2005（10）：129-138.

[26] Lewis L. K. Disseminating Information and Soliciting Input during Planned Organizational Change. Implementers' Targets，Sources，and Channels for Communicating. Management Communication Quarterly，1999（13）：43-75.

[27] Aprix R. D.，Gay C. Change for the Better[J]. Communication World，2007（5）.

[28] 窦俊君. 企业变革中的沟通[EB/OL]. 中国人力资源开发网，2007-02-06.

[29] Lawson E.，Price C.变革管理心理学[EB/OL]. 麦肯锡季刊（中文网），2003（6）.

[30] 王吉鹏. 集团管控[M]. 北京：中国发展出版社，2006.

[31] 刘亚林.EAP（员工援助计划）研究综述[J]. 经济与管理研究，2006（6）：67-71.

[32] 李金平，陈维政. 员工协助计划（EAP）综述及其在中国的应用[J]. 管理现代化，2005（4）：42-44.

[33] 王雁飞. 国外员工援助计划相关研究述评[J]. 心理科学进展，2005，13（2）：219-226.

[34] 段文德.EAP，让被裁员工平静而体面地离开[J]. HR 经理人，2009（2）：30-33.

[35] Naisbitt J.，Aburdence P. Megatrends 2000[M]. New York：William Morrow and Co，1990.

[36] 奈斯比特. 大趋势——改变我们生活的十个新方向[M]. 梅艳译. 北京：中国社会科学出版社，1984.

[37] 托马斯·弗里德曼.世界是平的[M]. 何帆，肖莹莹，郝正非译. 长沙：湖南科学技术出版社，2006.

[38] Arthur M. B. The Boundaryless Career：A New Perspective for Organizational Inquiry[J]. Journal of Organizational Behavior，1994（15）：295-306.

[39] Sullivan S. E. The Changing Nature of Careers：A Review and Research Agenda[J]. Journal of

Management，1999（25）：457-484.

[40]　Hall D.，Moss J. The New Protean Career Contract: Helping Organizations and Employees Adapt[J]. Organizational Dynamics，1998，34（3）：22-67.

[41]　Waterman R. H. Jr，Waterman J. D.，Collard B. A. Toward a Career-Resilient Workforce[J]. Harvard Business Review，1994，72（4）.

恭喜您完成了本书的学习！

为了检验学习效果，了解考试的大致模式，我们特为您准备了三套模拟试卷，您可以扫描下方二维码获取：

 管理沟通参考试卷|A

 管理沟通参考试卷|B

 管理沟通参考试卷|C

教师服务

　　感谢您选用清华大学出版社的教材！为了更好地服务教学，我们为授课教师提供本书的教学辅助资源，以及本学科重点教材信息。请您扫码获取。

≫ 教辅获取

本书教辅资源，授课教师扫码获取

≫ 样书赠送

企业管理类重点教材，教师扫码获取样书

 清华大学出版社

E-mail: tupfuwu@163.com
电话：010-83470332 / 83470142
地址：北京市海淀区双清路学研大厦 B 座 509

网址：http://www.tup.com.cn/
传真：8610-83470107
邮编：100084